"十四五"国家重点出版规划项目

国家出版基金项目
NATIONAL PUBLICATION FOUNDATION

中国顶尖学科
出版工程

复旦大学
历史地理学科

主编
葛剑雄

副主编
张晓虹

学科学术史

复旦大学历史地理学科
学术史

葛剑雄　张晓虹　编著

上海教育出版社
SHANGHAI EDUCATIONAL
PUBLISHING HOUSE

顶尖学科的创新和发展，一直是全社会关心的热点议题。国家的发展需要顶尖学科的支撑，高端人才的培养体现了顶尖学科的传承。为我国学科建设发展注入人文关怀和强化历史厚度，探索学科发生发展的规律，有助于推动我国的学科建设，使我国顶尖学科实力更加饱满、更具国际化和人性化、更适应未来社会融合发展的趋势。

"中国顶尖学科出版工程"缘起于2018年10月杭州电子科技大学融媒体与主题出版研究院院长韩建民教授和上海教育出版社缪宏才社长在飞往西安的飞机上的一席谈话。二位谈到，作为出版人，不仅要运营好出版社，更重要的是担负起出版人的职责，服务社会，传承文化。作为高校教师、教育出版社社长，他们的关注点不约而同地聚集在了高等教育上。近年来，教育部等国家有关部门对高等教育尤其是顶尖人才的培养格外重视。人才培养离不开学科建设，国家建设需要学科支持。学科发展水平是高校和科研机构的核心竞争力，是全社会关注的焦点。一个好的学科首先应该讲历史、讲积淀、讲传承、讲学科建设史，而目前我国大部分顶尖学科没有系统建设自己的学科史，更没有建构自己学科的学术文化传统。世界上一些著名的大学科研机构，如剑桥大学卡文迪许实验室，恰恰是高度重视科学与人文的结合，所以才产生了享誉世界的科研成果。

英国物理学博士C.P.斯诺曾经提出了两种文化，一种是人文文化，一种是科学文化。随着科学技术与社会的发展，两者之间的鸿沟越来越明显。这两种文化对社会发展都有利有弊，只有做好融合，才能健康推动社会全面进步。学科建设是两种文化融合的重要阵地，因此亟需在学科建设与发展中注入人文和历史，以起到健康发展的带动作用。

"中国顶尖学科出版工程"的出版理念就是要更重视学科史的建设，为学科发展注入历史文脉，为社会打通文理，对理工学科来说，尤其需要人文传统建设。一个没有历史和文化的理工学科是偏激片面的、没有温度的，也不会产生树干的成果。重大的成果肯定是融合升华后的成就，是在历史和文化融合的基础上铸造的果实，而枝节过细的成果往往不能产生学术根本的跃升。当下我们的人文学科也需要学科史、人物史和传统史的建设，只有这样，才是真正的学科发展，才更具国际竞争力，才更不可超越。这是我们这套书选取学科的指导思想，也是这套书不同于一般学术著作系列的特点。

这一出版工程将分辑推出我国各顶尖学科的学科史、学术经典和重要前沿成果等。对于其中的学术经典，需要说明的是，由于此前它们出版或发表于不同时期，所以格式、表述不统一之处甚多，有些字沿用了旧时写法，有些书名等是出于作者本人的书写习惯。为尊重作者的行文风格，本次出版除作必要的改动外，原则上予以保留。

第一辑是复旦大学历史地理学科系列，由我国著名历史地理学家葛剑雄先生担任主编。葛先生是我们的老作者、老朋友，他非常肯定并支持我们的理念和做法，并且身体力行。几年来大家精诚合作，在葛先生的影响、带动下，在全体作者辛苦努力下，这个项目不仅获得了国家出版基金立项支持、入选国家"十四五"出版规划，还带动了同济大学建筑学科等后续项目的启动。

希望通过这一出版工程，为我国更多的高校和科研机构带来示范性效应，推动学科发展与进步，增强学科竞争力，引领学科建设新趋势。

上海教育出版社

2022 年 10 月

　　上海教育出版社策划出版"中国顶尖学科出版工程",将复旦大学历史地理学科系列作为第一辑。复旦大学中国历史地理研究所欣然合作,组成编委会,我受命主编。

　　本所之所以乐意合作,并且动员同仁全力以赴,因为这是一项非常有价值、有意义并具有紧迫性的工作,也是我们这个学科点自己的需要。通过这套书的编撰,可以写出学科的历史,汇聚已有成果,总结学术经验,公布经典性论著,展示学术前沿,供国内外学术界和公众全面了解,让大家知道这个学科点是怎样造就的,评价一下它究竟是否够得上顶尖。

　　复旦大学历史地理学科的起点,是以谭其骧先生1950年由浙江大学移席复旦大学历史系为标志的。而谭先生与历史地理学科的渊源,还可追溯至1931年秋他与导师顾颉刚先生在燕京大学研究生课程的课堂外有关两汉州制的学术争论。1955年2月,谭先生赴京主持重编、改绘杨守敬《历代舆地图》。1957年,"杨图"编绘工作移师上海。1959年,复旦大学在历史系成立历史地理研究室。1982年,经教育部批准,成立中国历史地理研究所。1999年组建的复旦大学历史地理研究中心,成为教育部首批全国重点研究基地之一。

　　这一过程约长达70年,没有一个人全部经历。学科创始人谭先生已于1992年逝世,1957年起参加"杨图"编绘并曾担任中国历史地理研究所所长10年的邹逸麟先生已于2020年逝世,与邹先生同时参加"杨图"编绘的王文楚先生已退休多年。现有同仁中,周振鹤教授与我是经历时间最长的。我与他同时于1978年10月成为复旦大学历史系的研究生,由谭先生指导。我于1981年入职历史地理研究室,1996年至2007年任中国历史地理研究所所长,1999年至2007年任历史地理研究中心主任。由于自1980年起就担任谭先生的学术助手,又因整理谭先生的日记,撰写谭先生的传记,对谭先生的个人经历、学术贡献以及1978年前的情况有了一定了解。但70年的往事还留下不少空白,就是我亲历的事也未必能保持准确的记忆。

一年多来,同仁曾遍搜相关档案资料,在上海市档案馆和复旦大学档案馆发现了不少重要文件和原始资料,同时还向同仁广泛征集。但由于种种原因,有些重要的事并未留下本应有的记录,或者未能归入档案,早已散失。

本系列第一部分是学科学术史和学科论著目录。希望通过学术史的编撰,为这70年留下尽可能全面准确的记载。学科论著目录实际上是学术史中学术成果的具体化。要收全这70年来的论著同样有一定难度,因为在电子文档普遍使用和年度成果申报制度实施之前,有些个人论著从一开始就未被记录或列入索引,所以除了请同仁尽可能详细汇总外,还通过各种检索系统作了全面搜集。从谭先生开始,个人的论著中都包括一些非本学科或历史学科的论著,还有些是普及性的。考虑到一个学科点对学术的贡献和影响并不限于本学科,所以对前者全部收录;而一个学科点还有服务社会的功能,所以对具有学术性的普及论著也同样收录,非学术性的普及论著则视其重要性和影响力酌情选录。

在复旦大学其他院系,尤其是历史系,也有一些历史地理研究者,其中有的一直是我们的合作者,或者就是从这里调出的,他们的历史地理论著应视为本学科点的成果,自然应全部收录,但不收录他们离开复旦大学后的论著。本博士、硕士学科点所招收的研究生在学期间发表的论著,与本单位导师合作研究的博士后在流动站期间完成的论著,均予收录。本学科点人员离开复旦大学后的论著不再收录。历史地理研究中心所外聘的研究人员在应聘期间按合同规定完成的论著,按本中心人员标准收录。

第二部分是学术传记和相应的学术经典。考虑到学术经验需要长期积累,学术成果必须经受时间的检验,所以在首批我们按年资选定了四位,即谭其骧先生、邹逸麟先生、周振鹤教授和我。本来我们还选了姚大力教授,但他一再坚辞,我们只能尊重他本人的意见,留在下一批。

我们确定"经典"的标准,是本人论著中最高水平和最有代表性的部分,具体内容由本人选定。谭先生那本只能由我选,但我自信大致能符合谭先生的意愿。谭先生在1987年出版自选论文集《长水集》时,我曾协助编辑;他的《长水集续编》虽出版于他身后,但他生前我已在他指导下选定篇目,我大致了解谭先生对自己的论著的评价。

除谭先生的学术传记不得不由我撰写外,其他三本都由本人自撰。当时邹逸麟先生已重病在身,但为了学术传承,他以超人的毅力,不顾晚期癌症的痛苦与极度虚弱,在病床上完成了口述,将由他的学生段伟整理成文。

第三部分是青年教师或研究生的新著。之所以称为"学术前沿",是因为它们在选题、研究方法、表达方式上都有一定新意,反映了年轻一代的学术旨趣和学术水平。其中有的或许能成为作者与本学科的经典,有的会被自己或他人的同类著作所取代,这是所有被称为"前沿"的事物的必然结果。

由于没有先例可循,这三部分是否足以反映复旦大学历史地理学科的全貌和水平,我们没有把握,只能请学术界方家和广大读者鉴定。我们将在可能条件下,争取修订再版。这套书反映的是我们的过去,如果未来的同仁们能够保持并发展历史地理学科的现有水准,那么若干年后肯定能出版本系列的续编和新版。我与大家共同期待。

葛剑雄

2022 年 6 月

导言

中国历史地理学科发展概述

历史地理学的起源至少可以追溯到我国最早的地理学著作《禹贡》。这篇托名大禹的著作实际产生在战国后期，距今也有两千多年了。《禹贡》虽然是以记载传说中大禹治水后的地理状况为主，却包含了对以往地理现象的追溯，含有历史地理学的成分。而且由于其中的内容来源不一，并不排除一部分记载来自战国后期以前的时代。可以说，中国人注意并记录以往的地理现象，始于战国以前。

成书于公元1世纪的《汉书·地理志》既是一篇内容丰富的当代地理著作，也堪称中国第一篇历史地理专著，因为它所记述的对象并不限于西汉一朝，而是"采获旧闻，考迹《诗》《书》，推表山川，以缀《禹贡》《周官》《春秋》，下及战国、秦、汉"，对见于历史典籍记载的重要山川地名作了考订注释。尽管作者班固并不以地理学见长，但由于他比较充分地利用了已有的地理记载和地理研究成果，所以还是开创了中国历史地理学研究的雏形。此后，从郦道元的《水经注》到唐宋以来传世的地理著作，几乎都是由当代追溯到往古，注重历史地理现象的记载和研究。

《汉书·地理志》的作者生活在公元1世纪，但依靠当时保留着的历史文献，对早在公元前11世纪以来的一些地理要素，包括古国、历史政区、地名、河流、山岭、古迹、关隘、寺庙、纪念地等都作了记载和简要考证。同样，成书于公元6世纪的《水经注》所记载的范围也不限于当代或作者的见闻所及，而是从传世的数百种地理著作中搜集、整理了大量史料，并作了深入的考证和研究，使《水经注》成为继《汉书·地理志》以后最重要的一种历史地理著作。今天，我们之所以能知道先秦的某一个地名在现在的什么地方，之所以能知道春秋战国时的政治态势和秦汉以降的疆域范围，之所以能大致了解黄河早期的几次改道，都离不开这两部著作。

在中国漫长的历史时期内，皇朝的更迭、政权的兴衰、疆域的盈缩、政区的分合和地名的更改不断发生，黄河下游及其支流的频繁决溢、改道又经常引起有关地区地貌及水系的变迁，给社会生活带来相当大的影响。中国古代发达的文化使这些变化大多得到了及时而详尽的记载，但由于在如此巨大的空间和时间中所发生的变化是如此复杂，已非一般学者所能随意涉及，因而产生了一门专门学问——沿革地理。

中国古代一直具有重视历史的传统。沿革地理历来被看成历史学的一个组成部分，也一贯受到学者的重视。沿革地理所研究的内容不仅关系到国计民生，也是治学的基础，例如历史地名的注释和考证、历代疆域和政区的变迁、黄河等水道的变迁，特别是涉及对儒家经典"四书""五经""十三经"和传统正史的理解、解释的有关地理名称、地理知识,都被看成是治学的基本功。沿革地理的成就在清代中期达到高峰,乾嘉学者无不致力于沿革地理的研究,在研究方法与具体成果方面几乎都达到极致。

但是沿革地理并不等于历史地理学,两者不仅是量的不同,而且有质的区别。就研究内容而言,前者主要是疆域政区、地名和水道的变迁,后者却包括地理学的各个分支;就研究性质而言,前者一般只是对现象的描述和复原,很少涉及变化的原因,后者则不仅要复原各种以往的地理现象,而且要寻找它们变化发展的原因,探索它们的规律。由于产生于西方的现代地理学在中国的传播较晚,加上缺乏全面系统的科学基础,中国沿革地理虽然早已形成一门专门的学问,却一直未形成新的学科。数百年来,除了有少数几位专治沿革地理的学者之外,大多只是历史学家、经学家、训诂学家、文学家、金石家的副业,其成果主要也是作为历史学和其他学科的注释检索之用。历史地理学有自己独立的学科体系和理论,是现代地理学的一部分,一般说来需要有专门的研究人员,它的研究成果既可用于解释自然发展规律,也可用于解释人类活动与自然的关系,以及在特定自然条件下的人类社会的发展规律。

显然,历史地理学形成和发展的一个决定因素是现代地理学的建立,中国到 20 世纪初叶才逐渐具备这一条件,所以中国沿革地理向历史地理学的发展是 30 年代以后才开始的。1934 年初,由顾颉刚首倡、谭其骧协助成立的学术团体——禹贡学会及其主办的《禹贡》半月刊还是以研究和发展沿革地理为宗旨的。1935 年初,《禹贡》半月刊开始以"中国历史地理"(The Chinese Historical Geography)作为刊物的英语名称,这说明禹贡学会的学者们已经受到现代地理学的影响,产生了将传统的沿革地理向现代的历史地理学转化的愿望。但从此后《禹贡》的内容和学者们的研究方向看,还是侧重于沿革方面。而且,不久爆发的抗日战争和随之进行的内战使禹贡学会的活动不得不停顿,学者们的愿望无从实现。直到新中国成立之初,当时教育部列出的大学历史系课程中还只有"沿革地理",而不是"历史地理"。

对学科发展满怀热情的学者及时指出了沿革地理的局限性,其中以北京大学侯仁之教授的意见最为有力。1952 年院系调整,一些大学的历史系以历史地理学取代了沿革地理。1956 年,中国科学院地理研究所、北京大学、复旦大学相继在地理系、历史系中招收了历史地理专业的研究生。1957 年,中国科学院地理研究所成立了历史地理研究组。此后,复旦大学、陕西师范大学和中国科学院历史研究所等单位也先后设立了专门的研究室、教研室,有的还招收了专业本科生。到 20 世纪 60 年代中期,中国历史地理的研究机构和专业人员已经初具规模,作为一门学科已经得到了学术界的承认。尽管由于"文化大革命"的破坏,出现了多年的停顿,但集中反映历史地理研究成果的《中国历史地图集》和《中国自然地理·历史自然地理》还是在70 年代末大致完成。到 80 年代初,历史地理学界一致认为,中国历史地理学作为一门学科已基本建成。

第一章

复旦大学历史地理学科点的

历史渊源和学术背景[1]

一、复旦大学历史学系

1905年,复旦公学高等正科文科开设历史学课程,隶属于高等正科第一类。1919年,私立复旦大学分科,历史学课程隶属文科。1925年秋,史学系正式成立。1929年秋,系科改组,史学系隶属于文学院。1938年春,迁至重庆的史学系改名为史地系。1946年,史地系随校本部迁回上海。1949年夏,暨南大学、同济大学文学院史地系史学组并入,史地系恢复史学系名称。1952年院系调整后,开始使用历史学系(下文简称历史系)名称。

1944年3—11月,史地系曾聘顾颉刚为教授,主讲"《史记》研究""春秋战国史""历史地理"等课程。

顾颉刚(1893.5.8—1980.12.25),名诵坤,字铭坚,号颉刚,笔名有余毅、铭坚等;江苏苏州人;是中国现代著名历史学家、民俗学家,古史辨学派创始人,现代民俗学的开拓者和奠基人。1929年,顾颉刚任燕京大学国学研究所研究员兼历史系教授。1930—1932年,担任谭其骧的研究生导师;1936年,安排侯仁之留校读研究生并担任系主任助理。1934年3月,顾颉刚与谭其骧创办《禹贡》半月刊,发起筹备禹贡学会。1936年5月,禹贡学会正式成立,顾颉刚与谭其骧都是七位理事之一。1936年9月至1937年6月,史念海应聘为禹贡学会编辑。

1948年6月下旬,顾颉刚任兰州大学历史系教授兼主任。1950年,任诚明文学院教授,兼任复旦大学史地系教授。

1951年9月,顾颉刚兼任复旦大学教授,因学生下乡参加土改,并未开课。次年1—8月,他才在复旦大学开讲"中国民族史料"课;但不足两月,因思想改造运动开始,课程暂停,同年秋顾颉刚请假一年。1952年9月,顾颉刚兼任的上海学院被撤销,他被安排至复旦大学,仍为兼任教授。1953年春,他应历史系邀请,为学生介绍苏州历史,并和谭其骧、胡厚宣一起,带领复旦历史系学生到苏州访古考察;7月,胡厚宣率领复旦学生参观市立博物馆,由顾颉刚讲解并作导览。1954年6月,顾颉刚到复旦历史系,演讲"我的治学经过"。1954年8月,顾颉刚赴京任中国科学院历史研究所研究员。

二、谭其骧由浙江大学转入

1950年9月,谭其骧应聘为复旦大学历史系教授。此前,谭其骧在浙江大学史地系任教授,1947年10月至1949年5月同时任暨南大学历史系教授。上海解放后,暨南大学停办,该校历史系并入复旦大学历史系,转入历史系的原暨南大学学生要求续聘谭其骧。历史系主任周予同本来就了解谭其骧,又得知浙江大学已停办历史系,即发出聘书。

浙大停办历史的消息传出后,除复旦大学外,先后向谭其骧发出聘书或征询意见的还有南京大学历史系主任韩儒林、齐鲁大学历史系主任张维华等,考虑到上海是旧游之地,离杭州近,谭其骧便接受了复旦大学的聘书。

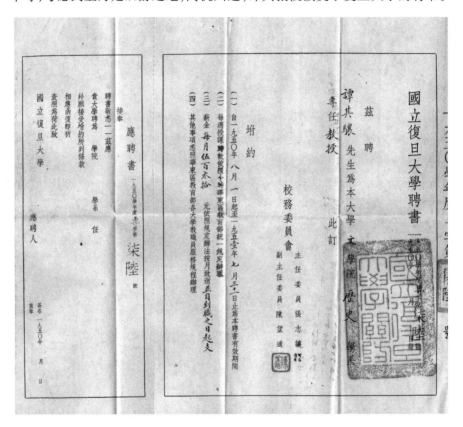

图1 1950年,复旦大学聘谭其骧为历史学系专任教授的聘书

1950—1951年,谭其骧在复旦大学历史系讲授"秦汉魏晋南北朝史"和"隋唐五代两宋史"两门课。1951年秋,历史系师生已奉命下乡参加"土改"。1951年10月至1952年1月,谭其骧加入了安徽五河县和灵璧县的土改工作队。回校后,开展思想改造运动,到当年7月结束。在此期间,学生基本停课。1952年秋季学期开学,谭其骧开了"秦汉魏晋南北朝史""隋唐五代两宋史"和"中国历史地理"三门课。1954年,中国史教研组分设中国上古史、中国中古史和中国近代现代史三个教研组,谭其骧任中国中古史教研组主任。1959年,谭其骧任代理历史系主任。次年10月,被任命为历史系主任。

在遵义浙江大学期间,谭其骧曾着手编绘中国历史地图,系主任张其昀也相当重视,校方为他配备了吕东明作为助手。但他编绘的时间有限,资料收集也异常困难,仅画成了二三十幅,只能用红黑二色印在土纸上。

1951年秋,当时在南京的出版总署编审局新华地图社负责人曾世英致函谭其骧,约他编绘一本中国历代疆域图,由人民教育出版社出版。但谭其骧收到这封信时,已在出发下乡土改前夕,所以直到11月2日,才在安徽五河农村给曾世英复了一信,表示同意,并拟订了一个计划,具体安排则待土改结束后商议。曾世英很高兴,就又去函,希望谭其骧能去南京编图,或者能脱产一段时间,以便尽快编成,因为出版社方面希望以一年为期。谭其骧与系主任周予同商议后,感到去南京或完全脱产均有困难,就在1952年2月1日复信曾世英。曾世英于2月12日又去信协商:

> 承示周予同先生意见,系中困难绝对同情,英意授学偏重普及工作,编著倾向深入工作,两者同样重要,但在某一方面人才稀少之际,对于调度分配可略分先后。先生以新的方法研究疆域,国内首选,无人敢疑,如能全力从事,对于整个局面裨益更多。英为此言,并无从本位着想,未识赞同否?
>
> 藕舫(竺可桢)先生两次来信,俱以院中名额限制,未及延揽,引为遗恨,故科学院方面本年难于推聘。惠函第五节"准备可回可不回"一节,如对出版社"以一年为期"而加以考虑,当再函询出版社人进一步的解释。据英推测,只需华东无异议,此项工作由先生长期主持,更为学术上的幸事,请函示为允,以便催促。
>
> 英已函询出版社,如果先生可以来宁,因我社无眷属宿舍,待遇可否比照复旦实际收入酌量增加,尚待答复。如对于华东调用无把握,而先生可就聘任适当人选助理,则此人选可由我社聘任,驻沪工作。此项办法如若同意,请从速推荐,以便提请作用。对于先生任务,则为特约编稿,如何致酬(预支稿酬或版税),请示及。
>
> 尊拟计划必需推迟已无疑问,至采用何种方式,悉惟尊裁是从。

谭其骧当然无法去南京工作,于是他想到了在北京大学读研究生的吴应寿。吴希望回上海工作,所以谭其骧想以他为助理,暑假后开始编图。但当时复旦大学不能从北大毕业生中调人,吴应寿的工作关系必须另想办法落实。由于不久就开始了思想改造运动,学校其他工作完全停顿,到学期快结束时他才给曾世英复信：

> 今试遵来函所示原则，拟订一办法：弟决定于吴君到沪开始工作日起，摒绝一切外务（除每星期授课七小时外。"隋唐五代两宋史"及"中国历史地理"两门课目皆曾教过多年，无须多准备），专力从事于此，估计每月可成两幅。每日以一千五百字计，每月四万五千字；每千字七个单位，应得报酬三百五十单位。故每幅拟定为一百六十单位。除去吴君薪给外，弟实得七十单位。为社方计，假定如前所计划借聘弟脱离教务，专任编绘，自当以复旦原薪为酬，则尚不止此数也。惟复旦既不给吴君名义，故对吴君，社方必须予以正式任用，不可径作为弟私人助手，否则势必影响吴君前途，此点务请注意。此项办法可行则行，如有困难，即请先与社方另行商定，弟无有不同意者。

曾世英接信后，立即以新华地图社的名义致函人民教育出版社：

> 我社认为谭教授所订致酬办法甚为合理，拟请批准关于吴应寿任用问题。我社建议给予编辑名义作用，但在助理谭教授时期不定薪额，由谭教授在稿酬项下支付。此项办法，如与人事管理制度不抵触，则于吴君分配问题，请迅与中央教育部接洽，以便早日开始工作。

这项计划得到了人民教育出版社的批准，吴应寿毕业后成为新华地图社编辑，实际在复旦大学工作。但作为历史系教授，谭其骧不可能上课以外不做其他事情，而他们事先对编绘工作量和时间的估计也过于乐观，一年后发现要完成还遥遥无期，只能停止，吴应寿改任历史系助教。

吴应寿（1927—1996），贵州铜仁人。1948年毕业于浙江大学史地系，是谭其骧的学生。毕业后考入浙大研究所，1949年9月，由谭其骧介绍转学至北京读研究生，师从周一良。1951年，从北京大学历史研究所研究生毕业。1953年任复旦大学历史系助教，1957年晋升讲师。

1956年，章巽任历史系教授，并于1957年起参加杨守敬《历代舆地图》重编改绘工作。章巽（1914—1994），字丹枫，浙江金华人。先后就读于浙江大学、南京中央大学，以及美国哥伦比亚大学、约翰斯·霍普金斯大学、纽约大学等。曾执教于天津南开中学、南京中央大学。中华人民共和国成立后章巽一度因病休假，其间曾与顾颉刚编《中国历史地图集（古代史部分）》

（谭其骧校），1955 年由地图出版社出版。

三、杨图改绘移师上海

1955 年 2 月 11 日，谭其骧应召赴北京主持"重编改绘杨守敬《历代舆地图》"（简称"杨图"），原定时间一年。工作开展后才发现一年时间远远不够，主办单位中国科学院只能与复旦大学协商，希望延长时间。到 1956 年底，杨图委员会考虑到这项工作已不可能在短期内完成，复旦大学又坚持要求谭其骧回校，并同意为其在上海继续编图工作提供支持，遂与地图出版社商定，在谭其骧返回复旦后将编图工作移至上海。

在谭其骧离开北京前，物色到了两位编图人员——王文楚和邹逸麟。王文楚 1956 年毕业于复旦大学历史系，邹逸麟 1956 年毕业于山东大学历史系，都分配至中科院历史所工作。他们的家都在上海，得知中国科学院上海分院有成立历史研究所的计划，就向所里打报告，要求调回上海。正好谭其骧与尹达商议如何增加回上海工作后的专职人员，尹达就批准两人先回上海参加编图工作，人事关系暂时不转。1957 年 1 月 12 日，谭其骧离京返沪。

上海的工作场所——绘图室由地图出版社提供，是离该社驻上海办事处不远的北苏州路河滨大楼内的一套两居室公寓。1957 年 1 月 21 日，谭其骧与章巽在绘图室召集三位绘图员研究工作，他们是地图社的时德涵和复旦大学的慎安民、郑永达。23 日，王文楚、邹逸麟来室报到。25 日，绘图工作正式开始，吴应寿也来绘图室工作。不久"整风反右"运动开展，绘图室人员在校外工作，不便参加政治学习和投入运动，也不利于加强党的领导，于是当年 9 月 14 日，绘图室迁至复旦大学校内历史系。

在谭其骧离京前，中科院地理所所长黄秉维已经与他商定，委托他代培研究生。1957 年 2 月，谭其骧招收地理所的钮仲勋为研究生，学制五年。钮仲勋 1953 年毕业于复旦大学历史系，在校时上过谭其骧开的三门课，其中就有"中国历史地理"。当时谭其骧已经回复旦大学，就请侯仁之代管。所以第一学年在北大，钮仲勋与侯仁之自己的研究生郑景纯一起听课，每两个星期向侯先生汇报一次学习情况。谭其骧与侯仁之一起为钮仲勋开了一张书单，要求很具体，书目分为精读和浏览两类。如《读史方舆纪要》要求读前九卷，后面的几卷要求精读一个省；《水经注》要求精读一条水道，用王先谦的合校本；《山海经》要求用郝懿行的笺疏本。钮仲勋于 1962 年毕业，一直在地理所工作，从事历史地理研究。

1957 年秋，谭其骧招胡菊兴为研究生，但这是复旦大学历史系统一招收后分配给导师的。胡菊兴于 1961 年毕业,留研究室工作。1962 年,谭其骧招收历史系本科毕业生史为乐为研究生。1965 年史为乐毕业,分配至中科院历史所,留研究室参加编图工作,1967 年返回中科院历史所。

四、批判资产阶级学术思想

1958 年 8 月 30 日,《人民日报》发表了《学术批判是深刻的自我革命》的社论,提出高等学校的领导要大胆发动群众,帮助资产阶级学者们进行学术批判。9 月下旬,复旦大学开展了对资产阶级学术思想的批判,选定的对象是中文系教授刘大杰、张世禄,历史系教授蔡尚思、谭其骧和周谷城。选择虽出于领导意图,但谭其骧也是完全自愿的,他把这次批判看成是对自己资产阶级学术思想的一次清理,看成领导对自己的关怀。

从 10 月份开始,谭其骧先在教研组作了一次自我检查,接受组内批判。然后召开大会,全系教师、上海社会科学院历史研究所(当时并入复旦大学)成员和学生代表参加,先由谭其骧作检查,接着由群众批判。由于有了教研组的经验,谭其骧作了尽可能详细的检查,并且都提高到原则高度来分析和认识,还主动检查了教课以外的“问题”。但正处于“大跃进”狂热中的革命群众自然不会轻易罢休,发言者从他的讲课内容和历年来发表的论文中,揭发他既有严重的封建主义思想,也有典型的资产阶级思想;既宣扬“地理环境决定论”,又鼓吹极端反动的文化史观和种族主义。火力之猛,言辞之激烈尖锐,使谭其骧大受震动,简直不知所措。一些学生的革命劲头更足,会后又将批判发言和文章刊登在油印刊物《斗争》上。上海社科院历史所的宋心伟还在有全国影响的学术刊物《学术月刊》1959 年第 2 期上发表了《历史地理学方面的资产阶级学术思想必须批判》的文章。尽管文章没有点谭其骧的名,但学术界、文教界和复旦大学的师生都知道,有资格被称为“资产阶级历史地理学家”的,非谭其骧莫属。

在论证了马克思主义“处理和运用史料方法”后,宋心伟首先批判了谭其骧的“资产阶级的繁琐考据方法”:

> 与马克思主义处理和运用史料的方法相反是资产阶级的繁琐考据方法。他们在史料考订工作上,曾经取得了不少成绩,然而他们所采用的方法对于发展历史科学是极其有害的,他们以繁琐的形而上学的考证来代替整个历史学,例如现代的资产阶级反动史学家胡适、傅斯年之流,他们以“整理国故”为名,提倡一点一滴的研究历史问题,说什么“少

谈些主义,多研究些问题",说什么"文史学者的主要工作,只是寻求无数细小问题的细密解答"。以此对抗马克思主义的新史学,企图把广大青年引到故纸堆中去,脱离当时的革命斗争。受这种考据方法影响的一部分历史地理学家,他们对于历史上许多无关紧要的问题,诸如"清世祖之于董鄂妃"之类,大考特考;凭个人兴趣去"发前人之所未发",以"货高少识,博得后人点头"为乐事;写文章用相当篇幅去做"校""补"考订工作。他们也以这种繁琐考据方法,在历史地理沿革方面,占领一块阵地,充当对抗马克思主义新史学的一支喽啰兵。

在这种繁琐考据方法影响下从事历史教学工作的一些资产阶级历史地理学家,他们在课堂上往往离开一定社会历史的政治经济状况,孤立地大讲其行政区划、民族迁徙等情形。对学生进行考试时,也出什么这个"补"那个"考"的题目,弄得学生一无是处。这实际上是用史料学代替历史学。这种错误的方法,既破坏了历史学,也会使广大青年迷失方向,无目的地沉溺在史料的海洋中去。

批判的第二点是"地理环境作用问题",所揭露的问题是:

有的历史地理学家,在讲到古代建都问题时,或则说到它的富丽建筑,或则说到对延缓封建王朝有何作用,而不是站在人民的立场上使历史地理学为研究一定社会的经济、政治、文化等发展规律服务。人家批评不应该拿很多的时间去讲长安、洛阳的街道有多么宽,宫殿有多么大,他回答说:"考古学发掘长安报告,也说长安的城墙有多么宽,宫殿有多么大,而且他们的报告很长,我所说的和他们比较起来,不及他们的百分之一。"在这里,他显然是把历史地理和考古学混为一谈了。而不去考虑,作为历史地理这门课来说,究竟是否需要那么说。有人批评他,讲黄河时,不应该不讲解放后根治黄河的情形,他回答说:"历史地理是以历史时期地理现象为中心,上古时期属于地质学,现代的属于地理学,因此,历史地理课,不应该讲解放后的根治黄河。如果要讲,属于水利工程的不懂,也找不到有关工程资料。"我们认为,说历史地理仅以历史时期地理现象为中心是不确当的,所谓历史时期,何以不包括现代呢?因而,对于黄河问题,不仅古代的要讲,现代的尤其要讲,只有这样,才能看出黄河在长期的封建时代和旧中国如何变成了一条害河,而在社会主义的新中国,又如何变成为中国人民的富源。认为讲黄河,就要讲水利工程本身,这显然是一种误解。我们没有理由要求一个研究历史地理的人,去讲水利工程,但是却有理由要求他去讲在社会主义的新中国,劳动人民是如何利用黄河而改变地理环境的。因为它对发展社会生产力具有重要意义,从而帮助人们了解社会主义制度的优越性和社会主义社会的发展规律。

对谭其骧"民族研究问题"的批判更加上纲上线:

然而资产阶级历史学者,他们企图用生物学来解释社会历史现象。有人说,研究某地移民史,"于人种学于优生学为不可缺之论据,人种学考求各种族间本质上之差异,优生学更进而考求何者为适于生存、应与生存,何者为不适于生存、不应与生存";把历史上的统治阶级说成是历代文化中心,称他们为"精品",如此等等。

这首先暴露了这些学者们是站在统治阶级的立场上来研究民族问题的,他们害怕说明民族问题,在阶级社会里,是贯串着阶级斗争的。在资本主义上升的时代,民族斗争主要是资产阶级间的斗争,有时候资产阶级也能把无产阶级吸入民族运动。但按其实质说来,这种斗争始终是资产阶级的,主要是对资产阶级有利的斗争。在帝国主义时代,各被压迫民族的解放运动,是国际无产阶级革命运动的后备军,因此,工人阶级及其政党要积极参加和领导这一运动。各民族间做到完全平等,只有在社会主义和共产主义条件下才有可能。他们避开这些问题实质,而去称赞统治阶级人物为"精品"。显然是站在统治阶级立场上来研究民族问题的。

其次,这些资产阶级学者们,他们接受了二三十年的资产阶级教育,头脑里充满着大量的陈腐发臭的东西,例如他们接受并为之宣传的优生学之类。应该指出,现代资产阶级社会学中关于优生的理论,是完全为帝国主义侵略辩护的"理论"。希特勒挑起第二次世界大战时,就曾宣传过这种"理论"。希特勒说什么日耳曼民族,是世界上最优等民族,而把被法西斯德国侵略奴役的民族,一概看作是劣等民族,至于犹太人,更是如此。美帝国主义对于印第安人的残酷虐待和歧视,造成了民族间的深刻仇恨。他们又以"防御共产主义为名",千方百计地向亚非国家兜售艾森豪威尔主义。实际上他们是把阿拉伯民族,看成是落后的劣等民族,似乎只有靠美帝国主义的"援助",才能活下去。然而这些帝国主义的"理论",在二十世纪五十年代的今天,已经走向彻底破产。一些宣传优生学"理论"的资产阶级学者们,也只不过是反映了他们历史唯心主义的破产，因为公开否认社会历史科学的唯心主义观点不能立足，所以他们竭力用生物学的名义给它加上一些装饰。

第四段虽然用了"学习马克思主义问题"的标题，却将他的话作了断章取义的处理，这实际上也是针对谭其骧在批判阶段的言论的：

> 有些资产阶级历史地理学家，虽然在口头上也承认学习马克思主义的重要性，但是实际上并不把学习马克思主义当作迫切需要。他们并且制造一种"理论"，拒绝学习马克思主义。一曰："不喜欢看长文章。"二曰："画历史地图，与学习马克思主义无关，要我学习马克思主义，只有把我调离画图工作。"这种"理论"显然是可笑的。我们说，不是什么喜欢不喜欢看长文章的问题，这些学者本来就是长期钻在故纸堆里的，问题是看什么样的长文章。所谓不喜欢看长文章，只不过是不喜欢马克思主义的文章，而对于资产阶级史学家（包括某些反动的史学家在内）的文章，即使再长，也是爱好的。应该认识到，马列主义经典文献乃是用最精练的文字写成的，资产阶级学者贬之为"长文章"，如果不是出于他们的无知，就是暴露了他们对学习马列主义的抗拒情绪。事实上，那些资产阶级历史学家的繁琐考据的文章，才是又臭又长的！其次，说画图工作没有办法学习马克思主义，这也只能说是一种借口。因为我们所画的历史地图，不仅要有助于历史发展规律的了解，而且要能够恰当地联系当前实际，因此，不学习马克思主义，不以马克思主义立场、观点作指导，不但不能把这一工作做好，而且不可避免地要犯错误。
>
> 值得注意的是，当有人指出他们"马克思主义学不进去"的时候，他们不去考虑提意见的精神实质，而是在为自己辩解，说是"听了这种批评很难受，吃不消"。我们认为，重要的在于学习马克思主义的态度：是站在无产阶级的立场上来学，还是站在资产阶级的立场上来学呢？如果是站在无产阶级立场来学，不仅能够学得进，而且一定能够学得好，我们看到有些放弃自己原来阶级立场并努力改造自己世界观的知识分子，今天不是已经变成了马克思主义的理论家吗？相反的，站在资产阶级立场上来学，就一定会学不进去，学习得不好。上面提到的寻求种种借口拒绝学习马克思主义，正是资产阶级立场、观点的反映。

不过从文章最后一段"'破'与'立'的问题"看，对谭其骧所定的基调虽

是"资产阶级历史地理学家",但还是属于"人民内部矛盾":

> 在学术批判中,有些资产阶级历史地理学家说:"你们批评我不对,你们还得告诉我什么是对。"对于这个问题,我们应该有分析地看待。第一,应该正确认识"破"与"立"的关系,"破"的过程,同时也就是"立"的过程。因为"破"与"立"的问题,也就是"兴无灭资"问题。第二,要求弄清楚什么是对,什么是不对,这是应该的,事实上学术批判通过辩论方式进行,也就是为了把真理辩得更加鲜明。但是这里应该注意,解决"立"的问题,一方面固然要靠党和群众的帮助,但更重要的,资产阶级历史地理学家本身应该具有自我革命的决心,应该觉悟到在学术思想上的革命,是比以前各次思想批判更为深刻的一次自我革命。因此,我们希望历史地理学家们,能够站在正确的立场上,和党与群众一道来仔细分析,过去哪些是错了,哪些经过批判仍然是有用的,也只有这样,才是真正积极主动的态度。第三,在"立"中继续"破"的问题。学术思想批判不可能一下子解决所有问题,因此必须在"立"的当中继续"破"。这里一个决定关键,在于努力地学习马克思主义、毛泽东思想,认真地改变资产阶级立场、观点。任何消极应付都是要不得的。

在这种形势下,谭其骧采取了"照单全收"的态度,无论别人讲什么,提得多高,他都一概接受,不作辩解,以免与批判运动对抗。会后不久,历史系党总支委员胡绳武、朱永嘉代表党组织找他谈话,指出他这种态度不对,不能解决问题,要他将实际的想法都端出来,对群众的批判意见同意的就表示同意,不同意的就不同意,怀疑的就怀疑,都可以把理由说清楚。以后几次会上,他就这样做了。

12月底又开了一次大会,谭其骧根据自己的认识,对批判意见作了一次总答复,群众又提了一些意见。主持会议的田汝康教授作总结,说大会开得很好,对批判者和被批判者都作了表扬,这场历时三个多月的运动就此结束。

批判运动的虎头蛇尾当然与总结大会的主持人毫无关系,真正起作用的是12月27日中共中央印发了毛泽东在《清华大学物理教研组对待教师宁"左"勿右》材料上的批示:"端正方向,争取一切可能争取的教授、讲师、助教、研究人员,为无产阶级的教育事业和文化科学事业服务。"

1962年5月2日,历史系党总支召开座谈会,对1958年的学术批判向谭其骧等表示歉意。

第二章
编绘《中国历史地图集》

1　本章据葛剑雄著《悠悠长水：谭其骧传》(广东人民出版社 2014 年)相关章节改编，所引原始资料均据此书。

1954 年秋,毛泽东在中南海怀仁堂出席第一届全国人民代表大会,有一天与吴晗坐在一起。他们谈话时说起《资治通鉴》,毛泽东说这部书写得好,尽管立场观点是封建统治阶级的,但叙事有法,历代兴衰治乱本末毕具,我们可以批判地读这部书,借以熟悉历史事件,从中吸取经验教训。但旧本没有标点,不分段落,今人读起来不方便,市上流传亦已不多,应该找些人把它整理出一个用标点、分段落的新本子来,付诸排印,以广流传。又讲到读历史不能没有一部历史地图放在手边,以便随时检查历史地名的方位。中华人民共和国成立前一些书局虽然出版过几种历史地图,但都失之过简,一般只画出一代的几个大行政区,绝大多数历史地名在图上找不到。这种图满足不了读《资治通鉴》之类详细的史书时的要求。

吴晗想起清末民初的杨守敬编撰过《历代舆地图》,内容相当详细,凡见于正史地理志的州县一般全部上图,正符合毛泽东所提出的配合读史的需要。不过杨守敬的地图是以木版将分别代表古、今内容的黑、红两色套印在连史纸上,是有三十四册之多的线装本;而且,是将一朝版图分割成几十块,按自东而西,自北而南的次序排列的,翻检起来极为不便;再者,杨守敬地图上的"今"是清同治初年胡林翼刊行的《大清一统舆图》,许多州县的名称、治所已不同于 20 世纪 50 年代的"今"了,必定也会给读者带来许多麻烦。因此,他向毛泽东建议,在标点《资治通鉴》的同时,也应该把杨守敬的《历代舆地图》加以改造,改用现时的地图为底图,绘制、印刷和装订都采用现代技术,以适应时代的需要。毛泽东赞成吴晗的建议,就把这两件事都交给他负责办理。

图 2　杨守敬等编撰《历代舆地图》书影

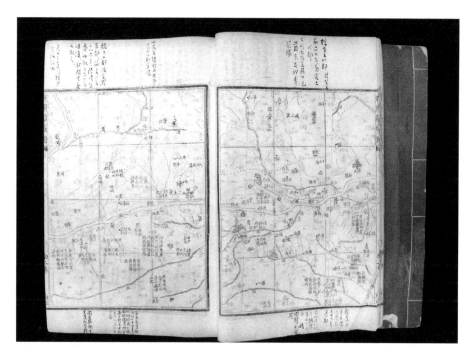

图3　谭其骧批校杨守敬等编撰《历代舆地图》之《战国疆域图》选页

　　会后吴晗就找了范文澜、尹达等商议,决定请谭其骧来北京主持编绘工作,并初步制订了计划。吴晗写信向毛泽东汇报,毛泽东给吴晗写了回信,表示同意他的计划。毛泽东这封信一直藏在吴晗家中,"文化大革命"初由北京市人民委员会从吴家取走,或许还保存在某一档案馆中。

　　得到毛泽东的指示后,吴晗立即邀集中国科学院第一、第二历史研究所和北京大学、国家出版总署、高等教育部、地图出版社等单位的负责人和专家商议,于当年11月2日成立了"标点《资治通鉴》及改编杨守敬《历代舆地图》委员会",由他和范文澜领衔,黄松龄、董纯才、翦伯赞、侯外庐、向达、顾颉刚、尹达、刘大年、金灿然、王崇武为委员。前一项工作由王崇武为召集人,顾颉刚为总校对,在京的史学家聂崇岐、齐思和、张政烺、周一良、邓广铭、贺昌群、容肇祖、何兹全等参加标点,很快就开始了工作。后一项,吴晗想到了谭其骧。经他推荐,委员会一致同意请他进京主持改编杨图,责成高教部向复旦大学借调,时间暂定一年。绘图和制印方面的工作则由地图社负责。以后,由于标点《资治通鉴》的工作很快完成,而改编杨图的工作既需要延长,又有所扩大,所以这个委员会的正式名称就改为"重编改绘杨守敬《历代舆地图》委员会",简称"杨图委员会"。

　　1954年11月9日,高教部副部长黄松龄给复旦大学校长陈望道写信,借调谭其骧到中国科学院工作一年。陈望道到谭其骧寓所,告诉他高教部的借调令和学校的决定,要他在 1955 年春节后赴京报到。

一、第一阶段:北京编图(1955.2—1957.1)

1955 年 2 月 11 日,谭其骧乘火车去北京,次日半夜抵达,14 日去高教部报到,下午就在地图出版社商议工作。

2 月 17 日下午,谭其骧去国家出版总署参加了他进京后的第一次标点《资治通鉴》及改编杨守敬《历代舆地图》委员会的会议,同去的有地图出版社社长沈静芷和编辑欧阳缨。谭其骧在会上汇报了他的工作设想和意见,但到会的委员都没有发表什么意见,因为当时大家还来不及考虑或不可能考虑到问题的复杂性,一切都得待实际工作开始后才能决定。欧阳缨参加这项工作是出于地图社的推荐,因为他以前编绘过好几种历史地图册。

从 2 月 22 日开始,谭其骧集中《汉书补注》等资料,准备先解决西汉敦煌和河西走廊的水道问题,随后转入解决西汉郡治。3 月 7 日起撰写杨图各代的年代说明。3 月 15 日,先试画清代图。但次日即发现清末东北建省前的资料尚未作过系统整理,要据以上图几乎无从入手。从 22 日起,欧阳缨参加清图,但他习惯于根据现成的地图改编,所以一般只是做杨图和其他旧图的移植,需要新编的地图均由谭其骧绘出草图,再由他抄清成图。4 月 7 日起,谭其骧整理东北资料,并开始编绘西藏地区图。

为便于使用资料,谭其骧于 4 月 4 日从地图出版社迁至中国科学院历史二所宿舍。在 4 月 18 日和 19 日分别去见二所所长侯外庐和三所所长范文澜,向他们报告绘图计划。21 日又拟出了绘图意见。5 月 5 日下午,吴晗在历史三所主持召开工作会议,主要讨论改绘方案,即将杨图改到什么程度。欧阳缨提出的方案是,底图的山川框架仍根据杨图,用《大清一统舆图》,只是把图中的晚清府厅州县名称改按今制标名。谭其骧坚决反对,因为晚清与 20 世纪 50 年代政区的差异不仅是建置和名称的不同,当时的市县中有很多是晚清以后的新建置,还有不少新设的政区虽然在晚清也有同样的名称,但治所已经不在原来的地方,而《大清一统舆图》有些地方的山川框架与今天的差别很大,这些新建和迁建的县、市大部分没有办法画上去。何况《大清一统舆图》是 19 世纪 50 年代根据 18 世纪测绘的《内府舆图》缩编而成的,在当时虽不失为比较精确的地图,实际上错误还是不少,中华人民共和国成立后根据新的测绘成果所绘制的地图已有了高得多的准确度,我们为什么不采用精确的新图,反而要用两百年前不精确的旧地图作底图呢?谭其骧认为欧阳缨的方案只是在旧框架上加上新地名,不伦不类,侯外庐、恽逸群也赞成他的意见。但吴晗极力支持欧阳缨的意见,最后会议否决了谭其骧方案,决定采用欧阳缨方案。从以后的情况看,吴晗之所以会支持欧阳缨的方案,固然是由于没有充分了解杨图本身的不足,更主要的是急于完成毛泽东交给的任务,因为欧阳缨的方案虽旧,但符合"改绘"的要求,一二年内可能完工;按照谭其骧的方案,当然可以大大提高质量,工作却会旷日持久。

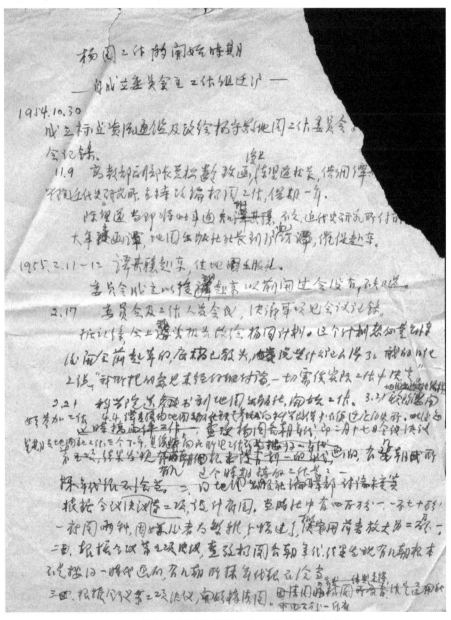

图4　谭其骧记录的杨图工作开始时期大事记

　　谭其骧很不愉快,但既然方案已定,只能照此办理。5月9日,他与欧阳缨作了分工,他负责历史地图,欧阳负责底图。张思俊多次召开会议,落实底图的绘制办法,至8月2日确定改用五百万分之一底图。由于没有专门绘制底图,只是利用现成的图晒蓝,在绘历史地图时只能先用手工将多余的水道涂去,再画上古水道。对与古地名不符的今地名,同样要一一涂改。与此同时,谭其骧从图书馆借来两部杨图,开始计算各代的幅数,考虑图幅的安排。由于已确定只是将杨图移植,他又同时开始画东汉、西晋图幅,但在资料齐备时继续编绘清图。

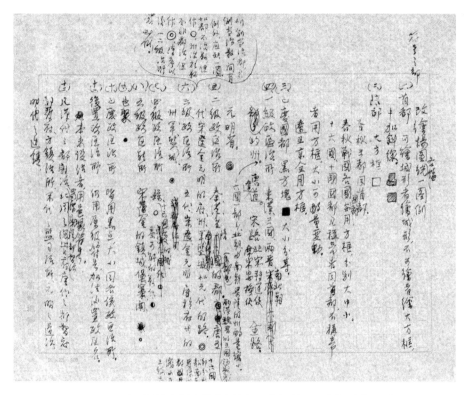

图5　1955年,谭其骧拟定的《改绘杨图各幅统一图例》手稿(局部)

　　通过一个多月的实践,按照吴晗确定的方案,工作中的矛盾越来越明显。谭其骧向王崇武反映并提交了自己的计划,由王崇武发至各委员处征求意见。8月27日,王崇武通知同意改变计划,直接用今地图作底图。8月29日,谭其骧试用一百七十万分之一今地图作底图画春秋图;次日在地图社决定改用新图作底图,淮河秦岭以北由谭其骧自己上图,以南由欧阳缨上图。尹达得知改图的决定,也表示赞成。9月13日,谭其骧拟成关于改底图的正式通知,寄给王崇武。

新底图至 9 月 22 日完成。谭其骧开始画汉图,欧阳缨开始画元图。至 11 月 16 日,西汉图郡国部分初稿画成,费时 54 天。按照这样的速度,无论如何不可能在一二年内完成全图,所以谭其骧和地图社都通过王崇武向杨图委员会反映,要求增加投入这项工作的人力。12 月 2 日,王崇武来电说,地图出版社答允抽人参加编绘历史地图的工作,但要到明年才能开始。东汉图的初稿至次年 1 月 17 日完成。

当时,地图编绘中已经涉及如何反映中国与邻国的历史边界和历史时期少数民族的表示问题,张思俊多次与谭其骧商议具体意见。8 月 27 日,张思俊要求他拟出一份处理历史上少数民族、中国台湾及朝鲜、越南的原则意见,准备上报有关领导部门审批。谭其骧先收集了有关台湾的资料在图上试画,感到难以决定,要求张思俊召开座谈会听取意见;张思俊仍主张先拟出处理的原则。9 月 19 日,刘大年听说谭其骧曾去找过他,就打来电话。他们在电话中讨论了历史地图上台湾的处理办法,刘大年主张从三国时代即画成大陆政权的一部分。经过连日努力,这份"关于历史地图中若干问题的处理方案"于 9 月 22 日交给了张思俊,但直到 1957 年 1 月谭其骧结束在北京的工作时,有关方面还没有做出答复。

吴晗一心希望能早日完成。1955 年 12 月 5 日晚上,他和夫人袁震在北长街 91 号家中请谭其骧吃饭,还请了王庸作陪。这实际是一次工作汇报,因为饭桌上谈的大都是杨图改绘事宜。对当时的进度,吴晗显得十分焦急。谈到地图的开本和比例尺时,吴晗考虑到毛泽东的需要,觉得比例尺不能太小,当即就给出版局打电话,要他们务必注意。但此时吴晗仍把工作设想得比较简单,认为只需改正、增补一些杨图上的讹误脱漏,把内容转绘到今地图上,并把木版线装本改制成新式装订的地图册即可,估计可以在不长的时间内完成,因此还是希望时间不要拖得太长。但经过近 10 个月的工作,谭其骧已经意识到并非如此简单。因为杨图只画中原王朝设置政区的疆域,甚至连中原王朝的疆域都没有画全,所以不包括今天中国的全部领土,也不包括在今天中国境内的一些边疆政权。杨图的"历代"上起春秋,下迄明代,不包括夏商周,也不包括清代。杨图所用的底图是胡云翼的《大清一统舆图》,这在当时虽不失为最佳选择,但与今地图的差异很大,不可能将其内容直接移植到今地图上去。杨图的讹误脱漏也比原来估计的多得多,既然发现了就不能不予以改正和增补。但当时他还说服不了吴晗。

转眼已近一年,复旦大学开始催谭其骧如期回去。1956 年 2 月下旬开始,复旦的催促如紧锣密鼓。先是上报高教部,再由高教部发函通知谭其骧回校。3月1日、2日,谭其骧接连收到学校来信,3日又收到了历史系主任蔡尚思来信。次日早晨,他立即将高教部和蔡尚思的信交给尹达,请他赶快与吴晗商议。8日,正当他写回信给蔡尚思时,又收到了学校寄来供他买火车票的汇款。吴晗与高教部有约在先,不能硬将谭其骧留在北京,与范文澜商议后给高教部去了电话,原则上同意他返校,但应将改绘地图的工作带回复旦继续完成。

3月17日,范文澜致函复旦大学,建议谭其骧将此项工作带到上海去做,由地图出版社配备绘图人员,复旦在今夏毕业生中选拔数人当助手,经费方面则由中国科学院支付。当天王崇武将这一决定通知了谭其骧,要他拟订计划。21日晚上,范文澜、吴晗在萃华楼宴请杨图委员会的刘大年、尹达、侯外庐、向达、翦伯赞和谭其骧、张思俊、王崇武,商议下阶段工作,主要还是谭其骧的去留问题。谭其骧说明情况后,大家都认为,要在短期内完成改绘工作是完全不可能的,吴晗也不得不接受他本来不愿接受的现实。但他和中科院历史所的几位领导都明白,如果谭其骧回到复旦,绝对不可能像在北京那样专心一意,绘图工作肯定会受影响,不如干脆改借为调,由中科院直接与高教部沟通。最后决定先让谭其骧给复旦写信,以绘图工作一时不能中断为由,要求再延长一段时间。29日下午,复旦大学派金冲及专程来京,请谭其骧回校。送走金冲及后,谭其骧只得找尹达商议对策,尹达仍要他抓紧写信。31日,谭其骧致函复旦大学领导,充分说明理由,请求延长在北京的工作,暂不回校。

2月中旬,谭其骧将一批清代地图的草图交给地图社的时德涵抄清,黄克晟、凌大夏先后参加绘图工作。3月8日,送到上海印制的清图底图寄到,谭其骧开始与绘图人员讨论图例。13日,在地图社的工作会议上决定,改绘后的杨图上历史地名不用简体字。地图社的三位绘图员也于4月2日报到,开始清绘底图,谭其骧则继续完成清代图,以便让绘图员们及时绘。5月9日,为了确定各图的比例尺等问题,谭其骧去北京市政府向吴晗汇报。在12日举行的杨图会议上,决定将三百万分之一定为各图比例尺的通例,先制成样本,当时估计全套地图册大约有40个印张。

经过中科院的协调,高教部的态度有了松动。5月26日,谭其骧应召去高教部综合大学司,会见了于北辰副司长。在听取了谭其骧的汇报后,于司长表示,绘图工作很重要,应该做完,但究竟如何安排,还需要听取复旦方面的意见。但复旦没有改变态度,6月底,陈望道校长赴京出席教育部会议,就与范文澜联系。29日,陈望道来到谭其骧宿舍,告诉他,范老已表示去留由他自己决定,因此原则上应该回去,工作不停,具体办法回上海后再说。

7月18日,一学期已过去了,系主任蔡尚思再次来信,请谭其骧回校。8月15日,谭其骧收到长女谭德玮的信和电报,她已考取吉林工学院,22日将去长春。至此,他决定请假回家一次,赶在女儿出发前到达。送走女儿后,谭其骧在上海住了一个多月,其间北京催他快回去,因为制好的图等他去校,清图也没有编完。最后,学校同意他回北京做完工作,然后尽快返校。

10月12日,他第二次来到北京,安顿下来后就开始校已经清绘出来的清代地图,拟定清图的编例,撰写出版说明,同时补绘清代青海图,为西汉图补地名。

10月18日,复旦大学历史系党总支委员朱永嘉代表复旦来信,说明学校无法提供绘图的工作用房。24日,谭其骧找高教部李云扬,提出了绘图用房及未来研究室的经费问题。当天,刘大年在电话中提出了三种解决的办法:一是由中科院出钱津贴谭其骧个人,二是中科院与复旦联合办研究室,三是由中科院委托复旦办研究室。谭其骧立即写信给朱永嘉,转达了尹达、李云扬、刘大年三人的意见。25日,地图社开会决定,工作用房问题先看中科院有何解决办法,并聘谭其骧为特约编审。11月17日,竺可桢专门约了高教部副部长黄松龄商谈,准备请中科院哲学社会科学部副主任潘梓年致函陈望道校长,让谭其骧提供有关材料。12月初,潘梓年去上海,但不知什么原因,他没有见到陈望道,而复旦再次催谭其骧回校的信接连寄到。谭其骧决定月底或下月初回上海,竺可桢、吴晗无可奈何,表示同意。竺可桢打算等谭其骧回复旦后一二月,就致函陈望道,聘谭为中科院兼任研究员。12月26日,谭其骧向吴晗提出了回上海后组织章巽、吴应寿二人参加编图的打算,此后又与地图社具体商议了回上海后如何与地图社协作的方案。1957年1月4日,尹达召集他与国家出版总署的金灿然、地图出版社社长沈静芷和张思俊研究下阶段的工作计划,确定《图集》的第三、四、五册各用半年时间来完成。

谭其骧带领王文楚和邹逸麟离京回校。此后范文澜改任顾问,杨图委员会的领导工作由吴晗和尹达共同主持。

二、第二阶段:移师上海(1957.1—1966.6)

尽管谭其骧、章巽、吴应寿、王文楚、邹逸麟和三位绘图员全力以赴,但不出吴晗等所料,谭其骧一回学校就身不由己了。当然也有吴晗等意料不到的事,那就是不久就开始的"整风反右"和接踵而来的大小运动。

1958年秋,复旦大学又从历史系四年级学生中选出周维衍、魏嵩山、赵少荃、林汀水、项国茂、王天良、祝培坤、嵇超、朱芳(毕业后调出)、林宝璋、刘明星等11人参加编图工作,以加快进度,同时也希望通过这一措施,迅速培养出一批专业人才。1959年后,又有华东师范大学、中山大学和西北大学等校毕业生加入进来。谭其骧为了使这些年轻人尽快掌握历史地理的基础知识和编绘历史地图的专门技能,经常结合编稿工作给他们讲课,认真批改他们试写的考释,还和章巽一起写出具有示范性质的考释文字,作为内部资料印发给大家参考。

1958年9月13日下午,"标点前四史及改绘杨守敬地图委员会"召开工作会议,范文澜、吴晗、尹达、侯外庐、金灿然、张思俊出席。对改绘杨守敬地图工作的决议是:

1. 此项工作已商请由国务院科学规划委员会领导。中国科学院三个历史研究所负责审图。

2. 改绘工作原由复旦大学历史系教授谭其骧负责,地图出版社派人协助。拟请科委与教育部联系,将此工作列入复旦大学研究工作计划,由该校负责领导完成。

3. 改绘地图分幅陆续出版,限于明年国庆前出齐。

4. 改绘地图以今图为底图,应力求精确和统一。台湾等我国领海内的各岛屿必须绘入。

鉴于底图的问题一直未能彻底解决,同时考虑到设计与制印方面的需要,1958年底由地图出版社主持召开了一次工作会议。次日下午,国家测绘总局副局长白敏参加讨论,赞成改用新底图的决定,进而建议:一、起草总设计书;二、每朝的总图可以画得极简单,然后按政区画分幅图,每幅的比例尺可以不同;三、要求对杨图作真正的整理,要作很好的考据,作附录;四、以一百万分之一作底图;五、又要现代化,又要古雅,可以从古画中吸取风格;六、每幅图要有一位历史编辑,一位制图编辑。

1959年元旦的下午,谭其骧与白敏、张思俊去吴晗家中商谈,吴晗同意重新设计的方案。这次会议彻底抛弃了杨图的旧体系,决定不再以杨图所用的《大清一统舆图》为底图,改用依据最新测绘资料新编的底图,这对于保证这套地图集的精确性起了决定性的作用。

关于杨守敬《历代舆地图》编制重绘工作情况及
请审批重新制订整编改绘杨图方案的报告

整编改绘杨守敬《历代舆地图》工作,自1955年春由杨图整编改绘委员会交由复旦大学谭其骧教授和地图出版社负责进行以来,至今已将满四年。其中前两年是在北京工作的,曾制订了设计书,编绘了底图,完成了秦、西汉、东汉三期的编稿,另外又编绘了清代行政区划挂图一幅。1957年春因复旦大学请谭其骧教授回校担任教学工作,将工作地点迁到复旦大学。两年来工作人员虽有增加,因参加了整风运动,又因主要编绘人员都是复旦历史系的教师,他们只能利用教学工作的业余来从事此项工作,因而进度比较迟缓。截至目前,改编图稿(包括文字编)约三分之一,清绘图幅近四分之一,制印版样近五分之一。但从印刷制版中,发现有很多不合制图规格的地方,推究其原因有四。1.从设计上强调采用统一的比例尺,以三百万分之一为主,只有少数朝代的部分地区加画一百五十万分之一放大图,今图又规定用统一的底图,绘制结果,有些地区古地名显得过于稠密,有些地区又过于稀少,很多地区的今地名都嫌过多。2.原用底图是根据四百万分之一的全国挂图描绘放大而成的(当时新编一百万分之一尚未制成),内容有不少欠正确的地方。3.玻璃纸伸缩性很大,复制清绘稿上的误差也就很大。4.清绘人员因缺乏做过这样精细的古今套印的历史地图的经验,加以思想上重视不够,因而不能完全符合编稿。此种情况自经发现后,曾多方设法弥补修正,避免重绘,终因图幅内容过于繁复,难以一一修改校正。根据专家意见,认为有重绘的必要。但因科委指示,杨图应在今年国庆节以前完成,如要重新整编改绘,就有一系列的问题,比如底图问题、时间问题、进度问题,必须作适当解决。因此,谭其骧教授到京会同地图出版社向杨图整编改绘委员会吴晗同志和国家测绘总局白敏副局长汇报请示。遵照白副局长和吴晗同志指示,我们进行了研究,特提出如下的整编改绘新方案:

一、分幅原则:各朝按政区分幅编绘,冠以一轮廓性指示性的总图。各图幅按内容繁简,确定比例尺的大小和所占篇幅多少,可以几个政区合为一幅,也可以一区一幅,或一区数幅。

二、开本:原定用四开本,为便于用政区分幅和使用方便起见,拟改用八开本。

三、编制方法:

1. 底图采用总参测绘局和国家测绘总局共同新编的一百万分之一的中国地图,缩制为各种需要的比例尺。

2. 为确保套印正确计,编稿和绘稿一律裱糊在锌版上进行。

3. 表示方法,郑重突出古图,适当地绘注今图,以衬托古图为主。整饰力求典雅和谐。

4. 各图按需要酌量绘制晕渲。

四、进度:

1. 设计:设计工作量估计为 200 工,一、二月份各投入五个工作人员,至 1959 年 2 月底完成设计书、样图及编绘用底图。

2. 编稿:编稿工量,除已完成部分外,尚需 5500 个工作日。其中属于编辑的工作量计 1500 工,属于助编的工作量计 4000 工。按现有编辑人员(兼职三人,专任二人)每月投入工(兼职人员每月 10 工,专任人员每月 20 工)计算,需 21 个月完成;助编 12 人,每月投入 240 工,17 个月可完成。约计明年国庆前可完成。如果要求今年国庆节前完,根据我校的情况,要再调出编辑人力六人是有困难的。因此,我们建议,完成出版的时间,按实际情况,延至 1960 年国庆。今年国庆节前编稿完成 80 幅(约为全部杨图的二分之一)。

3. 清绘:清绘工量估计为 2800 工作日。由地图出版社派出清绘人员,密切配合编稿进行清绘。在今年国庆节前完成清绘稿 40 幅(约为杨图的四分之一)。

4. 出版:由地图出版社负责出版印刷,今年国庆节前出版 20 幅(约为杨图八分之一)。杨图拟采取分批出版的办法,今年国庆节出一批,年底出一批,1960 年再分批出全。

以上方案和意见是否妥当,请予批示。

复旦大学
国家测绘总局
1959 年 1 月 □ 日

4 月,谭其骧进京参加《中华人民共和国国家地图集》编委会会议期间,白敏、刘德隆、张思俊、邹新垓、刘宗弼等又与他商谈了制图方面的问题。

为了采用最新测绘的今地图作为底图,并用现代方法制图,白敏提议将这项任务交给国家测绘总局所属的武汉测绘学院,他认为地图出版社当时采用的底图和绘制方法已比较陈旧,不适应新的需要。从 1959 年下半年开始,武汉测绘学院参加了底图的准备和图稿的清绘。1961 年后,测绘总局所属的测绘科学研究所成立了历史地图室,专门负责杨图的制图工作,武汉测绘学院的几名毕业生分配至该室工作。

7 月 17 日,谭其骧与章巽一起进京出席杨图会议,这次会议主要讨论设计问题。19 日早上一到北京市人委招待所,谭其骧立即与刘宗弼一起去拜访吴晗,研究了开会的筹备事项。20 日,他又先后与沈静芷、白敏交换了意见。当晚迁入和平宾馆后,又与沈、白去吴晗家商谈了会议的准备工作。21日,吴晗、尹达在中科院历史所主持了杨图会议,学部的姜君辰等二十来人参加。谭其骧汇报了四年半来的工作,接着就讨论设计方案。第二天继续开会,各方面争论激烈。出现争论的主要原因是新旧基础和方法的冲突,复旦大学、地图出版社、武汉测绘学院三家还不能互相适应,需要有一个协调的过程。为此,24 日下午谭其骧与刘宗弼、周岩及武汉测绘学院的钱冰等商谈会后三家的分工。25 日,谭其骧先后去地图社和历史所,分别与沈静芷、张思俊、尹达商谈了会后的工作安排。

10 月 5 日,在北京市人委召开杨图工作会议,吴晗、白敏、沈静芷等出席。会议先对试样提了意见,然后作了几项决定:《图集》用 8 开本,单面印,装成二册,封面用标准布;图幅的分法用新样本;文字说明应详细,便于读者了解当时形势;天地头应尽量放宽,图框应较小于新样本;图上的海岸线用虚线;清代图待历史博物馆批准展出后即可收入。14 日下午开会成立清图专门小组,决定由谭其骧任组长,要他回去争取复旦党委的支持,成立一个工作组;清图要在 12 月 1 日前定稿,以便历史博物馆元旦开馆。这次讨论和编绘的清图虽非直接用于杨图,但也为杨图中清图的编绘确定了一些重要原则,特别是有关边界方面。17 日,谭其骧离京返沪。

1960 年 6 月,谭其骧去北京出席全国文教群英会。7 日休会,中午吴晗在北京餐厅宴请谭其骧和尹达、白敏、沈静芷等,同时商议杨图工作,决定扩展原来计划,将中原王朝以外的少数民族和边疆政权也包括进来。12 日,谭其骧写出了书面计划。

同年 9 月 12 日,谭其骧进京出席杨图委员会会议,赴会的还有历史地理研究室党支部书记魏嵩山和学术秘书邹逸麟。14 日起在东方饭店开会,当天是委员会会议,参加者以委员为主,讨论工作计划和安排。16 日和 17 日上午举行审稿会议,增加了中科院历史所和北京师范大学的几位学者。19

日白天和晚上讨论图例和制图技术问题,参加者主要是国家测绘总局、地图出版社和武汉测绘学院的相关人员,20日与武汉测绘学院的同志作了下阶段的工序安排。

1960年12月27日,在北京华侨大厦举行了一次杨图工作会议,吴晗、尹达主持,参加的有侯外庐、金灿然、翦伯赞、中科院民族研究所所长翁独健,中科院地理所的黄盛璋、陈述彭,国家测绘总局李局长、刘德隆处长和刘宗弼,武汉测绘学院的张克权、邹毓俊和段体学,学部的李高敏,中科院历史所的陈可畏等人,地图出版社的张思俊、欧阳缨、副总编辑邹新垓和上海办事处负责人周岩、编辑尹正寿等。翁独健到会是因为此前已增加了民族分布的内容,陈述彭则为地图测绘方面把关。谭其骧与金竹安(复旦大学借调的制图人员)于25日进京参加会议。

由于这次会议主要是解决制图方面的问题,所以在行前,谭其骧与室内同志商定,在武汉测绘学院提供了合用的底图后,请该院派六人来校工作30天,集中清绘出一批图稿。复旦大学轮流派一至两位作者和一位绘图员去武汉,随时协调清绘工作。还准备要求中科院历史所和地理所合作,解决编绘清图中边疆地区图幅遇到的困难。在当时的政治气候下,室内同志也对编绘工作的"思想性"和"政治性"提出了批评意见,如认为过多地表现了统治阶级的活动,对劳动人民的活动表现太少;像"欧洲人东来路线"一类图是客观主义,以帝国主义的侵略为主、以人民反抗斗争为陪衬是错误的;其他如项羽用黑线、刘邦用红线,汉族用较鲜明的颜色、少数民族用较晦暗的色彩都是不妥当的;唐代图中将城市分为工业城市、商业城市、消费城市也不妥。

29日会议结束,当晚周维衍从上海赶来,因发现武汉测绘学院提供的底图不合用。第二天,双方就此事作了研究,决定在上海改印。31日,谭其骧去测绘总局协商工作计划,作了几项决定:形势图的前半部分设法提前交稿,争取先出第一卷。春秋至西晋图幅在1961年9月底完成抄清,分批送复旦大学审校。十六国、南北朝11月底,隋至宋代、南北朝前形势图年底,宋至明1962年2月底,形势图后半部分及清图1962年底完成。1962年的五一、七一、十一三大节日各出一、二、三册。与"大跃进"时那种一天画成一幅图的口号相比,这一计划还算保守的,但以后的事实很快证明,还是快得不切实际。会议还商定,中科院历史所派七位青年同志去复旦大学参加编图。

1961年8月,谭其骧与周维衍、邹逸麟、王文楚赴京参加杨图工作会议。23日会议在前门饭店举行,云南大学教授方国瑜首次出席。1960年6月已提出了杨图增加边疆地区和少数民族政权图幅的计划,并要求聘请有关专家承担,邀请方国瑜到会,就是为了落实编绘云南地区图幅的任务。

1963年1月6日晚,吴晗、尹达、姜君辰、白敏、张思俊、刘德隆、刘宗弼自北京飞抵上海,南京大学教授韩儒林也自南京而来,出席将在锦江饭店举行的杨图工作会议,着重讨论制图方面的工作。8日上午会议正式开始,谭其骧代表复旦方面汇报工作,刘宗弼等汇报了制图方面的工作。在9日上午的会议上,白敏谈了制图方面的意见。在以后几天里,会议对制图工作的要求和日程做出了具体安排,至12日上午通过了会议纪要。但在闭幕会上,谭其骧与吴晗、白敏又发生争论。会议曾讨论了对地图上古今地名相同时的处理方案,白敏主张在这种情况下一律删去今地名,以便节省制图的工作量。吴晗从尽快完成任务出发,立即表示赞成,并要求列入纪要。谭其骧认为古今对照是我国历史地图的优良传统,应该尽可能继承下来,采取部分对照的办法并不科学,还会引起读者误解,坚决不同意。最后双方妥协,改为经过试验后再作决定。以后的做法是,底图上的县治不全部画出,但画出的都注上今名。

南京大学韩儒林与会,是为了商议西北和蒙古地区的编图,这表明改绘杨图的工作已经全面突破了改绘范围,不再限于杨图所画的中原王朝。就在这次会议期间,吴晗、尹达与谭其骧商定,不久在北京召开一次扩大的杨图委员会会议,正式确定将编绘的范围扩大到各边疆地区,并落实承担单位。

为了保证谭其骧和其他14位教师集中全力于杨图改绘,会议期间复旦党委做出决定:将1961级历史地理专业学生并入历史专业,1963—1965年历史地理专业暂停招生。

同年5月12日,谭其骧与本室的邹逸麟、魏嵩山、周维衍到达北京和平宾馆。当晚,谭其骧与吴晗、张思俊、田夫(学部)、侯方若等开了预备会议。第二天上午九时会议开幕,除吴晗、刘德隆、刘宗弼、侯方若等领导和制图方面人员以外,中科院民族所的冯家昇、历史所的王忠、地理所的黄盛璋、考古所的王世民及中央民族学院的傅乐焕等也参加了会议。14日晚上,方国瑜到会。这次会议做出了两项重要决定:一是突破杨图中原王朝的版图,改以1840年前的中国为范围,在此范围内的历代边疆地区的部族及其所建立的政权辖境全部予以画出;二是对每一个历史时期,不再像杨图那样往往将不同年代的建置混杂在一幅图中,改为选定一个年代为标准。每一时期图幅的编绘,先根据这个时期的具体情况制订编例、排出政区表,然后根据原始

图6 20世纪60年代初,谭其骧为历史地理研究室师生讲解地图编绘知识

资料,经过缜密考证,确定每一点、线在今地图上的位置,并尽量采用考古发掘调查和考察的成果,不再以杨图为依据了。会议还决定取消工矿、战争、城市、中原王朝范围内的民族分布等图幅,只保留首都城市及其近郊图。这意味着,改绘杨图的工作已成历史,从此进入了新编中国历代疆域政区地图集的阶段。但出于习惯,"杨图委员会"的名称依然沿用,这套正在编绘的地图集也一直沿用"杨图"这一名称。

根据会上的分工,考古所负责原始社会遗址,南京大学和民族所负责西北与蒙古地区,中央民族学院负责东北地区,中科院民族所负责青藏地区,云南大学负责西南地区。谭其骧在会议期间分别与中央民族学院的傅乐焕、吴丰培、贾敬颜讨论了东北地区的明图、后金图和渤海图,与方国瑜等讨论了云南图中的一些具体问题。这次会后,各单位的编绘工作全面展开。

同年10月下旬,谭其骧进京出席中国科学院哲学社会科学部的扩大会议。杨图委员会利用11月10日上午休会和他们在京的机会,开了一次工作会议。15日,他与方国瑜交换了意见。为了有利于测绘研究所人员的制图工作,他在11月6日晚上为他们讲了明代地方制度与历史地名的查阅方法。

1964年3月11日下午,新的一次杨图会议在北京前门饭店召开,谭其骧与邹逸麟、魏嵩山、周维衍参加会议。3月12日上午起的三个半天分别由吴晗、尹达主持,听取各单位的汇报,汇报者有傅乐焕(东北)、冯家昇(中科院民族所,西北)、韩儒林(蒙古)、尤中(云南大学,西南)、王忠(青藏)、徐苹芳(中科院考古所,都城)、黄盛璋(都城)、刘宗弼(制图)和谭其骧。从 13 日下午起,吴晗和尹达不再到会,由谭其骧主持,讨论各组体例、注记、明代卫所表示方法、流官治所与土官治所如何区别等具体问题。会议在讨论确定了各图组的交稿日期和审稿工作后,于 19 日下午结束。

会后谭其骧留在北京审稿。第一阶段主要是蒙古图和后金图,20—29 日,谭其骧一一进行审校。30 日召开审稿会,上午到会的有郑天挺、罗继祖、王毓铨、黄盛璋、翁独健、蔡美彪、陈述、黄文弼等,下午增加了傅乐焕、宋蜀华,胡德煌、吴丰培、冯家昇也到会听取意见。31 日和 4 月 1 日,赖家度、胡庆钧、谢国桢、张鸿翔、许大龄、王锺翰等也参加了审稿会。4 月 1 日下午举行各单位联席会议,讨论明时期图的未了事宜,吴晗到会。

此后几天谭其骧继续审图,对一部分经审查合格的图幅签字交付设计,对另一些图提出了具体修改意见。4 月 6 日,他将审毕的稿子让尤中带回昆明。11 日,与冯家昇、傅乐焕谈了西北、东北图幅中的问题,与胡德煌谈了后金图中的问题。在返回上海前,吴晗、尹达、姜君辰、谭其骧和复旦大学分管这项工作的党委副书记徐常太在学部姜君辰的办公室会商了加强力量的办法,但除了留本专业学生参加工作这一条可行外,从外单位调人的事谁也没有把握。至于现有人员充分发挥作用这一条,不仅谭其骧无能为力,就是党委副书记徐常太也未必能保证他们把时间都用在编图工作上。留本专业毕业生的事到次年暑假得以落实,由于复旦历史系受到编制的限制,只留了钱林书、牟元珪和程显道三人,尹达就挑选了杜瑜弟、朱玲玲、卫家雄、李志庭等十名毕业生进中科院历史所,实际留在复旦参加编图工作,直到完成。1966 年随着"文革"爆发,编图工作完全停顿,数月后他们回历史所。

云南大学的方国瑜没有参加会议,5 月份他给吴晗和尹达写了一封信:

三月杨图会议,瑜因授课不能脱身,尤中同志一人去参加,归来谈论,多得知识。所担任明图,已按统一图例重绘寄复旦,可能还有很多不适当,请汇总时更正。今后当照会议决定的办法,待统一图例寄到绘制,可少错误,当经常与复旦联系。

会议讨论问题很周密,但有一事不甚明确,瑜已函谭其骧同志提意见,这问题比较重要,所以给您二位写这封信,请求指教!

《历代舆地图》在各个时期包有现在国土,这是已确定的,要照这样办。但现在国土之内,历史上常常是几个国家政权区域。质言之:常常有些地区不在中原王朝版图之内；如果只承认中原王朝为中国版图，在各时期就有一些地区要被划在中国之外，要如何处理这一问题呢？

这里要讨论中国历史发展的实质，是不是中原王朝史等于中国史的问题，我的意见是否定的。去年四月写了一篇《论中国历史发展的整体性》，后在云南《学术研究》九月号发表，意见很不成熟，希望史学界讨论这个问题，现在把拙稿寄上一份，请求指教！在此不重复说了。

近读公布中苏来往七封信，在苏共中央一九六三年十一月二十九日给中共中央的信，关于中苏边界问题的那一段里，有一句："……以武力侵占了不少别国领土的中国皇帝……"这样的意思，在一九五九年九月尼赫鲁在印度联邦院说过，去年出版近代史研究所编辑的《外国资产阶级是怎样看待中国史的》一书里，这种议论所见不鲜。帝国主义、修正主义和各国反动派不懂得中国历史发展的整体性，大肆诬蔑，发出谬论。不能使任意传播，要严厉申斥，请您二位领导史学界讨论这个问题，这是在中国史上反帝、反修的重大问题，不能等闲视之。

《历代舆地图》也要考虑这个问题。地图要反映现在国土之内的历史沿革，在历史上，常常有几个政权同时存在，政治区划如何处理？第一种办法是：只把中原王朝的版图认作中国版图，其余在当时中国之外。第二种办法是：把中原王朝版图只认作中国的一部分，其余政权区域也认作中国的一部分。在这两种办法，第一种是帝国主义、修正主义和各国反动派的看法，我认为是荒谬的，所以只能采取第二种办法。

第二种办法在地图上如何具体表现呢？我对于地图知识很陋，说不出很好的意见，姑且提出以下几点，以明代总图为例：

1. 标题。不作"明代总图"或"明朝总图"，而作"明朝时期中国舆地总图"，以"明朝时期"表示年代，不是限制地域，明朝版图以外的鞑靼区域、畏兀儿区域、乌斯藏区域，等等，在这时期都是在中国版图之内，是中国版图不可分割的部分。

2. 政区界线符号。国界线符号只有一种，包有各个政区，至于国界之内的不同政权区域的界线，只有政区的符号，也就是：明朝版图之外的政权区域，是作为地方政权区域，而不作为国家政权区域。

3. 政区着色。明朝版图之内各大政区各着不同颜色，以外政区亦各着不同颜色，与明朝版图内相同，即不以明朝版图内外而有分别，亦即同是中国版图之内，有一致性。

4. 全国首都符号只有一个北京，明朝版图以外的政治区域，即有称王称帝,不用国都符号,只用地方政区首府符号。

总之,同时有几个政权区域存在,不作几个国家区域处理,只作为一个国家版图处理,因同是中国版图,而明朝版图亦只为当时中国版图的一部分,不只为明朝版图也。

我们的任务是:要正确反映中华人民共和国国土之内在历史上的沿革,要反映作为整体发展的中国历史上的政治区域,要为当前的政治服务,而不是为历代王朝的政治服务,要不能给帝国主义、修正主义和各国反动派以口实。我们的工作,不是单纯的考据问题,而是有激烈的政治斗争,要贯彻政治要求,同时也要根据历史实质,要把历史实质弄清楚,首先要击破旧传统的王朝体系。我的知识很陋,不能把问题讲得清楚,希望指教! 也希望你们多作考虑! 如何? 草此即请

撰安

方国瑜上言
五月廿四日

方国瑜的意见,总的来说,是已经解决的问题,因为打破杨图局限的出发点,就是为了打破传统的中原王朝体系,使这部图集能够完整地显示历史上中国各民族共同的疆域。到 1963 年,杨图委员会和参加编图的各个单位已经形成了这样的共识,实际早已采用了他所说的第二种方法,问题只是如何在编稿中正确地运用。至于他提出的具体办法,如采用"明朝时期"和着色方法,实际已作了充分讨论,并且已找到了更完善的解决方法;而他提出的第 2、4 两点却证明了他所谓的"把中原王朝版图只认作中国的一部分,其余政权区域也认作中国的一部分"的观点,就是把中原王朝以外的其余政权都当作中原王朝的"地方政权",当作从属于中原王朝的一部分,将它们的首都降为明朝的一个地方行政中心。显然,他是想通过无限扩大中原王朝范围的办法来解决问题,根本没有"击破传统的王朝体系"。谭其骧当然不会赞成这种观点,以后杨图的编绘也没有采纳他的这两条意见。但在"反帝反修""突出政治"的声浪日甚一日的形势下,吴晗和尹达对这封信异常重视,他们很快作了正式答复:

国瑜同志:

文章和信都收到。

文章的论点,我们完全同意,而且,我们过去一直是如此主张的。

在历史上,在中华人民共和国现在的版图上,常常有几个政权同时存在。政治区划如何处理,我们同意你的第二意见,即把中原王朝版图只认作中国的一部分,其余政权区域也认作中国的一部分。

至于如何表现在图上,你提的四个办法,原则上我们都赞成。具体贯彻,需要编图单位复旦谭季龙同志等去研究、商讨,已将尊信转交季龙同志,并将此信复写一份给他了。

此后遇有此类问题,务必加强联系,提高工作的科学性和政治性。你的意见是十分正确的。

复致

敬礼

吴晗　尹达

1964 年 6 月 3 日

1965 年 1 月 5 日,趁谭其骧、方国瑜等来京出席第三届全国人民代表大会之机,在学部开了一天杨图工作会议。这次会议除了一般性交流工作进度外,着重研究了制图方面的问题。11 日,谭其骧去测绘科学研究所,与刘宗弼、余仲英一起研究图例,改定会议纪要,还讨论了图幅和编绘中的具体问题。为了使制图同志都能明确,12 日上火车前他又去测绘所历史地图室,作了一小时的讲解。

同年 7 月,"文革"前最后一次也是历时最长的一次杨图工作会议在北京和平宾馆举行,谭其骧与赵少荃(历史地理研究室党支部书记)、周维衍赴会,与会的邹逸麟已先期到京。7 月 19 日开会,吴晗、尹达、侯外庐、翁独健、冯家昇、陈述(中科院民族所)、傅乐焕、吴丰培、王忠、韩儒林、施一揆(南京大学)、陈得芝(南京大学)、黄盛璋、侯仁之、方国瑜、徐苹芳、马恩惠(民族学院)、曾世英、张思俊、刘德隆、刘宗弼、金竹安(制图人员)等出席。在上下午的会议上,各单位汇报了工作情况及问题。晚上开小会,拟订审稿方案,决定采用与会人员互审(内审)和请会外专家来审(外审)两种办法,先内审,再外审。20 日上午各单位继续汇报,最后宣布内审的审稿名单。下午会议由尹达主持,讨论外审名单及外审办法;将复旦大学完成的中原图幅分发各人,并由谭其骧简单介绍了各朝图编例。

从 7 月 21 日开始都是内部审稿,这期间谭其骧自己审了明两京十三布政司的总图,处理修改了云南幅,审了边区各幅,看了东北地区的修改意见,还请侯仁之审阅了金、元、明北京附近的图幅。26 日下午,尹达决定会议延长,将元明图全部审毕。

28日和29日两天组织外审,先后到会的有潘光旦、张秀民、王其榘、蔡美彪、胡庆钧、向达、陈乐素、杨向奎、张锡彤、罗致平、孙钺、陆峻岭、黄文弼、赵万里等。30日后继续内审,并讨论了图的性质、任务、内容、质量要求,元明二时期图的分幅及图名、图例、文字说明、表格、考释汇总和交稿的要求。在此期间,吴晗、尹达、姜君辰和谭其骧商谈了元明图交稿及集中完成剩余任务的安排,并立即致电复旦党委,请采取相应的措施。9月6日,复旦回电,决定全体编图人员集中到明年底。谭其骧还审阅了元东北、蒙古图幅,与吴丰培交换西北幅的意见,答复了张秀民提出的意见,听取方国瑜关于大理及元云南幅的情况,并召开座谈会讨论大理图,修改了广西、越南的边界并改定了相关的考释。

8月11日上午举行大会,吴晗作总结。下午举行编绘人员会议,落实下阶段任务,确定了到1967年底完成全部编稿的目标,又决定增加大比例尺历代首都城市图,由侯仁之负责,会议到此结束。

谭其骧又在北京留了两个星期,审阅、修改了东北、西北、青藏等地区的图幅,并在总图上作了相应的修改。归途他又在南京停留了几天,8月30日回到上海。

三、第三阶段:恢复工作,内部本出版(1969.5—1978)

1966年5月,"无产阶级文化大革命"全面爆发。谭其骧和各协作单位的学术负责人全部受到批判和迫害,编绘工作完全停顿。

1969年5月6日下午,原复旦大学历史系党总支委员、上海市革命委员会常委的朱永嘉派两位《文汇报》记者采访了才获得"一批二用"两个多月、刚结束在青浦农村四十多天劳动改造的谭其骧。几天后,由《文汇报》革命委员会办公室编的第359期《文汇情况》《本市资产阶级学术权威学习"九大"文献后的反应(二)谭其骧希望继续搞历史地图》送到了中共中央政治局委员、中央"文革"小组成员、中共上海市委第一书记、上海市革命委员会主任张春桥的桌上。张春桥阅后,立即召来朱永嘉了解详情。朱永嘉告诉他,编图的事是毛主席交下来的,具体是由谭其骧负责,但"文革"前的确是由吴晗抓的,与吴晗有关。张春桥说,只要是毛主席交办的事,就可以恢复。

得到张春桥同意后,朱永嘉马上通知了驻复旦大学军宣队政委方耀华,要他直接负责恢复杨图的工作,不要受其他运动的影响,尽快抓起来。不久张春桥又催问:"图动工搞了没有?要快点搞,谭其骧要积极工作。"5月15

日上午九时,在复旦大学军训团团部召开了恢复杨图工作会议。会议由上海市革委会第一办公室主任、上海警备区政委杨一民主持,朱永嘉代表市革委会参加,除了方耀华、复旦工宣队团长张扣发和进驻历史系的一位刘指导员外,历史系师生参加的有徐彪(学生,校革委会委员)、程显道(青年教师,历史地理专业1965届毕业生,历史系革委会主任)、周维衍(原研究室党支部书记)、林汀水(研究室教师)、邹逸麟,谭其骧是临时被通知参加的。

会议决定:杨图工作恢复,要快一点,争取一两年结束,大体告一段落。还提出要从备战的角度考虑问题,站在党的立场上,"备战,备荒,为人民";要作为革命事业来搞,不要作为名山事业搞。

会议确定:北方边界可以打破,不受什么限制;地名不要搞得太繁,从实际出发,要古为今用,为当前阶级斗争服务;要使大多数人看得懂,不是为少数专家服务;对参加编绘地图的同志来说,要体现出三年无产阶级"文化大革命"以来的提高;要吸取学习"革命样板戏"的经验,把革命性与科学性结合起来;有些制度该坚持的还要坚持,不合理的要改,要走群众路线,要突出政治,加强思想政治工作,不能单纯军事观点。

会议所确定的原则,从一开始就使恢复后的编绘工作不可避免地受到了那个特定时代的影响。不久前发生的珍宝岛事件已使中苏之间的冲突达到最紧张的程度,"苏修"(苏联修正主义)已成为中国的头号敌人。所谓"北方边界可以打破,不受任何限制",就是意味着在编绘历史地图时,凡是历代中原王朝或历史时期中国的北方边界,都应该尽可能地画大,以便能为当时的"政治"服务。

从5月19日开始,复旦大学历史地理研究室举办学习班,成立了由工宣队负责人徐以万,军训团成员、校党委委员王耀忠,程显道,周维衍组成的领导班子。除教师外,还有两名红卫兵和一名工宣队员参加。第二天开始分两组,就"领导权"问题开展大批判。所谓"领导权"问题,就是指"文化大革命"前,重编改绘杨图的领导权被以吴晗为首的"资产阶级反党反社会主义分子"所把持,而吴晗又重用了谭其骧这样的资产阶级反动学术权威,在编绘工作中实行主编负责制和专家路线,实行资产阶级专政。现在要恢复编图,首先就要将领导权夺过来,牢牢地掌握在无产阶级革命派的手中。21日和22日继续边批判、边表态,所有到会者都表示要全心全意投入工作。23日,朱永嘉代表市革委会来室催促,当即决定先编绘清时期图。

经过这几天大批判的"开路",5月24日终于开始了实际行动,讨论修改1965年最后一次杨图会议所定的编例。几名红卫兵也参加了编绘工作,其中三名 1970 届的学生到 1970 年 7 月毕业分配时还被借用了一年。

5 月 25 日开始,谭其骧就投入了紧张的工作。虽然当天是星期天,他还是在家里修订了清图的改编草案,供第二天讨论。接着又开出边疆地区的参考书目,查阅资料,准备讲稿,并在 29 日花了一整天时间向研究室人员讲解清代的疆域政区和国界。6 月 2 日开始正式工作,谭其骧排江苏省的地名表,星期一排出后嫌太繁,星期二又改变方法,至星期四完成。下一周他参加青藏组的讨论,并修改清图体例。同时,他还得参加各种学习、批判、劳动(日常劳动,下厂,挖防空洞)、军训、学唱样板戏、补充交代问题、接待外调等,所以尽管整天忙碌,能用于编图的时间往往并不多。如从 6 月 16 日到 21 日的一星期内,实际工作时间只有 13.5 小时,整个 7 月份的工作时间也只有 102 小时,8 月份有一周只工作了 3.5 小时。但谭其骧还是忍辱负重,在业务上尽量发挥作用,他写了清图、明图的编例,边疆地区编例,布鲁特和哈萨克的编图提纲,广西边界的处理方案,明代蒙古幅表示疆域政区的方案,明图西北幅增补疆域的建议,并校阅了全部图幅。

在此后的编绘工作中,还是贯彻"大批判开路",每开始一个图组,必定要对谭其骧批判一番,尽管都得依靠他写出编例。如 1970 年 1 月 19 日批判唐、宋图编例,他对"求大求全"和"客观主义"作了自我批判,但却被认为是假批判,会议从下午三点一直开到晚上八点多。批判的结果是取消了"文革"前已经开编的唐大中年间的图组,使唐朝由两个分别显示前后期的图组减为一个。7 月 8 日,谭其骧不得不对过去编图工作中的"爬行主义"作自我批判并接受群众的批判。9 月底开始修订两汉至南北朝图幅,谭其骧又得从自我批判旧图例开始,接受批判。到 11 月初,领导小组做出决定,东晋十六国、南朝宋梁陈、北朝东西魏北齐周等图都只画州郡而不画县治。工作量当然大大减少,但图的质量无疑也降低了。

1970 年 8 月初又在北京召开了一次工作会议,会上讨论的清图前言、编例和其他各册图的有关材料都是由谭其骧撰写或准备的,但他不仅无权参加会议,事后也没有征求他的意见。由于主编负责制已作为资产阶级反动路线而受到彻底批判,包括来"掺沙子"的红卫兵在内的一些人不但自己会在编稿中犯下莫名其妙的错误,还常常擅自修改他的编稿。但一旦被他发现,他还是不顾受到批判的压力,提出异议。如 1971 年 1 月 7 日,他发现隋唐图幅上的"大江"(长江当时的名称)已被改为长江,就向室负责人提出抗议,并写成书面意见;当晚又提出明以前灵州附近黄河应按《读史方舆纪要》《大清一统志》的记载改作古今不相同。可惜他个人的精力毕竟有限,而且并非所有被改的编稿都能让他看到，一些令人啼笑皆非的错误就这样留在以后内部出版的《图集》上。根据恢复编绘工作后制定的《工作责任制条例》第五条："定稿由三结合领导小组成员和编稿人员代表数人组成专门小组，负责各朝图幅最后审查、定稿和各编稿单位图幅的汇总统一工作，力求保证图幅的政治性和科学性。"谭其骧还没有资格参加定稿小组。

此前的 1969 年 5 月 24 日，由复旦大学工宣队、军宣队、校革委会盖章的信件发往中科院历史所革委会负责同志：

> 接春桥同志和上海市革命委员会指示：我校历史地理研究室所承担的国家任务——《中国历代舆地图》工作必须立即上马。为了落实无产阶级司令部的战斗号令，我们已成立了由工宣队、军宣队、革命师生组成的三结合领导小组，负责领导编绘《中国历代舆地图》工作。目前全室人员正在举办毛泽东思想学习班，落实市革会决定，认真总结经验。六月初，历史地图的编绘工作即将全面展开。
>
> 你处原是编绘《中国历代舆地图》协作单位之一，承担夏、商、周的任务，现在工作已进展到何等程度，对《中国历代舆地图》的编绘有什么设想与考虑，今后如何进一步搞好协作，等等，望请速告。

同样内容的信件同时发往原协作单位——中科院民族研究所、近代史研究所，中央民族学院历史系，南京大学历史系，云南大学历史系，国家测绘总局测绘科学研究所历史地图室。

此信发出不久，各单位陆续复信。复旦大学历史地理研究室又派人持上海市革委会介绍信到南京大学和北京各单位联络，不久这些单位都恢复了编图工作。只有云南大学，在发出三封信后仍杳无音讯，直到 11 月 1 日召开协作会议的通知发出后才有了反应。

1969 年 6 月 10 日后，复旦大学派工宣队负责人徐以万、历史地理研究室一位教师去南京、北京各协作单位联系，传达 5 月 15 日会议的情况和有关决定。7 月 14 日，复旦大学工宣队、军宣队、革委会向上海市革委会写了一份报告：

> 按照市革命委员会的指示，我校原历史地理研究室于六月一日正式恢复了《中国历代疆域政区图》的编绘工作。
>
> 图幅除中原地区编绘工作由我校历史地理研究室承担外，内蒙古

地区由南京大学历史系承担,东北地区由中央民族学院承担,西北地区由北京民族所承担。最近我们派人去北京与上述各单位联系,他们都答允立即开始工作。而青藏地区原由近代史所承担,他们表示有困难,现准备派人到北京去与他们协作。云南地区原由云南大学历史系承担,我们去信未能联系上,现准备由我校自己承担。为了加强与兄弟单位配合,共同搞好编绘工作,我们准备派五六人至北京去与各单位一起协同工作,北京的各个单位亦希望领导上能征得国务院(因学部各所属国务院)和北京市革命委员会(民族学院属北京市革命委员会管)的同意和支持,以便于他们安排任务。

国家测绘总局测绘所原系负责该图集的出版工作,最近我们与他们联系,他们表示愿意派人来上海参加有关出版方面的工作(包括抄清、等大编稿、清绘),他们希望市革会能协助他们在上海解决印刷和出版的安排。

为了保证图幅边疆部分的政治质量,我们希望能将边疆部分编稿的抄清,送外交部转有关方面审查。

图幅的进程,我们初步打算在今年十月一日以前完成清图和明图的编稿工作,今年十二月十五日以前力争能在清图和明图中完成一册的印刷出版工作。一九七○年年底以前基本完成图幅的编稿任务,力争在一九七一年九月底以前完成全部图幅的印刷出版工作。

……

以上意见当否,请批示。

上海市革委会副主任徐景贤将报告转给张春桥:

春桥同志:

历代疆域图绘制工作,由复旦大学转市革会介绍信去北京等地交涉后,工作渐见眉目,先搞清图、明图,请一阅。

景贤

7.18

张春桥圈阅后,没有表示书面意见。

与此同时,复旦大学向国家测绘总局、各省、自治区和有关市县发函,征集地图或地图册,包括属于机密的大比例尺地图:

某某单位革命委员会:

　　我校历史地理研究室承担国家任务,编绘《中国历代疆域政区图》,任务具有重大的政治意义,直接关系到反帝、反修的斗争。为了保证任务高质量完成,需要参考你处所编的《××地图集》,希望能够寄一份给我们。

　　致

　　无产阶级文化大革命敬礼!

复旦大学工宣队、军宣队、校革会

收到函的单位绝大多数都相当重视,及时寄来了各种地图。从当年 11 月开始,又根据编图中遇到的在现有文献资料或地图中难以解决的问题,向各地发出了大批信件,其格式如下:

某某单位革命委员会(或军管会):

　　我室承担编绘《中国历代疆域政区图》的国家任务,此项工作具有重大的政治意义,直接为当前反帝、反修斗争服务。为了保证高质量完成,目前急需了解如下一些情况,请予大力支持,并望速告为盼,来函可径寄上海复旦大学历史地理研究室。

但 1973 年后发出的信件已改变了格式:

某某单位革委会:

　　我室承担国家交给的科研任务,目前有一问题需要向你们请教,请予大力支持。

据现存资料,截至 1976 年底,发往各地查询的信件(发信时间、发往地点、查询内容)如下:

　　1969.11.1,四川峨边:今治所在,清峨边厅所在,何时移今治,唐罗目县治在何处

　　1969.12.1,四川峨边:沙坪西南太平墩是否即太平堡,清嘉庆时峨边厅是否在大堡

　　1969.12.2,江苏扬中:太平厅何时所设,治何处,迁过否,何时改太

平县和扬中县,二县治设于何处,迁过否,太平洲由何洲组成,1820 年时沙洲与江岸情况如何

1970.1.29,甘肃迭部:卓藏的正确位置,历史沿革,清嘉庆时所属,附近川甘省界变化

1970.1.29,四川若尔盖:同上

1970.6.20,青海民和:龙支今地,是否即隆治

1970.7.1,内蒙古临河:唐西受降城是否有遗址,有何传说,县志等书中有关记载

1970.7.1,内蒙古大学:同上

1970.8.10,青海民和:催问前函结果

1970.8.20,湖北省博物馆:毛家咀地点,车桥是否车桥铺

1970.9.15,湖北省博物馆:是否还有其他商周遗址,出土器物铭文

1970.9.15,湖南省博物馆:是否有商周遗址,出土器物铭文,已出土文物的确切出土地

1970.10.24,内蒙古博物馆、凉城县:凉城左尉子村位置,系汉魏时何城

1970.11.12,河北省文化局、河北省博物馆:两汉以来废郡县的名称和地点

1971.6.5,浙江省博物馆:老和山位置

1971.6.5,浙江长兴:上草楼村位置

1971.6.5,江西修水:上衫公社曾家山位置

1971.6.5,江西上高:塔下村位置

1971.6.5,江西万年:西山蔡家艾山位置

1971.6.5,江西清江:洋湖红土矮山岗,田家村位置

1971.6.5,安徽阜南:常庙乡位置

1971.6.5,河南南阳:十里庙位置

1971.6.5,河南桐柏:月河公社左庄村位置

1971.6.5,山东沂水:李家庄位置

1971.6.5,山东海阳:尚都村位置

1971.6.5,湖南株洲:洋屋岭位置

1971.6.5,湖南衡阳:六区公行山位置

1971.6.5,湖南浏阳:北岭位置

1971.6.5,湖北浠水:十月公社星火大队位置

1971.6.5,四川芦山:清仁乡仁家坝后黄木山位置

1971.6.5,福建浦城:富岭公社位置

1971.6.30,江西清江:红木矮山岗和田家村在今县何处,里程,简图

1971.7.27,河北昌黎:碣石山及附近沿海现状,有何传说,汉辽西垒县在今何处,是否有遗址,滦河下游曾否经昌黎入海

1971.7.27,河北乐亭:海底沙坝,有何金以前文化遗址,县西南有何古城遗址,海岸或近海是否有独立山峰

1971.8.14,安徽怀远:马头集位置,有何古城遗址,今马头集是古城或新城

1971.8.29,河南固始:建安乡位置,今县何时迁治于此

1971.8.31,安徽寿县:春秋寿春在今县西南确否,今县何时迁治于此

1971.9.27,安徽宿县:大泽乡确切位置

1971.10.13,山西侯马:侯马附近三处古城出土资料

1971.10.13,甘肃岷县:境内秦长城情况,在何地与临洮窑店驿长城坡相接

1971.10.14,甘肃临洮:境内秦长城情况,如何与渭源、兰州相接

1971.10.14,甘肃兰州:境内秦长城情况,如何与渭源、临洮、隆德相接

1971.10.14,宁夏隆德:境内秦长城情况,如何与兰州、固原相接

1971.10.14,宁夏固原:境内秦长城情况,如何与隆德、环县相接

1971.10.15,甘肃环县:境内秦长城情况,如何与固原相接

1971.10.15,内蒙古赤峰:境内秦长城情况

1971.10.15,内蒙古丰镇、集宁:境内秦长城情况,如何与卓资、张家口相接

1971.10.15,内蒙古集宁、察右前旗:同上

1971.10.19,河北张家口:境内秦长城情况,如何与围场相接

1971.10.19,河北围场:境内秦长城情况,如何与赤峰相接

1973.7.25,南京博物院:建湖三羊墩汉墓及苏北海岸其他文化遗址

1973.7.25,江苏滨海:隋唐至元明海岸线变迁

1973.7.25,江苏阜宁:隋唐至元明海岸线变迁

1973.7.25,江苏建湖:三羊墩汉墓情况与位置

1974.6.1,江西清江:县内商周遗址发掘地点

1975.7.4,四川汉源：县治何时从清溪镇迁于今治

1975.7.4,四川蓬安：原在嘉陵江西陵江镇之县治何时迁至江东周口镇

1975.7.7,四川万县：县治何时迁于今治

1975.7.7,四川广元：昭化县何时废并入广元

1975.7.14,四川成都：华阳县何年废,成都县何时废,成都市何时置

1975.10.14,四川汶川：解放初县治是否在绵池,何时迁今治威州

1975.10.14,四川高县：原庆符县何时并入高县

1975.10.14,四川郫县：县西北唐昌镇(解放前崇宁县)何时并入郫县

1975.10.14,河南兰考：兰封与考城何时合并,原县治各在何处

1975.10.14,贵州从江：清下江厅何时改县,下江县何时撤销

1975.12.8,四川长宁：原县治双河镇,何时迁今治

1975.12.19,河南淅川：民国县治临丹江是否今治上集,二者有何关系

1975.12.27,山东省水利局：南旺湖形成历史及有关记载

1976.6.10,河北滦县：两汉昌城、夕阳二县今地

但这类信的效果就不像征集地图那么显著了。"文革"期间地方上正常的学术文化活动大多受到严重破坏,各类专业人员或业务人员受到冲击,不少人已经离开了原来的岗位,少数留任的人也同样属于"一批二用",所以收到的答复大多没有什么具体内容,只是少数有新的考古发现。

在复旦大学中国历史地理研究所的资料中还保存着几件"文革"前外单位的复信,如1965年4月13日陕西柞水县人委答复清孝义厅的治所,1966年1月17日山西永济县人委答复清蒲州府永济县治、汉蒲坂县故城位置,1966年5月4日陕西文管会答复汉惠帝安陵县的位置,不过那时征询的规模显然要小得多。

1969年7月15日,复旦大学向国家测绘总局军管会负责同志发出一封公函：

国家测绘总局军管会负责同志：

为协作编绘《中国历代疆域政区图》事宜,根据上海市革命委员会有关方面的指示,最近我校给上海市革命委员会写了报告,提出了编绘

出版的计划。我们初步打算：在今年十月一日以前完成清图和明图的编稿工作，今年十二月十五日以前力争能在清图和明图中完成一册的出版工作。一九七〇年年底以前基本完成图幅的编稿任务，力争在一九七一年六月底以前完成全部图幅的印刷出版工作。此计划已得张春桥同志支持，徐景贤同志作了批示，先搞清图、明图。为此，我们急需与你们商议有关绘制出版方面的计划安排问题，特别是今年十二月十五日前完成清、明图组中的一册。你们在绘制出版方面还存在什么困难，希望你们速来公函说明之，能立即派一二人来我处联系。此项任务你们如需向上级请示，可呈国务院总理处。

关于经费问题，我们已向上海市革命委员会反映，目前还难统一解决，先由各单位自行负责，等我们接到指示后再同你们联系。

复旦大学工宣队、军宣队、校革会

一九六九年七月三十日

但对方收到此函后，并没有做出积极反应，而是要求一个正式的中央文件，以便解决经费和人员安排的问题。其他单位也有类似的要求。为此，朱永嘉让复旦大学拟了一个电报稿，想以上海市革命委员会的名义上报中央：

（标题：关于编绘《中国历史舆地图》的请示报告）电报稿

中央、中央文革：

毛主席早有指示，要改绘杨守敬的《中国历史舆地图》。此项工作，在无产阶级文化大革命前中原部分的编稿工作由上海复旦大学历史地理研究室负责，边疆部分由北京民族研究所、近代史研究所、民族学院负责，夏商周部分由北京历史研究所负责，画幅的清绘由测绘总局负责。

无产阶级文化大革命期间，此项工作暂时中断。

今年六月份，我们根据斗、批、改运动的需要，要求复旦大学工宣队、军宣队，重新调整原来的编稿班子，在抓紧革命大批判的基础上恢复工作。在这同时，又派人到北京联系原来的有关协作单位，要求共同来完成此项任务。经过几个月来的努力，工作已渐见眉目。我们（如果协作单位同意的话）计划今年十月一日以前完成清图、明图的编稿工作，力争在一九七一年六月底前，出版全部图幅，向毛主席献礼，向党成立五十周年献礼！

但目前北京各协作单位的领导,向我们在那里协同工作的同志表示,没有中央正式文件,此项工作不能再继续下去。整个工作如单由上海承担下来,困难很大。我们意见,能否(还是)继续协作下去,共同完成毛主席所交的光荣任务。为此特报中央,希予(可否)批转上述北京有关单位。(请阅示。)

以上报告,当否?请指示。

上海市革命委员会
一九六九年九月七日

徐景贤在 9 月 8 日作了批示:"请少庸同志阅改,并报春桥同志审阅。《历代舆地图》的编绘工作,最近遇到一些困难,北京的协作单位要有中央批文。我们起草了一个电报,拟争取转发。"市革委会常委王少庸圈阅后,当天就对电报稿作了修改(括号中即为王少庸所改),并立即报给张春桥,张却批了"暂不发,面商。春桥 九月八日"这几个字,于是这份稿子又退回了朱永嘉。

张春桥不同意发电报的原因我们已经无从了解,但面商的结果是由上海市革委会分别向各协作单位的上级发文,北京市、江苏省、云南省、中国科学院和国家测绘总局的革委会或军管会都收到了要求协作的文件,问题基本解决。

就在编图的工作恢复不久的 1969 年 8 月 17 日,由研究室向各协作单位提出了这样的意见:

《中国历代疆域政区图》中中原王朝分幅图中除了画标准年代的疆域外,还应画出王朝曾达到的最大疆域。在不影响原来分幅比例尺的原则下,或在标准年代分幅图上补充最大疆域的那块地方,或作插图附在该分幅图中,如明代哈密八卫应在明陕西幅中表示,又如明代洪武年间王朝疆域曾到西拉木伦河,洪武时这块疆域应补画在京师幅中,当时政区地名如系蒙古前期图幅中未画上应补,这样可粉碎苏修所谓"中国疆域北以长城为界,西以嘉峪关为止"的无耻谰言。以后各朝都应这样做。

在当时的情况下,只要有人提出这样的建议,谁也不会反对,也不敢反对。但由于中原王朝的疆域的盈缩一般不可能在同一年代中出现,往往在某一方向达到了极盛,另一方向却缩小了,所以这样做实际上必定要将属于不同年代的疆域合在一幅图上,以拼凑出一个"极盛疆域"来。

为了使明图能显示明朝的极盛疆域,10月25日决定将其标准年代改为宣德三年(1428年)。但这样做也未必能达到目的,于是一部分人提出干脆取消标准年代。11月12日,经朱永嘉参加讨论决定,仍用宣德十年,但边界要画极盛版图。

11月20日,各协作单位碰头会在复旦大学召开。根据会前发出的通知,会议主要讨论以下问题:

一、编绘工作如何更好地突出毛泽东思想,如何更好地为无产阶级政治服务,特别是为反帝、反修斗争服务。

二、根据"鼓足干劲,力争上游,多快好省地建设社会主义"总路线的精神和当前备战的要求,如何高速度、高质量完成编绘工作。

三、总结、交流前一阶段的工作情况。

四、制订今后编绘工作的计划和措施。

五、讨论图幅中存在的一些疑难问题,着重是边区图幅中有关问题的处理。

六、各单位今后如何进一步搞好协作关系。

七、制订《编绘工作责任制条例》。

八、其他(如经费问题等)。

代表复旦大学汇报情况的是校领导班子成员之一、工宣队员徐以万,代表上海市革委会讲话的是朱永嘉,各单位来参加的也是工宣队、军宣队员或较年轻的研究人员,没有像谭其骧那样的"反动学术权威"。谭其骧只是作为复旦大学一名普通的编绘人员参加讨论,当天下午三时后的"头头(各单位负责人)会商"就与他无关了。

这次会上讨论并安排了明、清图稿的绘制和印刷出版,又研究了汉、唐、元图的编绘要求。谭其骧从会议期间就开始拟定有关图册的编例,在会议结束时完成了汉图编例草案。

会议结束的27日晚上,云南大学教授方国瑜才赶到。原来云南大学历史系之所以一直没有给复旦大学回信,是因为方国瑜迟迟不能解放,没有人能够承担这项任务。直到收到上海市革委会的文件,云南省革委会下令立即参加协作后,云南大学才同意让方国瑜到上海来开会。

会后,谭其骧继续忙于撰写各册的编例,解决编稿中的疑难问题,增补缺漏。12月20日下午四时,复旦大学历史地理研究室领导突然召集会议,传达了刚得到的北京消息:中共中央政治局委员、中央"文革"小组顾问陈伯达关心《图集》。

由于《图集》涉及边界和民族方面的敏感问题,1970年1月谭其骧接到任务,要他撰写有关送审材料,准备通过中科院民族所和中央民族学院上报外交部。4月,北京传来消息:外交部已将送审图幅退回,但只是一般地看了西北与东北两个地区;总的意见是:边区地区政治性强,每个点一定要有充分的资料根据,不能搞错,今国界外的各点文字资料均要保存,以便于审查。朱永嘉打电话问张春桥,张回答说:"最近外交部较忙,时间挤不出来,我们自己仔细复核一遍。特别是边界问题,一定要力求准确。在此基础上可打印一百份成图样张,呈送毛主席和中央其他负责同志审阅。"5月3日下午,复旦大学历史系召开全系大会,宣布张春桥即将赴京向毛泽东报告这套历史地图集的工作,朱永嘉讲话,研究室人员纷纷表决心。朱永嘉还带来一份上海市革委会准备上报给毛泽东、林彪、中共中央的《关于编绘〈中国历史疆域图〉工作的报告》,研究室立即转发给各协作单位。事后上海市革委会要求在8月15日前将清图装成若干册,送中央审阅。

12月23日,复旦大学历史地理研究室向各协作单位通报:

> 今接上海市革会有关方面负责同志电告:清图送审报告和样本经周总理看后已转给康老(康生)。康老同志亲自挂帅,并会同郭老(郭沫若)、外交部、国务院科教组、历史所等单位组成专门小组审查。

当时确定的计划是,"力争七册图集于七一年十二月二十六日这个光辉日子全部出齐,每册印一千五百本"。1971年1月,该计划以复旦大学党委、工宣队、军宣队、革委会的名义上报上海市革委会,并申请当年经费55万元。由于已明确由郭沫若与外交部审查,此后复旦上报的材料都送郭沫若4份、外交部5份。

1971年1月15日,领导小组决定将五代总图原定的后唐长兴二年(931年)改为后晋天福八年(943年),主要是考虑到939年静海军脱离南汉独立,这样可不至于把今天越南的一大片领土划进来,而且那时东北地区东丹割据势力与中原政权的关系也较密切。在回答云南大学来信问询时,领导班子一位成员答:"关于五代总图标准年代的改动问题,我们没有接到中央新的指示,但是上海市革委会有关同志口头跟我们说过:选择标准年代最好能避开与越南、朝鲜等兄弟国家大块土地的进出问题。郭老最近在北京与有关编绘同志谈话中也是那个意思:今国界线外的地区,凡涉及友好国家,图上最好能有与内部不同的表示。根据这个精神,我们考虑五代总图年代还是改一下好。"

1971 年初,中央民族学院制图组将清图中有关中俄、中朝边界的资料送外交部审查,并请示要不要编绘清代后期中俄边界变迁形势图以揭露沙俄帝国主义鲸吞我国领土的罪行。2 月 18 日上午,外交部领事司负责人去中央民族学院,口头传达了外交部的几点意见。他说,我们觉得绘这一幅图很好。关于中俄边界变迁形势图,根据当前斗争形势,是非常需要的。从我们的角度,提五点要求:

一、你们的报告提出要补画清代后期中俄国界变迁形势图。我们希望不仅画清代后期,能不能包括明代或明代以前北部边界变迁的情况。如有困难,最好从《中俄尼布楚条约》以来的变迁都包括进去。

二、你们送来的报告提出画东段中俄边界的变迁,中段、西段同样需要,最好都画。这样涉及各个单位,请你们各单位协商一下。

三、整个中俄边界的变迁,最好都包括明代以前的情况,绘在一张图上,用不同颜色表示,注明各个朝代、年代。

四、边界线上各点和边界线的画法,要有充分根据,希望在画出图的同时,整理出文字资料,并注明出处。

五、建议你们向上海市革委会负责同志汇报,向《中国历史疆域图》编绘组建议组织有关单位协商一下,看这样一幅图好不好画。这是我们的希望,画不画,由编辑组决定,请你们协商。

3 月 19 日,复旦大学革委会向各协作单位发出通知,传达以上意见,建议于 3 月 29 日在北京召开编绘工作会议,并请外交部条法司派人参加。民族学院很快回电,称此会必须报请国务院批准,有关方面也没有做出答复。4 月下旬,复旦决定 5 月 6 日在上海召开第五次编绘工作会议。

4 月 27 日,上海市出席全国出版工作会议的市革委会文教组负责人绳树珊,口头传达了周恩来接见他们时对《中国历史疆域图》的指示:

当绳树珊问到送总理和春桥同志关于编绘《中国历史疆域图》的报

告有否批下来时,总理说:"春桥同志最近很忙,还没有来得及研究。"当绳问历史上的边界问题如何处理时,总理说:"工作要继续抓紧搞好。关于边界问题,我们是历史唯物主义者,还是按历史事实画出。我们画的是历史地图,应该反映当时统治阶级统治的范围,不必区分是否兄弟国家。"

八个协作单位都派代表参加了 5 月 6 日开始的工作会议,在十多天的会期讨论了一至六册(原始社会至明时期)图中的问题。谭其骧除参加讨论外,还忙于与到会的外单位同志研究涉及的学术问题和协调各图幅间的一致性。但决定权当然还属于领导班子。6 月 9 日,复旦大学革委会向上海市革委会第一办公室报告:《中国历史疆域图》第四、五、六三册的编稿和清绘工作基本完成,143 幅图稿将分批交中华印刷厂制版。

会后,中科院民族所的林家有两次来信,并附来材料,对是否要画夏代图以及该图集的名称提出问题,复旦大学历史地理研究室于 6 月 22 日作了答复:

夏代是否存在,目前史学界尚未定论。如果画出,范围仅限于黄河中下游,没有几个地名。且夏代没有实际材料流传下来,我们现在看到的有关夏代地名的记载,都是春秋、战国以后的,距离夏代已上千年了,可靠性大成问题。"文化大革命"以前《图集》中没有包括夏代图,这次恢复工作时,我们曾有所考虑,除了由于上述原因外,很重要的一点就是我们看到了一份毛主席 1964 年 2 月与毛远新同志的谈话记录,里边提到:"尧、舜、禹有没有?我就是不信,你没有实际材料嘛!商有乌龟壳证明,可以相信。"此材料系"文化大革命"中非正式印发的,其后注:"根据 1964 年 9 月 22 日国防科委办公会议转发《毛主席与毛远新同志的谈话纪要》。"可靠与否,请你向出版口吴庆彤同志汇报、请示。

关于《中国历史疆域图》是否改名为"中国历史地图"问题。记得在一、二两次协作会议上曾进行过讨论,当时的意见认为我们这本图集的内容主要是反映疆域政区变化的,如果以"中国历史地图"为名的话,名称和内容不很贴切。中国历史地图应该主要反映中国历史上的阶级斗争,如农民起义、战争形势、人口、民族分布、迁徙等。

以上我们仅提供了一些情况。当然,尚需请示领导同志考虑。

5 月 19 日,谭其骧收到云南大学方国瑜关于隋唐爨部南界的考释,觉得对史料的一些解释并不妥当,写信提出了意见。8 月 9 日,他收到了云南大学关于隋唐边界的意见书,仔细研究后,觉得有必要加以答复,从 23 日开始撰写,因其他工作极多,直到 9 月 20 日才写完,他又根据这一结果修改了隋唐图幅中相关界线。

到 1972 年底,编图工作基本完成。1973 年 1 月 10 日,复旦大学又召开了一次协作会议。会上复旦大学向大家传达了这样的消息:张春桥修改了前言;周恩来将图交外交部、郭沫若和中科院历史所审,郭沫若为此专门召集了会议;毛主席已看到了地图。

张春桥对前言的修改其实只有一处,即将"但是有的国家不仅继承了帝国主义侵略我国的衣钵"中"有的"二字改为"还有两个"。

这次会议讨论了地图编绘中尚未解决的一些重大问题,如历史上疆域范围的处理和界线、各政权政治中心的表示方法,分裂时期各政权间界线的处理,没有资料根据的内部界线如何表示等。会议决定将图名由《历代舆地图》改为《中国历史地图集》,作者署名则为"编辑组",还要求各协作单位派代表参加定稿小组,作出版前的最后审定。

会议到 22 日结束,会后谭其骧与中央民族学院的郭毅生、云南大学的尤中和朱惠荣商谈,确定东北、云南图幅中的问题;春节后又与刘宗弼、金竹安讨论了图幅排列次序、目录编排、扩大图的名称,与南京大学施一揆、陈得芝商谈修改蒙古地区图,与云南大学会谈宋图、战国秦图和清图中的问题,并陆续审阅、改定各册图幅。但由于时间紧迫,他所审阅的范围只能限于已经发现问题或有问题尚未解决的那一部分,直到 8 月底还没有结束。

8 月 24 日,谭其骧接到周维衍通知,要他准备去北京向外交部汇报。他匆匆结束手头工作,开始准备秦至唐历代在今越南境内的边界、五代至清中越边界的资料,写成报告;又查阅了历代西界的资料。9 月 10 日,他与王耀忠、赵永复一起去北京开会。

自从《中国历史疆域图》的样本、有关边界的图幅和资料上报后,周恩来曾要外交部、郭沫若和中科院历史所审阅。周恩来工作繁忙,不可能亲自过问;而在当时的特殊条件下,郭沫若年事已高,又不愿多发表具体意见;外交部和中科院历史所也感到难以接手,所以审图的事久拖未决。张春桥急于在他手中完成图的编绘和出版,扬言如外交部不审就不用等,照样出版。在这种情况下,周恩来决定委派外交部副部长余湛主持审图。

1973 年 7 月 28 日下午三时至七时半,余湛召集会议,听取中科院民族所制图组和中国历史博物馆关于清代新疆图幅的边界以及沙俄侵占我国西北领土示意图的边界画法的汇报。在听取汇报的过程中,余湛提出很多意见,会议结束时又作了指示(据林家有等整理稿):

一、关于《中俄尼布楚界约》边界的画法

清代东北的边界,还有什么问题? 额尔古纳河没有什么问题。待议地区都画实线怎么样? 如果都画虚线,外兴安岭直到海,一大片都未定下来,这在政治上不利。沙俄很坏,每订一个条约都要按下钉子,为以后进一步侵略制造借口。《尼布楚条约》的待议地区,还是都画实线好。《尼布楚条约》的拉丁文本是标准,外兴安岭的词尾是单数,但也可以作为双数,理解为两个岭。这样画把待议地区规定在乌第河流域,在法律上是站得住脚的,也是说得过去的。其他都是已定界,这样,我们的解释是,外兴安岭以北属俄罗斯,以南属中国,中间的乌第河流域为待议地区。待议地区用一种不鲜艳的颜色表示,既不用表示中国的设色,也不用表示俄国的设色。

格尔必齐河这段界线,还是画绰尔纳河附近的小格尔必齐河为两国之界,根据较足。

参加尼布楚边界条约谈判的索额图,这个人有脑子,他开始提包括尼布楚都是中国的,但当时清政府为解决西北问题,主要精力放在西北,沙俄又争雅克萨,发现这里荒凉,不如额尔古纳河一带肥沃,双方都作了让步。条约签订后,沙皇认为得了好处,说柯罗文立了一功,被沙皇提拔了,他们后来说吃亏了,现在攻击是不平等条约,我们就要讲历史事实,我们还做了让步的呢!

二、关于清代西北边界的画法

画到巴尔喀什湖没有问题。从巴尔喀什湖到乌里雅苏台这段界,由巴尔喀什湖向东北,顺延爱古斯河,证据是充分的;再经楚克里克河,……以河为界也说得过去,记得苏修也是这样画的;往西过喀尔满岭,……继续延伸到铿格尔图喇的南面,……然后往东接乌里雅苏台图边界,这小段的画法可以。

铿格尔图喇,这个点很重要,图上要标出来。

从巴尔喀什湖到塔拉斯这段画法,塔拉斯为我伊犁属境,证据很充分,材料是过硬的,军博(军事博物馆)搞过打倒新沙皇内部展览,陈列了沙俄侵略西北的图,后来《解放军报》还登了出来,那个图中央未批,不能作为根据。军博展览是内部展览,除个别友好国家给看了,其余国家都不让看,那个图上塔拉斯未画出来,塔拉斯应该画进来。

从那林河向南至鄂斯(奥什)这段的画法,为了更主动,还是把奥什画进去,但图要标出奥什。从徐松《西域水道记》的记载看,"亮噶尔又八十里至奥什,有小城,入霍罕境",小城即指奥什。但《清实录》中称,"鄂斯本布鲁特故地,额尔德尼乃饰词以为己有",书中尚有还给之意(这是乾隆二十九年的事)。这个材料说明奥什曾被霍罕(浩罕)占领,你又未要,他又未还,不如将奥什画出去对斗争更有利。苏修如果提出来,我们可以说奥什原来是我们的,但后来被浩罕占了,我们也没有画进来嘛,这不是很主动吗?但亮噶尔可以画进来。查查苏修过去是怎样画霍罕(浩罕)这条界的,霍罕到1876年被沙俄吞并的,这段界如果查不清,就按苏修历史图上所画的1876年霍罕界画,对我们也有利。画历史图当然主要依据我们的材料,但亦要利用人家的材料,把苏修的历史图搜集起来研究,看他们过去是怎样画的,用他们自己的材料跟他们作斗争也是一种办法。

帕米尔地区的什克南,你们的材料说是属中国,什克南跨喷赤河两岸是怎么回事?具体应画到什么地方?再查查材料,看历史事实应画到哪。

最近阿富汗发生政变。我们查了一下地图,什克南过去到底有多大范围?什克南和阿富汗的拨达克山省到底是什么关系?请查一下。现在把瓦罕划进来一半怎么样?瓦罕走廊的情况史书怎么记载的?阿富汗现在还有100多万蒙古人,现在还像蒙古人,但蒙古语不太会讲了,大都信伊斯兰教了,自称是中国人的"亲戚"。如果把什克南和瓦罕都画进来了,那么坎巨堤怎么办?是否当作清朝的属国,你们再商量一下看坎巨堤、什克南、瓦罕跟清朝是什么关系。对阿富汗是按历史事实画,对巴基斯坦也得按事实画,不能不一样。现在苏修是在挑拨阿富汗嘛!

同苏修的边界好办,只要有根据就画。但对蒙古,有人说不好办,也不好讲,有什么不好讲的呢?蒙古过去就是我们的,历史事实就是这样,为什么不可以讲?

写文章同画成图不一样,写文章如果根据不充分,可以含糊一点,但画图就得根据充分,含糊不得。

中印边界怎么画的?拉达克应该画进来。

清代的中尼边界在哪里？如果按历史事实，中尼边界也不能画今国界，如嘉庆二十五年的材料没有，可画中尼签订边界条约前的边界，按《申报》馆图画。

中印边界画清国界，对巴基斯坦也得一样，画签订边界条约前的旧界。

总的说来，西部这大段边界，楚克里克河这一段，……巴尔喀什湖到塔拉斯，根据充分；塔拉斯往南延那林河，也说得过去；再到奥什，奥什画出去更主动；同霍罕的边界再查查，苏修的图怎么画的，记得苏修同我们画的差不多；再下来到喷赤河，涉及中阿边界了，该怎么画，查清材料；什克南同拨达克山省的关系要搞清楚；瓦罕还是算了吧，如果把瓦罕帕米尔画进来，坎巨堤怎么办？

三、对 1881 年《中俄伊犁条约》及其《勘界议定书》和 1884 年《中俄续勘喀什噶尔界约》的画法

沙俄坏极了，每签订一个条约都留下尾巴，清政府腐败无能，使条约和附图都对不起来。这是沙俄一贯的花招。

帕米尔地区的画法，乌孜别里亚山口以南的按 1884 年《续勘喀什噶尔界约》，中国边界一起向南，俄国边界一起向西，这中间为待议地区。帕米尔地区就画到 1884 年续勘界约规定的中国边界一起向南，不按现在出版地图上的画法。

有些地段的今国界，不能按现在出版的地图画界，要按谈判时外交部交给苏方的图的边界画。

总的说，这五块地区 70000 多平方公里，你们画的同过去外交部画的出入不大，可以定下来。

四、关于向中央请示报告的问题

历史博物馆展出的清代疆域图的边界画法，还是请示一下。可以提两个方案：一是按历史事实画，写清楚涉及哪些国家，同每个国家的边界到了什么地方，有什么问题。另一个方案，就是有的按历史事实画，有的画今国界。历史博物馆在开馆时，要有一套统一的解说，讲解的人要进行解释，如果外国人挑衅又怎么回答。

按历史事实画，要讲清怎么画的，这种画法的缺点，可能会引起一些国家的疑虑，会引起一些争论，苏修可能会挑拨。有疑虑可以解释，对友好国家的边界画法，根据更要充分，要慎重。另一个办法就是同苏修、蒙古、印度的边界画清界，其他画今国界，这种办法省事是省事，但

不按历史事实,苏修一挑拨就讲不出道理,也麻烦。比较上述两个方案,还是应该按历史事实画较好。

总之,历史博物馆不展出清图不是一个办法,总得要解决这个问题。上报的请示报告,两个方案写倾向于按历史事实画,因为含糊的画法,不是一个办法,不画也不是一个办法。我们自己要出图,不出图,展览、出书都不好办。历史博物馆要有一个清代疆域图。现在很多部门需要这张图,中国历史博物馆能公开陈列这张图,就有了标准。按历史事实画边界,并不意味着算老账,不是要收回这些土地。我们已经签订条约,划了界,苏修挑拨也搞不起来。地图出版社出了个《世界地图集》,苏修写文章骂了一阵子,我们没有理他,可是驻华的使馆都抢着买地图,但是后来人家也不理苏修。我们那地图是有些缺点,比如关于蒙古图的说明,过去属于中国的话也可以不说嘛。蒙古以前是属于中国的,乔巴山搞革命,1921 年宣布独立,1945 年国民党政府承认了,现在签订了《中蒙边界条约》,这是事实,说了也不是算什么老账。此外,马来西亚我们地图标马来亚就不好。这个图修改一下,还要出版。

历史博物馆上报的那个方案,搞两个画法的图,可在一幅图上表示,要尽可能画的有根据。西北的清界,还是有根据的,几个重要的点是准的。

出清代疆域图,如果要吵架,就是同苏修,可能还有印度。

要搞个报告出来,要附简要材料,这样中央方好审查。还要做好准备,准备中央要你们一段一段地讲。今天请你们来讲讲,否则我们也不好下决心。现在中央比较忙,十大以后就会腾出手来的。搞杨图的单位,请支持博物馆,将清图搞出来。

复旦大学等单位搞的清图,也要有个材料说明,附上简单的原始材料,前后加上一些文字说明,否则我们也不好表态。历史地图是上海市委抓的,我们把材料报上去,春桥同志会看的。但历史地图,我看也可先内部发行,让大家研究,广泛地听取意见,再充实、修改。

9 月 11 日,谭其骧等到达国务院第二招待所,第二天就与外交部国际条法司沈伟良商谈了会议的议程,并与其他单位协商了汇报内容。13 日下午,审图会议在中国历史博物馆召开,余湛、沈伟良等听取汇报。

谭其骧首先汇报了清图编绘的原则和存在的问题:

"文革"前历史图画了十一年,只画到明朝,没有画清朝,因为怕,怕与当前存在的边界问题关系太密切。"文革"后的 1969 年 5 月底,在张春桥同志、上海市革委会关怀领导之下复工,大批判带路,首先批判了过去不画清图的思想。大家一致认为,学术主要应为现实斗争服务,清图与当前关系密切,不仅要画,而且要先画,要当作重点。开始几个月复旦一家搞,接着市革会与原协作单位联系,邀请他们参加。各单位的分工基本上同"文革"前一样:中央民族学院负责东北,南京大学北方,民族所西北,近代史所王忠同志搞西藏,云南大学云南两广,海疆归复旦。复旦负责汇总,并派人去参加民院、民所、近代史所的编绘工作。

1970 年 7 月打出样子,由市革委会送审,12 月总理批示交外交部、郭老、历史所审查,至今已两年多了。这两年多来,根据总理、外交部指示,自己发现问题,各单位对各自的图幅进行了许多修改。至于复旦,没有尽到汇总之责,制版以前根本没看,打出样子以后也没有认真仔细看。

目前存在的主要问题,首先是怎样做到按照历史事实。原来编图中有把疆域尽量画大的倾向,或者强调区分友好国家与不友好国家,学习了总理的指示后,大家统一了认识。但遇到具体问题,各单位或各编绘者之间的认识就不一致,对同样的资料往往有不同的解释、不同的倾向。

其次是材料不足。如一些历史地名与今地图上的地名究竟是什么关系,有些地段只能按解放前未定界来画,还有的只能按照山脉来划分。

再就是藩属画不画?哈萨克和布哈拉都画了一部分,但哈萨克与布哈拉的情况不同。

最后还有标准年代问题,按照现定的标准年代,帕米尔、拔达克山、博洛尔和光绪年间刘锦棠收复六帕如何表示,都需要讨论。

接着由各单位汇报,当天仅汇报了东北的中朝、中俄边界和北方蒙古界,蒙古界还未汇报完,已到了六点半。第二天继续汇报,上午由南京大学汇报蒙古幅国界及内外蒙古界线,下午继续谈西北边界,然后由谭其骧谈两广边界,云南大学汇报刚开了头。当天会上决定,根据《尼布楚条约》的满文本和俄文本,将中俄待议地区定为乌第河以南、兴安岭以北。复旦又派项国茂(研究室教师)来京参加会议。

15—18 日,会议继续听取了云南和西藏边界的汇报。接着商定,由外交部参加的会议仍在中国历史博物馆举行,编绘单位内部会议在招待所根据需要随时召开,已经确定要修改的图幅及时交地图出版社修改,由谭其骧负责改写边界画法的说明,并起草向中央的请示报告。

经过多次讨论和商谈,至 10 月 24 日决定清图按 1840 年的版图来画,不同年代的疆域在图上标明。在此期间,他们查阅了故宫档案馆的有关地图、北京图书馆的有关书籍,阅读和讨论了周恩来 1957 年在云南政协的讲话,在 10 月 20 日改定了请示报告。

10 月 10 日开始讨论明以前的原则和明图的边界处理意见,着重讨论了准格尔、亦力把里、乌斯藏、朵甘思等问题,至 29 日结束。20 日后,谭其骧与各单位的与会人员迁至和平里招待所。

10 月 25 日开始内部讨论元图,先后讨论了东北、北方、西北、西藏的边界和将新疆地区划归岭北甘肃行省的方案,至 11 月 1 日结束。11 月 5 日,谭其骧写出明以前图编绘原则,并将修改了的元明图界线交地图出版社。

11 月 2 日,在讨论如何写元明阶段的请示报告后,内部研究了两宋图的汇报。7 日上午,谭其骧与王忠、项国茂及沈伟良等去和平门附近阿沛·阿旺晋美的寓所拜访,询问他有关唐朝以来西藏的历史疆域,但对明朝西藏的都司卫所与五王的关系,阿沛也不十分了解。13 日晚,谭其骧得知南大等单位对他的汇报有意见,决定以后由各单位自行汇报。至 15 日,辽金两宋图结束。

11 月 20 日下午起讨论隋唐图,谭其骧认为此后的关键在于如何确定领土与藩属等关系,所以迫切需要补充这方面的材料,同时希望外交部将清图报告早日送上去。但在多次讨论中,大家对藩属政权、独立政权、直辖领土无法形成统一的认识。24 日,余湛提出:凡是已经归入中原王朝版图的地区,以后又独立了的,都定为割据政权;外交部的同志在谭其骧起草的基础上提出了明以前图编绘的七条原则。经多次讨论后,12 月 8 日决定按新七条处理图幅。但涉及具体问题后,发现七条仍有不适合的地方,到 14 日修改为六条,到 22 日的内部会议才由陈得芝执笔写定这新六条,并确定了画示意图的范围,中原王朝与边疆政权用同一颜色。在此期间,决定台湾从明图开始画入版图,其他凡置州县(包括羁縻)后均作为归入版图处理;决定帕米尔应画入清版图内。谭其骧还与邓锐龄商议了哈密力的处理办法,决定暂时不改。

11 月 27 日下午,谭其骧与沈伟良、王厚立去大跃进路七条二十一号拜访了乌兰夫,向他谈了编图的情况,乌兰夫听后没有发表具体意见。

鉴于需要讨论的问题还很多,沈伟良与谭其骧商定,在春节前暂时休会,谭其骧于 30 日返回上海。临行前,他与外交部工作人员陶明商谈了修改明以前六条原则,请他向外交部负责同志转达自己对中原王朝与边疆政权间界线的看法,并在 30 日凌晨赶写出了元明两广边界说明。

谭其骧回校后,花了几天的时间向学校领导写了一份近万字的书面报告,处理了一些紧迫的材料后,就又准备去北京了。

1974 年 2 月 3 日,朱永嘉要求谭其骧在会上坚持中原王朝与边疆政权不分色的原则,并作了三点指示:一、工作必须抓紧;二、不能只认中原王朝为中国,中原王朝与边疆政权应用同样颜色;若上报用分色、不分色两种方案,要求注明主张两种不同方案的单位名;三、条例不要订得太死,以免作茧自缚。王耀忠要他转达外交部,因运动太忙他不能去,但如必需出席时还可打电报来,到时马上就去。

谭其骧、赵永复、南京大学的陈得芝等于 2 月 5 日到北京,仍住在和平里招待所,6 日就向沈伟良汇报了朱永嘉的三条意见。此后几天,他主要整理南海诸岛的资料。外交部自然知道朱永嘉的意见实际上来自张春桥,所以准备由余湛出面给张春桥写一封信,14 日开始就请谭其骧等到会人员讨论起草。15 日晚上,上海打来电话,对谭其骧作了两点指示:一、对讨论的问题应求得一致意见;二、不赞成给春桥同志写信,如要写就应写给政治局。16 日下午,沈伟良、柯在铄等参加了商谈,决定暂时不写信。

2 月 19 日上午,在中国历史博物馆举行了 1974 年的第一次审图会议,讨论明以前的编图原则,各方争论激烈,仍然不能统一。下午转而进行内部讨论。就在当天早晨,谭其骧收到家里电报,妻子李永藩"18 日于第六人民医院切除,化验结果后日知晓"。他急忙与研究室联系,请了解实际情况。因李永藩要动大手术,学校同意他回去。外交部帮他购妥机票,他于 21 日下午回上海。

23 日李永藩动了手术,谭其骧稍作安排后,第二天就找朱永嘉汇报了北京的情况。朱要他将会上双方发言的内容写出来,如外交部给张春桥写信,就可作为向王洪文、张春桥、姚文元写信的根据。3 月 3 日他写完报告,交给朱永嘉,接着又开始整理南海诸岛资料,改写《沙俄侵华史》的元明部分。

周维衍于 2 月 25 日晚到达北京,代替谭其骧参加审图会议。在 3 月 3 日的一封信中,他说:

　　我们编辑组自行聚会商量,交换几次会上提出的各种不同意见的看法,开了几天会。大家认为主要在三个问题上跟外交部的一些同志有分歧:一是各政权之间的界线和最外边界线如何表示,全国统一着一种颜色还是按政权分别着色问题;二是《图集》中是否要画出历史中国的疆域范围问题;三是要不要表示臣属关系问题。经过反复讨论,编辑组同志取得了一致意见:即改变原先各政权之间用一级政区界线,最外边用国界线的表示方法,代之以内外一律用政权、部族界;各政权统一着一种颜色,不按政权分别着色;图上不画出历史中国疆域范围;不表示臣属关系。这个方案编辑组认为比较好,既符合历史事实,政治上对内对外又都有利,实际处理过程中也行得通。

　　昨天星期六上午外交部安排了会议,余湛、沈伟良和别的单位的几个同志都参加了会议。我们谈了编辑组的方案,并说明了理由。会上只是集中地议论了要不要画出历史中国的疆域范围和如何画出,以什么做标准的问题,外交部同志也觉得这个问题确实很棘手,不好办,没有把握,不敢作结论。余湛认为我们的方案图上是可以处理了,但问题仍存在,到底什么算是历史中国的疆域范围。现在写文章,编教科书都存在这个问题,送到外交部要求审查解决,外交部也没法处理,因此希望趁机请示中央解决一下,他准备以个人名义向春桥和中央其他领导同志请求指示。既然如此,我们打算写一个较详细的书面意见给外交部,希望他们把我们的看法如实地向中央反映,这个书面材料估计下星期初可写成。

　　在会上,我们对外交部领导组织这次审图会议提了个意见,要求抓紧,改变过去那种对会议没有个计划安排,弄到哪里是哪里的做法,提出每星期至少开两次审图会,并把这两次会议排进余湛的工作日程里去;其他时间则编辑组活动,准备材料,讨论问题。余湛表示同意。我们还提出整个会议进程要订个计划,每一册图审查的日程安排,争取何时把审图会议开结束,等等。余湛赞同这样,并派沈伟良下星期一下午跟我们一起商量制订开会计划,估计这么一来会议可抓紧些。

　　3月16日上午,谭其骧接到党委十时半开会的通知,朱永嘉传达张春桥意见:元明以上图不再交外交部审查。朱要谭其骧搞一份报告,写明审图会议有什么收获,还有哪些问题需要外交部审,用意显然是要将审图会移至上海,由编辑组自审,不再要求外交部负责,想搞得快一些。下午谭其骧到研究室与王天良等商谈后,晚上就动笔写报告,当晚一直写到半夜两点。第二天又写到半夜两点半。第三天上午学校就派人来催,他只得不停地写,到下午二时半完成了这份长达25页的报告。22日晚上,朱永嘉打来电话,询问他是否给北京写过信,又要他转问郑宝恒(研究室教师)是否与北京有过联系。实际上,外交部在3月18日向中央上报了《清以上各朝代疆域处理原则》,估计是朱永嘉或上海的什么人听到了来自北京的消息。

谭其骧于4月4日中午到达北京,下午就参加了秦汉图的讨论,晚上开始看西沙、南沙资料。此后每星期三、六上午在历史博物馆举行审图例会,与外交部人员一起逐册讨论;其余时间内部讨论,或准备资料,或修改已审定的图幅,或协商解决问题,例会到5月18日结束。5月20日,又在中国历史博物馆就西藏和堪察加半岛问题召开了一次汇报会。

一个多月间讨论和解决的主要问题有:两汉北边汉与匈奴、鲜卑的界线,东北玄菟、乐浪郡的东界;南海诸岛的画法;十二条编绘原则,上报编绘原则和《图集》的发行办法;葱岭以西回鹘改用黑汗,括注哈喇汗;唐代安南北界的画法;陈可畏提出的元明时堪察加半岛在境内的论据;元明西藏图;三国、西晋图将乌孙划出西域长史府;南海不注珊瑚礁等。

其中对今云南开远市以南唐安南都护府北界的争论,是1971年争论的继续和扩大。对这条界线的画法有三种意见:一是云南大学其他同志的意见,主要根据唐樊绰的《蛮书》;二是方国瑜的意见,在上面一条线之南;三是谭其骧的意见,在上面一线之北,根据是《曲江集·敕爨仁哲书》,其中记有开元二十四年(736年)的确切界线,与《中国历史地图集》采用的标准年代只差五年。方国瑜认为此五年中有很大变动,却举不出具体事例。经反复讨论,余湛决定采用云大其他同志所定中间一线,实际上只是一种折中办法。

会议确认《图集》用"中国历史地图集"的名称,确定由地图出版社内部发行,先出8开本,供领导同志和专业部门使用;然后出16开本,适当增加发行量。

5月19日至6月17日,谭其骧与各方面商谈图幅的修改,起草各图册的报告,补充有关资料。

张春桥在收到外交部3月18日的报告和有关材料后,在4月17日给周恩来写信:

总理:

这封信在我这里压了一些日子。因为问题较复杂,我对此事又没有研究,很难答复。几经考虑,我倾向照他们提出的第四个方案办。虽然这个方案也有缺点,但可能是目前找到的较合理的方案。好在地图是内部发行,印数不多,出版以后一定会发现许多缺点、错误,那时还可以再版,再改正。否则,一直争论下去,地图就出不来了。总之,我倾向外交部着重审查对外交是否不利这一条,历史学家们争论的问题,不需要急于由我们作结论。以上意见,不知妥否? 如同意,请批告余湛同志。

张春桥
1974.4.17

周恩来在 5 月 31 日批示:

　　两件及示意略图,请送洪文、春桥同志阅后退余湛同志及上海来京同志办。

周恩来
1974.5.31

6 月 5 日上午外交部的余湛送来了周恩来、张春桥等作的批示,附件中有朱永嘉给王洪文的信、周维衍给朱永嘉的信和 3 月初谭其骧在上海所写的 2 月 19 日会议情况报告。6 月 5 日下午,全体人员在中国历史博物馆开会。由于周恩来已明确表态,中原王朝与边疆政权采用同一颜色等自然已不成问题,审图例会已经结束,也不再存在移往上海的必要,所以会议主要讨论了中央指示下达后应注意和应做的事项。

6 月 18 日,余湛来招待所为谭其骧送别,20 日谭其骧回到上海。

在放暑假前的 7 月 17 日,复旦大学历史地理研究室总结工作。因为要校第一册商、春秋战国图,谭其骧与赵永复、钱林书不放假,从 20 日起就投入工作,还与作者之一杨宽作了多次研究。8 月底,应外交部的要求,谭其骧转入整理中越边界资料,同时继续审校《图集》的一、二、三册。

6 月 30 日,张春桥就《中国历史地图集》出版问题给国务院副总理李先念写信:

先念同志:

　　《中国历史地图集》,是五四年毛主席指示出版的,二十年未见结

65

果。头几年我促了一下,因为涉及边界问题,经总理同意,请外交部审查。第八册清图,涉及问题最多,已经审查完毕,经总理指示准备出版了。现又送来第一册。我建议,这一册以及其他各册,中央不审查了,因为涉外问题外交部已提出意见,其他问题可以由编辑部门决定,有错误(一定会有)再版时再改。

至于印多少,开本大小,建议由编辑部门同出版局征求读者意见后,由他们决定。考虑到虽是内部发行,也难免流入外国人手中,可否不用地图出版社名义而用中华书局或其他名义,可以较为主动。如同意,请批退余湛同志。

张春桥

1974 年六月卅日

开本太小,老先生看起来困难。

7月1日,李先念批"同意春桥同志意见"。叶剑英、邓小平圈阅,叶剑英批"同意",邓小平批示"退余湛同志办"。

7月13日,地图出版社向国家出版事业管理局上报《关于使用"中华地图学社"出版名称的请示报告》:

> 毛主席指示的《中国历史地图集》的编辑工作,在上海市委领导下,《中国历史地图集》编辑组编辑整理已经告一段落,该图的出版工作将于今年起分八册由我社陆续出版,并决定由新华书店内部发行。……我社会同上海复旦大学等有关单位协商,拟对该图集署"中华地图学社"名义出版。这样,较有利于《图集》出版后以及再版时的工作。

11月5日,地图出版社向新华书店上海发行所发去了"请协助做好《中国历史地图集》发行工作"的公函:

> 《中国历史地图集》……经各编辑单位商议,决定用"中华地图学社"名义出版。关于该图集的发行工作,已请示上海市革委会并经你所同意由你所承担,按内部发行系统向全国布置发行。
>
> 《图集》全套共分八册,分八开精装、八开散装、十六开普及本三种。八开精装和散装根据上海市革委会批示精神,收回部分成本费,不计算定价。精装每册40—50元左右;散装20—30元左右;16开普及本按照

一般书刊以定价处理,估价每册 6—8 元左右。

八开精装每套印 4000,散装每套印 1000,除编辑单位和社内样本等留精装 400、散装 100 外,其余请分发到全国地市级单位,或凭地市级介绍信供应,重点照顾文教、宣传、新闻、出版以及有关科研单位。十六开普及本计划印数每套 50000 册,凭县团级介绍信供应。

出版时间:第八册(清时期)争取在年内 12 月底以前出版,其余一至七册计划从明年起二三年内陆续出齐。附该图内容提要简介一册,供布置发行时参考。

《中国历史地图集》第八册(清时期)的 8 开本在年底印出,实际发行已在 1975 年下半年。8 月 15 日,新华书店上海发行所发出"关于做好专业单位《中国历史地图集》发行工作通知"。

第八册出版后,谭其骧等曾经问过朱永嘉是否应该呈送毛主席、周总理和中央领导,朱永嘉请示张春桥后得到的答复是,等出全后一起送。但到 1976 年 9 月毛泽东逝世,《图集》还没有出全,毛泽东自然没有能看到这套他自己要求编绘的历史地图集。

谭其骧在可能情况下,继续对图稿做一些补改工作。如 1975 年 4 月,他根据长沙马王堆汉墓新出土的西汉地图重画了秦长沙郡、汉初长沙国的南界。6 月下旬修改汉唐的西域图,七八月间修改唐安东都护府图,8 月下旬修改元明青藏图,九十月间修改唐图东北幅,11 月修改唐安北、单于都护府、五代西域图。

1975 年 6 月 13 日,谭其骧陪同国家文物局局长王冶秋去新疆、甘肃检查文物保护工作。考察后回到北京,正逢中国历史博物馆的中国通史陈列。在作了较大修改后,准备在国庆节重新开放,其中有一幅清代西北边疆的地图急需改定,王冶秋要博物馆的洪廷彦请谭其骧去商议。6 月 16 日,谭其骧到馆与洪廷彦研究了这幅地图,又当场查阅了《嘉庆一统志》等有关史料,提出了修改意见。洪廷彦与文物局的金冲及都赞成他的意见,即通知馆内地图组作了修改。根据这些史料,谭其骧认为清图新疆幅的西界一带的几个湖泊和吹河下游也应作相应的修改。

1976 年 1 月 14 日,中科院民族所历史室致函复旦大学,对清图新疆幅提出了一些改动意见。18 日,谭其骧与朱永嘉谈及此事。19 日朱来电,说以不改为原则,并让谭其骧起草了给余湛的信,让复旦大学历史地理研究室答复民族所方面:

有关《中国历史地图集》第八册清图新疆幅西部界线及哈萨克、布鲁特等民族注记要改动一事,已向上海市委有关领导作了汇报。经研究认为:该图集内容繁复,其中必定会有些缺点错误。对此春桥同志曾作批示,有错误允许在再版时修正。基于《图集》已经正式出版、内部发行,有关新疆的那段界线和哈萨克、布鲁特民族注记等问题,我们拟仍按经北京审图会议审定,并由中央领导同志批转的画法处理,16 开本亦不予改动。为此,我们已发信给外交部余湛同志谈了这个想法,如有不妥,余湛同志自当复示。

但考虑到图的质量,谭其骧在 2 月 21 日致函民族所同志,提出对新疆幅西境几个湖泊和吹河下游修改的方案,但他们认为不必修改。谭其骧回信说明理由后,他们仍未接受,要求外交部开会审定。余湛同意开一个小会,约定在谭其骧到北京时顺便举行。

7 月 14 日,谭其骧得知周维衍将去北京开会,他估计外交部会利用此机会开会,所以从当天晚上开始,连续几天赶写了一份说明理由的材料——《关于清图新疆幅伊犁西境几个湖沼的位置》,准备让周带往北京。19 日上午,谭其骧在研究室内介绍了材料的内容,周维衍却表示不同意,而是赞成民族所的观点,经过争辩仍不能一致。中午,周去北京。

因此,谭其骧在 20 日又写了一份《关于清图伊犁西境边界内外几个湖泊的补充说明》,将这两份材料分别寄给外交部和中国历史博物馆的洪廷彦。在给洪的信中,谭其骧提出,如洪赞成他的观点,请代表他在会上申述意见。

23 日,赵永复为谭其骧借得苏联穆尔扎也夫所著《中亚细亚——自然地理概要》一书,谭其骧从中找到了新的证据,当天他又写成一篇《关于清图吹河下游的处理方案》寄给洪廷彦。

不久,外交部召集会议,洪廷彦与民族所的几位同志参加。当时正值唐山大地震后不久,会议在一辆大轿车中召开。在洪廷彦说明谭其骧的意见后,主持会议的沈伟良表态同意,民族所方面未提出异议。会议决定清图新疆幅应与中国历史博物馆陈列图的画法一致,今后有关地图也按此画法。

1976 年 10 月,江青、王洪文、张春桥、姚文元“四人帮”覆灭,朱永嘉作为他们在上海的得力干将而被逮捕。朱永嘉是“文革”期间编图工作的直接主管,在此期间有何问题及“四人帮”如何染指这个项目,自然成为清查“四人帮”罪行的内容之一。1977 年 2 月 26 日,复旦大学历史系运动小组王金二等四人专门向谭其骧作了调查。而在此之前,为了消除外界对《中国历史地图集》工作的误解,还向以苏振华、倪志福、彭冲为首的新的中共上海市委汇报。1976 年 12 月 16 日,复旦大学党委常委郑英年与历史系领导商议,决定将已出版的《图集》送新市委,请转呈党中央。同时决定由历史地理研究室起草一份报告,向市委汇报编绘历史地图集的始末情况。1977 年 1 月 22日,《关于呈送〈中国历史地图集〉的报告》上报上海市革命委员会。

　　5 月 13 日,刚结束了长江中游考察的谭其骧就得到消息,《中国历史地图集》第五册北部界线的画法出了问题。原来这一部分是由南京大学负责编绘的,两汉图幅将坚昆、丁令(零)的北界作为历史时期中国的北界,有一段画在苏联境内的安加拉河以南,即所谓南线;隋唐图幅以契骨、黠戛斯的北界为中国北界,有一段画在安加拉河一线,即所谓北线;外交部审图时通过了。会后复旦大学在汇总时,觉得前后不统一,画在北线并没有可靠的根据,所以将隋唐图也改成画南线,而从元图开始仍画北线,第五册图就照这样印刷出版,一部分已开始发行。但地图出版社发现第五册与元明图这一不同后,认为是严重问题,坚持要按元明图统一,并于 4 月 8 日通知新华书店,第五册暂停发行,等候处理。5 月 5 日又通知新华书店上海发行所:"现经请示有关上级后决定:已经发行的全部收回,未发的修改后重新印刷再发。请你所对已经发行部分即通知各省、市、书店全部迅速收退。"16 日,地图社报告外交部,要求对北界的处理做出决定。

　　为谨慎起见,谭其骧又查阅了北部边界的资料。《汉书·匈奴传》提到坚昆"东去单于庭七千里,南去车师五千里",并没有提到它的北界。同书《苏武传》称匈奴曾让他牧羊"北海上","丁零盗武牛羊",说明丁零在今贝加尔湖一带,但也没有明确它的北界。东汉、魏、晋的史料没有提到这两个部族。北魏时,丁零的后裔高车是柔然的属部,《魏书》记载东部高车的牧地在已尼陂,即今贝加尔湖。坚昆在北朝后期被称为契骨,《周书·突厥传》说它"国于阿辅水、剑水之间"。阿辅水即今阿巴根河,剑水即今叶尼塞河。但这些史料都没有涉及它们的北界。唐代称契骨为结骨或黠戛斯,置有坚昆都督府,隶属于安北都护府。据《通典》《唐会要》《册府元龟》《新唐书》等记载,黠戛斯的南界是贪漫山(今萨彦岭),剑河"经其国","北入于海"。安北都护府所属还有骨利干,据《新唐书·黠戛斯传》,其牧地在黠戛斯之东。但这些史籍中也找不到任何关于它们北界的材料。黠戛斯在元代被称为吉利吉斯,据《元史·地理志》西北地附录:"其境长一千四百里,广半之,谦河经其中,西北流。又西南有水曰阿浦,东北有水曰玉须,皆巨浸也,会于谦,而注于昂可剌河,北入于海。昂可剌者,因水为名,附庸于吉利吉思,去大都二万五千余里。……即《唐史》所载骨利干国也。"谦河即唐剑河,今叶尼塞河;阿浦水即今阿巴根河;玉须水可能即今叶尼塞河东岸支流乌斯水;昂可剌河即今安加拉河;"海"即今北冰洋。从这些史料中不难看出,由于这些部族都是游牧民族,其占有地区或活动范围本来就没有明确的界线,对其北界更无确切的记载。所以谭其骧认为,将隋唐时的北界画在今安加拉河东西流处并没有确凿证据,不能因为元朝吉利吉斯的北界画在这一线,就一定要将隋唐的北界也定在那里。他又与研究室内同人商议,大家一致认为应维持原来的画法,决定由谭其骧等去南大协商。5月21日,历史地理室向外交部余湛、沈伟良报告:"对于这个问题,我们正在与南京大学同志联系中,并准备向您和上海市委文教组陈锦华同志详细汇报。"同时,报告了陈锦华。

24日,谭其骧与周维衍、赵永复、项国茂去南京大学协商。25日下午二时,双方在南大历史系元史研究室开会讨论,南大方面参加的有韩儒林、蒋赞初、陈得芝、丁国范、邱树森。主要发言的是谭其骧、周维衍、陈得芝、丁国范,但争辩至五时半,仍不能取得一致意见。26日上午又开了四小时的会,依然没有统一。双方依据的史料完全一样,并且也都认为仅仅根据这些记载,不可能将界线画得十分准确;但对史料的理解不同,南大方面倾向于用北线,复旦方面主张用南线。虽然大家都认为照目前的办法问题也不大,但在地图社坚持要统一的情况下就难以维持,所以只能决定向外交部报告。下午谭其骧开始起草报告,晚上又到韩儒林家抄录了《元史·地理志》的有关内容。次日清晨写完,与其他三人一起改定后交给南大方面。此材料经南大同志改定后,由复旦大学寄往外交部。

6月1日,谭其骧与周维衍去衡山宾馆,向市委常委、文教组负责人陈锦华作了汇报。7月18日,谭其骧接到通知,外交部定于8月2日开会。8月2日,谭其骧与周维衍到达北京后,就忙于在住处——外交部招待所(原六国饭店)起草发言稿,第二天下午三时才写完。5日下午,与沈伟良商定先开预备会议,又继续准备需要打印的材料。

6日上午九时,预备会议在外交部六楼国际条法司举行,到会的除复旦和南大双方外,还有外交部、中央民族学院、中国历史博物馆、地图出版社及民族所、历史所、近代史所、地理所等各单位的有关人员。地图出版社介绍情况后,复旦、南大发言,接着就展开讨论,其他与会者也时有参与,至十一时三刻结束时毫无结果。

11日上午九时,在外交部三楼会议室举行正式会议。余湛讲话后,谭其骧代表复旦大学历史地理研究室揭批"四人帮",并检查过去的工作,接着就北界展开辩论。发言中赞成取北线的有历史所的陈可畏,中国历史博物馆的周继忠,民族所的肖之兴、杜荣坤;民族所的邓锐龄分析了有关材料而没有表态。会议没有得出结论,但余湛的意见已倾向于取北线。12 日,谭其骧去外交部见沈伟良,希望约时间专门向余湛解释有关史料。

16 日上午九时半继续在外交部开会,谭其骧与周维衍发言后,丁国范、陈得芝、郭毅生、杜荣坤、周继忠、邓锐龄相继发言,除郭毅生外,都主张用北线,但都没有具体解释《元史·地理志》的记载。至十一时半,余湛问大家除此以外还有什么问题,然后就宣布散会。18 日上午十时,沈伟良、王厚立、陶明来招待所,谭其骧与周维衍再次谈了隋唐图的北界不宜用北线的理由,沈伟良、王厚立相继发言,明确表示余湛的意见是用北线,会上不再讨论。中午周维衍向南大提出一个折中方案:隋唐图用复旦主张的南线,金以后用北线。谭其骧并不赞成,但也不反对他与南大协商,结果这一方案也遭拒绝。

20 日上午九时半,在外交部召开了最后一次会议。余湛宣布对隋及五代辽东边界所作的决定,然后又对明瓦剌,五代高丽、广源州、七源州及唐尼婆罗等一一做出决定,再讨论文字资料及分送编绘人员图册等事项,至下午一时结束。

26 日,谭其骧去外交部会见沈伟良,初步商定了文字资料的整理办法和印数。实际由于以后又开始了对内部本的修订,这项计划并没有实行。

《中国历史地图集》的第七册于 1978 年出版,至此内部本八册出全。

图 7 《中国历史地图集》内部本书影(左为 8 开精装,中为 16 开蝴蝶装,右为 8 开散装)

四、第四阶段:《中国历史地图集》公开出版(1979—1988)

1979 年初,谭其骧大病后恢复了工作,复旦大学历史地理研究室开始酝酿起草将《中国历史地图集》公开出版的请示报告。当时除了考虑在公开出版前对原稿作必要的修改补充外,还有续编民国图的打算。当年底,地图出版社给国家测绘总局打了报告,要求进行公开出版。

图 8 20 世纪 70 年代后期,谭其骧与历史地理研究室同事研究《中国历史地图集》修订事宜(左起:吴应寿、谭其骧、邹逸麟、王文楚、周维衍)

1980 年 1 月 16 日,复旦大学党委副书记徐常太、历史系党总支书记孟伯衡与谭其骧研究了《中国历史地图集》的公开出版和续编第九、十两册的问题,决定由谭其骧给中共中央总书记胡耀邦和中共中央政治局委员、国务院副总理方毅写信,反映这套图集是全国有关专家、学者 20 年辛勤劳动的结果,无论在内容的丰富性上还是编制的科学性、准确性上,都远远超过了以往的同类历史地图,包括我国台湾地区和外国出版的。这是我国史学界自中华人民共和国成立以来一项具有重要意义的、质量较高的科学成果,呼吁尽快公开出版。同时也提到内部本存在的局限性,建议进行修订:

> 现在若照内部发行本原样公开出版,由于这些"总图"的处理方法显然很不妥当(这几个王朝都没有一个时期有这样大的版图),恐怕公开出来,至少将被人讥刺我们没有科学头脑,甚至被一些别有用心的人

借端诬蔑我们是扩张主义者,故意挑拨我国与周围邻国的关系,所以认为我们应在下列两种办法中采取一种,才能公开出版:

一、再组织一些人力,花一年左右的时间,将十五幅"总图"不是反映同一时期情况完成(全)凑成的九幅改为反映同一时期情况的真正总图,然后再出版。

二、先将这九幅"总图"或十五幅"总图"都抽出不印,马上加印分幅图装订出版,等到将"总图"改制完成后,在二三年交,再出有总图的新版本。

为了防止外商翻印在我们之前,看来目前似以采用第二种办法为宜。再者,原来不署编者姓名,容易被人看作是代表"官方"看法的作品,这是不妥当的。公开出版时应将各幅编绘人员名单列上,这样反可以表示这是我们学术界同人的集体的同时也是代表编者个人研究成果的著作,免得在政治上造成被动。

这封信批转中宣部后,领导同志在4月上旬的《工作简报》上表示原则上同意公开出版发行《中国历史地图集》,并提出由中国社会科学院主持,就公开出版《中国历史地图集》所涉及的一些学术问题和其他问题,与有关单位协商处理,最后报送中央审批。

4月13日下午,借谭其骧去北京出席中国史学会代表大会之机,由中国社会科学院常务副院长梅益主持,在京西宾馆召开会议,讨论《中国历史地图集》公开出版的问题,社科院副院长张友渔,历史所尹达、林甘泉、刘宗弼,外交部代表沈伟良,地图出版社社长沈静芷、副社长张思俊参加。会议决定对《中国历史地图集》作必要修改,争取早日出版。

会后,谭其骧开始考虑修改方案,发现问题并不简单,拖了一段时间还没有动笔,同时让周维衍等拟出初稿。6月3日,社科院来信催问修改方案,谭其骧集中精力逐册研究,至6月20日完成方案,寄往社科院组织局和历史所。

9月14日上午,梅益在社科院历史所主持会议,讨论由谭其骧起草的《中国历史地图集》修改方案,尹达、沈伟良、方国瑜、高德(社科院规划局)、陈可畏、刘宗弼、史为乐(社科院历史所)、邓锐龄、郭毅生、陈连开(中央民族学院)、王世民(社科院考古所)、杜荣坤和地图社的江涛、邹明芳出席。谭其骧介绍了方案后,尹达、沈伟良、方国瑜、江涛等相继发言,邓锐龄、陈可畏对修改方案提了意见。第二天上午继续开会,至十二时梅益作总结,决定在复旦将方案改定后,由社科院上报中央批准,修订的准备工作可以着手进行。会前社科院已确定这项工作由该院规划局负责,由规划局学术秘书高德与谭其骧和各方面联系协调。

回校后,谭其骧召集邹逸麟、周维衍、赵永复等人,讨论修订方案和具体工作计划,并就承担修订任务的安排,征求了社科院民族所、中央民族学院、南京大学等单位有关同志的意见。1981 年 4 月 6 日,邓锐龄、中央民族学院洛桑群觉、陈得芝应邀来复旦参加《中国历史地图集》修改工作会议,与谭其骧、周维衍、魏嵩山(研究室教师)、赵永复、钱林书(研究室教师)讨论确定了修改方案和分工,决定修改工作由复旦一家承担,必要时约请有关单位的个别人员参加,以加快进程。5 月 1 日方案定稿后寄送社科院。

《中国历史地图集》修改方案如下:

一、修改原则

这次修改工作,一定要根据党的十一届三中全会精神,实事求是,严格按照历史事实。在此前提下,注意有利于祖国的统一和民族团结,有利于我国的对外斗争。

由于《图集》内部本已流入中国香港、日本、美国,存在着被国外及香港书商翻印的可能,为争取主动,《图集》应尽快公开出版。因此,既要保证质量,又要力争缩短修改时间,对有些关系不大的错误或缺点,尽可能少改、小改或不改,留待第二、第三版时再改。

(一) 关于总图部分

《图集》内部发行本各时期都是先绘各地区的分幅图,然后拼成总图,以某时期全图为名。边区各分幅图当时都按中原王朝在该地区辖境最大时编绘。王朝对各边区统辖范围的伸缩在时间上一般并不一致,因而各分幅图所依据的年代各不相同,先后或差上几十年乃至百多年。而总图则就是由这些分幅图拼凑而成的,实际这个时期的中央王朝却从来没存在过如图中所呈现那样的疆域政区。

此次修改,首先得改绘这种不用一个年代的总图,要求改成一律按统一年代编绘。在确定总图的统一年代时,应注意选取中原王朝和边区政权的疆域政区都比较稳定、比较明确的时期。有的时期不免要顾此失彼,那就首先顾中原王朝,其次顾东北、北方、西北地区。

(二) 关于分幅图部分

分幅图中所存在的问题,拟按轻重缓急,分别处理。

1. 错误比较重大,史证又相当明确者,应改。

2. 重要点线与考古发现遗址有显著差异者,应改,并增补新发现的重要考古遗址。

3. 内部发行本原图处理方法显然违反历史事实者,应改。

4. 不属于显著违反历史事实而属于处理方法不当者,暂不改动。

5. 点线的定位稍有偏差者,不改。

6. 对有些点线编者有不同意见,或读者曾提出过异议而一时无法判定是非者,不改。

7. 内部发行本原图有些图幅受比例尺限制。在制图时删去了作者草图中的一些地名,以致有些见于杨守敬《历史舆地图》的地名,不见于本图集,此次修改,务必做到所收地名不少于杨图(南北朝宋、梁、陈、东西魏、北齐周无分幅图,不在此例),除杨图误收或误考者外,不得删减。如原图幅不能容纳,应对图幅作适当安排和调整,使之尽量收入。

8. 内部发行本编例规定:图上只画出具有政区性质的部族地区,凡有政区建置的地域,一律不标民族注记,考虑到若要求普遍加画民族分布,不仅工作量太大,图面清晰度也大受影响,难以处理,故此次修改对此例仍不作改变。但为了避免引起边境少数民族的误解,这个问题应在卷首总编例中予以说明。

9. 适当增加若干少数民族建立的政权图幅,力求尽量体现各兄弟民族共同缔造祖国历史。

各图组的编例、图例、目录,一俟图幅修改完毕,都得相应作些修改。

二、修改办法

(一) 关于总图部分

第一册无总图。第二至第八册总图中,秦、西汉、西晋、五代不需要改动,需要改动的分为二种:一种只需要小改,计有东汉、三国、东晋十六国、隋、辽宋五幅;一种因王朝前后期疆界的变化太大,拟改画为二至三四幅总图,分别反映前后期或盛世衰世的不同疆域政区。

1. 东汉时期全图　第二册

内部发行本原图中原地区以公元 140 年(永和五年)为准,西域地区以东汉政府第二次设置西域都护府、西域"五十余国悉纳贡内属"的公元 94—107 年为准,北边地区以檀石槐统一鲜卑诸部的公元 156—178 年为准。现拟统一改为 140 年为准。西域地区改标西域长史府和乌孙。长史府辖境较都护府时代缩小,不包括乌孙、大宛,乌孙作为国内另一政权处理,大宛应划作国外政权,疆界略同三国图,内容稍有改动。北边地区鲜卑疆域尚未到檀石槐时代那样广大。西部界线及西界之外分布着什么部族,尚待考证。内容稍有改动。

2. 三国时期全图　第三册

内部发行本原图魏蜀吴三国,以蜀亡前一年即三国鼎峙最后一年公元262年为准,北边地区以鲜卑轲比能死后至三国末年即236年至262年为准。今拟改为统一用262年。估计改动不多。

3. 东晋十六国时期全图　第四册

内部发行本原图以淝水之战前一年公元382年为准,但因前秦平定西域在384年,为了要把西域画入前秦境内,故西域又改以384年为准。今拟统一用382年,前秦与西域之间加画政权部族界,但可在西域地区加注"384年入前秦"字样。

4. 南北朝时期全图　第四册

内部发行本原图一幅,中原以北魏迁都洛阳后二年齐魏南北对峙的公元497年为准;而北边西域则以435—449年为准,其时南方实为刘宋,非萧齐。今拟改画四幅。一、宋魏对峙时期,即以449年为准。西、北边界可采用原图,惟宋魏双方内地州郡都需要作较多改动。时魏都尚在平城;宋尚有淮北五州,与魏以河为界,与原分幅图出入不大。二、齐魏对峙时期,仍以497年为准。双方内部州郡可采用原图;北边地区不需要作大改动;西域地区则北魏势力已退出,高车副伏罗部、嚈哒、吐谷浑各占领了一部分,改动较大。三、梁、东西魏鼎立时期。四、陈、北齐周鼎立时期。这两幅即以原分幅图的546年和572年为准。三国内部州郡据分幅图予以简化即可,所需加画边疆民族柔然、铁勒、突厥、吐谷浑、契丹、勿吉等政权,估计工作量不会太大。

5. 隋时期全图　第五册

内部发行本原图以612年(大业八年)为准,西南地区以597年(开皇十七年)隋平南宁置南宁总管府为准,西突厥以611—617年射匮可汗在位时为准。今拟统一用612年。南宁州总管府已废,其辖境大部已在隋版图之外,改标东西爨等部族名。西域地区改动不大,也可能不需要改动。

6. 唐时期全图　第五册

内部发行本原图中原以741年(开元二十九年)为准,北边、西边各以唐势力极盛时期647—669年和658—702年为准。今拟增改为三幅总图：

（1）669年（总章二年），北边、西北边区以原分幅图的标准年代为基础，因此，改动不大（北边基本不动，西北疆界也基本不动，建置要变动一些，如北庭都护府，毗沙、疏勒都督府尚未建立，比较容易），但东北地区改动较大（黑水、渤海都督府未建，有大片地区没有政区建置，只能标注部族名），内地诸州的建置治所都得一一查对有无变动。

（2）741年，内地东北可不动，但漠北已完全不在唐版图内，地属东突厥；西域葱岭以西诸都督府多为大食所吞并，版图缩小，境内府州建置与民族分布也有变动。

（3）820年（元和十五年）。此时唐境内州县分辖于四十余方镇，图上需要画出各镇辖境与治所。东北渤海，漠北回鹘，西南吐蕃、南诏皆甚强盛，除渤海因原分幅图即以此年为准，仅需简化绘入总图外，回鹘、吐蕃、南诏三国与原分幅图年代不同，皆需另行查改编绘。南诏改动估计不太大；吐蕃与唐以清水之盟所定边界为界，不难画出；惟西北新疆及中亚地区时为吐蕃、回鹘、大食所分据，三方疆界，有待考订。此幅反映中唐以后全国形势，可赖以补足内部发行本原唐图组缺点，惟工作量较大。

7. 辽北宋时期全图　第六册

内部发行本原图辽、宋、夏以女真起兵反辽前夕1111年为准，西域地区以黑汗吞并于阗前夕1001年为准。今拟改为统一用1111年。其时于阗已为黑汗所并，此外有何改变待查，估计不多。

8. 金南宋时期全图　第六册

内部发行本原图南宋以1208年（嘉定元年）为准，金以1189年蒙古尚为北边属部之一时为准，西域以1154—1164年疆域未越过阿姆河时为准。今拟改为两幅。

（1）用1208年，南宋不改，金此年为泰和八年，《金史·地理志》本以此年为准，改起来不难。北边成吉思汗已统一蒙古高原诸部，各部改作蒙古汗国境内部族处理，见于记载的部族较多于1189年时，疆域较1189年的"蒙古诸部"有所扩展。西域河中地区已叛离西辽，花剌子模侵占了起儿漫等地。拟增加1142年（绍兴十二年）金宋和议时总图一幅，增绘北方、西北民族。

（2）增画一幅，以绍兴宋金达成和议时1142年为准。宋境内路府州县基本同 1208 年,改动不多;金境内改动较多,时都城尚在上京。夏、西辽、吐蕃、大理情况大致与 1208 年相差不多。惟其时漠北诸部的分布,估计需要费一番功夫才能摸清楚。

9. 元时期全图　第七册

内部发行本原图元朝疆域内以 1330 年(至顺元年)为准,察合台后王封地以 1306 年至 1330 年为准。现拟统一用 1330 年。其时察合台后王封地虽在事实上已分为东西二部,且政治中心在河中(撒马尔罕),在今国界外,但二部仍为一统一体,其东部又在今国界之内,故在 1330 年总图中仍全部予以画出。元代在高丽国境内设有征东行省,原图因国与省并建,征东行省丞相由高丽国王兼摄,境内又不设府州县,体制与一般行省不同,故将高丽作为邻国处理,不提征东行省。现拟在以 1330 年为准的总图和分幅图中邻区高丽国注记下加注征东行省。另增加一幅,用元灭南宋统一全国之初的 1380 年为准。其时疆域较大于 1330 年时,西北有新疆地,东北征东行省未建,东宁路尚在境内;行政区划则不论行省或路府与 1330 年差别皆颇大;吐蕃地区尚未置宣政院,领以总制院。估计工作量不小。

10. 明时期全图　第七册

内部发行本原图明朝直辖区以 1582 年(万历十年)为准;羁縻区的哈密等卫以 1436—1506 年六卫同时存在时为准;奴儿干都司以 1403 至 1433 年全盛时期为准;北边鞑靼瓦剌政权以 1418 年鞑靼阿鲁台受明册封至 1430 年为准;西域亦力把里以 1484—1509 年疆域比较稳定时为准,一共采用了五个不同时代。现拟增改为两幅:

(1) 用 1433 年(宣德八年),东北地区可基本不动。哈密卫有沙州卫无罕东左卫。鞑靼瓦剌地区变动不大。西北地区费尔干、塔什干恐不在境内,有待考证。内地府州卫司建置治所变动较大,须一一查对。西南缅甸、底马撒、大古喇、老挝等宣慰司国与司并建,可按元图对高丽地区办法处理。原图青藏地区图幅无标准年代,现亦用 1433 年。

(2) 用 1582 年,内地不动,边区变动甚大。东北奴儿干都司已废,诸卫所多数已不再承袭,须用部族分布代替都司卫所建置。哈密等卫已先后为吐鲁番、青海、蒙古所侵占。鞑靼与瓦剌各分裂为几个乃至几十个独立部族。西域天山以北为瓦剌、哈萨克所占,察合台后王退处南疆,分裂成许多政权。

11. 清时期全图　第八册

内部发行本原为一幅,以 1820 年(嘉庆二十五年)为准,下距鸦片战争二十年。其时一统封建王朝疆域尚基本完整,东北、西北尚用军府制度,未建省府州县。现拟增画一幅以 1908 年(光绪三十四年)为准的清末全图。其时列强特别是沙俄已通过签订多次不平等条约侵占了大片中国领土;奉天、吉林、黑龙江、新疆已建立省府州县;台湾建省后为日本侵占。图上应加画历次被占领土的界线,并注明年代。

(二) 关于分幅图部分

1. 台澎地区和海南岛。台澎地区自古以来与中国大陆密切相关,但一直是一个当地土著民族的自主区,并不属于中原王朝直接管辖。宋以前台澎全在大陆王朝版图之外,南宋元明仅将澎湖收入了版图,明末西班牙人、荷兰人侵占台湾,清初郑成功驱逐荷兰侵略者,在台湾建立了奉明朝正朔的政权。直到 1683 年(清康熙二十二年)郑氏政权为清朝所灭,台湾才成为大陆上王朝疆域的一部分。内部发行本原图自三国以来历朝都把台澎作为大陆王朝的领土处理,显然与历史事实不符,此次修订,在总图上,因通例海面上不画政权界,可无需改动;但在分幅图上,必须作为邻区处理,改着邻区颜色。

又,海南岛汉武帝时收入版图,元帝时放弃,至南朝梁才复置州郡,自秦至南齐亦应作邻区处理。因此,下列诸幅应作改动:

第二册　秦淮汉以南诸郡　海南岛、台澎改着邻区色。西汉交趾刺史部　海南岛改着邻区色,注记仍旧。扬州刺史部　海南岛改着邻区色,注记仍旧。东汉交趾、扬州　台澎改着邻区色,注记仍旧。

第三册　吴、西晋交州、扬州　台澎改着邻区色,注记仍旧。

第四册　东晋、宋　台澎改着邻区色,注记仍旧。南齐越州、江州　台澎改着邻区色,注记仍旧。"越州"州字移标雷州半岛上。梁、陈　台澎改着邻区色,注记仍旧。

第五册　隋淮南江表诸郡　台澎改着邻区色,注记仍旧。唐江南东道　台澎改着邻区色,注记仍旧。五代吴、吴越、闽与南唐吴越　台澎改着邻区色,注记仍旧。

第六册　北宋福建路　台澎改着邻区色,注记仍旧。南宋福建路　澎湖着福建色,台湾仍着邻区色。

第七册　元江浙行省　澎湖着福建色,台湾仍着邻区色。明福建省　澎湖着福建色,台湾仍着邻区色,岛上注记应有所改动——台湾之称起于明末,专指台南一带,不能作为1433年或1582年的全岛名称。

2. 唐代自七世纪八十年代至八世纪四十年代,突厥雄踞漠北,是当时一个很重要的少数民族政权,内部发行本原图没有专幅予以表示,不足以体现各民族共同缔造祖国历史。现拟增补一幅,以716年(开元四年)为准。又,吐蕃全盛时期占有陇右、河西、安西四镇及剑南西山等地,版图极为广大,原分幅图跟着唐朝也以741年为准是不恰当的,现拟另选足以显示其极大版图的820年(元和十五年)绘成分幅图,与唐后期总图年代取得一致。原分幅图内容可适当补入741年全图。

3. 羁縻府州、卫所,土司、土府州县,羁縻都护府、都督府、州、县、卫、所,土宣慰司、宣抚司、安抚司、招讨司、长官司等,土府、土州、土县等,其长官都由世袭的部族酋长或小国国王担任,具有半独立、自治性质,有的和王朝关系极为疏阔,性质完全不同于正式地方行政区划,大小也迥不相侔,内部发行本原图采用同样符号注记,很不合理。但改动起来,牵涉图幅很多,制图工作量很大,拟暂不改动,留待再版时考虑。

4. 内部发行本原图往往把中原王朝的边郡(或府、州、卫)界线尽量画出去,将许多荒无居民点的地区包在郡界内,这样处理并无正面资料依据,但一般也并无明确反证,拟姑仍其旧。特别不妥当者,或删去界线,或另用他法表示。

5. 内部发行本原图把一些州县管辖所不及未开化的少数民族地区任意分辖划属邻近州县,这是不符合实际情况的,但关系不很大,拟姑仍其旧。此外改或不改皆按九条标准处理。

以上总图和分幅图的修改和增补的基本设想,在实践中可能会遇到困难,届时按具体情况,酌情处理。

三、表示方法

(一) 内部发行本原总图国境内各政权不分色,分幅图中对邻区不分同一政权的另一政区、国内的另一政权或邻国,均同用一色,读者不易分辨,此次改版,总图国内各政权应尽可能改为分政权着色,一律采用较深色,各邻国不分色,一律采用一种淡色,使读者可凭色彩较易辨别政权之别与内外之分。

(二) 历史上某些地区属瓯脱地带,勉强画界不符合历史事实。拟用着主区颜色相同但较淡的颜色表示。

(三) 各政权势力交错地区,用两种相应颜色交错表示。

(四) 长城用两种符号,有遗址和记载确实者用实线,其他用虚线。

四、图幅排列

内部发行本各幅以各政权京畿附近为中心,按逆时针方向排列,这样往往不符合历史习惯。现拟按历史上传统习惯排列,并相应修改目录。

五、计划安排

1981 年 6 月底完成第一、二、三,三册;9 月底完成第四、五,二册;年底完成第六、七、八,三册。

六、具体措施

……

3. 署名:《图集》是一部学术性著作,建议公开出版时编辑者、出版者都要署真实的单位名或编者姓名。由于此图编绘工作时间将近二十年,参加过的人员为数甚多,各人所做的工作在数量上和质量上相去悬殊,如何署注,应另行讨论。出版者应署地图出版社。

这份方案经高德征求有关领导意见后又作了一些修改,寄回谭其骧。在收到谭其骧同意的答复后,社科院于 1981 年 6 月 25 日上报了《关于公开出版〈中国历史地图集〉的请示报告》,报中宣部并转书记处。

由于原来负责青藏地区编稿的社科院近代史所的王忠因病无法工作,而汉文史料又相当有限,青藏图幅的修改难度很大。5 月 27 日,在北京参加中国民族史讨论会后,谭其骧请邓锐龄约常凤玄、王辅仁、孙尔康、马久、扎西旺堆等见面,请他们对西藏图幅特别是其中的明清图的修改提出意见。10 月 15 日,他致函高德,建议约请社科院民族所、中央民族学院若干西藏学者审图。12 月 15 日上午,谭其骧在北京听取了王森、邓锐龄、黄颢、杜启源、洛桑群觉、王尧、王辅仁等人的意见。以后邓锐龄、王森、常凤玄、黄灏、祝启源、洛桑群觉等参加了第五至第八册青藏地区图幅的修改工作。

会上有人提出,唐分幅图采用元和十五年(820 年)为标准年代,画出吐蕃的极盛疆域,拥有今甘肃大部、新疆西部、青海全部、四川西部和云南一部分地区,是否会被当时少数严重地方民族主义情绪的人利用?或成为某些人提出"东藏"或"全藏"自治的根据?但多数人认为,吐蕃盛时势力曾达到上述地区是历史事实,即使我们不画,也不能隐瞒真相,何况吐蕃的疆域在历史上变化很大,这幅图不能成为少数人的借口。还有人提到,宋、元图上的亚泽地区领有今尼泊尔西北的一块地方,历史上的亚泽王系,据藏文史料系吐蕃王室的后裔,但外国也有人认为此王系来自印度。

谭其骧认为,吐蕃图幅同样应该坚持历史事实,也应该画出吐蕃历史上的极盛疆域,历史上与邻国的界线不能因为今天是否友好而采用不同标准。梅益得知他的意见后,向中共中央政治局委员、中国社会科学院院长胡乔木作了介绍,胡乔木同意谭其骧的意见。1982 年 2 月,在中国社科院有关此事报给胡耀邦、乌兰夫和习仲勋的一份简报上,胡乔木在谭其骧的意见下写道:"我认为谭其骧老教授的意见是客观的和公正的。""《中国历史地图集》是全国有关学者积数十年努力的重大科学著作。"胡耀邦等阅后都圈批"同意"。

从 1981 年 6 月,复旦大学的有关人员开始了《中国历史地图集》的修改,具体分工是:杨宽(复旦大学历史系教授)、钱林书负责第一册(夏至战国),王文楚(研究室教师)负责第二册(秦、汉)和第八册(清),魏嵩山负责第三册(三国、西晋)和第六册(辽、宋、金),周维衍负责第四册(东晋、十六国、南北朝)和第七册(元),赵永复负责第五册(隋、唐、五代)和第七册(明)。外单位的人员也陆续开始修订,他们是社科院考古所的王世民、郑乃武,负责第一册原始社会遗址部分;南京大学的陈得芝,负责第二至第八册蒙古地区;社科院民族所的邓锐龄,负责第二至第八册西北地区。

10 月间,谭其骧写出《中国历史地图集》前言初稿,11 月底由高德将前言的打印稿发往有关单位和个人处征求意见。

1982 年 1 月 2 日,经中共中央宣传部部长朱穆之、副部长赵守一和王惠德批准,中宣部向中央书记处送上了一份报告:"中国社会科学院报来《关于公开出版〈中国历史地图集〉的请示报告》,为慎重起见,我们征求了外交部的意见。外交部一九八一年十二月三十日函复,同意社会科学院关于将《中国历史地图集》修改后公开出版的意见,同时建议,该图集修改后,样图的审查工作仍由社会科学院主持。我们同意外交部的意见,现送上中国社会科学院《关于公开出版〈中国历史地图集〉的请示报告》,请审批。"

2 月 8 日,中宣部收到中央办公厅的通知,中央领导同志已批示同意。9 日,中宣部正式向社科院发函通知此事。梅益和副院长宦乡阅后,立即批转科研局和历史所。

2 月 26 日的《光明日报》和《文汇报》发表了《中国历史地图集》即将公开出版的报道,香港《文汇报》和第二天的英文《中国日报》等报刊也刊登了这一消息,引起了国内外学术界的瞩目。

为了落实修改和出版等各方面的工作,3 月 13 日在复旦大学召开了有上海市高教局、出版局、印刷公司、中华印刷厂及地图出版社、修订者参加的工作会议。10 月 24 日和 26 日,又在上海中华地图学社召开了作者、出版、印刷三方会议。根据实际进度,将出齐八册的期限延至 1984 年底或 1985 年初,还决定将护封改为纸套。

《中国历史地图集》内部本的封面曾考虑请郭沫若题写,又曾准备用印刷体,出版时采用了摹写郭沫若字体集字题签。公开本改请著名书法家、上海图书馆馆长顾廷龙题写。

在 5 月和 6 月间,谭其骧集中精力处理修订事宜,边审校已修订过的图幅,边解决修订中提出的问题,如将西晋图的标准年代由太康三年(282 年)改为太康二年,并写出"后记"。在 6 月 28 日后的三个月间,谭其骧先后校定了前言、总编例、第二册(秦、汉)、第五册(隋、唐、五代)、第六册(辽、宋、金)和第一册(原始社会、夏、商、周)的清样,答复地图出版社关于南海诸岛插图的意见,与邓锐龄讨论改定了吐蕃图幅。

1983 年初至 4 月 1 日,谭其骧审校第七册(元、明)。8 月 24 日,谭其骧开始审校第八册的修改稿,重点校了新编的光绪总图,并解决了图中涉及的问题。

1983 年,第二、三册出版发行[1];1984 年 3 月,第一、四册出版发行;1985 年 1 月,第五、六册出版发行。但在校清样的过程中,谭其骧仍不断发现和修改了不妥之处,如补充了隋图淮南江表幅的脱漏,改正了隋唐图中昆山县治定点的错误,将总章二年(669 年)总图中的新罗划出唐朝疆域,修改了吐蕃诸部图,决定第八册加绘 1885 年台湾省图附于福建分幅。

1987 年 12 月第七册出版发行,1988 年 12 月第八册出版发行。从 1980 年开始修订,历时八年半,公开本终于出齐。1989 年 1 月 23 日,《文汇报》首先发布了这一消息。

由地图社出版的《中国历史地图集》共 8 册:第一册,原始社会·夏·商·西周·春秋·战国时期;第二册,秦·西汉·东汉时期;第三册,三国·西晋时期;第四册,东晋十六国·南北朝时期;第五册,隋·唐·五代十国时期;第六册,宋·辽·金时期;第七册,元·明时期;第八册,清时期。共 20 个图组,301 幅地图(不另占篇幅的插图不计),549 页,全部彩色,古今对照。每幅地图上画出的地名或数百,或上千,《图集》所收地名共七万左右。第一册载前言、总编例,各册都有相关图组的编例,全部有英语译文。各册都编有地名索引。16 开,有精装、蝴蝶装、平装三种版本。《中国历史地图集》繁体字版由三联书店(香港)有限公司于 1992 年出版。

1 　此处指实际公开发行时间。谭其骧主编的《中国历史地图集》的版权页时间:第一册至第七册为 1982 年,第八册为 1987 年。以下不再注明。

图9 《中国历史地图集》公开本书影

3月13日上午,中国社会科学院在院部召开庆祝《中国历史地图集》出齐大会,胡乔木、胡绳、余湛、刘导生等,各编绘、制图、印刷、发行单位代表和有关人员,专家学者,共七八十人出席。谭其骧和复旦大学中国历史地理研究所所长邹逸麟等专程赴会。

社科院丁伟志副院长主持会议,胡绳、谭其骧、测绘局副局长和胡乔木先后讲话。在回顾了自1955年起的编绘、修订过程后,谭其骧说:

> 在我们庆祝这项重大任务胜利完成的时候,最大的遗憾是,对这部图集曾寄予厚望的毛泽东主席和曾经关怀《图集》编绘工作的周恩来总理没有能看到《图集》的出版。最令人痛心的是,主持这项任务达11年之久,为组织编绘人员,确定编绘方案付出了大量心血的吴晗同志,在"文化大革命"初起时就遭到"四人帮"残酷迫害,匆匆离开了我们。曾为《图集》做出贡献的白敏、冯家昇、傅乐焕、胡德煌、施一揆等同志在《图集》公开出版前已先后去世;在修订、出版的这几年间,又有韩儒林、尹达、方国瑜、夏鼐、姜君辰、翁独健等同志离开了我们。《图集》凝聚着他们的心血,他们的名字与《图集》共存,并将随着《图集》在国内外的流布,为越来越多的读者们所了解和纪念。……

《中国历史地图集》所要描述的疆域之辽阔、年代之悠久,是世界上任何国家的历史地图所无法比拟的,但编绘的物质条件又相当简陋,远远不及发达国家的水平。全体编绘人员为了国家利益,为了学术研究,为了共同的事业,发扬了无私奉献的精神,在连续几年或十几年的时间里,大多数编绘人员放弃了节假日和业余时间,放弃了个人研究和兴趣爱好,根本没有想到会有署名和领取稿酬的可能,没有工资之外的任何津贴,还要受到各种政治运动的折磨和干扰。编绘人员中有人因遭受打击而身亡,有人因积劳成疾而早逝,也有人戴着政治帽子而坚持工作。今天,参加过编绘的人员大多已年过五十,他们为《中国历史地图集》奉献了一生最宝贵的时光,尽管他们所获得的荣誉和报酬同他们付出的代价是很不相称的,但他们都以能参加这项工作而感到自豪。《中国历史地图集》的编绘虽然已成为过去,但这种奉献精神是永存的。即使将来我国的物质条件大大提高了,知识分子的待遇大大改善了,这种奉献精神还是值得我们发扬的。

1980 年 4 月 8 日,胡乔木在中国史学会代表大会上的讲话中指出:"解放以后,我国史学界做了很多工作,其中最有成绩的工作之一,就是在谭其骧同志和其他同志领导之下编纂的《中国历史地图集》。这项工作还没有最

谭其骧

一九八〇年当选为

中国科学院院士(学部委员)

院长 方毅

图 10 1980 年,谭其骧当选中国科学院院士(学部委员)证书

后完成,但它是非常了不起的工作,可以帮助我们了解我国领上的历史。"1986 年,在《中国历史地图集》的公开本还没有出全的情况下,就被评为上海市哲学社会科学优秀成果特等奖。1994 年,获中国社会科学院荣誉奖。1995 年,获国家教育委员会全国高等学校首届人文社会科学研究优秀成果著作类一等奖。1998 年,获首届郭沫若中国历史学奖荣誉奖。谭其骧于1980 年当选为中国科学院院士(学部委员),与他主编《中国历史地图集》的巨大成就是分不开的。

附录1:

《中国历史地图集》前言

我们伟大的祖国历史悠久,幅员辽阔,历史资料浩如烟海。远在两千多年前,就出现了杰出的地理著作《禹贡》《山海经》;以此为基础,很早就产生了一种重视历史地理的学术传统。班固所撰《汉书·地理志》不仅记叙了西汉时代的地理,同时又是一部用西汉地理注释前代地名的历史地理著作。郦道元的《水经注》,也用大量的篇幅存古迹,述往事。唐宋以来传世的著名的舆地书,祖述班、郦,几乎无一不是由当世追溯往古。可以说,中国古代所谓舆地之学,审其内容,几乎都与历史地理密切相关。

重视历史地理,当然会导致历史地图制作的兴起和昌盛。中国古代制图史上的权威,公元三世纪西晋裴秀用"制图六体"制成的《禹贡地域图》,公元八世纪唐中叶贾耽用古墨今朱法绘成的《海内华夷图》,都是在世界地图学史上有重要地位的历史地图。此二图久已亡佚(见存西安碑林伪齐时上石的《华夷图》和《禹迹图》是贾氏图的缩本),而将近九百年前北宋元符中税安礼所绘《历代地理指掌图》,"始自帝喾",迄于北宋,"著其因革,刊其异同",共有图四十四幅,至今犹有翻刻本传世。税氏以后直到清末,传世的木刻本历史地图集不下十余种。

清代集舆地之学大成的杨守敬,在其门人协助下,于本世纪初,编绘刊行《历代舆地图》线装本三十四册,始于春秋,止于明代,古今对照,朱墨套印,见于《左传》《战国策》和各史地理志的地名,基本上都上了图,这是历史地图绘制史上的里程碑,较前此诸图更为详细。杨氏之后民国年代所出版的几种用新法绘制新式装帧的历史地图,内容较杨图远为简略。

任何一个时代的历史地图都反映了当时人们的历史地理知识和绘制技术所能达到的水平。随着近代科学技术在我国的传播和发展,人们迫切希望出版一部用现代制图技术绘制的详细而精确的中国历史地图集。然而为什么直到解放以前,始终没有出过一部这样的图集呢？这主要是由于：一、详细而精确的今地图是制作详细而精确的历史地图的先决条件,而解放前的中国不论在技术上还是在财力上都无法提供这种保证；二、历代疆界、政区、城邑、水系等各项地理要素的变迁极为复杂频繁,而文献记载或不够明确,或互有出入,要一一考订清楚,并在图上正确定位、定点、定线,工作量繁巨,需要大批学者、专家的通力合作,这在解放前的中国自然是很难做到的。本世纪三十年代顾颉刚先生倡导成立的禹贡学会,曾经把绘制这种图集作为学会的重点工作之一。可是限于经费和人力,经过三年多的时间,连用作底图的今地图还没有画全,就因日本侵略者的入侵而中断,编绘历史地图的计划,终成泡影。实践证明,这一良好的愿望只有在解放后的新中国才能实现。

1954年冬,以范文澜、吴晗为首,组成了"重编改绘杨守敬《历代舆地图》委员会",简称"杨图委员会"。1955年初,开始在北京展开编绘工作。当时设想只是把杨守敬的图予以现代化,即：把杨图显著讹脱之处改正增补；把以《大清一统舆图》为底图的杨图的历史内容移绘到今地图上；把木版印刷的线装本三十四册改制成几册现代式的地图。杨图委员会设在中国科学院哲学社会科学部,编绘工作由复旦大学谭其骧负责,制图工作则由地图出版社负责。

工作开始后,就发现原设想是行不通的,"重编改绘"杨图不能适应时代的要求。在历次杨图委员会会议上,对原计划多次进行修改,主要是这么几项：

一、杨图只画中原王朝的直辖地区,甚至连中原王朝都没有画全,而我们伟大的祖国是几十个民族共同缔造的,各少数民族在各个历史时期不论是隶属于中原王朝还是自立政权,都是中国的一部分。我们所画的地域范围应该包括各边区民族的分布地及其所建立的政权版图。

二、杨守敬是清朝人,他所谓的"历代"不包括清代,现在清朝已成历史,对这样一个重要的朝代的疆域当然不能不补绘。

三、杨图以刊行于1863年的《大清一统舆图》为底图,这个底图与根据现代测绘技术所制成的今图差别很大,想直接把杨图"移绘"到今图上是根本不可能的,必须根据历史资料重新考虑定点。

四、杨图内部的脱漏讹误处比我们开始时估计的要多得多,必须一一查检原始资料,仔细考核,并吸收近人研究成果和考古发现,在以最新测绘资料制成的今地图上定点定线。

五、各史地理志对断限一般不够重视，往往混一朝前后不同年代的建置于一篇。杨图自汉以后各册全部径按地理志(或补志)编绘成图，一册之内，所收的往往不是同一年代的建制，相去或数十年，或百余年。为了提高图幅的科学性，不应受正史地理志的束缚，各时期尽可能按同一年代的政权疆界和政区建制画出，至少在现一政权地直辖区域内不容许出现不同年代的建制。

六、杨图把一代疆域用同一比例尺画成一大幅图，然后分割成数十方块，以一块为一幅，按自北而南、自东而西次序编排装订成册，一个政区往往分见于前后几幅图上，查阅极为不便。应改为按各历史时期的大行政区(或监察区或地理区域)分幅，各幅按其内容的不同密度采用不同的比例尺。

随着原计划的逐步修改，工作量当然也就相应地成倍增加。特别是边疆民族地区，为各史地理志记载所不及，全凭从诸史有关纪传和有关群籍中搜集地名，考订方位，编绘的难度更有过于中原地区。同时由于我们缺乏经验，工作中的崎岖曲折远远超出事前的预想，光是底图，就改换了四次之多。每一图组开编时定的编例，在编绘过程中一般都得做出若干改变。这样在探索前进中不得不用去相当多的时间和精力。

随着工作量的增加，编绘、制图队伍也相应地逐渐扩大。1957年编绘工作移到上海，在复旦大学内组成了一个五人小组，两三年内陆续增加到二十多人，从而在1959年成立了历史地理研究室。此后又陆续邀请了中央民族学院傅乐焕等、南京大学韩儒林等、科学院民族研究所冯家昇等、近代史研究所王忠等、云南大学方国瑜等参加各边区图的编绘工作，历史研究所、考古研究所等单位参加原始社会遗址图和其他图的编绘。编绘人员最多时达七八十人，长期参加者也不下二三十人。制图工作在五十年代末曾改由武汉测绘学院承担，六十年代初又移交国家测绘总局测绘科学研究所负责。主办单位仍沿用杨图委员会名称不改，范文澜改任顾问，具体领导工作由吴晗、尹达担任。

最后一次杨图委员会会议召开于1965年夏，根据当时估计，全部编稿大致可在1967年完成。会后不久，"文化大革命"开始，各单位的编绘工作全部被迫停顿，测绘科学研究所撤销。三年之后才得复工，但在"文化大革命"极"左"思潮破坏之下，编者能够勉强坚持这一集体事业，所受到的严重的阻碍和干扰，是可以想象到的，这里就不一一缕述。终于在1973年完成编稿，交付地图出版社制印。自1974年起，用中华地图学社名义，分八册陆续出版内部试行本。

内部本发行后,在受到国内有关学术界热烈欢迎的同时,读者和编者也发现了它还存在着不少缺点和错误,有些是必须予以改正或增补的。1980年,中国社会科学院考虑到这一情况,及时做出决定,由编者对内部本进行必要的修订补正,争取早日公开出版。

现在这套公开发行本,就是在中国社会科学院主持之下,由复旦大学历史地理研究所和中国社会科学院民族研究所、南京大学历史系、中央民族学院的有关同志,以内部本为基础,自1981年起用了一年多时间修改增补定稿,由地图出版社就原版修补制成的。

为了尽快公开出版,我们不可能多做增改,公开本不同于内部本之处主要是:

一、内部本每一个历史时期不管历史长短,都只有显示某一年代疆域政区的一幅全图,看不到这个时期的前后变化。公开本对前后变化较大的若干时期都酌量加画几幅全图,南北朝增至四幅,唐增至三幅,宋金、元、明都增至二幅。

二、在唐图组内增补了一幅八世纪中叶的突厥图;将原来的741年吐蕃图改按吐蕃极盛时期的820年画出。

三、在内部本有些全图上,各边疆地区所画疆域或政区往往不是同一年代的情况,公开本一律改为按同一年代画出。

四、增改了经近年来的考古发现和研究成果证明内部本中的脱误之处。

五、内部本在着色、注记和边界线画法等方面处理得不够妥善之处,公开本酌情改正了一部分。

此外各图幅或多或少增改了一些点、线,增补了几幅插图。但"文革"中被无理删除的唐大中时期图组、首都城市图和一些首都近郊插图,被简化为只画州郡不画县治的东晋十六国、南朝宋梁陈、北朝东西魏北齐周、五代十国等图,以及各图幅中被删除的民族注记和一些县级以下地名,若要一一恢复,制图工作量太大,只得暂不改动。内部本有些图例定得不很妥当,有些点线定位稍有偏差,也就不再改动。

虽然如此,公开本仍然存在着一些不足之处,主要有下列两点:

一、历史上每一个政权的疆域都时有伸缩,政区分划时有变革,治所时有迁移,地名时有改易;各图组的每一幅图都按照这个时期中的某一年代画,这样做科学性固然比较强,但凡是这个时期出现过的与这一年代不同的疆界和州县名称、治所,除一小部分用不同符号注记或括注表示外,大部分在这套图上是查不到的,读者如要在图上查找这些地名,那就不免失望。

二、古代城址有遗址保存到近现代,曾经考古、历史、地理学者调查考察过而写有报告公开发表或见于有关著作,我们得据以在今地图上正确定位的,只是极少数。绝大多数城邑只能根据文献上"在某州县某方向若干里"一类记载定位,因为既没有现成的调查考察报告,又不可能付出大量时间去做这种工作,因此,图中的点线和历史上的实际位置有误差的,肯定不在少数。特别是古代的水道经流、湖泊形状等,更难做到正确复原。

要消除这两项缺点,不是在短时期内所办得到的。这将伴随着我国历史学、考古学、地理学、民族学等学科的发展而逐步得到改正补充。

当然,除了上述这两项缺点外,其他错误和不妥之处还很不少。在内部本发行后,已有不少读者提出了各种宝贵意见,有的在这次修改中已采用,有的碍于体例或其他原因,未能照办。对这些同志我们表示衷心的感谢!现在《图集》公开出版,希望有更多的读者进一步予以批评指正。

尽管还存在着缺点和错误,这套图集毕竟是中国历史地图史上的空前巨著。全图集八册,二十个图组,共有图 304 幅(不另占篇幅的插图不计在内),549 页;每一幅图上所画出的城邑山川,或数百,或上千,全图集所收地名约计七万左右。从开始编绘到今天公开出版,历时将近三十年之久。先后参与编绘制图工作的单位有十几个,人员逾百。有不少人都停止了自己原来的研究计划,夜以继日地投入这项工作达十余年之久。共同的目标只有一个:就是要把我国自从石器时代以来祖先们生息活动的地区的变化,在目前力所能及的条件下,努力反映出来,使读者能够通过平面地图的形式看到一个统一的多民族的伟大国家的缔造和发展的进程,看到在这片河山壮丽的广阔土地上,我国各民族的祖先如何在不同的人类共同体内结邻错居,尽管在政治隶属上曾经有分有合,走过艰难曲折的路途,但是却互相吸引,日益接近,逐步融合,最后终于凝聚在一个疆界确定、领土完整的国家实体之内,从而激发热爱祖国,热爱祖国各族人民的感情,为崇高的人类进步事业而工作。整个编制的成功确实体现了科学研究工作在社会主义制度下组织协作的优越性,体现了全体工作人员的高度觉悟和热忱。所有曾经参加《图集》绘制工作人员的名单见第八册。

已故毛泽东主席和周恩来总理都很关怀《图集》的绘制工作,非常遗憾的是,他们没有能看到《图集》的出版。

吴晗同志是编制《图集》热忱的倡导者和杰出的领导者,不幸在"十年动乱"中被迫害致死,这是我们深感悲痛的。

曾为《图集》的编制贡献过力量的白敏、冯家昇、傅乐焕、胡德煌、施一揆等同志都已先后去世,在此图集出版之际,谨表悼念!

谭其骧[1]

1982 年 1 月

附录2:

《中国历史地图集》总编例

1. 原始社会遗址图三幅,一幅显示全国所有已发表的原始社会时期的遗址,另二幅用扩大比例尺分别显示遗址比较稠密的东部地区的旧石器时代遗址和黄河流域及其附近地区的新石器时代遗址。

夏、商、周三代各有全图一幅,商、周二代各加一幅用扩大比例尺显示地名比较稠密的中心区域图。周代另加一幅王畿附近地区图。

2. 自春秋战国至明清各重要历史时期都制成分幅图若干幅,尽量容纳见于各该时期记载的各种地名,这是本图集的主体图幅,比例尺小或六七八九百万分之一,大至二三百万分之一。一幅若有部分地区地名过密难以容纳,则另制放大比例尺的插图附见图幅四角。每一图组另制全图一至四幅,用以显示每个时期某一年代或前后几个年代的全国概貌,内容从简,比例尺为二千一百万分之一。

3. 春秋、战国二图组的分幅图,凡见于这两个时期的地名,不分先后,一概入图。秦以后各图组的分幅图,其疆域和政区建制各选取该时期中某一年代为准,根据该时期的总志、地理志和其他有关记载,排出这一年代的政区建制表,据以画出各级政区。凡此年已废或始建于此年以后的郡县,一般只画前后朝所没有的,采用聚邑注记符号予以表示;如其驻地当时已有别的地名,则在该地名旁括注郡县名称。聚邑除确知为后起者外,凡见于各该时期记载的,一律入图。

4. 春秋战国时期各国辖境难以详考,全图、分幅图都不画国界;惟战国中叶公元前 350 年左右可大致勾勒,另制诸侯形势图一幅,画出国界。

5. 秦以后各图组的政权疆界和政区建制的断限年代,其选择的条件是:一、该时疆域政区相对比较稳定,并具有代表性;二、有比较详确明细的文献依据。若不具备这两个条件,一般采用这一时期后期的某一年。

1　谭其骧拟稿,编委会改定。

同时期并存着几个大政权,尽可能采用同一年代编绘,但有时为资料所限,或为了要显示边区政权强盛时期的情况,亦得另选不同年代。同一政权的直辖地区,一律按同一年代编绘,惟羁縻地区间或另选不同年代。

一个图组的分幅图如年代相同,全图亦即采用这个年代,径以各分幅删节缩拼成图。如分幅图年代不同,全图采用多数分幅图的年代加以缩绘,对其不同年代分幅的地区,则依所定年代的情况改绘。一个图组或需要二至四幅全图用以显示这一时期前后疆域政区的变化,则各全图自选一有代表性的年代编绘。所选择的年代只有一部分地区与分幅图的年代相同,其余不属于这一年代的地区都按这个年代另编。全图年代不要求与分幅图完全取得一致。

6. 秦以后各时期的分幅图都画出县以上政区的治所,郡级(秦至隋的郡、唐至宋金的府州、元代的路和直隶府州、明清的府和直隶州厅)以上政区的辖境。县治以下的聚邑、关津、堡寨等,隋以前凡见于记载的基本上都画出,唐以后则画出其一部分。各时期只画出见于当代记载的地名,凡只见于后代记载而不见于当代记载的地名一律不画。

府州郡县治所无确址可考而大致方位可指者,不画符号,作无定点注记于适当方位;凡大致方位也无可指者,列名于图框外或图幅背面。列目于"地理志"的名称因断限年代不同而不见于图的,均列表附于图后。

7. 东晋十六国、南北朝时期,或因前后朝变化不大,或资料不足,故只取南齐、北魏画分幅图,画全州、郡、县三级,以窥一斑。其余各朝皆画简图,或只画一级政区界,或只画政权界,各级政区只选画一部分;五代十国也同样处理。各时期边区政权,也因资料不足,或只在全图中表示,或一个、几个政权合一幅简图。除渤海、南诏、大理画出一级政区界线外,其他政权内部皆不画界线。

8. 各级政区治所一般根据《水经注》《元和郡县志》和《太平寰宇记》等唐宋至明清的总志所载故址考定入图,一部分查对了地方志和其他专著,一部分采用了近今考古学者的调查或发掘报告。边区部分主要根据各史"四夷"传和有关边陲资料。政区界线除有明确记载者外,一般要根据该政区当时领有哪几个县,这几个县相当于现今哪些县勾出,有时还参考了志书上所载州县的四至八到。有些地区缺少当时可资定线的依据,则袭用前一时期或后一时期的界线。有些边地州郡定点太稀,无法勾勒,则画其可画部分,允许中断,不强求连接。

9. 图上只标出具有政区性质的部族分布注记,凡有政区建制的地域,一般不再标当地部族名称。

10. 河流湖泊当代有记载的按记载选择一部分入图,无记载的按前代或后代画。海岸线根据今人的研究画出。山川不见于当代记载的,一般即不作标注,有时不能不注,则采用前代或后代名称。

11. 画出战国、秦、汉、辽、金和明代的长城、边塞,有遗址的和没有遗址的采用不同符号。北魏、北齐、北周和隋代的长城记载过于简略,又无遗址可寻,故不画。

12. 分幅图多数系在内部本原版上修补挖改而成,全图多数出自新绘。今行政区划改用 1980 年的建制。

13. 十八世纪五十年代清朝完成统一之后,十九世纪四十年代帝国主义入侵以前的中国版图,是几千年来历史发展所形成的中国的范围。历史时期所有在这个范围之内活动的民族,都是中国史上的民族,他们所建立的政权,都是历史上中国的一部分。这套图集力求把这个范围内历史上各个民族、各个政权的疆域政区全部画清楚。有些政权的辖境可能在有些时期一部分在这个范围以内,一部分在这个范围以外,那就以它的政治中心为转移,中心在范围内则作为中国政权处理,在范围外则作邻国处理。

14. 全图凡中国内部各政权分别着不同的较深色,邻国皆着同一淡色。分幅图主区着比较鲜艳色。邻区有与主区同属一政权者,有属于另一政权而仍在中国范围内者,有不在中国范围内者,分别着色。

15. 历史上有些地区本属两个政权间的瓯脱地带,不应勉强划属某一政权,图中不画界,用着色示意或为两不管地带,或为双方势力交错地带。

16. 各图组图幅的排列,若同时有几个政权,先中原,后边区,或依政权建立先后为序;同一政权内各政区,按当时官书或正史地理志中的次序排列。

第三章

复旦大学历史地理研究室

一、复旦大学历史地理研究室成立

编图工作移至复旦大学历史系后,谭其骧已不可能全力以赴,甚至无法将主要时间和精力用于编图;加上专职人员有限,进展缓慢,远远落后于谭其骧离京前商定的时间表。

1957 年 5 月,谭其骧开始代理蔡尚思历史系主任的职务。8 月 1 日至 9 月 8 日,应侯仁之教授之邀去青岛疗养并撰写《中国古代地理名著选读》中的《〈汉书·地理志〉选释》。此书由侯仁之主编,1959 年由科学出版社出版,成为历史地理学的经典。

图 11　1957 年 8 月,谭其骧在青岛参加编写《中国古代地理名著选读》时与顾颉刚、侯仁之合影(中为顾颉刚,左为谭其骧,右为侯仁之)

1958 年 9 月,谭其骧出任复旦大学校务委员会常委,同时担任九三学社复旦大学支社副主任。11 月下旬,又应华东师范大学之邀,带领师生赴扬州考察。

　　杨图委员会不断催促,复旦大学领导也深知这项工作的政治意义和对复旦大学的重要性,1958 年秋季开学后就从历史系四年级学生中选出周维衍、魏嵩山、赵少荃、林汀水、项国茂、王天良、祝培坤、嵇超、朱芳(毕业后调出)、林宝璋、刘明星等 11 人参加编图工作,以加快进度。同时也希望通过这项工作,迅速扩大本校历史地理研究人员队伍,提高专业水平。为此,历史系提出了设立历史地理研究室的计划,得到学校批准。

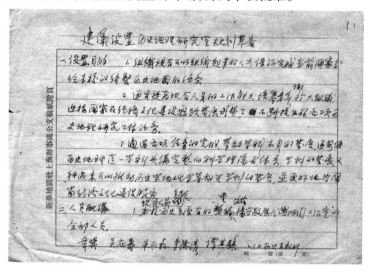

图 12　1958 年,谭其骧起草的《建议设置历史地理研究室规划草案》(局部)

　　1959 年 6 月 15 日,复旦大学向上海市委教育卫生工作部和上海市高教局提交《关于筹建文学研究室、历史地理研究室和语法修辞逻辑研究室改为语言研究室的报告》:

　　　　为加强我校语言、文学和历史地理方面的研究工作和逐步提高研究工作人员及青年教师的工作能力,把培养研究干部和提高师资结合起来,以适应学校提高教学质量开展科学研究工作的需要,我校拟根据现有条件,除将原有"语法修辞逻辑研究室"改称为"语言研究室"外,再设置文学研究室、历史地理研究室,特报告初步意见如下:

　　　　一、(略)

　　　　二、关于设置历史地理研究室的问题:除前述目的外,也是为了组织现有可以组织起来的人力,保证当前国家交给本校的绘制历史地图的任务的顺利完成,并迎接在国家经济文化建设飞跃发展形势下所不断提出的历史地理研究工作的新任务,通过各项任务的完成带动学科本身的发展,从而逐步使这一学科具备完整的科学理论与体系。

在该室的人员配置方面,以历史系原有"整编杨守敬历史舆图工作室"的全部工作人员为基础,其中原系科学院历史研究所实习研究员二员(邹逸麟、王文楚)拟商请调至该室。原历史系四年级学生十一人仍留该室作为专门化学习。边学习、边工作,毕业后酌情全部或大部分留作该室工作人员。但以上人员距当前工作需要相差尚远,除再在历史系抽调教师一名以部分时间参加工作外,并拟向地图出版社商调或商借工作人员六人。今后视需要与可能每年招收实习研究员三至四人,研究生二至三人。五年后估计全室人员发展到五十人,其中中级以上人员十余人,初级以上人员三十余人。此外,相应增加政治工作、行政人员和资料绘图工作人员。

经费方面,目前整编杨图工作经费主要由地图出版社负担。杨图工作完成后,该室经费主要由我校开支。

特此报告。

复旦大学(盖章)

1959 年 6 月 15 日

上海市委教育卫生工作部和高教局于 1959 年 7 月 14 日批复同意。复旦大学历史系设置历史地理研究室,谭其骧任主任。

图 13　复旦大学校内 100 号二层为编图工作场所,历史地理研究室成立后长期在此办公

历史地理研究室成立时列入编制的,除谭其骧外,还有章巽教授、吴应寿(讲师)、郑永达(绘图员)。当年秋季开学,华东师大地理系毕业生张修桂、孔祥珠分配来室。1960年秋季,周维衍、魏嵩山、赵少荃、林汀水、项国茂、王天良、祝培坤、嵇超、林宝璋、刘明星等10名历史系学生毕业留室,又从中山大学地理系调入李新芳、周源和、赵永福(复)、陈家麟、全汉文,从西北大学地理系调入章祖生(左生、左声)、王仁康、纪明光等8名地理系的毕业生,增加了资料员陆惠鸿。1960年增加了一位讲师李德清。1961年,谭其骧指导的历史系研究生胡菊兴毕业,留研究室工作。王文楚与邹逸麟的人事关系由中科院历史所正式转入复旦大学历史系。全室人员的日常工作就是编图,1962年起少数人承担了三门地理课程。1963年助教张鸣环转入研究室,承担考古学课程,并负责收集与历史地图有关的考古资料;讲师吴杰转入研究室,参加编图工作。

图14　1960年6月,历史地理研究室工作人员合影(前排左起:金竹安、嵇超、王天良、魏嵩山、谭其骧、邹逸麟、朱芳、孔祥珠、项国茂、林汀水、赵少荃、林宝璋;后排左起:胡菊兴、黄彩芝、吴应寿、王文楚、陆惠鸿、江武子、张修桂、周维衍、刘明星、祝培坤、郑永达、袁璇英、李德清;缺慎安民,江武子为临时聘用)

1960 年 5 月,谭其骧被评为上海市高等学校先进工作者,并出席全国"文教群英会"。他的先进事迹主要是"重编改绘杨守敬《历代舆地图》",也代表了研究室这个集体。从谭其骧经层层审查改定的发言稿中,可以看出经过"整风反右""大跃进"运动后谭其骧和研究室的实际情况:

我们复旦大学历史系历史地理研究室,最近几年来,主要是在进行重绘改编杨守敬的《历代舆地图》的工作,这是国家交给我们的重要科学研究项目。现在,我把改绘这部历史地图的工作,向全体代表进行汇报。

《历代舆地图》是一部以我国历代疆域、政区和居民点为主体的详细历史地图,由清代著名学者杨守敬及其一批弟子花了毕生精力所编绘。共有地图三十四本,包括自春秋时期到明代二千多年来我国历朝历代的详细地图,每一本有二千个左右居民点,八百条水道和政区界线。这部巨著反映了当时历史地理学方面的最高成果。但由于时代条件所限,不论在内容或绘印方面,都存在不少错误和脱漏的地方。重绘和改编这部巨大的历史地图,不仅对当前的历史教学和研究工作有很大的益处,并且为"中国历史地理"学科的发展打下了一个基础,对于今后编制各种历史地图也有很大便利。因此,中央认为这是我国当前科学研究中一项很有意义的工作,列为国家科学研究的重要项目,并在科学院专门成立重绘和改编这部历史地图的委员会,具体的改编工作交给我校负责。

重绘和改编《历代舆地图》的工作量非常浩大,必须查阅几百种资料,字数以千万计。为了保证国家所要求的质量,每一个地点、每一条水道和政区界线,都必须重新加以考证,尽可能精确地在最新底图上把它们表示出来。在考证时,至少要查阅几种原始资料,有时要查阅好几十种。

这部巨大的历史地图的编绘工作开始于 1955 年,参加工作的人员最先是两个,后来增加到五个,1958 年底又增加了十二个青年同志。到 1959 年年初,我们对全部工作量作了一番估计,预计要增加二十个具有相当业务水平的工作人员,才能在 1960 年年底以前完成重绘和改编工作。但是在党的领导下,充分发挥群众,仅仅只增加一个熟练的工作人员,现在已经可以提前七个月,就是在今年五月底,全部完成这部地图的编绘工作,向全国群英会献礼,向毛主席报喜。同时,在工作中,还培养出十七名青年科学研究工作干部,这些同志大部分还是大学未毕业的青年学生,但是他们边干边学,通过实际工作锻炼和提高,不到两年,就已经达到相当于过去大学毕业后,经过三四年培养的研究生水平。

但是,重编和改绘这部历史地图,并不是一帆风顺的,而是经过了一个反复曲折的过程;特别对我来说,是一个深刻的思想改造过程。我深深感到,科学研究工作,必须由党来领导,必须大搞群众运动,只有这样,才能做出出色的成绩来。我的切身体会是:

第一,科学研究要取得成绩,必须相信群众,依靠群众,必须大走群众路线,大搞群众运动。

1955年春天,党把这项任务交给我来负责。当时,我对于科学研究工作中的社会主义方向,缺乏明确的认识,在工作中没有能够贯彻政治挂帅。编绘工作进行了将近四年,任务只完成了四分之一。到了1958年秋天,这部分历史地图的编绘工作,已经划归我校直接领导。为了早日完成国家规定的重点科学研究项目,并且通过《历代舆地图》的重绘和改编工作来培养一批新生力量,校党委决定抽调历史系四年级十一位同学和一位青年教师参加这项工作,并在1959年春天成立了历史地理研究室。

增加了这么一批人员,我一方面很高兴,另一方面却又认为:培养一个专门人员,必须经过一定时间的专业训练,这些同学大学还未毕业,是否能够负担起这样的工作任务呢?新生力量需要培养,但这又会不会影响任务的完成呢?因此,当同学们一到研究室时,我只分配大家去抄卡片,没有让他们直接参加编稿。因为当时我认为编稿工作只有专家才能够做。

但是这批青年人一到,给研究室平添无限的青春活力。他们把编绘这部历史地图当作党交给自己的一项政治任务。叫他们抄卡片,大家不但细致认真,而且自动展开竞赛,很快就完成任务。编稿工作开始以后,他们钻研业务非常努力,虚心求教,穷究好问,遇疑难,就聚在一起共同商议探讨,直到完全弄懂为止。这给了我很大教育。

青年人的业务水平有了提高,我想,人的问题,算是初步解决了。可是能不能加快速度完成全部编稿工作呢?在我看来还是有疑问的,那时,我对速度和质量的关系,还没有能够辩证地统一起来加以认识。但是,党组织提出了必须提高速度,又要保证质量。

当时,由于群众业务水平提高,加快了编稿速度,而审稿的专家人数少,为了解决这个矛盾,党组织决定展开一个大规模的群众性审稿运动。

审稿,这本来是专家干的工作,现在发动群众来搞,是否会降低质量呢？但是我很快发现，不但群众审查自己的编稿具有相当水平，而且还对我所编的两汉部分检查出一些差错。这使我深深感到，在科学研究中大搞群众运动的确比单干强，并为青年人的业务水平提高而感到无限兴奋。

通过群众运动，不但大大提前完成了审稿工作，加快了整个工作的进程，而且还写出十四余万字的文字札记和两万余字的关于历史地理专著的介绍。

在中央发布了召开全国文教方面的"群英会"的指示以后的一段时间，群众运动的威力，就更加明显了。

当时，距离完成第一批地图的交稿期限，只有一个多月了。原有草图因底图发生错误而必须重绘，新的底图又刚刚拿来。这部分工作原定由我自己负责编绘。现在，时间这样紧，靠一个人的力量实在不够。开始，我只希望增加两个同志协助工作，这样仍然为不及；后来又增加两个，还是不行。这时党组织就提出，用"大兵团突击作战"方法，集中研究室的主要人力，来突击完成第一批交稿任务。对于我来说，这还是闻所未闻的事。这样做，会不会打乱整个工作计划，影响其他各个历史时期的编绘任务呢？会不会影响质量呢？

但是在党组织的领导下，全体同志发挥冲天干劲，提前十五天超额完成了第一批交稿任务。与此同时，还用六天时间，编纂好《辞海》中关于历史地理部分的初稿两千多条，这个工作过去被认为只有专家才能做，并且至少要三个月才能完成。而工作的质量，有些比教师优生的还要好。这才使我真正感到：只有依靠党的领导，只有大搞群众运动，科学研究工作才大有前途。

过去，我认为科学研究是一项复杂的工作，能否搞群众运动，是有怀疑的。事实教育了我，使我逐步认识到群众力量的伟大，认识到走群众路线是科学研究工作最正确的道路。

第二，科学研究工作必须由党来领导。这部历史地图能够又快又好地完成，完全是党领导的结果。我自己在这个工作中能做出一些成绩，也完全是依靠党的领导和接受党的教育的结果。

同上面讲的对群众路线的认识一样，我对于科学研究工作中党的领导的认识，也经历了一个反复的过程。

过去，经过"整风反右"斗争以后，我感到在政治上必须改造；经过"双反"、厚今薄古大辩论和学术思想批判等一系列运动以后，感到在学术思想上也必须改造,才能为社会主义服务。但是对科学研究工作,我总还认识,只有以系主任为首的教授们才能领导;以为只有专家才能领导本行的具体科学研究工作,外行不能领导内行。对于党的领导,往往在原则上承认,而在具体问题上就不一定承认;或者是认为上级党组织的领导是正确的,而基层党组织的领导就不一定正确。在这种错误观点的指导下,在过去很长的一段时间内,我只相信自己、相信专家对科学研究的指导作用,而不完全相信党的领导。在工作中就没有贯彻无产阶级政治挂帅的原则。结果,工作常常少慢差费。

党在1958年加强了对编绘工作的领导,建立了研究室的机构。研究室的党员同志,在上级党委领导下,依靠群众,不仅政治思想工作做得出色,而且对科学研究工作也能全面地组织和发动起来。党的工作,深入到业务工作的各个环节,党组织集中群众智慧,总结经验,领导群众改进方法,大大提高工作效率。这一切,都使我开始看到,过去不相信党的领导的想法是错误的。

在1959年夏天,地图出版社要求我们研究室订出完成交稿的确切日期。我和一些专家就认为没有把握,不做肯定的答复。就在这时,党中央发表了八届八中全会公报。不久,全校就掀起一个轰轰烈烈"反右倾,鼓干劲"运动。

"反右倾,鼓干劲"学习中揭露出来的关于历史地图工作中的右倾思想,使我非常震动。开始感到问题不在于专家太少,而在于右倾思想没有克服。这时我向党表示:决心在党的领导下,和全体同志一起,尽力把工作做好。

在党的领导下,大搞群众运动,改进了工作方法,大搞合理化建议和技术革新,掀起比学赶帮的热潮。这样,整个编绘工作就生气蓬勃,出现突飞猛进的局面。仅仅在四月底前后的十几天工作中,就完成了六十七幅历史地图,超过以往从1955年到1958年四年来的工作总和。这个事实证明:只有党的领导,科学研究才能创造奇迹。

作为一个来自旧社会的知识分子,要接受党的领导,我认为首先必须相信党,听党的话,跟着党走。我们的党,以马列主义、毛泽东思想为指导,领导中国人民从胜利走向胜利。历史已经证明,党是一贯正确的。就我来说,由于自己的世界观还没有得到改造,往往在很多问题上,带着自己的偏见,和党的正确方针有出入。在这种情况下,更应该相信党,听党的话,跟党走。在这部历史地图的编绘过程中,我的想法曾有和党组织不一致的地方,但每一次都为活生生的事实证明,正确的一定是我们的党。同时,为了更好地改造自己,坚定地跟着党走,我体会到,必须向党交心,应该做到敞开思想,把自己的问题向党提出来,争取党的教育和帮助,提高认识,以便在党的领导下更好地积极工作。

同志们,编绘历史地图的过程,对我来说,实际上也是思想改造的过程。

几年来,在自己前进的道路上经过多次反复,我逐步认识到,知识分子的改造,必须在党的领导下,依靠群众,通过工作实践,才能收到显著的成效。正如石西民同志在这次大会上所指示的那样:知识分子必须同"劳动人民的伟大集体相结合,在工作上、学习上、科学研究上和生活上,牢固地树立起集体的观点和习惯,把个人的积极作用汇于集体之中,而不是把自己放在集体之外;把个人放在人民群众之中,而不是把个人放在人民群众之外"。我在思想上的一点进步,正是由于投入到社会主义革命和建设中,与群众在一起,通过科学研究的实际工作才取得的。

各位代表,各位同志,我们国家的大好形势十分令人兴奋,我们的前景呈现一片光明。作为一个文教工作者,我一定要努力学习毛泽东思想,坚决相信党的领导,坚持群众路线,和群众打成一片,改造自己的世界观。尽快地使自己改造成为工人阶级知识分子,更好地为社会主义事业服务。只有这样,才不辜负党对我的培养和期望,才不辜负这个伟大的时代。

二、历史学系设置历史地理专业

随着杨图工作的进展,谭其骧和历史地理学科的影响不断扩大。侯仁之教授有关建立历史地理学科的倡导,中国科学院和竺可桢等地理学家对历史地理学的重视,使复旦大学领导意识到设置历史地理学专业的重要性。另一方面,编图工作迫切需要增加专业人员,但在全国范围内都无法解决,只能在历史系1960届学生中选人应急。1960年,复旦大学批准历史系设置历史地理专业,面向全国招生。

1960年8月制订的"中国历史地理学专业教育计划"如下:

历史地理学是一门新兴的边缘学科,它的任务是在马列主义、毛泽东思想指导下研究地理环境在人类历史时期中变化发展的规律,进一步阐明历史唯物主义原理,批判修正主义、资产阶级和封建主义观点,探寻更好地改造自然环境的途径,为社会主义革命和社会主义建设服务,并丰富历史学和地理学的内容,从而建立无产阶级的历史地理学的科学体系。本专业的具体教学、研究对象暂以中国国土为限。

一、培养目标

根据党的教育方针,中国历史地理学专业的培养目标是:具有无产阶级世界观,较多地懂得马克思列宁主义、毛泽东思想,掌握丰富的历史地理知识,全面发展、一专多能的历史地理工作者。

按照这一培养目标,中国历史地理学专业的毕业生的具体要求是:

1. 较多地懂得马克思列宁主义、毛泽东思想。具有无产阶级世界观和坚定的无产阶级立场。能够自觉地宣传贯彻和捍卫党的路线方针政策,以及一定的宣传和组织工作能力。

2. 在马克思列宁主义、毛泽东思想指导下,掌握地理环境发展变化的规律和丰富的历史知识、地理知识和中国历史地理知识,并在历史地理科学的某一领域内有较深入的研究,具有批判地继承历史地理学遗产,批判修正主义和资产阶级观点和发展历史地理科学的能力。

3. 掌握野外工作能力和编绘地图技术,具有一定的写作水平和辞章修养,能够运用古代汉语和一至二门外国语。

4. 体魄健全,能够负担起劳动与卫国的职责并且具有较高的文化素养。

二、学制

五年制。

三、政治思想教育

高举马列主义、毛泽东思想红旗,大力加强政治思想教育,把世界观的改造放在首要的地位。政治思想教育应以学习和宣传毛泽东思想为基本内容,继续深入开展毛主席著作学习运动。一、二年级结合政治理论课进行学习,不另安排时间;三、四、五年级每周分别安排4、6、8小时,更加深入和系统地学习毛主席著作,以达到提高觉悟、改造思想的目的。

大力加强形势与任务的教育,及时将国内外阶级斗争反映到政治思想教育中来,组织学生积极参加当前重大政治运动和思想理论斗争,每周以3小时的时间进行形势与任务的教育。

四门政治理论课中,辩证唯物主义与历史唯物主义、政治经济学、社会主义与共产主义概论等三门在一、二年级内学完,中共党史则与中国现代史结合,在三年级内学习。政治理论课的教学必须贯彻理论联系实际的原则,密切结合学生实际,做到有的放矢。

加强劳动和基层实际工作锻炼,培养学生树立无产阶级世界观和实现知识分子劳动化。

在专业课的教学中,通过对地理环境的变化和人类改造地理环境的过程和规律的阐述,培养学生的辩证唯物主义历史唯物主义观点。

为了有效地促进学生世界观的改造,结合当前重大政治斗争、系统的政治理论教育与学生思想实际,定期进行思想小结。

四、教学

1. 课程设置

历史地理学是介于历史和地理科学之间的边缘科学。为了培养学生掌握这门学科进行独立的研究工作,必须具有历史学、地理学和中国历史地理学的基本知识以及野外工作和编绘地图的技能。因此,中国历史地理学的专业基础课设立十一门课程,历史类为中国通史、世界通史、考古学等三门,地理类为自然地理、经济地理、地质学、地图学与地形测绘等四门,历史地理类为中国历史地理概论、中国地理学史与要籍介绍、中国历史自然地理、中国历史经济地理等四门。选修课暂设古代土壤生物地理,历史交通地理,历史人口、都市地理,兄弟民族史,民族学与中国民族志,西南边疆地理等六门;工具课为逻辑、外国语、古代汉语、写作;体育则为公共必修课。

2. 课程内容

以毛泽东思想统率各门课程,逐步建立起以马列主义、毛泽东思想为指导的、为社会主义革命和社会主义建设服务的历史地理课程体系。彻底批判修正主义、资产阶级观点和封建主义观点,不断加强历史地理学的无产阶级战斗精神,正确阐明人类对地理环境改造和地理环境在社会发展中的作用问题,同时加强专业技能的训练,广泛采用新的科学技术成就。工具课应阐明语言工具的基础规律,要求学生基本上能顺利地阅读外语专业书籍和一般古籍,并具有一定的外文笔译能力。部分外语成绩特别好的学生,可以提前选修第二外国语。为了有效地参加理论斗争,结合教学、科学研究与基层实际工作的锻炼,有计划地组织学生撰写课程论文、读书心得、调查报告及编写专著,从实践中培养与提高学生的写作能力。

3. 教学方法

进一步贯彻理论与实际相结合的方针,使课堂教学与政治斗争、生产劳动、生产实习以及基础实际工作结合起来,引导学生用批判的观点学习历史地理课程,坚决反对脱离政治、脱离实际的资产阶级教学方法。坚持师生结合、教学相长的教学工作中的群众路线,发扬创造性教学的经验,充分发挥教师在教学中的主导作用和学生在教学中的重要性和创造性。

专业基础课的教学一般采取系统讲授、专题讨论、生产实习与自觉辅导相结合的形式。在全面系统讲授的基础上,深入阐明关键性问题,然后组织学生进行讨论。

在教学过程中要加强对学生自学的辅导,特别是注意加强对马克思列宁主义经典著作学习的辅导。通过课堂练习和课外习作以及集中的野外实习,加强对学生野外工作和编绘地图能力的严格训练,并适当地与经济部门的需要结合起来。

选修课的教学基本上采取专题讲授,注意学科的系统性,密切结合科学研究与生产任务,同时又通过科学研究与生产任务不断丰富和更新教学内容。

工具课的教学强调学用一致,着重加强基本训练,讲授与练习并重。

4. 考试考查

为了检查和巩固学生学习成果,提高教学质量,各门课程必须进行考试考查。考试应按各门课程的具体情况,分别采取口试、笔试,写读书心得、论文及调查报告等形式,评分时适当参照学生的平时成绩。每学期考试课程一般不超过三门。考查以平时检查为主,一般不在期末进行集中考查。

五、科学研究

群众性的科学研究是多快好省培养人才,提高教学质量和发展科学的重要途径。把科学研究与教学、生产实习以及写作锻炼结合起来,坚决贯彻科学研究为无产阶级政治服务、为生产建设服务的方针,在科学研究的过程中注意引导学生参加理论战线与生产战线中的斗争,达到既培养学生又发展科学的目的。一、二年级结合课程学习进行科学研究,不另安排科学研究时间,个别优秀的学生可进行因材施教,给予特殊培养和锻炼的机会。三年级平时每周安排四小时,每学期集中安排两周。四下平时每周七小时,集中两周。五上结合生产实习开展较大项目的科学研究,五下每周九小时,不再集中安排。在科学研究中坚持党的领导和群众路线,集体讨论,人人动笔,使每个学生都能得到锻炼和提高。

六、生产劳动

组织学生参加生产劳动的目的,在于改造思想,逐步达到知识分子劳动化,同时注意培养学生掌握一定工农业生产技能,达到一专多能。劳动方式分为分散与集中两种:分散劳动主要是培养学生平时劳动习惯,每周安排半天(或两周一天)。集中劳动主要是使学生有更多的时间接触工农群众,以培养他们的工农感情。集中劳动每年八周,其中至少有三周参加农业劳动,具体时间则根据工农业生产与校内经常劳动的需要,并视教学工作进行情况机动安排。在下厂下乡集中劳动的时间,应参加文化革命和技术革命,并适当结合专业进行调查研究。此外还应有一定时间参加校内外服务性劳动。

加强劳动过程中的思想教育与组织工作,规定必要的考核制度,从而提高思想觉悟与劳动质量。具体安排如下:

第一学年10周生产劳动时间,集中劳动8周,分散劳动2周。

第二学年10周生产劳动时间,集中劳动6周,分散劳动2周,另2周结合生产实习进行。

第三学年10周生产劳动时间,集中劳动6周,分散劳动2周,另2周结合调查研究进行。

第四学年10周生产劳动时间,集中劳动3周,分散劳动1周,另6周结合基层工作锻炼进行。第四学年暑假少放2周,移作生产实习的准备工作,假期至第五学年寒假补放。

第五学年9周生产劳动时间,集中劳动7周(其中结合生产实习4周),分散劳动2周。第五学期上学期,全部时间进行生产实习和科学研究。

七、基层实际工作

基层实际工作是学生接受阶级斗争锻炼,促使世界观改造的有效途径,并使学生在学习期间直接为社会主义建设服务,因此在五年内以半年时间(四上)参加基层实际工作。此外学生在校期间亦应担任一定的社会工作。

基层工作以参加实际工作、接受阶级斗争的锻炼、改造世界观为主。基层工作结束时应进行总结,以巩固收获。

八、生产实习

生产实习的目的是使学生牢固地掌握和加深书本知识,培养学生参加社会主义经济建设的实际工作能力。

生产实习分为两种:一种是自然地理的实习,在二年级下学期进行,时间为四周;一种是综合的自然、经济、历史地理的实习,在三年级下学期和五年级上学期进行,前者时间为五周,后者则为全部时间。加强生产实习过程中的政治思想教育工作,培养学生艰苦、踏实、缜密、仔细的工作作风。

以后招收的三届本科生的四门专业课"中国历史地理概论""中国地理学史与要籍介绍""中国历史自然地理""中国历史经济地理"主要由谭其骧、吴应寿、邹逸麟、王文楚承担,"中国自然地理""地图学"等由张修桂、李新芳、孔祥珠、赵永复、章祖生等授课。

1960年秋季录取了20名本科生,几乎都是他们填报的第一志愿。他们是江林宣、程显道、卫家雄、许文华、黄永祥、王燮程、钱林书、颜济奎、曹玲泉、杨鸿嵩、林观海、曾昭漱、杜瑜弟(杜瑜)、尹承德、毛凤鸣、文锡进、朱玲玲、牟元珪、丁厚礼、李志庭。到1965年,他们顺利毕业,但限于分配名额,历

图15　1965年,复旦大学第一届历史地理专业本科生毕业合影(中间左起:李新芳、赵永复、张修桂、魏嵩山、吴杰、谭其骧、赵少荃、章祖生;前排左起:朱玲玲、丁厚礼、程显道、曹玲泉、江林宣、曾昭漱、尹承德、毛凤鸣、文锡进;后排左起:杨鸿嵩、黄永祥、卫家雄、颜济奎、林观海、许文华、钱林书、杜瑜弟、李志庭、王燮程、牟元珪)

史系只能留下钱林书、牟元珪和程显道三人。尹达挑选了卫家雄、林观海、杜瑜弟、朱玲玲、李志庭等10人去中科院历史所，但全部留在研究室参加编图工作。"文革"爆发后，编图工作全部停顿，几个月后他们被历史所召回。

1961级招收了20名：陈正书、程皓珊、程永华、方企铭、胡凤璋、江春贵、金国强、李松其、林本梓、王霜红、王正兴、伍国基、袁文娟、朱文英、龚松林、梁华忠、林苏民、张定中、张玉乔、戴志强。但到他们学完基础课即将进入专业课时，编图工作也进入了紧张的阶段，包括谭其骧在内的任课教师已经无法兼顾教学，这些学生不得不全部转入历史学专业。

1962级招收了12名：施和金、顾承甫、杨正泰、郭黎安、朱蓁宜、王亦红、徐振保、黄继宗、陈金火、宋云伍、孙厚敏、傅长虹。在他们四年级期末时，"文革"爆发，学校停课，正规课程就此结束。

三、特殊任务——为叶群讲课

1962年10月底，复旦大学党委副书记徐常太通知谭其骧，在11月1日下午去见一位"首长"叶群，并告诉他此事要严格保密。此前，徐常太接到上海市教卫办主任陈琳瑚的电话，说叶群要找谭其骧谈一些历史地理方面的问题。

11月1日下午，谭其骧去岳阳路一个部队招待所见叶群。叶群说，她最近正好在上海，想抽时间学一点历史地理知识，要谭其骧拣最重要的讲几次。谭其骧觉得为难，就先介绍了一下历史地理研究的范围，然后问叶群是否能提出几个方面或具体问题，以便事先做好准备。叶群同意，提了一些军事地理方面的问题。

当时谭其骧正参加《辞海》中历史地理条目的编纂，平时除了学校上课或有事外，都在浦江饭店工作。11月6日上午，谭其骧学校有课，当他下午来到浦江饭店时，才知道一位女"首长"已到饭店里找过他。下午三时半，他去岳阳路招待所见到叶群，才知道叶群想到一个问题，竟等不得他下午来讲课，直接去浦江饭店找他了。

11月9日下午讲课结束时，叶群专门问了三国时孟达任新城太守时驻在哪里以及当地的地理状况，当晚谭其骧回家查阅了有关史料。11日是星期天，根据预约，当天上午是讲课时间，谭其骧告诉叶群孟达任新城太守时的治所在上庸。

14日上午和24日上午谭其骧又各去讲了一次。过了几天，徐常太接到陈琳瑚的电话，叶群说"首长"对讲课很满意。

据中国历史博物馆洪廷彦回忆,20 世纪 50 年代他在上海市教育局工作,叶群是他的上级。1962 年叶群忽然对军事地理感兴趣,打电话问他上海有什么历史地理方面的专家时,他推荐了谭其骧。

在毛家湾林彪的档案中有一本标着“林京 215 卷 20 号”的笔记本,题为“中国军事史研究工作手册”,上面记着林彪的工作人员制订的计划,其中的第二部分写着:

> 与专家挂钩。学习问题:主要有通史和断代史专家讲官制、军制,训诂、校勘、音韵学,《说文解字》,地理等专家也要挂钩。活动:1.参加南京史学会;2.开座谈会;3.参加业务学习;4.访问专家;5.专家解决不了的,他会自动介绍人;6.交换资料;7.设讲座,请专家来讲,我们也去他们处讲。外地的专家用信,或派人去请教,找资料。
>
> 绘图:1.双方军队行动过程;2.考证古地名;3.绘战争要图。

在笔记本中有林彪批的字:“谭——今年出明代的。要谭制各代地图。”这显然是指谭其骧和他正在编绘的《中国历史地图集》的明代图幅。笔记本上还记着:“山南水北为阳,水南山北为阴,如华阳、华阴,华阴在华山北,华阳在山南。汾阳、汾阴。”这些正是谭其骧对叶群讲过的内容。

可见叶群到上海找谭其骧讲课,是为林彪研究中国军事史工作的一部分,而林群将谭其骧所讲又向林彪作了汇报,所以才有这位“首长”表示满意的说法。而 11 月 6 日上午,叶群等不得下午三时半,迫不及待地在上午就到浦江饭店去,很可能是急于答复林彪的询问。

此后,1963 年 5 月 29 日和 6 月 1 日,南京军事学院吴志唐两次来历史地理研究室找谭其骧,都谈了一上午。1964 年 5 月 14 日吴志唐来访,15 日上午来研究室谈《历代战争图》。谭其骧在 18、19 日晚上校阅,20 日吴志唐取走。1964 年 12 月 11 日、12 日,谭其骧为军事学院校《吴师入郢图》。这些或许都是林彪“绘战争要图”计划的一部分。

四、新任务:为毛泽东注释古文诗词

1972 年,姚文元给时任上海市革命委员会常委、复旦大学革命委员会常委的朱永嘉下达任务,组织人员为毛泽东要阅读的古文诗词作注释。每次都由姚文元打电话通知他具体篇目,由他组织注释,完成后送姚文元审定,再由姚送毛泽东。注释的题解一般都经过姚文元修改。毛泽东阅后,基本都批给全体政治局委员阅读,有的还专门批给某人(如江青)看。朱永嘉也曾将一些注释本送给当时主持上海市委日常工作的马天水作参考。

1972 年 12 月 25 日上午,谭其骧接到复旦大学历史系青年教师、当时借调在上海市委写作组工作的王守稼打来的电话,询问《旧唐书·傅奕传》中的典故,先后两次,谈了一个多小时。以后得知,王守稼等人正在为毛泽东要阅读的古文作注释。

这些文件都在上海澳门路中华印刷厂排印,正文用四号老宋、注文用小四号老宋,全部繁体,版本长 30 厘米,宽 20 厘米,用 60 克米色道林纸,线装;以后每次又加印两册宣纸本。参与这项工作的人都称之为"大字本"。注释的具体组织工作由王守稼负责。

1973 年 1 月 2 日上午十一时,朱永嘉来到研究室,向谭其骧等人布置了注释任务,要求谭其骧为全部注释把关。由于时间紧迫,其他人的注释稿还没有出来,所以谭其骧自己也先开始注释,他分到的是《三国志·吴书·吕蒙传》。从 3 日起,注释成为谭其骧的主要工作,花了整整五天时间方完成。

13 日,朱永嘉将谭其骧约到校党委,又就注释工作的重要性和具体要求谈了半个多小时,总之是要他负责为青年教师和其他人作的注释初稿把关,尽全力完成这项政治任务。当时需要注释的文章主要是历史类的,但以后增加了一些诗词赋,对这些文学作品的注释,朱永嘉和写作组一般没有交给谭其骧"把关",只在修改《江梅引》的注释时听取了他的意见。当晚谭其骧开始看邹逸麟、王文楚所作的《三国志·魏书·夏侯渊传》注释。

14 日是星期天,他晚上修改至一时,15 日晚上又改至近一时,至 16 日下午三时改毕。当晚又开始改《晋书·桓伊传》,由于白天都要开会,每天也工作至深夜,至 21 日(星期天)上午才改毕。此时,《吕蒙传》和《明史·朱升传》的校样已经送到,经他改正后在十二时一刻送走。

《吕蒙传》注引《江表传》中关于吕蒙在孙权激励下发愤学习的记载——"蒙始就学,笃志不倦,其所览见,旧儒不胜",为毛泽东用以勉励高级干部重视学习时所引用,也成为全国军民学习的重要内容。朱升向朱元璋提出的"高筑墙,广积粮,缓称王"的建议使毛泽东受到启发,他向全世界发出的"深挖洞,广积粮,不称霸"的号召无疑受到了《朱升传》的影响。

谭其骧在 22 日下午校《夏侯渊传》校样,晚上开始审校《晋书·谢玄传》的注释,到 25 日上午还没有全部改完,但市委写作组已来催索,只能将稿子先送印刷厂排印,到时在校样上再改。26 日下午三时,他到研究室看《晋书·桓伊传》的清样。晚上他在《晋书·谢安传》注释的排样上校改到一点,

113

第二天上午接着改,到下午三时,16页改完了8页,交写作组取走。28日(星期天)一早,写作组送来了《晋书·谢安传》注释,要他全部看完,当晚他看到一点,第二天看到半夜十二时三刻,30日上午将注释改完。31日下午起改《晋书·刘牢之传》,直到凌晨二时。2月1日上午九时将最后改定的《谢玄传》送到学校,正好接到王守稼来电,下午四时一定要将《刘牢之传》送去,可不必细看。不久又得到通知,四时是将稿子送到写作组的时间,谭其骧午饭后顾不得休息,将《刘牢之传》注释大致看完,下午二时半交邹逸麟和王文楚送往写作组。

3月5日上午,朱永嘉又交给研究室三篇注释任务。为此,研究室在晚上开会作了研究,并传达了朱永嘉带来的讯息:毛主席在看上次注释稿时,发现了一个错字,"濉溪"的"溪"错成了"漢"。不过经查对原稿,此字是中华厂排错的,但负责校对的人没有校出。大家听后既惊又喜。惊的是如此重大的政治任务,稍有不慎就会出大问题,要是在关键地方出错如何得了?喜的是这些注释果然是伟大领袖毛主席亲自阅读的,并且看得那么仔细。

会后回家,谭其骧就查阅郭沫若对屈原《天问》的注释,作审改注释的准备。以后几天又夜以继日,至11日(星期天)半夜十二时三刻将《天问》、柳宗元《天对》的注释稿改定。12日起改《三国志·魏书·张郃传》注释,至16日结束。当天开始看《三国志·魏书·张辽传》注释,至24日半夜一时二十分完成。当天下午,谭其骧在校医务室量出的血压是160/100,医生要他休息。但他没有时间休息,27日起注释《旧唐书·李愬传》,至4月5日完成。

6月24日虽然是星期天,谭其骧却与平时一样去研究室工作,因为新的注释任务下达——注《史记·汲郑列传》。他参加至30日,此后转入其他工作。

7月27日上午十时,朱永嘉来研究室,布置注释《旧五代史·李袭吉传》。29日,中文系教师胡裕树交来了《李袭吉传》注释初稿,谭其骧立即投入工作,直到晚上十二点二十分。30日,他从早上注至半夜一点一刻,到31日下午四点完成,送至历史系教授陈守实处,估计陈守实又作了加工。8月4日清早,历史系教师胡绳武来通知,要大家八点去中华印刷厂校对《李袭吉传》,谭其骧、陈守实、胡裕树乘学校的吉普车先到康平路141号市委写作组,再由写作组派车送至印刷厂,王守稼陪同校对,至下午三点校毕回校。

8月5日又是一个星期天,晚上朱永嘉找到历史系,要谭其骧立即着手注释柳宗元《封建论》。为了抓紧时间,谭其骧、胡裕树与中文系的顾易生等集中在复旦大学四号楼工作,连续两天日夜突击,至 7 日下午四时完成。9 日上午八时半,谭其骧、胡裕树、顾易生乘吉普车往中华印刷厂,由历史系教师、当时借调在写作组的董进泉及中科院历史所一位借调在写作组的人陪同,校对《封建论》注释稿,至下午二时半校毕。

《封建论》的注释之所以要得如此急,是因为毛泽东在 8 月 5 日写了一首《读〈封建论〉呈郭老》的七律:"劝君少骂秦始皇,焚坑事件须商量。祖龙魂死秦犹在,孔学名高实秕糠。百代犹行秦政法,《十批》不是好文章。熟读唐人《封建论》,不从子厚返文王。"

8 月 11 日下午,章太炎《秦政记》的注释稿送到,谭其骧改至次日凌晨二时。第二天整天在赶,至后半夜二时半结束,13 日早上历史系教师姜义华来家取走稿子。下午三时又开始校改章太炎《秦献记》,也是到次日凌晨二时,上午十时将一部分已完成的稿子送到学校。回家后再干,到下午一点多实在支撑不住,才上床睡了一会儿。五点多周维衍、邹逸麟来拿走一部分稿子。六点完稿,晚饭后又修改,七时二十分由周维衍取走。第二天(15 日)上午九时去中华印刷厂校对《秦政记》《秦献记》二篇。下午等了很久排印稿还没有出来,朱永嘉赶到工厂,召集工人讲话,强调这项工作的重要性,要求工人务必尽快完成。朱永嘉讲完话后,就与谭其骧去和平饭店与来上海作"评法批儒"报告的中山大学杨荣国教授会面。五时谭其骧又回到工厂,校到七时半才结束。这是注释中最紧张的一次。

8 月 18 日下午,王夫之《读通鉴论·秦始皇》节选的注释稿送来让谭其骧校改。当晚他改《论秦始皇变封建为郡县》一文至半夜一时,第二天工作至凌晨两点半,第三天上午十时交出一部分。下午从二时赶到晚上八时半,由邹逸麟、周维衍分三批拿走。

8 月 30 日校改的是韩愈《石鼓歌》注释,31 日校改的是历史系教授杨宽所作石鼓文注释。由于《石鼓歌》涉及先秦的石鼓文,而杨宽是先秦史专家,所以专门请杨宽注出初稿。

1974 年 4 月 2 日,谭其骧顺道去了康平路写作组,见到华东师大历史系副教授、当时借调在写作组的陈旭麓及王守稼、董进泉等,他们谈及正在作《天问》《天对》注释,要谭其骧帮助看一下稿子。谭其骧因 4 月 4 日就要去北京,只答应大致看一下。3 日晚上,谭其骧将稿子看毕,第二天清晨动身去北京前让家人交给胡裕树。

8 月 11 日,谭其骧审阅邹逸麟注释的刘禹锡《天论》。但当时正值《中国历史地图集》第一册中的商周图急需定稿,不久又得参加市里召开的法家著作注释会议,所以他直到 26 日才又看了一次《天论》注释稿。由中文系王运熙等注释的牛僧孺的文章,他也仅在 10 月 10 日上午参加了一次讨论。

11 月中旬起,谭其骧陆续参加了在香港路和市总工会举行的法家著作注释审稿会,如 19 日、22 日讨论李斯《谏逐客书》《韩非子·解蔽》,28 日上午审《商君书·强国》,12 月 3 日在家审《韩非子·五蠹》,4 日改《荀子·王制》,5 日至 8 日改《王霸》和王夫子《论治河》。这些注释稿显然并不是"大字本"的范围,但同样属政治任务,他自然也不敢怠慢。

11 月 23 日上午,谭其骧又应召赴康平路,与陈旭麓等商议注释《后汉书》中的《李固传》和《黄琼传》,至下午四时结束。24 日(星期天)早上历史系教师许道勋就将注释稿送来了,谭其骧在上午看完两页,下午、晚上继续看,但不断有人来催促,至半夜两点看完 30 多页。25 日早上起身后,他又看了两页。因工作时间过长,眼睛发痛,就去研究室处理一些杂务,下午三点起继续审改。七时,写作组工宣队员王某取走一批,谭其骧继续工作到凌晨三点。26 日上午完成 5 页,下午完成五六页,傍晚取走一批;晚上完成 8 页,至十二时半结束。28 日下午,谭其骧去康平路看《黄琼传》《李固传》的校样,接着又与邹逸麟、王文楚、王守稼、董进泉一起去中华印刷厂校对。到晚上六时半,工作大体完成,他与王文楚先回家。邹逸麟的家离厂很近,他与王守稼一直等到正式付印。

这次的注释要得如此紧急,是因为毛泽东要将这两篇文章批给江青看,《黄琼传》中"峣峣者易缺,皦皦者易污"及"阳春之曲,和者必寡;盛名之下,其实难副",《李固传》中"表曲者景必邪,源清者流必絜"及"以天下与人易,为天下得人难"等话都被毛泽东引用。不久毛泽东的批示层层下传,这几句话也成为广大干部必须弄懂的内容。

12 月 10 日,写作组送来了《谢安传》等注释,晚上谭其骧初步翻阅了一下。11 日上午,他去康平路,王守稼告诉他《谢安传》等注释要重新整理修改,以便出版。下午谭其骧就开始校改,夜里至两点。第二天又干了一天,到凌晨两点半改定。但他发现其他人做的《谢玄传》《桓伊传》和《刘牢之传》注释仅仅是转录一下,与要求相差甚远。上床后,他又翻阅了所附的《淝水之战》一文,觉得错误很多。13 日上午,他打电话告诉王守稼,王要他修改。晚上谭其骧开始修改此文,发现无从入手,只好将意见一一写出,忙到十二点半。14 日上午李霞芬来,将意见拿走,谭其骧请王守稼决定要不要改。15 日傍晚,谭其骧去朱永嘉处,朱仍然要他修改《淝水之战》,并要他另写一篇。17 日上午,周维衍来谭其骧家,告诉他王守稼打来电话,提了写作组拟的三个方案：修改《淝水之战》、写一封信指出其中的错误、另外写一篇，并让他决定怎么办。谭其骧选择了修改。18日白天和晚上，他都在改文章，至半夜一时才改毕，第二天又花一天时间抄清。

12月27日起，谭其骧参加上海出席四届人大代表团的学习，但29日回家时见有周维衍留下的李斯《谏逐客书》，要他修改，当晚他改到十二点，第二天一早继续，至十点结束。

1975年1月3日至4日上午，谭其骧修改了晁错《论贵粟疏》的注释。

5月5日，谭其骧一到研究室就接到王守稼的通知，要他赶快去写作组。到后才知道是因为北京大学写作组对洪皓《江梅引》的注释提出了意见，姚文元交上海征求意见，由王运熙与顾易生负责，要他发表意见。由于有了不同意见，这次修改特别谨慎。7月8日，王运熙又就《江梅引》的注释征求谭其骧的意见，并请他校改了注释全文。

8月中旬，又有《晋书》中的几篇传记要求作注释，其中一部分是以前曾经注过的，要求修改后重新排印。谭其骧负责的是《刘牢之传》和《王弥传》，前者是修改，自8月11日至13日；后者是新注，自13日晚至17日半夜一时完成。

22日下午，谭其骧去写作组听取关于注释工作的批示。这是毛泽东与江青对庾信《枯树赋》注释所作的批示。1975年5月，毛泽东曾对《枯树赋》的注释提出了四条意见，后来又提了三条意见，被整理出一份题为《主席对几条注文的意见》的文件。江青将《枯树赋》等几篇赋的注文交北京大学、清华大学注释组讨论后，两校（梁效）注释组写了一份《关于〈枯树赋〉〈别赋〉〈恨赋〉注文的问题》的材料。江青将两校的材料送给毛泽东，并写了一封信："供参考，请批示。只此一份，印三个赋，需要注得好些。《悼李夫人赋》请留下参考，有关注文这份，请退我，最好有主席的批注。"不久，毛泽东作了批示："此注较好。我早已不同意移植之说，上月曾告芦荻。关于注释的问题，请你们仔细地研究。毛泽东　一九七五年八月。"（转引自《毛泽东晚年过眼诗文录·前言》，花山文艺出版社1993年）谭其骧虽然没有参加这些赋的注释，但因为是毛泽东的最新指示，所以也被要求听取了传达。结束时，王守稼要求他继续注释《苏峻传》和《孙恩传》。

由于又有了批判《水浒传》的运动，谭其骧不得不先看了张政烺、余嘉锡的《宋江考》，并参加了8月25日下午新华社来校召开的座谈会，到26日晚上才开始《苏峻传》的注释，27日、28日搞了两天。9月1日他接到国家文物局通知，要他3日去河北承德参加北方文物考古座谈会。2日上午去研究室,校完了《刘牢之传》的清样。

10月8日下午王守稼来找他,提醒他还有注释未了。13日王守稼和董进泉又来催他作注释,他只能腾出手来,从14日开始注释《苏峻传》,19日基本完成。第二天用吴士鉴《晋书斠注》复查,又改了一天,到21日上午交出。11月12日,《苏峻传》的清样送来,由他改定。

剩下的《孙恩传》,谭其骧只在12月2日、3日作了注释,以后再无下文,王守稼也没有再催。

五、标点"二十四史"

1971年5月18日下午,朱永嘉在校内遇到谭其骧,向他出示了将要传达的毛泽东批示同意关于标点"二十四史"工作的文件,并告诉他要为这项工作负责把关。21日上午,历史系开会传达了这个文件。

复旦承担的是《旧唐书》《新唐书》《新五代史》《旧五代史》和《宋史》。任务先分给中文系,研究室因正忙于编图,暂时没有领受任务。

朱永嘉指定中文系完成的稿子都要送谭其骧通读,所以从8月下旬开始,《房玄龄传》《则天本纪》等陆续送来。

9月4日上午,出席标点"二十四史"学习会回来的邹逸麟和钱林书向全室传达周恩来在出版工作会议上的指示。9月15日下午,全室进行讨论。在9月28日上午的会上,周维衍宣布从10月20日起,全室人员全部参加标点"二十四史"工作。谭其骧仍负责通读《旧唐书》,杨宽负责《宋史》,邹逸麟负责《新唐书》,其余人员分三组,每组七人,分别承担任务。

标点工作量很大,加上研究室大多数人历史系本科的课程都没有学完就参加编图,一部分是地理专业出身,标点工作力不从心。11月22日起,历史系蔡尚思教授和汪槐龄来室参加标点。

研究室和中文系参加标点的人数虽多,但大多是第一次做这类工作,更没有历史基础,标点的体例不统一,有的需多次返工。为此,邹逸麟等专门讨论制订体例,并开会作了解释,1972年1月13日室内开会讨论。

1972年上半年,谭其骧校阅了《高宗本纪》《太宗本纪》等几十卷。虽然他主要的工作还是编图,但其他临时性任务太多,只能利用晚上或工作间隙,校阅的速度远远跟不上进度。朱永嘉同意此后不再由谭其骧全部校阅,让中文系人员到研究室来工作,有解决不了的问题随时问谭其骧。

吴应寿在北大读研究生时,专业是魏晋南北朝史,对唐史也相当熟悉,经常可以解决标点中的疑难。如中文系曾将北朝一个姓"侯莫陈"标点为

"侯、莫、陈"三个姓，吴应寿发现后作了纠正。《旧唐书》中四卷《地理志》由中文系初标后交王天良改定，一部分稿子又交谭其骧审阅，如1973年1月26日谭其骧校勘了《地理志》河东道部分。邹逸麟校阅《新唐书》，王文楚校阅《宋史》。

1974年初，历史地理研究室的标点工作基本结束。4月起，邹逸麟、王文楚、魏嵩山、王天良与中文系的几位骨干集中进行清校，当年完成清样校阅。

六、为现实服务：金山石化选点与海岸线变迁

1972年7月某日，朱永嘉参加中共上海市委常委学习会。休息时，主持市委工作的马天水告诉他，想把一套从国外引进的大型石油化工设备落户金山卫，考虑到那里海滩成陆的历史状况，不知会不会被潮水冲塌，能否找人论证一下。朱永嘉马上想到了谭其骧，他与上海市计委的同志商定，约谭其骧去看现场。

7月30日是星期天，上午谭其骧接到党委电话，朱永嘉找他去谈了这件事。下午一点半他与张修桂、程玉清等一起乘车出发，市计委一位同志陪同。经过闵行、柘林沿海到达金山嘴下。他们下车观察，这里的海潮直逼海塘。继续行至青龙港西盐场，下车往南步行，约2公里到海边海拔3.2米处，折回大堤。又乘车至金山卫城内西门金卫公社，与负责同志座谈了解围堤工程设计情况，至五点三刻才结束返回。

谭其骧查阅有关史料，又与张修桂讨论，初步得出结论，金山卫这一带的海滩继续处于成陆过程，非但不会被海潮冲塌，还会不断淤积成新的土地。

10月13日下午，谭其骧去四川中路44号三楼石油化工厂筹建指挥部参加金山卫海滩选址是否稳固的研讨会，陈述了自己的看法。次日上午，他针对会上提出的问题，又查阅了有关文献史料。下午会议继续，经过讨论，谭其骧的结论得到赞同。

会后，谭其骧准备与张修桂撰写论文，对此做出论证。10月21日上午，他在研究室会上介绍了自己的看法，11月27日他开始审改张修桂写出的初稿，到12月18日下午给张修桂提出修改意见。1973年1月7日，张修桂完成第二次修改稿，经谭其骧改写后上报。7月21日下午，上海工程设计院来研究室了解金山卫海岸变迁的有关情况，谭其骧与张修桂一起接待介绍。

谭其骧关于金山卫海岸线变迁的结论，与金山石化工程筹建指挥部现场钻探的结果完全一致，也已为半个世纪来的事实所证明。

七、《中国自然地理·历史自然地理》编撰

《中国自然地理》是列入中国科学院 1973—1980 年重点科学规划的重要项目,由竺可桢副院长任编委会主任,黄秉维、郭敬辉任副主任。全书由 12 个分册组成,将组织二三十个单位协作。1973 年 3 月 20 日,中科院地理所所长黄秉维致函谭其骧,请他担任《中国自然地理》编委会委员,请复旦大学历史地理研究室承担其中《历史自然地理》分册的主要编撰任务。当时地理所的袁樾方希望调上海工作,黄秉维向谭其骧作了介绍,建议研究室调入参加编撰工作。3 月 25 日,在征得学校同意后,谭其骧复函黄秉维,同意承担任务,但希望等《中国历史地图集》的编绘工作完成后再开始。

4 月 27 日,中科院地理所的瞿宁淑专程来复旦商谈《历史自然地理》的编撰工作,希望能尽早开始,研究室负责人周维衍表示明年开始编写一部分。5 月 14 日,谭其骧致函《中国自然地理》编委会,提出《历史自然地理》编撰的设想。

11 月下旬,谭其骧在北京参加《中国历史地图集》审图会议期间,和黄秉维、郭敬辉、瞿宁淑商定,请史念海来京,开一次工作会议。12 月 25 日、28 日两天,黄秉维、郭敬辉、罗来兴、宋力夫、文焕然、黄盛璋、钮仲勋、周廷儒、史念海、瞿宁淑及谭其骧讨论拟定了《历史自然地理》的纲目和分工方案,复旦大学承担历史时期的水系变迁一章的主要部分,即黄河、长江和辽河。1974 年 1 月 12 日,研究室决定由谭其骧先拟出黄河、长江演变的大纲。他在 28 日完成,交研究室讨论。不久袁樾方调入研究室,安排他作编撰准备,先试写有关内容。

为了弥补以往实地考察的不足,谭其骧建议利用编撰《历史自然地理》的机会,组织对黄河下游地区和长江中下游地区的调查考察。他还提议先组织一次对澄湖一带的历史地理调查考察,作为试验。7 月 8 日,谭其骧、杨山林、魏嵩山、郑宝恒、赵永复、王仁康、王文楚、吴浩坤、胡菊兴、章左声、孔祥珠等对江苏吴县、吴江、昆山三县太湖以东和东太湖地区进行了一次考察,在八天时间内经车坊、澄湖、朱行、甪直、周庄、白蚬湖、同里、九里湖、黄家潭畔、吴江、洞庭东山等地,考察了古文化遗址、出土文物、古河道、泥沙淤积、堤岸崩塌、水利设施,搜集了有关资料。考察结束后,由谭其骧和张修桂合作写出了调查报告《太湖以东及东太湖地区历史地理调查考察简报》。这是研究室第一次组织野外考察,但因此后"政治任务"不断,应接不暇,加上《中国历史地图集》的后期工作量仍然很大,原定的考察计划一推再推。

1977 年 4 月 15 日,谭其骧到武汉参加长江中下游河道特性及整治规划研究工作成果交流座谈会,会后于 23 日与张修桂、袁樾方一起先后去湖北洪湖,湖南岳阳、长沙,江西南昌、九江、湖口等地调查考察,历时二十余天。

同年 6 月 5 日,谭其骧与邹逸麟、王文楚、赵永复在郑州、荥阳、安阳、汤阴、浚县、滑县、濮阳、大名、邯郸、新乡、延津、开封、徐州调查考察,7 月 10 日才回到上海。

这两次考察使他们对长江、黄河的变迁增加了大量感性认识,特别是对黄河下游河道变迁及其造成的影响所作的实地调查使他们深化了对黄河变迁规律的认识。

《历史自然地理》的第四章《历史时期的水系变迁》的第二节《黄河》由邹逸麟、谭其骧、史念海撰写,第三节《长江》由张修桂、谭其骧、袁樾方撰写,第六节《辽河》由林汀水(原研究室人员,1974 年调厦门大学)、周维衍撰写,这些稿子都由谭其骧改定。

1976 年 2 月 14 日,邹逸麟写出《黄河》初稿。3 月 9—18 日,谭其骧审校改定了流域的湖泊部分;18 日晚至 19 日改定黄河上游,20 日起看山陕峡谷段,25 日下午交出 12 页,晚上又看了 9 页,26 日交出 9 页,4 月 2 日又交出 9 页;25 日开始又每天在看《黄河》稿,27 日是全天改写了弘治八年(1495年)至万历七年(1579 年)这一部分,到 6 月 15 日才结束明代部分;18 日开始改《黄河》第二部分,20 日交出 5 页,24 日改写了"黄河清"一段,6 月 5 日交出 7 页,8 日交出 3 页,6 月 10 日结束第二部分,开始看第三部分,12 日结束,但第四部分最后几页与第五部分还来不及看。

6 月 13 日谭其骧开始看袁樾方写的长江部分,认为云梦部分的写法不妥当,15 日与袁面谈指出,要求他改写。9 月 1 日至 3 日,看完长江的大部分。为了准备参加在西安的审稿会,11 月 17 日至 19 日,谭其骧又集中时间看稿。

1976 年 11 月 23 日,《中国自然地理·历史自然地理》审稿会在西安陕西师范大学召开,当晚看《黄河》稿。24 日由黄盛璋介绍海河的写法与问题,邹逸麟介绍黄河,下午史念海谈黄河流域侵蚀与堆积。25 日分两组,上午讨论海河,下午讨论黄河变迁。26 日上午谭其骧介绍长江,接着讨论,下午介绍海岸、气候、植被。28 日上下午讨论海岸、植被、气候,晚上介绍沙漠、长江、珠江、成都平原水系。29 日上下午讨论气候、长江、珠江、成都平原水系、沙漠,晚饭后又讨论修改总纲方案。30 日下午的全体会议讨论了全书的纲目。12月2日上午讨论《黄河》的写法,下午由黄河水利委员会的王涌泉谈1662年特大洪水,再讨论长江的写法,晚上谭其骧拟订长江的大纲。4日上下午继续讨论,晚上召开领导小组会,谭其骧在会后继续修改长江提纲。在5日上午的闭幕会上,瞿宁淑宣读会议纪要,谭其骧谈了地理工作者如何运用历史资料的问题。

1977年6月,谭其骧等又集中改定书稿。11日,谭其骧拟订《黄河》分期提纲。8月11日,分别写出对邹逸麟、张修桂、袁樾方部分的修改意见。9月下旬起,谭其骧收集资料,从战国时期的黄河故道上溯,逐渐梳理出一条未见于古籍直接记载的黄河古道。10月中旬,邹逸麟与赵永复、王文楚分别写出黄河故道部分,谭其骧审阅后与他们讨论修改。

11月下旬在上海集中定稿,原定去南汇招待所,发现条件太差,交通不便,改在华东师大第二宿舍楼的招待所。29日起,谭其骧、邹逸麟、王守春(中科院地理所,《总论》作者之一)、陈吉余(华东师大,《海岸变迁》作者)、陈桥驿(杭州大学,《总论》《植被》作者之一,《水系变迁·概述》作者)、侯仁之(北京大学,《沙漠变迁》作者之一)等先后参加。

11月30日,谭其骧上午看完《总论》,写改写提纲。下午给因故未到的史念海写信,再看张丕远(中科院地理所)所写《气候变迁》。12月1日上午看《气候》,晚上看文焕然(中科院地理所)与陈桥驿的《植被》。2日上午看《植被》。3日上午回研究室,布置周维衍写《辽河》,张修桂写《长江》中的江汉湖群。4日看《植被》,写信向郭敬辉、瞿宁淑报告情况。5日上午看《气候》。6日上午看《长江》下荆江,下午看《黄河》河西诸河。7日上下午与8日上午看《黄河》河西诸河,晚看《长江》。9日看《长江》,下午陈吉余交还所看《辽河》。10日下午回研究室,与周维衍、张修桂商谈,交周《辽河》稿,交张太湖加注的要求。12日晚用石羊河下游地貌图拟制古地图。13日上午写石羊河变迁提纲,下午写毕河西诸河改写方案,给瞿宁淑写信催侯仁之、黄盛璋来沪。14日看《黄河》稿,晚饭后和15日继续。16日下午看完《黄河》,晚上给张丕远(中科院地理所,《气候变迁》作者)讲看稿中发现的问题。19日下午和20日看邹逸麟所写《黄河》稿,至21日上午看完。陈吉余自北京带来瞿宁淑口信,要求全部看完再散会,质量标准可适当放宽。下午与陈吉余等讨论后续工作。22日晚、23日下午和晚上看《海河》(作者中科院地理所黄盛璋)。27日补写黄河改道第一章中一段,又稍作修改。28日看《海河》,晚上陈吉余对《黄河》第一段山经河水提意见,又修改一段;29日抄清、复写修改的二段,继续看《海河》。30日和31日看《海河》,至下午看完,写出意见 12 页。1978 年 1 月 4 日,为看《塔里木河》(作者黄盛璋、中科院地理所钮仲勋、中科院地理所孙仲明、北师大周廷儒)查阅资料。下午再看《气候》。6 日晚与张不远谈收集整理气候历史资料协作问题。11 日、12 日下午和晚上、13 日看《运河》(作者陕西师大马正林及黄盛璋、陈桥驿),至 14 日上午结束。17 日下午、18 日上午、21 日下午看《海岸变迁》,22 日晚上查有关资料。23 日上午看完辽东湾海岸部分;下午起看《沙漠变迁》(作者中科院兰州沙漠所朱震达及刘恕,侯仁之),并与侯仁之讨论,至 26 日上午看毕。26 日下午谈《总论》修改方案,27 日上下午讨论总结。就在定稿会结束后三天,谭其骧突发脑血栓,所以由陈桥驿完成了定稿的后期工作。1982 年,《中国自然地理·历史自然地理》由科学出版社出版。

这是我国第一部历史自然地理专著,尽管内容还不够全面,已经写到的部分也有畸重畸轻的现象,如水系占全书的 73%,而黄河、长江又占水系的 63%,沙漠、气候的篇幅极少,但还是填补了长期存在的空白,所以出版后就受到国内外学术界的高度重视,1986 年获中国科学院科技进步奖一等奖。

由于此书的容量有限,谭其骧等已取得的相关成果先后以专题论文的方式发表。

西汉以前的文献记载极少,古今学者讲西汉前的黄河故道,都只知道见于《尚书·禹贡》记载的那一条。从司马迁的《史记·河渠书》开始,直到清代研究黄河变迁的名著——胡渭的《禹贡锥指》、现代研究黄河的巨著——岑仲勉的《黄河变迁史》,叙述黄河的历史都是从"《禹贡》大河"开始的,都没有注意到在《山海经》中还隐藏着相当丰富的有关黄河下游河道的具体资料。1975 年,谭其骧在研究先秦时代黄河下游河道的位置时,发现了这一秘密。《山经·北次山经》中记录了数十条黄河下游的支流。与《汉书·地理志》《水经》及《水经注》中所载的河北水道作比较,这些支流的终点即它们流入黄河的地点不同于后世,所以只要将这些支流的终点连接起来,就可以钩稽出一条经流确凿、远比《禹贡》河水详确的古河道,这就证明了西汉以前的黄河水道绝不止《禹贡》这一条。1978 年,谭其骧将这一考订过程撰为《〈山经〉河水下游及其支流考》,发表于复刊后的《中华文史论丛》。

西汉以前黄河究竟改道过多少次? 前人只有两种看法:一种是认为汉以前只发生过"定王五年河徙"这一次改道,另一种认为汉以前黄河根本没有改过道,西汉元光三年的"河水徙从顿丘,东南流入勃海",才是历史上的第一次改道。谭其骧认为,以上两种看法都不正确。谭其骧发现,迄今为止的考古发掘,从新石器时代直到春秋时期,河北平原中部始终存在着一片极为广阔的空白,其间既没有发现过有关的文化遗址,也没有任何城邑聚落的可靠记载。这片空白直到战国时期才逐渐消失。谭其骧指出:由于这片空白正是河北平原相对低平的地区,在战国中期黄河筑堤之前水道经常在这一带摆动。因为没有河堤的约束,每遇汛期,黄河不免漫溢泛滥,河床渐渐淤高,每隔一段时间就会改道,所以人们不会在这里定居。而在筑堤以后,经常性的泛滥和频繁的改道得到控制,两岸的土地才逐渐开发,大小居民点才会形成。因此谭其骧在《西汉以前的黄河下游河道》一文得出了一系列重要结论:汉以前至少可以上推到新石器时代,黄河下游一直是取道河北平原注入渤海的。黄河下游在战国筑堤以前,决溢改道是屡见不鲜的事,只是因为当时河北平原中部人烟稀少,荒芜寥落,黄河改道对人民生活的影响很小,因而为一般古代文献记载所不及。

为了正确显示历史时期长江流域的地貌和水系的变迁,谭其骧曾与张修桂等一起搜集、整理、研究了大量文献、考古和水文调查资料,对古代的云梦、洞庭湖、鄱阳湖的演变过程得出了与传统说法迥然不同的结论。关于洞庭湖和鄱阳湖的演变,由张修桂写成论文,他自己撰写了《云梦与云梦泽》一文。他做出的结论是:古籍中的云梦乃是泛指一个楚王游猎区,包括山、水、湖、平原等多种地貌,范围也极为广阔。云梦泽只是其中一部分,位于大江北岸,主要在江汉之间,与云梦游猎区不可等量齐观。先秦的云梦泽有三部分,但从战国至南朝已先后淤为平原,或被分割为更小的湖泊和陂泽。令人惊喜的是,湖北省的地质工作者通过大量钻探和实地调查得出的结论,与谭其骧不谋而合,即历史上不存在跨大江南北的云梦大泽。

邹逸麟在撰写《黄河》的基础上,进一步深入研究,发表了十多篇黄河变迁、黄河流域历史地理、运河变迁等重要论文。

《中国自然地理·历史自然地理》的编撰,奠定了研究室在历史自然地理领域的学术地位。

八、《历史地理》创刊

1979 年 6 月 5 日至 12 日,中国地理学会在西安召开全国历史地理学术讨论会。因病后尚未完全康复,加上 6 月 13 日要赴京出席全国人大会议,复旦大学党委未同意谭其骧出席这次讨论会。在这次会上,成立了中国地理学会历史地理专业委员会,并决定筹备出版一本历史地理专业刊物。7 月 1 日,出席全国政协会议的史念海、侯仁之到谭其骧的住地商议,确定由谭其骧出任主编,依托复旦大学,在上海筹备出版,下半年开第一次编委会会议。

回上海后,谭其骧向学校汇报,得到支持,又与中国地理学会秘书长瞿宁淑联系协商,确定 12 月在复旦召开编委会会议。12 月 22 日,侯仁之、史念海、郭敬辉、陈桥驿、钮仲勋到达复旦,校长苏步青、党委书记盛华会见并招待晚餐,谭其骧和上海人民出版社张玟、刘伯涵、朱芳及研究室的邹逸麟、周维衍参加。经过 23 日、24 日两天讨论,会议确定成立编委会:

主　　编:谭其骧

副主编:侯仁之　史念海

顾　　问:顾颉刚　郭敬辉

委　　员(以姓氏笔画为序):马正林　方国瑜　史念海　吴应寿

张修桂　陈桥驿　侯仁之　钮仲勋　徐俊鸣　韩儒林　谭其骧

常务编辑:吴应寿　张修桂

刊物由上海人民出版社出版,刘伯涵任责任编辑。计划 1980 年出 2 期,1981 年起每年出 4 期;还确定在创刊号上刊登一期"纪念《禹贡》笔谈"。

在这次会议之后,即通过各编委和相关单位征稿,吴应寿和张修桂开展日常编务,研究室朱毅协助,到 1980 年 6 月 30 日编定创刊号稿子,交谭其骧审定。从 7 月 1 日开始,谭其骧一篇篇审阅,到 18 日审毕,并排定目次。

6 月 12 日,中国科协发文给中国地理学会,同意创办《微波学报》等 17 种刊物,其中包括《历史地理》集刊,同时抄送国家出版局。11 月 27 日,瞿宁淑致函谭其骧,地理学会无法申请到刊号,只能请复旦大学在上海设法。不过当时大家并不了解有刊号的杂志与当书籍出版的集刊的区别,向出版局等部门问了几次不得要领,也就不当一回事了。

12 月 27 日,谭其骧接到郭敬辉通知,顾颉刚先生于 25 日在北京无疾而终。当晚,他致函侯仁之,因创刊号已经发稿,第二期稿子也来不及采用纪念文章,建议刊物第三期定为顾先生纪念专辑。

年底已到,创刊号却音讯全无,谭其骧十分焦急,但也无可奈何。刊物并不缺稿,即使谭其骧要求高,标准严,坚持逐篇由他终审,合格的稿子还是源源不断。但经费却一直没有着落,地理学会从一开始就明确不可能提供经费,至多每期补贴少量编辑费。上海人民出版社虽知道这本刊物的学术价值,但也明白不会有什么经济效益,是要贴钱的,并没有明确答应每年出几期,而且要求每期得补贴一定费用。当时复旦大学百废待兴,经费的确很紧张。另一方面认为,既然这本刊物是地理学会历史地理专业委员会主办的,自然应该由地理学会出钱,复旦已经尽义务设立编辑部,提供编辑,没有理由再提供经费。对此,谭其骧一筹莫展。

1981年1月4日,谭其骧致函侯仁之,创刊号只能改为1981年出版,在第二期刊登纪念顾先生的文章。1月20日,刘伯涵在创刊号插登一页顾先生逝世的消息,谭其骧当即致函顾先生的助手王煦华,请他提供合适的遗照。30日,吴应寿、张修桂、朱毅送来第二期稿子,谭其骧开始审稿。因创刊号的问世尚无音讯,而其他紧迫的项目任务又接踵而来,审稿时断时续。史念海获悉创刊号无法在1980年出版,致函谭其骧,主张到时仍将出版时间标为1980年。听说书稿积压在新华印刷厂,2月27日谭其骧致函顾廷龙,请他通过出版局局长宋原放催促。

到1981年4月,葛剑雄在出席上海市人民代表大会时专门提案:

上海市第七届人民代表大会第三次会议提案(701号)

案由:解决印刷困难,保证《历史地理》刊物及时出版

提案人:葛剑雄

附议人:温济全、周鹏飞、陆庆桃

理由及办法:《历史地理》刊物是经国家科委批准、由上海人民出版社出版的,是中国地理学会历史地理专业委员会主办的全国性刊物,也是解放以来全国唯一的历史地理专刊。创刊号在去年7月已经发稿,但一拖再拖,原定今年初,后改为四五月份,最近又推迟到今年夏季才能出版,至今未见校样。原计划去年出二期,今年出四期,现已根本不可能。对该刊的出版,《中国历史年鉴》1980年版、《地理学报》等都已作报道,国内外历史地理界也已多次来函询问订阅,广大作者对论文长期不能发表意见很大。

为此,有关部门应采取措施,落实印刷安排,保证这一重要的刊物能尽快、按时出版。

处理情况:

由于上海的印刷生产能力不能满足出版任务的需要,所以现在书刊印刷出版周期还是比较长。

据向人民出版社了解,《历史地理》一书出版社出版科是在去年12月发部分稿子到新华厂,今年2月份才发齐书稿。由于稿子不齐,所以在2月份工厂没有投产。最近出版社发了好几件急件书稿,其中有配合学习的学习文选,有作为大专课本的教材二种,所以《历史地理》一书,

工厂至今尚未投产。

一般书出得快慢,除与工厂生产能力有关外,原稿能否做到"定、清、齐",以及有关各方的密切配合都有关系。这本《历史地理》书出版我们已经督促人民出版社具体落实。

处理单位:上海市出版局

1981 年 4 月 13 日

在市出版局的督促下,上海人民出版社负责人郑维淑与刘伯涵多次与谭其骧协商,在 11 月 3 日谈妥,将刊物定为丛刊,每年出二期。

12 月 31 日,刘伯涵终于送来创刊号样书,谭其骧立即将张修桂预先准备好的《历史地理》出版的消息寄往北京,请郭敬辉在《地理知识》上发表,请陈清泉(复旦历史系毕业生,在《光明日报》工作)在《光明日报》上发表。

《历史地理》创刊号 16 开本,平装,34.8 万字,正文 242 页,首页插入《沉痛悼念顾颉刚先生逝世》遗像及文字,封面上"历史地理"四字由顾廷龙题写,印数 2200 册。

创刊号中出于研究室的论文有:赵永复《历史上毛乌素沙地的变迁问题》、谭其骧《西汉以前的黄河下游河道》、邹逸麟《山东运河历史地理问题初探》、张修桂《洞庭湖演变的历史过程》、魏嵩山《杭州城市的兴起及其城区的发展》;"编绘《中国历史地图集》札记"有:谭其骧《元代的水达达路和开元路》;"水经注研究"有:周振鹤《〈水经·浊漳水注〉一处错简——兼论西汉魏郡邯会侯国地望》;"调查报告"有:复旦大学历史地理研究室《太湖以东及东太湖地区历史地理调查考察简报》;"书籍评价"有:王文楚、邹逸麟《我国现存最早一部地理总志——〈元和郡县志〉》;"补白"有:一得(葛剑雄)《斯文赫定(Sven Hedin)对中国地理测绘史的一点正误》、孔祥铸(珠)《长芦晒法制盐始于何时》、葛剑雄《六朝人之所谓"北京"》、祝培坤《宋川峡二路分成四路》。这些文章在创刊号中占了相当大篇幅。

九、首批研究生招收

1978 年初,教育部发出恢复招生研究生的通知,当时研究室有招生资格的只有谭其骧一人。全国考生报名踊跃,报考谭其骧的有数十人。初试是笔试,分散在全国各地的考场进行,考生就地应试。政治和外语由学校统一命题,三门专业课中国历史、地理和古汉语由谭其骧、张修桂、邹逸麟、周维衍命题。试卷由学校印制后密封寄往各地,考生的试卷由各地密封寄回,由

谭其骧等批阅评定成绩。最后,确定五人参加复试,他们是:

周振鹤,1941 年出生,福州大学探矿专业毕业,在湖南岳阳煤矿工作;

杨正泰,1942 年出生,复旦大学历史系历史地理专业毕业,上海某中学教师;

顾承甫,1943 年出生,复旦大学历史系历史地理专业毕业,上海某中学教师;

周曙,1944 年出生,南京大学历史系毕业,浙江长兴县中学教师;

葛剑雄,1945 年出生,上海市北中学高中毕业,上海某中学教师。

复试中的笔试集中在复旦大学礼堂(现相辉堂)进行,五位考生集中坐在指定的座位,周维衍、邹逸麟在场监考。上下午两场,两张专业课试卷。

次日由谭其骧面试,因他还在龙华医院作康复治疗,考场就设在龙华医院的病房,周维衍、邹逸麟在场协助。考生搭乘学校为毕业生送行李的小货车先到秾陵路铁路货运站,再到龙华医院。抽签决定应试次序。周曙抽到第二,但因途中颠簸身体不适,要求与抽到第五的葛剑雄调换。

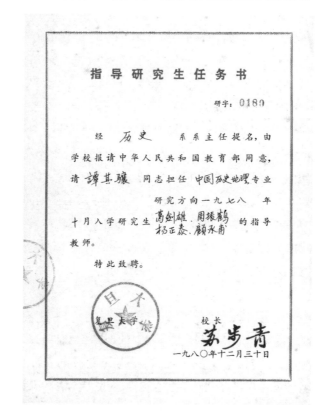

图 16　1980 年复旦大学发给谭其骧的"指导研究生任务书"

谭其骧原定招生两名,考虑到研究室急需人才,葛剑雄、周振鹤成绩优异,其他三位也都合格,经学校批准扩大至五名。

五位研究生在1978年10月入学,学校统一开设政治、外语公共课,专业课由谭其骧讲授。当时他在华东医院住院治疗,只能在医院大堂为研究生讲课。因大堂空间大,不时有杂音,他讲得很累。后由辞书出版社朱芳借得附近一所出版社的房子,使谭其骧能就近有一个合适的课堂。研究室由周维衍分管研究生工作,邹逸麟协助谭其骧作专业指导。张修桂、袁樾方带领研究生去镇江、扬州、南京实习考察。

周曙因家属无法照顾,于1980年申请退学,回长兴工作,后曾担任长兴县副县长。

1981年2月,五届全国人大常委会第十三次会议通过了《中华人民共和国学位条例》,7月30日,国务院学位委员会学科评议组首次会议通过首批博士研究生导师名单,谭其骧名列其中,研究室成为全国首批历史学博士硕士培养点。

1981年11月,四位研究生先后通过论文答辩,毕业后杨正泰、葛剑雄留研究室工作,顾承甫分配至上海出版系统,周振鹤于1982年录取为谭其骧的博士研究生。

第四章

编绘《中华人民共和国

国家历史地图集》

1958 年,国家科委将编纂《中华人民共和国国家地图集》(简称《国家地图集》)列入国家科学发展十二年规划。7 月 17 日在北京召开《国家地图集》筹备会议,谭其骧应召参加。在 18 日的会上,谭其骧谈了历史地图的初步目录和有关问题,苏联专家及张思俊等提了意见。在 19 日下午讨论时,确定《国家地图集》的第四部分(第四卷)为历史地图,指定由复旦大学承担,并提出可将中科院地理所的历史地理组调往上海协同工作。谭其骧当场表示将编图机构放在上海是不妥的,因为这项工作必须与中科院历史所、民族所等单位合作,还应经常与技术部门联系,在上海很不方便;更主要的是,在上海时间难以保证。21 日是大会的最后一天,但历史地图仍无人负责,刘大年推给刘导生,至散会时尚未确定。

本来,杨图的工作量已经难以按计划完成,又增加了《国家地图集》的编纂,矛盾更加突出。杨图属于以疆域政区为主的普通地图集,《国家地图集》则是包括自然地理和人文地理各种专题地图的综合性地图集,必须应用历史地理各个分支的研究成果,而当时多数分支还是空白,得从基础研究做起,工作量无法估算。

本来准备在会后继续讨论解决编纂《国家地图集》与改绘杨图工作时间安排问题,考虑到谭其骧来京时间已颇久,工作时间问题用开会的办法也解决不了,尹达主张不再开会,工作时间问题交由《国家地图集》编委会一并考虑安排。谭其骧已修改拟定了目录,提交给在 26 日下午召开的历史地图专门委员会会议。28 日,尹达、谭其骧与吴晗商定,时间问题由吴晗与国家科委协商。

根据国家科学发展十二年规划,编纂《国家地图集》的任务原定到 1967 年完成。1959 年,在"大跃进"的形势下,国家科委决定提前到 1960 年完成。4 月 1 日至 5 日在北京召开了第一次编委会扩大会议,谭其骧任编委和历史组召集人。但在前期研究和编绘人员有限的情况下,特别是改绘杨图的工作正在进行,再提出这项任务并要求在一年多的时间内完成,无疑是不现实的。1960 年后《国家地图集》的编纂工作下马,直到 20 世纪 80 年代初才重新恢复。

1980 年 9 月,在全国政协五届会议期间,武衡等 17 名委员提交了编纂《国家地图集》的提案,国务院交国家科委、国家测绘总局、中国科学院、中国社会科学院办理。1981 年 3 月,国家科委等四个单位就该图集的编纂、出版问题向国务院提出了请示报告。同年 5 月,国务院批准此报告,将此项任务列为国家重点科研课题,并同意由武衡任《国家地图集》编纂委员会主任。1981 年 12 月,《国家地图集》第一次编委会确定该图集包括五部分,其中之一为《国家历史地图集》,由中国社会科学院主办,由中国社会科学院历史所和复旦大学主编。

中国社会科学院确定由科研局学术秘书高德负责该项目的组织协调。从5月开始,高德多次与谭其骧联系商议,请他拟定编纂方案,包括图组、目录的设想和对编委成员的建议。

经过半年多准备,《国家历史地图集》编委会于1982年12月成立,并于12月14日至16日在中国社科院近代史所召开了第一次编委会会议。编委有:尹达(中国社科院历史所所长)、尹正寿(地图出版社)、史念海(陕西师范大学教授)、余绳武(中国社科院近代史所所长)、陈可畏(中国社科院历史所历史地理研究室主任)、陈桥驿(杭州大学教授)、邹逸麟(复旦大学中国历史地理研究所教授)、张友渔(中国社科院副院长)、侯仁之(北京大学教授)、翁独健(中国社科院民族所所长)、夏鼐(中国社科院考古所所长)、黄盛璋(中国科学院地理所研究员)、谭其骧,张友渔任主任。张友渔和谭其骧分别主持了会议。《国家地图集》普通地图集编委会副主任曾世英和《国家地图集》办公室秘书金应春介绍了普通地图集的情况,讨论了编纂方案,初步确定按历史内容划分图组,并大致作了拟目的分工。会议明确历史地图集主要通过地图的形式反映我国的历史发展过程,应是一部国家级的科学参考图集,以史学、地学和相关学科的研究人员、党政领导干部为主要使用对象。会议明确了编委会的基本任务和职权,确定谭其骧为总编纂,根据谭其骧的提议,聘请周维衍为编辑室主任,刘宗弼为设计室主任,各分编辑组(图组)由各承担单位推派组长,由编委会聘任。会议要求各图组在次年7月31日前上报所拟图目,设计室于11月30日前提出初步设计方案。会议设想,1984年开编,1987年完成编稿,1990年出齐。葛剑雄作为谭其骧学术助理列席会议,负责会议文件和纪要整理。此后成为惯例,仅第四次编委会扩大会议因其出国而例外。

1983年1月19日,谭其骧向复旦大学党委汇报,并提出增加编制和工作用房的要求。25日,研究所召开全所会议,由邹逸麟传达《国家历史地图集》筹备情况和编委会的要求,谭其骧要求大家处理好集体任务与个人研究的关系,积极承担和完成编图工作。研究所承担了疆域政区、自然灾害、文化、都市分布、河流湖泊海岸线图组全部和人口、交通行记图组的大部分,分别由邹逸麟、吴应寿、张修桂、赵永复、魏嵩山、王文楚、钱林书、葛剑雄等任组长或副组长,负责各图组目录的拟订。

其他各单位承担的多数图组按时拟订了图目,并提出了组长人选。

4月15日,谭其骧与高德、刘宗弼等出席在北京西苑大旅社召开的、由武衡主持的《国家地图集》工作会议,谭其骧报告了《国家历史地图集》的筹备情况。

《国家历史地图集》第二次编委会会议于 1983 年 8 月 16 日至 21 日在浙江莫干山召开,由谭其骧主持。根据中国社科院提议,决定以谭其骧、夏鼐、侯仁之、史念海、翁独健为编委会副主任。谭其骧主持,出席会议有编委六人、编委代表四人及编辑室、设计室主任。会议通过了《编纂工作条例》,调整了图组的划分,讨论了部分图组的图目草案,要求各图组在年底前完成拟目及修订,由总编纂逐组审定后报编委会正式批准。与此同时,要求各图组选择两幅样图,在收到底图后半年内完成。会议注意到,第一次编委会会议确定的工作多数未能如期完成,主要原因是各承担单位缺乏必要的人员,或承担任务过重,希望能予以解决。

1984 年 1 月 7 日,谭其骧在出席中国科学院学部大会期间,与林甘泉商谈,决定将原定"商西周图组"改为"商周图组",周包括西周春秋,战国以后分专题,分别放入疆域政区、水系、物产、民族等图组。传说中的上古史请杨向奎指点。8 日休会期间,谭其骧拜访了翁独健,商定以任一飞为民族图组组长,其中的汉族迁徙图由复旦承担。

2 月 23 日,谭其骧与陈桥驿商谈了水系、都市两个图组的内容与分工。

8 月 10 日下午在中国社科院召开编委会主任会议,张友渔主持,谭其骧、夏鼐、翁独健出席,周维衍、刘宗弼、高德列席,通过了编委会扩大会议各筹备事项。

《国家历史地图集》第三次编委会扩大会议于 1984 年 8 月 10 日至 12 日在包头宾馆举行,《国家地图集》总编委秘书长李旭之到会。这次会议讨论了图组次序的调整、《国家历史地图集》总篇幅及各图组应占的百分比等问题,聘任了各图组组长,修订了《编纂工作条例》。由于尹达逝世,会议决定增补社科院历史所一位负责人为编委(后确定为林甘泉);又增补邓锐龄(社科院民族所,后调中国藏学中心)与宗教所负责人(后确定为任继愈)为编委。根据各单位的提名,聘任了各图组组长。会议确定了《国家历史地图集》的总篇幅(约 800 页)和各图组应占图面的百分比,并分配了各图组的经费。当时,除新设的文化图组(组长周振鹤)外,其余各组均已完成拟目,根据预审的结果,总编纂对图目提出了原则性意见。会议要求各组根据新确定的比例对图目再作一次调整和修订,在年底前完成两幅样图,重申了在 1987 年底完成全部编稿。

至 1985 年 8 月第四次编委会扩大会议在怀柔北京市委招待所召开时,编辑室收到了 18 个图组的 31 幅样图和 10 个图组签订的协议书。这次会议审阅了这些样图和文化图组所拟图目,讨论了样图中存在的问题和编图过程中的具体困难。会议重申 1987 年底完成全部编稿的要求,并在同意设计室有关底图、总体设计书、样本、图例、试验样图的建议的基础上,提出了先完成的图幅先出版的设想。

由于各图组大多未能按计划完成等原因,第五次编委会扩大会议推迟至 1987 年 2 月 12 日至 14 日在北京京东宾馆举行。至会期,已完成图稿 142 幅,其中 4 幅交付设计。各图组进展不一,最快的完成过半,多数不足三分之一。鉴于现实与目标相距甚远,会议决定调整计划,争取在 1988 年内基本完成,个别图组延长至 1989 年上半年;确定采用分卷出版的形式,制订一些促进措施,如图稿经总编纂认可后即预付部分稿酬等。会议决定增补高德、刘宗弼、周维衍为编委,调整了部分图组组长。

1988 年 1 月 26 日至 30 日于北京中组部招待所召开的第六次编委会扩大会议,结束了对《国家历史地图集》开本的多年争论,决定按《国家地图集》的统一规格出 4 开本,其余开本的出版留待今后。会议还对编纂体制作了必要的变动,修改了《编纂工作条例》,进一步明确总编纂和各图组负责人的职责范围,讨论了出版先行本的设想。会议决定动植物图组删除植物部分,并入气候图组。当时估计,原始社会、传说中的上古史、商周、自然灾害、人口、工矿业、宗教等七个图组可以在年内完成,其余图组争取在 1989 年上半年完成,个别图组推迟至年底。会议还决定,对年内全部交稿的图组发奖励费。

图 17　1988 年 1 月 26 日,谭其骧参加《国家历史地图集》编委会扩大会议(前排右一至右五:陈桥驿、谭其骧、张友渔、侯仁之、史念海;后排右一至右七:周维衍、刘宗弼、邹逸麟、高德、黄盛璋、邓锐龄、陈可畏)

会后不久,周维衍调离复旦大学中国历史地理研究所,不再担任编委、编辑室主任。编辑室主任由邹逸麟代理,实际工作由葛剑雄接替,至1989年10月正式接任。年末,吴应寿辞去疆域政区图组组长。

1988年11月23日至12月23日,第一次图稿复核会议在复旦大学召开。提请复核的有15个图组的147幅图稿,均由总编纂聘请的人员按《编纂工作条例》要求,对图稿和文字稿进行复核,提出书面意见,最后总编纂再次复核,写出处理意见。结果有16幅全部合格,可直接设计,占11%;74幅基本符合要求,稍作修改后可设计,占50%;尚需在修改后再送复核者35幅,占24%;因内容重复、过于单薄,需要合并或撤销者22幅,占15%。

由于已完成的图幅只占总量的约八分之一,会议不得不将第二次复核会议安排在1989年的七八月间,要求原始社会、上古传说、商周、人口、城建、宗教、工矿、灾害等八个图组在6月底前完成全部编稿,其他大部分图组在1989年底完成,在当年底或次年初安排第三次复核会议。

1989年夏季的形势又将第二次复核会议推迟到1990年3月。在4月6日至7日于中国社科院近代史所召开的《国家历史地图集》第七次编委会会议上,编委会批准了第一、二次复核会议的原则意见,授权总编纂代表编委会正式通过合格的图幅。考虑到经费有限,原定预支部分稿费的规定无法执行,决定对已复核通过的图幅发给奖金。会议原则同意传说中的上古史、疆域政区、自然灾害、人口、工矿、交通、城市建设、文化、战争战役与军事重镇等图组对各自图目所提出的修改意见,要求其他图组在一个月内上报编辑室,以便及早确定正式图目。为使已有成果及时问世,推动进度慢的图组的工作,避免设计制印周期过长,决定将出版次序改为按各图组完成的先后排列,将原始社会、人口、城建、宗教、工矿、灾害六个图组和上古传说、商周两个图组的有关图幅列入首批出版的分册,以后各分册也将根据各图组完成的先后编排,要求至迟在1991年底以前完成,并制定了时间表。鉴于经费和人员方面的困难,要求各图组在不影响完整性和系统性的前提下,对一些在短期内的确难以完成的图幅可予以删除。

1992年1月7日至12日在北京召开了验收会议,原始社会、工矿、人口和灾害四图组188幅地图已基本符合交付设计的要求,城建、宗教二图组的62幅地图稍经修改即可符合要求,商周(附传说)、气候(附动物)图组的79幅地图经过努力有可能在近期完成。鉴于总编纂谭其骧于1991年10月发病住院,无法恢复工作,1月14日在北京召开的第八次编委会会议决定成立由林甘泉、邹逸麟和高德三人组成的小组,并通过了《关于成立三人小组及委托编辑室代行部分总编纂职权的决定》;决定高德任编委会秘书长,计伯仁接替尹正寿(已退休)任编委,增补葛剑雄为编委。会议批准了将由编辑室和设计室为甲方,图组组长为乙方签订的协议书草案,会议结束时甲方与乙方(原始社会、工矿、人口、灾害四图组)签订了协议书。协议书要求各组事先处理好署名、著作权、版权、资料来源,编绘人员与辅助人员间的关系,组长与编绘人员的关系,不采用编稿的清退等问题。会议审议了第一册制图计划,原则上同意设计室对第一册图稿抄清和交付出版前的各项准备工作的安排。

1992年2月张友渔主任逝世后,中国社会科学院副院长汝信一度署理编委会主任,当年底由新任中国社科院院长王忍之接任。1993年11月16日至17日在北京召开的第九次编委会扩大会议着重研究了第一册编稿后期工作和有关的设计工作,确定了第一册的序图、卷首署名、目录的编排,通过了编辑室拟订的《稿酬分配办法》(草案)和《赠书办法》(草案),决定印发至各图组组长,广泛征求作者意见,根据汇总的意见对草案进行修改,然后由编委通讯表决。会后两办法均获通过。根据第一册的进展情况,会议确定在年内由编辑室完成第一册的全部编稿,设计室完成设计书和样本,并准备底图,为明年开始制图做好准备,1997年出版第一册。

但是由于出版的经费长期无法得到解决,影响了出版前各项准备工作的进行。1995年初,海南诚成集团(中国)有限公司董事长兼总经理刘某承诺捐资180万元,以取得《国家历史地图集》的出版权。在取得国家测绘局、《国家地图集》总编委会和中国地图出版社领导的同意后,中国社会科学院领导决定将《国家历史地图集》的出版任务交由海南诚成集团(中国)有限公司投资支持的海南国际新闻出版中心承担,原定由中国地图出版社承担的出版任务至此终止。1995年5月16日,第十次编委会扩大会议决定:已经列入原定第一册的图组必须在当年9月底以前按齐、清、定的要求交出全部图稿和文字稿,其余图组必须在9月底或年底前完成全部编稿,个别有特殊困难的图幅不得晚于次年6月底;设计室及各制图单位必须按合同规定的时间将全部图稿交至出版社。据此,会议为各图组制定了详细的日程表。

会议对《国家历史地图集》的编排次序按实际完成情况和计划作了局部调整,确定的方案为:

原定第一册:编委名单、前言、编例、目录、人口、民族、都市分布、城市遗址与布局、气候变迁、动物分布与变迁、自然灾害;第二册:编委名单、前言、编例、目录、序图、原始社会遗址、传说时代夏商西周、疆域政区、文化、宗教、战争战役与军事重镇等;第三册:农牧业、工矿、交通行记、河流湖泊海岸、沙漠、植被。

编辑室拟的《稿酬分配办法》经第九次编委会会议原则通过后,未收集到不同意见,由本次会议一致通过,责成编辑室拟订具体执行办法,报三人小组同意后实行。会后,编辑室对已经定稿并经初步设计的图组,根据设计样本确定的图幅大小、难度、工作量等指标确定了每幅图的预支稿费数额,经征求设计室和有关图组组长意见后,支付了约70%的稿费,其余30%将在完成校样正式付印后发给。

这次会议后,设计室抓紧工作,陆续将完成初步设计的图幅交有关单位清绘。编辑室于1996年3月、1996年8月、1997年1月、1997年7月、1998年2月、1998年5月、1999年4月在北京与设计室复核已交的图稿,研究解决清绘和制印准备中的问题。编辑室与设计室逐幅复核编稿的内容和文字资料,对发现的问题和存在的遗漏都与图组组长或作者当面交流核对,全部解决后才由编辑室主任签名交付设计。

1999年10月26日至27日,《国家历史地图集》第十一次编委会会议在北京内蒙古宾馆召开,主任委员王忍之、秘书长高德和委员任继愈、刘宗弼、邹逸麟、陈可畏、陈桥驿、林甘泉、葛剑雄出席,副主任委员侯仁之、史念海发表了书面意见,设计室主任卢运祥列席,会议由高德主持。在会议之前和会议期间,到会编委和其他编委审核了《国家历史地图集》第一册图稿第三次喷墨样图和文字清样,并了解了民族、人口、都市分布、城市遗址、气候和灾害等图组组长和有关专家的审核意见,一致通过了《关于审核通过第一册图稿喷墨样图和文字清样的决定》。会议讨论了《国家历史地图集》署名方面的问题,重申第九次编委会的署名办法,即卷首列总编委、编委、编辑室、设计室、图组组长等人员名单,每个图幅的作者印在图幅之下,制图人员名单另列;同意由编辑室提出的署名方案和五点处理意见。会议注意到,虽然第二册各图组的图稿已基本完成,第三册各图组的图稿已完成了大部分,但目前仍有个别图组进度较慢。鉴于第一册图稿的制图工作即将完成,第二册和第三册必须及时交付设计和制图,编委会要求至今尚未完成编稿的图组务必在今年之内完成全部编稿,并根据编辑室和设计室的意见,在明年上半年完成全部修改工作。会议重申历次会议的决定:对个别经过努力仍无法按时交稿的图组,编委会将不惜一切代价,取消未完成的部分图幅以至取消该图组。为保证《国家历史地图集》付印的质量,授权三人小组与编辑室主任、设计室主任组成审核小组,负责最后阶段的审核工作,全部图稿和文字资料必须经过该小组代表签字方可付印。

会后,编辑室逐一落实会议要求,先后拟定了前言、总编例,审定各图组的前言、编例,各图组的署名方案和名单,编制索引的要求与方案,第一册预支稿费的分配方案,各图组首页的设计方案,一些图组需要补充的图幅或内容,前言、总编例的英译文。到 2002 年底,第一册的出版准备工作已经基本完成。

2003 年 6 月,海南成诚集团资产易手,通知社科院解除出版《国家历史地图集》协议。社科院正准备通过法律途径解决,刘某于 9 月离境失联。

葛剑雄建议上书国务院总理,请求国家拨款,一劳永逸解决问题,并以编委会名义起草了报告。但高德上报后,社科院未予呈报。

2004 年 12 月,社科院同意承担出版经费,将《国家历史地图集》交中国社会科学出版社出版。由于变更出版社需经国家测绘局批准,而中国社会科学出版社本身并无出版此类地图集的资质,仍需与中国地图出版社合作,相关的交涉和谈判耗时而复杂,出版经费也一直没有落实。

2007 年 3 月,邹逸麟在全国政协十届五次会议上提交了"关于提请国务院有关部门给予抢救性拨款支持《中华人民共和国国家历史地图集》出版"的提案,国务委员陈至立批示,要求财政部拨款。

由于原来编入第一册的图组中尚有部分图稿长期没有完成修改定稿,重新调整图组程序又会影响设计工作的安排,编委会决定先出版原定的第二册。

2013 年,《中华人民共和国国家历史地图集》第一册(即原定第二册)由中国地图出版社、中国社会科学出版社出版,同年获第三届中国出版政府奖。第一册由前言、总编例和民族、人口、都市、城市遗址与布局、气候、自然灾害等六个图组,400 余幅地图构成,附有地名索引;每个图组都有前言、编例,部分图组有文字资料,或附有图表。

2017 年,编委会秘书长高德、三人小组成员林甘泉先后去世。2018 年,中国社科院聘任葛剑雄为《国家历史地图集》第二、第三册执行主编,明确谢伏瞻院长为编委会主任,增补卜宪群(中国社科院古代史研究所所长)、马援(中国社科院科研局)、葛全胜(中国科学院地理科学与资源研究所所长)、周振鹤(复旦大学中国历史地理研究所教授)、韩茂莉(北京大学城市与环境学院教授)、李孝聪(北京大学历史系教授)为编委。11 月 5 日在中国社科院召

图 18 《中华人民共和国国家历史地图集》第一册书影

开编委会会议,确定立即重新启动原定第一册、第三册的设计、印制工作,尽快补全个别图组未完成的图幅,任命孙靖国为编辑室主任,处理日常工作。

附录3:

《中华人民共和国国家历史地图集》序言

中国历史悠久,疆域辽阔,人口众多,几千年来各族人民共同奋斗,创造了光辉灿烂的物质文明和精神文明,缔造了一个统一的多民族的伟大国家。中国人民注重历史记载的优良传统和高水平的历史地理学、历史地图学成果,为我们今天以地图形式全面展示中国历史的进程提供了有利条件。与以当代内容为主题的地图相比,历史地图有其特殊的功能。这一方面是因为它所展示的各种地理要素都出现在过去,有的是在数千年以前,一般已经无法直接观察到;另一方面,历史文献虽然记载丰富,但也有局限性,非专业

141

人员很难从中获得全面而正确的信息,即便是有了历史地理研究专著,也无法使读者建立起直接而明确的时间和空间概念。历史地图则可以在反映人类历史时期的自然、人文和社会状况的时空关系方面起更大的作用。一个国家的历史地图集的编纂,从一个侧面反映了这个国家历史地理学、历史学、考古学、地理学、地图学和其他相关学科的成就与水平。

1954年,在国家主席毛泽东的倡议下,成立了以范文澜、吴晗、尹达为首的专门委员会,主持重编改绘杨守敬的《历代舆地图》,以后改为重新编绘一部中国历史地图集。在20世纪80年代问世的,由中国社会科学院主持、谭其骧主编的《中国历史地图集》(1—8册),就是这样一项重要成果。它集全国历史地理学家、历史学家、地理学家、民族学家、考古学家和有关学者集体研究成果之大成,经制图专家精心设计、绘制,前后历时三十余年,是中国历史地图史上的空前巨著。

但《中国历史地图集》是一部以疆域政区为主体的历史地图集,其主要内容限于疆域、政区以及与此密切相关的作为地图必不可少的框架要素,如山脉、河流、湖泊、海岸等,还有很多历史自然地理和历史人文地理的内容没有得到反映。同时,由于每一王朝时期一般仅选取一两个标准年代,疆域政区的变迁沿革也表现得不够连贯和全面。近年来,随着专业研究人员的增加,历史地理各个分支学科研究工作的开展和深入,编绘一部内容更为丰富,基本上能包括中国历史地理各个方面的中国历史地图集的条件逐渐成熟。

1981年,国家决定编纂《中华人民共和国国家地图集》,《中华人民共和国国家历史地图集》(以下简称《中国国家历史地图集》)是其中一种。由中国社会科学院主持,《中国国家历史地图集》编纂委员会于1982年12月在北京组成。张友渔任主任,谭其骧、夏鼐、侯仁之、史念海、翁独健任副主任。谭其骧兼总编纂,具体主持编绘工作。1991年谭其骧病重,经编委会同意,于1992年1月成立了由林甘泉、邹逸麟、高德组成的总编纂助理三人小组,代行总编纂职权。同年张友渔、谭其骧逝世后,汝信曾短期署理过编委会主任的工作,旋由王忍之任编委会主任。中国社会科学院的历史、近代史、考古、民族、宗教等研究所,中国科学院地理研究所、复旦大学、北京大学、陕西师范大学、浙江大学,以及中国军事博物馆等单位的有关专家承担了图集的编稿工作,还有其他单位的数十位专家学者参加协作。

经过全体编稿人员长期不懈的艰辛努力和通力合作,《中国国家历史地图集》各图组图稿已陆续完成。全书共1300余幅地图,分为三册出版。

本图集所反映的历史内容,以中国的历史疆域为范围。中国的历史疆域是几千年来历史发展的结果,到 18 世纪中叶清朝统一全国时,已经形成。1840 年鸦片战争以后,帝国主义列强利用中国的落后和清廷的腐败无能,强占了中国一部分领土。本图集对中国历史疆域发展的全过程,以及近代中国疆域的演变作了如实的反映。中国是一个多民族的国家,凡是在中国历史疆域内活动的各民族的历史都是中国历史的组成部分。历史上的各少数民族,有的隶属于当时的中原王朝,有的建立过自己的政权,也有的曾入主中原,建立过强大的王朝,本图集客观地反映了这种复杂的民族关系。中原王朝的版图不言而喻属于中国的历史疆域,一些建立过自己的政权的少数民族的活动地区,同样也属于中国历史疆域的一部分。至于历史上一些跨境民族的活动范围,则根据历史的具体情况,如实加以表现。

本图集以马克思主义理论为指导,坚持实事求是原则,客观反映历史的本来面貌。本图集充分利用中国丰富的历史文献和考古文物资料,吸收中国历史学、地理学、考古学、经济学、社会学、民族学以及其他相关学科的研究成果,全面反映中国的自然、政治、经济、社会、民族、文化、军事等各方面历史地理的发展演变。本图集将帮助读者从广阔的地理环境角度了解中国各方面发展的历史进程,也从长时段的历史角度认识中国今天地理环境的形成背景。它是了解中国历史和中国国情的直观教材,也是进行科学研究和科学决策的参考资料。本图集的出版将有助于世界各国人民了解中国的历史和文化,促进中国和各国的文化交流。

本图集努力做到以下几点:

(一)充分反映中国历史地理发展的丰富性、完整性,涵盖的分支学科较为齐全,提供大量多方面的历史地理信息。本图集按历史地理要素初步分为:气候,自然灾害,地貌,沙漠,植被,动物,史前时期遗址,远古传说时代事迹,夏、商、西周遗迹,疆域政区,民族,人口,都市分布,城市遗址与布局,农牧,工矿,交通,文化,宗教,古代战争,近代战争等图组。

(二)充分表现历史进程的连续和演变,反映的时间跨度长、内容系统性强。多数图组上起史前时期或先秦,下讫清代、民国,有的图幅并配以一定的文字说明,为了解历史地理现象的发展过程和探索其演变规律提供参考。

(三)充分吸收历史地理学、历史学、考古学和各相关学科的研究成果,特别是 20 世纪 80 年代以来中外学者的研究成果,有些图组还反映近些年来的新进展。

（四）继承和发扬中国历史地图古今对照的优良传统，严格按照《国家地图集》的高标准制图。同时在图例、色彩、装帧等方面力求古朴、美观、大方，争取达到科学性和艺术性的统一。

本图集虽力图全面、系统、正确地反映中国历史地理学各个分支学科的内容，但限于史料和现有的研究成果，有些分支学科目前还无法编绘成地图；在已有的图组中也存在着不少时间和空间上的空白；而且，由于涉及的领域众多，内容复杂，已完成的图幅中，不免还会有不少缺点甚至错误。诚恳地希望广大读者对本图集的缺点和错误，给予批评和指正。

对历史时期各地理要素的时间、空间、数量和性质进行分析，往往会有不同的结果，有些问题很难找到一种完全无异议的结论。但在地图上一般只能采用其中的一种，所以作者只能根据自己对历史文献和科学原理的理解做出选择。尽管作者努力保持客观性，坚持实事求是，尊重历史事实，充分考虑不同的意见，但对本图集所表现的内容，未必都为其他学者所认同，即使本图集各图组作者之间，意见也未必全部一致，这在一些图幅中亦有反映。因此，有必要指出：本图集每一幅地图所涉及的内容，包括图上的画法和文字说明，反映的仅属作者、编者的学术观点，学术界存在的不同意见，欢迎继续讨论。

《中国国家历史地图集》是中国历史地理学继八册本《中国历史地图集》之后，又一部具有开创意义的重要学术著作。它的编纂出版任务艰巨复杂。仅就数目逾千的图幅的编图制图而言，就是一项难度大、需要多方面专家长时间投入的科研工程。其中许多图幅还涉及一些新开拓的领域，要从基础性工作开始做起。当年编绘《中国历史地图集》时可以集中一批基本编图和制图力量，在主编直接领导下专心致志地工作；后来情况发生极大变化。本图集作者散处各地，往往身兼多项繁重任务，不能不对工作造成影响。面临重重困难，本图集全体工作者在编委会的指导下，特别是在总编纂的带领下，以对科学事业的高度责任感和对学科创新的执著追求，勤勤恳恳，努力攀登，在探索中前进，终于完成了这项光荣而艰巨的任务。许多同人抱病工作，坚持到生命的最后一刻。1999年10月编委会召开全体会议审定通过本图集第一册全部样图时，与会者对为本图集做出杰出贡献的编委会主任委员张友渔，副主任委员兼总编纂谭其骧，副主任委员夏鼐、翁独健，编委尹达和图组负责人文焕然、王北辰，图幅作者颜真之、庄为矶、潘素兰、祝启源、祝培坤的不幸逝世，表示了深切的悼念。原以为本图集不久即可出版，后来却出现了始料未及的情况，出版被迫延迟。在国家财政的大力支持下，终于得以出版面世。而此期间,又有对本图集做出杰出贡献的编委会副主任委员兼图组负责人史念海和编委兼设计室主任刘宗弼、编委兼图组负责人陈可畏,前编委兼编辑室主任周维衍,图组负责人卢勋,图幅作者萧之兴、刘昌诚不幸逝世。在本图集即将出版之际,谨向他们表示深切的悼念。

我们要感谢中华人民共和国国家地图集编纂委员会、中国社会科学院和各编稿单位、各协作单位的领导所给予的指导和支持,也要感谢全体地图编稿人员和辅助人员、全体地图编绘制印人员所付出的辛勤劳动,还应向为本图集的编制出版给以大力支持和关怀的有关领导深表谢忱。

中华人民共和国国家历史地图集编纂委员会[1]

2010 年 6 月

附录4:

《中华人民共和国国家历史地图集》总编例

一、本图集以历史时期的中国为编绘的空间范围,即以 18 世纪 50 年代清朝完成统一之后,19 世纪 40 年代西方列强侵入以前的中国历史疆域为基准。历史时期在此范围内存在的政权和民族的活动,都应在本图集中得到反映。但因受到资料和研究成果的限制,多数图组无法画出显示各个历史时期全中国的地图,所以除疆域政区图组外,其他图组均根据实际可能和需要,确定其空间范围。民族图组中的跨境民族、交通图组中的中外交通路线等也依据历史实际予以表现,不受中国历史疆域的限制。

二、本图集总的时间范围起自史前时期,止于 1949 年。但因各图组所表示的内容不同,资料和研究成果各异,具体起讫时间不作统一规定。

三、本图集的地图和文字说明(含图表)主要根据历史文献资料、古地图、考古发掘报告和相关的研究成果。大多数图幅由作者自行收集资料或运用自己的研究成果;一部分采用或参考了他人研究成果(含地图),已在有关图组或图幅作了说明。凡采用他人未公开发表的成果或资料,均已征得本人同意。

四、本图集各图幅一般都作古今对照,即将需要显示的历史地理要素描绘在相应的今地理底图上,以便读者进行对照。但对照的详略程度、所选地理要素的多寡,视图幅的需要与可能而定,图组之间和同一图组的图幅之间

1　《中华人民共和国国家历史地图集》序言及总编例由葛剑雄拟稿,编委会改定。

允许差别。

图上所有古县级以上(含县级)居民点的标示方法一般是:①古今同点同名者,注古名,不注今名(不含首都、省会);②古今同点不同名者,古今名均注;③古今同名不同点者,古今点均注名;④纯属古点者,标出该点附近之今县、市,并注名。

五、古地理底图以谭其骧主编、中国地图出版社出版的《中国历史地图集》为基本资料。凡标准年代与《中国历史地图集》一致的图幅,一般即根据该图集的相应图幅编绘;标准年代不一致的图幅,由编者以该图集年代相近的图幅为基础修改编定。对该图集中的错漏,或编者与之有不同意见者,由编者改定。某些该图集不能提供的古底图,由编者另编。

六、本图集初步设定 20 个图组,共 1300 余幅地图,分为三册。由于各图组完成时间不一,为争取早日出版,同时考虑到各图组具有相对的独立性,故基本上按图组完成的先后分册,但在同一册中兼顾内容的次序。

七、各图组内的排列次序为前言、编例、地图。前言用以说明本图组所要表达基本内容及其在中国历史和历史地理中的作用、地位,主要资料来源和显示方法,编绘过程和其他需要说明的问题等。编例则用以列举除本图集总编例外本图组的专用编绘原则和表示方法。

八、各图组的图幅排列一般以年代先后为序。个别图幅由于编排技术上的需要,对年代顺序稍作调整。同一图组中如有不同类别或不同区域的,则先分类别或区域,在同一类别或区域内一般仍按年代先后排列。类别的排列按有关学科的惯例,区域的排列按当时的习惯,或按今行政区划的排列次序。

九、各图幅的记时,凡能确定其具体年代者,或标出其王朝纪年,用括号注出相应的公元纪年;或只标出公元纪年,不标王朝纪年。有些反映整个王朝时期的图幅,则只标王朝时期,不标公元纪年,如"春秋时期""战国时期""秦时期""西汉时期"等。本图集涉及的主要王朝时期与相应的公元纪年列简表如后:

(略)

十、因分支学科较多,本图集地图类型也较多。有些图分为总图和分幅图;总图用以表示各图组某一类型或区域的总体内容;分幅图用以表示总图分地区的详细内容。有些图分为主图、扩大图、位置图和附图:凡主图上局部区域要素过密,原有比例尺无法显示者,用较大比例尺作局部扩大图;凡难以显示主图地理位置或读者不易了解其确切位置的,另作位置图以为索引;如有地理要素或历史遗存无法在主图中得到显示者,另作附图。城市遗址与布局图组中,还有用以表示历代城址变迁的城址演变图。

十一、由于各图组、各图幅所显示的内容详略悬殊,地区范围不同,无法采用统一的比例尺,各图比例尺的大小由各图组视具体情况而定。

十二、总图例只说明古今地理底图上的内容,至于图上的古专题内容的图例则附于各幅图上。

十三、各图幅内容主要靠图面配以图例表示,凡依据图例已可表达清楚的,即不再加文字说明。但有些图上无法显示的重要信息,以及为帮助读者阅图所必需的说明,则在图幅所在页或图组适当位置,附以简要的文字或表格。

十四、本图集第一册今地理底图政区资料截止于 2010 年。

（葛剑雄编纂）

第五章
复旦大学中国历史地理
研究所（1982.6—2020.12）

一、复旦大学中国历史地理研究所成立

1980 年 5 月 20 日,历史系向学校上报《关于成立历史地理研究所的报告》:

> 历史地理学在我国有着悠久的历史,但在过去只是作为历史学的一门辅助学科,没有得到应有的重视。新中国成立以后,随着社会主义经济和文化建设的需要,以及国际斗争形势的发展,历史地理学越来越受到有关方面的重视。近年来,我国历史上疆域政区的变迁成了引人注目的课题。以我系历史地理研究室为主力,会同各高校和科研机构合作编绘而成的大型《中国历史地图集》的出版,为这方面的研究奠定了基础。为了加速经济建设的步伐,合理利用和改造自然环境,就向历史地理工作者提出了研究历史时期气候、植被、沙漠、河流、海岸等自然要素变迁规律的任务。在地理学会主持下,由我室参加编写的《中国自然地理·历史地理篇》,仅是这方面工作的一个开端。此外,对我国历史上民族和人口的分布和迁徙,边疆地区的开发、农牧业配置的历史变迁、城市的发展等,都是历史地理研究的重要方面。可以预料,随着四个现代化的进展,必将对历史地理学提出更多的、更新的研究课题。历史地理学也将由此而得到更大的发展。
>
> 与这个伟大的历史任务相比,我国目前的专业队伍无论从量或者质方面而言,都还很不理想。新中国成立的头十年,尚无从事历史地理研究专业机构。1959 年,我系首先成立了历史地理研究室,此后,中国科学院地理所、社会科学院历史所、陕西师大历史系、北京大学地理系、杭州大学地理系都先后成立了历史地理研究室或小组。可是全国历史地理专业队伍总人数还不到一百人,各研究机构规模都很小,人力财力都不够,还有许多重大的科研项目无法进行,远远不能适应当前学科发展的需要。
>
> 目前世界上科学、文化比较先进的国家都很重视历史地理学,像美国和日本都有专门研究机构。尤其是日本,对我国历史的研究十分重视,出版的有关我国历史地理的专门著作数量远远超过我们自己。因此,为了发展历史地理学科,大力配合开展经济和文化建设所需要的各项研究工作,必须迅速加强研究队伍,扩大现有的研究机构。
>
> 国内目前各历史地理机构中,以我室的人员最多,积累的资料最丰

富。在谭其骧教授长期培养下,经过《中国历史地图集》等各方面科研工作的训练,已经形成一支具有一定水平的骨干队伍,在粉碎"四人帮"以后的三年中,在国内学术刊物上发表了近三十篇论文,得到学术界的好评,同时也为出版部门绘制了各种类型的历史地图。根据我们过去所做出的成绩和现有的力量,应该在今后开展历史地理研究、发展历史地理学科的工作中发挥更大的作用。为此,我们要求在原历史地理研究室的基础上,扩建为历史地理研究所,争取在一定的时间内成为全国历史地理研究中心,为祖国四个现代化做出更大的贡献。

学校批准后又上报教育部,于1980年6月4日获得批复。

10月20日下午,历史系黄世晔、汪瑞祥、杨立强及李华兴、牟元珪、刘其奎等到谭其骧家中商议相关事务,决定在12月1日成立研究所。但由于副所长及下设研究室主任的名单一直无法确定,未能如期成立。直到1981年7月,问题尚未解决。7月2日,谭其骧又致书校党委副书记郑子文,报上有关人选的名单。9月3日,历史系党总支书记孟伯衡、内定研究所副所长邹逸麟、内定研究所党支部书记牟元珪来谭其骧家,与他商定研究所人事安排及相关工作。

1982年6月4日,复旦大学中国历史地理研究所召开成立大会,正式宣布成立。谭其骧在会上讲话:

> 今天时间不多,但是我还想在这个正式成立大会上,粗略谈一谈我们这个所要以怎样的面貌来面向国内外学术界,对党和国家应该负起怎样的职责来。
>
> 要建成怎样一个所呢? 要负起什么样的职责呢? 简单一句话,就是建成一个名副其实的研究所,要能够并且很好地完成国家交给我们的任务。
>
> 怎么叫名副其实的研究所? 我们认为应该做到在中国历史地理范围内的各个方面,基本上我们这个所里面不能空缺,就是说至少每一个方面我们所有一两个懂行,能够写出这方面的论文来的人。在这个基础上,我们要把我们学术的体系建设起来,要写出一部完整的中国历史地理概论来,这里面既包括历史自然地理的各个方面,也包括历史人文地理的各个方面。自然如气候、植被、地貌、河流、湖泊、水文、海岸、土壤、沙漠等,人文要包括政治、经济、军事、文化、交通、城市——疆域政

区、产业分布、民族分布迁徙、重要战争与地形交通的关系、交通路线、著名旅行家、宗教、语言、民俗、人才的地区分布、全国性大城市、各地区的城市、大至国都小至一地区的城镇聚落的分布和发展。一句话，凡是今天的地理学讲到的，历史上只要有一定数量的资料的，都应该成为我们研究的对象。在写出研究论文的基础上，予以总合概括，写入我们的概论。名副其实的研究所应该做到这一点。这当然不是今天就要达到，也不是一二年、二三年就能达到，但我们应该力争在一两个五年计划内基本上达到。我今年七十二，不知还能活十年否？希望能在去见马克思之前看到我们的学科体系基本建立起来，概论能写出来，当然不是粗制滥造的，还是要具有一定质量的，够得上被公认为建立起一门科学的、符合马克思主义基本原理的著作。

十年之内能不能达到这个目标呢？我认为是能，但绝不是轻而易举的，要做出巨大劳动，艰苦的努力。说能，是因为许多同志都是从1958、1959 年就在研究室工作，至今已二十三四年了，可以当仁不让地说，多数同志已经是专家了。有十多二十来个专家共同努力搞上十年，再难也应该搞得成。说不是轻而易举的，是因为我们过去二十多年里，极大部分都在搞图，通过搞图，疆域政区是熟悉，其他方面我们或只是稍稍摸过一下，或根本没摸过。所以严格说来，我们这些人只能说是历代疆域政区专家，不能说是历史地理专家。这句话是包括我在内的，我对中国历史地理也不是各方面都懂都研究过的。疆域政区是历史地理的基础，这个基础打好很便宜，在座各位搞过图，打好了基础，然后再搞自然人文各方面，都比无此基础的人广泛得多。但各方面有各方面的专门知识，如气候、植被，不认真学习钻研，是不可能一下子由外行变成内行的。我们已懂的虽然是历史地理重要的一部分，但毕竟是一小部分，还有大部分等待我们去学习去熟悉，然后才谈得上取得研究成果，所以任务重得很。我们绝不能有轻敌思想，绝不能以为懂一点疆域政区就够了。假如有这种思想，那就会完成不了今后国家交给我们的任务的，学科体系建立不起来，一本够得上称为科学著作的历史地理概论是写不出来的。

说起建立学科，学校领导是老早把这个任务交给了我们的。1960年我们办专业招生，一个专业要开一系列的课，当然也就是要我们建立学科。但二十二年来，学科并未建立起来。这是由于我们当时的主要任务是编图，图上是疆域政区，一天到晚一年到头任务很紧，不可能抽出功夫来讲疆域政区以外的东西，当然开不了课，写不了讲义，编不了书。在那种情况下，要我们办疆域政区专业是可以的，办历史地理专业实在办不到。1960年没仔细考虑，仓促上马，后来办不下去了，只得让一班学生转专业，不到"文革"起来就停办了。"文革"以后1978年又强调大学的研究所也要兼顾教学，恢复办专业，我反对。学科没有建立，教材未写出来，勉强开课，开不好的。现在决定今后不招专业，三年级以后为一部分学生开一些历史地理课培养这方面的人才，这是切合实际的好办法。

我认为承担国家任务，一定要能和学科建设结合起来，才能两全其美，否则是顾了任务就顾不了学科建设。我们过去承担了毛主席交下来的编绘《中国历史地图集》的任务，通过这个任务我们做出很大成绩，编出八册内部本，也培养了我们一批熟悉疆域政区的专家。不过疆域政区不等于整个历史地理学科，今后若仍然承担一些疆域政区的任务，那么学科还是难以建立。很幸运，大家知道，现在摆在我们面前要我们去承担的，明年就要正式上马的《中华人民共和国国家历史地图集》。这套图的编辑方案虽然还没正式确定下来，但这套图要求全面反映中国历史时期自然、经济、人文、政治的变化这一基本方法，是1958年早就确定了的。全图集搞了一二年就下马，历史图未动手。这次重新提出要搞，我相信这一基本看法是不会动的。第一次编委会会议上又提出这套图要以历史所和我们为主搞出来，这个国家重要任务我们义不容辞。我认为不但不应推辞，还应就力所能及，多争取承担一些。不但应该多承担我们熟悉的疆域政区方面的图幅，还应争取承担一些我们原来不熟悉的题目的任务。这样，通过编图，也就开拓了我们的研究领域。等到图编出来，这方面的讲义教材也基本上可以写出来了。图大概五年完成，打下了学科多方面的基础。在此基础上再加五年的努力钻研，我认为，一个像样的学科体系是可以建立起来的，一本具有一定科学性、一定质量的概论是编得出来的。历史地理这门学科全世界许多国家都在搞，我虽知道得不多，但有一点是可以肯定的，即一方面他们各有成就，值得我们观摩学习，一方面因为他们限于资料（历史地理脱离不了历史资料），要搞出一套各方面都讲到、材料充实、论据明确的体系来是不可能的。我们中国由于历史资料特别丰富，可以说是得天独厚，所以搞这门学科我们是有条件比人家搞得好一点，能够超过人家的。关键点在我们能不能努力去做到。

过去二十多年我们取得了不少成就，主要是编出了八册图。这八册图是前无古人的，也是举世无双的。但是我们自己心中有数，存在的问题很不少。现在我们正在加紧修改，从今年起就将向国内外发行，明年第一季度出齐。在人才培养与使用方面，过去也是只管使用而不重视培养，也吃了许多亏。现在我们是在全国各条战线贯彻三中全会精神的形势之下建所，形势和1959年以后大不相同了。我相信，今后我们搞学问，搞研究，只要贯彻遵循三中全会所指引的实事求是的精神搞下去，我们今后十年的成就，一定是可以超过过去二十年的。但是我们绝不能松松垮垮，一定要刻苦努力，一定要踏踏实实地干，绝不搞浮夸一套，走什么捷径。我们一定要重视科学道德，树立我们研究所好的学风。要使全国学术界都相信，凡是我们这里拿出去的东西，都是老老实实的，没有半点弄虚作假的。同时我们一定要加强我们的科学管理，过去吃了许多管理不好的苦，今后一定要克服，一定要搞好资料工作，还要密切注意国内外别的单位所取得的成就，不能关起门来搞。不光是国内，也得搜集国外的资料和研究成果，学习人家的经验，特别是日本的研究中国历史地理的成果。我们请求学校领导认真把我们这单位看成学校的一个重点科研单位予以扶植，要尽可能早日满足我们对经费、对房子、对设备、对图书、对人员配备等各方面的要求。但是我们自己要心里有数，经费设备固然重要，但最重要的还是我们自己的努力。这不等于我们不要求改善条件，我希望我们全所同志应该立下这样一个志愿，即我们一定要发奋努力，把我们这个全国第一个历史地理研究所建设成一个世界的研究历史地理的重心，一定要在我们这一代人手里，把历史地理这门学科的科学体系建立起来。我希望我们全所的同志共同把这个任务作为我们终身奋斗的目标。

我今年已七十二岁，又中过风，半身不遂，始终未能康复，本来能力不够，得病又大受影响。所以要我来担任这个所长实在是力不从心的了，我很担心要有负领导的重托。但是我虽然老了，诸位还都在壮年，正是干工作做学问的黄金时间。我深信，在三中全会路线的指引之下，在学校领导的关怀支持之下，我们的困难是逐步可以克服的，我们的物质条件是逐步可以改善的。只要我们大家遵循党的路线，同心同德，奋发图强，全力以赴，我们是一定能够出色地完成国家交给我们的任务的，能够达到我们奋斗的目标，早日建立历史地理的学科体系的！

图 19　1982 年 6 月 4 日,中国历史地理研究所正式成立大会合影(前排左起:邹逸麟、牟元珪、宁树藩、陈庆基、黄世晔、章培恒、徐常太、盛华、谭其骧、程博洪、孟伯衡、杨立强。中排左一至左七:丁言伟、王天良、孔祥珠、赵永复、王文楚、周源和、周维衍;左十至十三:陈家麟、杨正泰、袁樾方、钱林书;左十五:吴磊。后排左一至左六:祝培坤、苏松柏、朱毅、郑宝恒、张修桂、魏嵩山;左八至左十二:王新民、葛剑雄、陈伟庆、徐旵、胡菊兴。合影中,研究所成员尚缺秕超、刘思源、王仁康、吴应寿)

　　中国历史地理研究所(简称史地所)成立以后,一直作为复旦大学独立的研究机构,其党支部与历史系及后来成立的旅游系、文博系、文史研究院党支部同属历史系党总支(现为历史系党委)。

　　谭其骧出任第一任史地所所长(1982.6—1986.10),邹逸麟任副所长,下设历史人文地理第一研究室,魏嵩山任主任;历史人文地理第二研究室,周维衍任主任;历史自然地理研究室,张修桂任主任。复旦大学历史地理学科于 1981 年被确定为全国首批硕士、博士学位授予点。

　　1986 年 10 月,谭其骧辞去所长职务,由邹逸麟任所长(1986.10—1996.1),钱林书任副所长(1986.10—1996.1),杨正泰任副所长(1986.10—1990.10),满志敏任副所长(1992.10—1996.1)。在此期间,1987 年历史地理学科被国家教委确定为全国首批重点学科。

　　1996 年 1 月,葛剑雄任所长(1996.1—2007.5),钱林书任副所长(1996.1—1999.7),满志敏任副所长(1999.7—2007.5),朱毅任副所长(1998.6—2007.5)。这期间,1999 年以史地所研究人员为基础,成立的历史

图20 1988年,谭其骧和同事讨论工作(左起:祝培坤、王文楚、谭其骧、钱林书、邹逸麟、赵永复)

地理研究中心成为教育部首批人文社会科学重点研究基地。2005年,在985工程建设中,史地所又成为历史地理研究国家哲学社会科学创新基地。

2007年5月,葛剑雄两届任期期满。学校任命满志敏任所长(2007.5—2010.11),王振忠任副所长(2007.5—2010.11),张晓虹任副所长(2007.5—2010.11)。

2010年11月,满志敏因病无法继续担任史地所所长一职,行政班子换届,学校任命吴松弟为所长(2010.11—2015.1),安介生为副所长(2010.11—2015.1)。

2015年1月,吴松弟任职期满,学校任命张晓虹为所长(2015.1—   ),杨伟兵、邹怡为副所长(2015.1—   )。

截至2020年,史地所有教职工40人。其中,周振鹤、葛剑雄、姚大力为复旦大学文科资深特聘教授,王妙发教授为在职非在编的引进人才,教授与研究员19人,副研究员5人,青年副研究员和讲师5人,工程师1人,编辑1人,图书资料管理员2人,行政管理人员3人。

复旦大学中国历史地理研究所是目前国内研究人员最多、实力最强、研究方向最齐全的历史地理学研究机构。在学科发展过程中,全所目前已形成历史自然地理与环境变迁研究、历史疆域政区与历史政治地理研究、历史人口地理与人口史研究、边疆史地研究、历史经济地理研究、历史城市地理研究、历史文化地理研究、历史社会地理研究、历史地理信息系统研究等9个研究方向,并拥有一批国内公认的学科带头人。

附录5:

历史地理研究所规划

(1980年制定)

一、人员和组织

本室原有工作人员二十六名,其中研究人员二十一名(教授二人,讲师十九人),绘图、资料人员五人。计划在三至五年内将历史地理研究所扩大至四十人左右。成所后,希立即配备专职行政人员一名,绘图、资料员二名,三至五年内逐步增加研究人员十名,由研究生毕业留用。

研究所由谭其骧同志任所长,设四个室:自然地理研究室、人文地理第一研究室、人文地理第二研究室、资料情报和绘图室。每室各设立主任一至二人。

二、规划和任务

计划在三至五年内,对中国历史地理各领域进行广泛的基础研究,做出一批成果。十年内把历史地理研究所办成全国历史地理研究中心。

(一) 三年工作计划

(1) 修改已出版内部发行的八册《中国历史地图集》,使达到公开出版水平,并考虑续编第九册、第十册,反映近现代政区;

(2)《中国历史地震图集》,由自然地理研究室部分同志承担,全图分三册,三至五年内完成;

(3)《上海市历史地图集》,由人文地理研究室部分同志承担,三至五年内完成;

(4)《中国历史大辞典·历史地理分册》,由人文地理研究室部分同志承担,三至五年内完成;

(5)《中国历史地理概论》(教材),三至五年内完成;

(6) 办好历史地理专业,初步开设出一系列专业课程;

(7) 配合备课,写出一批专题论文,出版论文集若干册;

(8) 配合生产部门,进行一二个历史地理专题研究;

(9) 编写一二种供大学生学习历史地理使用的工具书;

(10) 办好《历史地理》刊物,推动历史地理的研究。

（二）十年工作计划

（1）《水经注图》，通过文献考订与实地调查，将郦道元《水经注》按今日制图要求复原；

（2）《中国历史大地图集》，包括政治（疆域、政区、民族分布等）、经济（人口分布、产业分布、交通路线、都市集镇等）、自然（气候、植被、海岸、湖泊水系等）、军事（重要战争、边防设施等）各要素的综合历史地图集；

（3）《中国历史地理》（专著）；

（4）配合国家经济建设与科学发展需要，开展历史地理各个方面的专题研究。

三、房屋与设备

原有房屋过分拥挤，希能扩大用房面积，增辟阅览室和《历史地理》杂志编辑部。同时为提高研究工作效率和科研手段现代化，急需增添下列设备：

（1）复印机一台；

（2）胶卷阅读机一架；

（3）打字机一架；

（4）照相机二架；

（5）绘图设备和仪器（能自制各地区各比例尺底图）；

（6）野外考察的设备和仪器。

四、图书资料

（1）复制国内各大图书馆所藏历史地理图书资料；

（2）增订港台、国外（主要指日本）出版有关中国历史地理的书籍和刊物；

（3）编制中国历史地理论文目录索引和提要；

（4）购置1∶5万、1∶10万等大比例尺地图和全套卫星照片；

（5）向国家测绘总局请领百万分之一至十万分之一等各种最近测绘的全国地图。

五、经费

根据上述规划，要求在成所的第一年，拨给经费六万元，以后每年拨给研究和资料用费二万元。

历史系

1980.5.20

二、周振鹤、葛剑雄获全国首批文科博士学位

1981年7月30日，国务院学位委员会学科评议组首次会议通过了首批

博士研究生导师名单,历史学科有 33 人,其中复旦大学有周谷城、谭其骧两人,华东师范大学有吴泽。10 月 8 日上午举行葛剑雄硕士学位论文答辩会,由华东师大吴泽教授主持,答辩委员有杭州大学陈桥驿教授,复旦经济系伍丹戈教授,历史系黄世晔副教授、吴应寿副教授(临时因故未到)。11 月 19 日下午举行周振鹤硕士学位论文答辩会,由陕西师范大学史念海教授主持,答辩委员有上海师范学院程应镠教授,复旦历史系杨宽教授、吴应寿副教授和邹逸麟副教授。当时论文答辩不设等第,二篇论文都以全票通过,二人都被授予硕士学位。

但国家教委尚未下达招收博士研究生的通知,学校没有确定招收的时间和办法,二人要先分配工作。葛剑雄入学前是上海的中学教师,读研究生期间保留原单位的人事关系,工资照发,本人和家属都是上海户口,加上自 1980 年起已担任谭其骧的助手,所以分配留校。但周振鹤原工作单位在湖南,家属户口也都在湖南,无法留校。为此,谭其骧在出席第五届全国人大第四次会议期间,在 12 月 8 日上交提案《各大专院校研究单位有权留用优异研究生》,请华东师大校长刘佛年代表、华东师大副校长李锐夫代表联署。但学校已将周振鹤的档案转到湖南某高校,只是同意他暂不离校等待。

1982 年初,学校通知开始招收博士研究生,周振鹤与葛剑雄办妥报名手续。1 月 17 日下午,谭其骧在家中对二人作入学口试,历史系分管研究生工作的副主任姜义华与研究室邹逸麟参加。经学校研究生办公室批准后,二人于春季入学。葛剑雄是在职研究生。

复旦大学第一批博导还不多,不少博导还来不及招生,全校没有多少博士生,研究生办对课程设置和培养要求都还没有具体规定,连政治、外语公共课也没有开,一切都由所在院系和导师安排。所以谭其骧和系里没有专门为他们开设课程,二人在谭其骧指导下自学。

5 月 7 日,谭其骧出席校学位委员会会议,得知有 4 位数学系研究生已通过论文答辩,申请博士学位。他们没有另外写博士学位论文,答辩委员会认为他们的硕士学位论文已经达到博士学位的水平。谭其骧在会上提出,周振鹤与葛剑雄的硕士学位论文也已达到博士学位的水平,葛的论文已经在 1981 年第 4 期《中国史研究》上发表,周振鹤论文的部分内容也已发表。但苏步青校长认为,数学有国际标准,文科没有国际标准,无法衡量,委员会未同意。5 月 27 日,党和国家领导人在人民大会堂为新中国首批 18 位博士(17 位理学、1 位工学)颁发博士学位证书,其中就有复旦大学的 4 位。

消息公布后,谭其骧认为,既然理科可以用硕士学位论文作博士学位论文答辩,而文科不可能,就应尽早选定博士学位论文题目,早日写出高质量的论文。于是,周振鹤选定写《西汉政区地理》,葛剑雄选定写《西汉人口地理》。

周振鹤、葛剑雄申请去新疆、青海、甘肃作为期一月的历史地理考察,研究生办批准,并同意必要时可乘飞机或雇用特殊交通工具。9月1日,他们乘飞机到达乌鲁木齐,以后又乘飞机去喀什,雇吉普车从塔什库尔干县城上红其甫山口,又分别考察了不少地方。

葛剑雄继续担任谭其骧的助手,先后随他参加《肇域志》整理工作会议、中科院地学部会议、《国家历史地图集》工作会议、中国地理学会年会、中国史学会代表大会、中国地方史志年会和《中国历史地图集》的修订工作,在1983年4月中旬完成博士学位论文初稿,谭其骧分批审阅。周振鹤的论文也在5月间完成。6月8日,谭其骧改定了对二人论文的评语。

1983年春季开学时,北京传出消息,国家要集中办好5所"超级大学",复旦名列其中。在全国首批18名理工科博士中,复旦占了4名,但文科还没有博士,是各校竞争的目标。姜义华认为,周振鹤与葛剑雄条件最具备,多次向校领导和研究生办提出,获得同意。经校研究生办汇报沟通,教育部与国务院学位办原则同意两人提前毕业,进行论文答辩,但必须修完全部课程并考试合格。专业课由谭其骧根据两人已发表的论文和实际水平评定成绩。政治课、英语课由历史系单独命题考试,取得成绩。因两人在硕士阶段都选了英语、日语两门,并都参加考试取得成绩,故申请用硕士日语考试成绩代替博士第二外语成绩,研究生办认可。

因研究生办尚未制定博士学位论文答辩的规则和通过的标准,为慎重起见,学校将二人的论文广泛送审。审阅过周振鹤论文的有:中国社科院历史所杨向奎、林甘泉、李学勤,北京大学侯仁之,中国科学院地理所黄盛璋、钮仲勋,中央文献研究室金冲及,陕西师大史念海,西安师专曹尔琴,山东大学张维华、王仲荦,武汉大学石泉,杭州大学陈桥驿,华东师大吴泽,上海师院程应镠,复旦大学周谷城、杨宽、蔡尚思;审阅过葛剑雄论文的有:中国社科院历史所杨向奎、孙毓棠、王毓铨、林甘泉,中国科学院地理所吴传钧、黄盛璋、钮仲勋,北京大学侯仁之、周一良,陕西师大史念海,山东大学张维华、王仲荦,武汉大学石泉,兰州大学赵俪生,南京师大李旭旦,杭州大学黎子耀、陈桥驿,西安师专曹尔琴,上海人民出版社胡道静,华东师大吴泽、胡焕庸,上海师院程应镠,复旦大学周谷城、蔡尚思、吴斐丹、杨宽、伍丹戈、吴应寿等。

7月11日上午,复旦大学学位评议委员会会议通过授予日本茅诚司教授荣誉博士学位,并同意周振鹤与葛剑雄在8月进行博士学位论文答辩。因属全国首次,答辩会的举行必须由教育部副部长兼国务院学位办公室主任黄辛白批准,但学校报后一直没有收到批复。研究生办电话联系,得知黄辛白在哈尔滨开会,立即派人赶到哈尔滨,终于在答辩会的前一天拿到批文。

8月13日上午,由史念海教授主持周振鹤的论文答辩,答辩委员侯仁之、杨向奎、陈桥驿、吴泽、程应镠、杨宽,副校长谷超豪全程参加,副所长邹逸麟和研究生办公室主任杨波洲列席。14日上午,由侯仁之教授主持葛剑雄的论文答辩,答辩委员史念海、杨向奎、陈桥驿、吴泽、程应镠、杨宽。两篇论文均全票通过。

10月8日上午,校学术委员会召开会议,讨论通过授予周振鹤、葛剑雄博士学位的决定。19日下午三点,在600号(数学系楼)礼堂举行授予茅诚司名誉博士,周振鹤、葛剑雄博士学位仪式。专程从北京来的国务院学位办公室副主任、谢希德校长、苏步青前校长、茅诚司教授夫妇等和教师代表朱东润教授在主席台就座,谢希德校长为周振鹤、葛剑雄颁发博士学位证书。

图21 1983年10月19日,复旦大学举行博士学位授予仪式,谭其骧与周振鹤(左)、葛剑雄(右)合影

图22　1983年10月19日,谢希德校长为葛剑雄颁发博士学位证书

1985年,周振鹤、葛剑雄晋升副教授。葛剑雄的博士学位论文《西汉人口地理》1986年由人民出版社出版,次年周振鹤的博士学位论文《西汉政区地理》也由该社出版,均为全国首批。

三、招收两届专业本科生

1980年,复旦大学历史地理研究室决定恢复历史地理本科专业,得到学校批准。当时制定的教学计划如下:

一、培养目标

本专业培养德、智、体全面发展的历史地理学科的研究和教学的专门人才。

具体要求是:

认真学习马克思主义的基本原理,并通过实践,树立无产阶级的阶级观点、群众观点、劳动观点和辩证唯物主义观点;拥护中国共产党,热爱社会主义;具有爱国主义和国际主义精神;具有共产主义道德品质,遵纪守法;愿为实现社会主义现代化服务,为人民服务。

能掌握马克思主义的基本理论,具有本专业的基础知识和某一方面的专业知识,了解本专业的新成就、新发展;能阅读一般的中国古籍,具有一定的写作能力和掌握初步的野外调查方法,学会一种外国语,达到能阅读本专业的书刊;具有科学研究的能力。

具有健全的体魄。

二、学制和时间安排

学制四年,学生四年修满 133 学分毕业。修满 133 学分,并达到本教学计划所规定的其他要求,经批准,可以提前毕业。

四年级学生在校时间共 200 余周,大体分配如下:上课 131 周,考试 16 周,实习和社会调查 8 周,生产劳动 6 周,军事训练 2 周,入学教育和毕业教育共 2 周,机动时间为 4 周……

四年,课内总学时为 133 学时;课内用学时为 10 学时至 23 学时。

三、课程设置

(一) 必修课,共 83 学分

时事政治学习,每周半天	不计学分
哲学	6 学分
政治经济学	6 学分
普通自然地理原理	4 学分
地貌学	4 学分
中国地理	4 学分
中国古代史	8 学分
世界古代史	3 学分
考古学通论	2 学分
中国近现代史	3 学分
世界近现代史	3 学分
中国历史地理概论	8 学会
历史地理要籍介绍	6 学分
中国历史文选	6 学分
外语	16 学分
体育	4 学分

(二) 选修课,共 42 学分

选修课分指定选修课和任选课两种,任选课学分最多不得超过选修课总学分的 20%。

1. 指定选修课

中国古代专题史

中国古代断代历史地理

中国古代专题历史地理

历史地理专题讲座

地区开发史

地理专门课程

2.任选课

中国经济史及有关专题课

中国科技史及有关专题课

第二外国语

四、科学研究训练

除课堂教学中经常注意启发学生，指导科研方法外，有计划组织学生参加与专业有关的学术活动；通过社会调查和野外实习培养学生的科研能力。

五、教学实习、生产劳动和军事训练

结合考古学、地理学课程，于第二学期进行考古和地貌实习2周；结合历史地理基础课，于第四学期进行历史地理实习2周；结合历史地理选修课，于第六学期进行历史地理实习2周。

工业劳动2周，安排在第六学期；农业劳动2周，安排在第四学期；军事训练2周，安排在第二学期。

1980年秋季招收了31名学生：陈琅、蔡秀云、陈维、富伟毅、高洪兴、胡阿祥、华彪、黄伟明、李志勇、陆永玲、马骊、马传捷、潘锋、潘孝国、彭安玉、钱惠光、秦德增、吴佳新、萧华忠、杨纯渊、杨剑飞、张炳生、张淑萍、赵重苓、周洁、周之江、徐建华、许若允、应岳林、赵伟宏、孙越锋。

所开设的课程中，"中国历史地理概论"由副教授吴应寿主讲，讲师胡菊兴、陈家麟、牟元珪协助；"中国地理通论""地貌学通论"分别由讲师周源和和张修桂承担；指定选修课中的"中国历史地理专题研究""中国历史自然地理专题研究""中国古代交通地理专题研究""中国历史区域经济地理"分别由副教授邹逸麟、讲师赵永复、副教授王文楚和讲师魏嵩山承担。

为了提高地理专业课的教学质量，研究室专门从华东师大地理系请了程璐教授讲授经济地理，梅安新讲授遥感与影像判读，郭蓄民和黄仰松讲授第四纪地质学。还从杭州大学请来陈桥驿教授开设中国历史地理专题讲座。

1982年秋季又招收了41名学生，但到1984年，1980级学生毕业分配却

遇到很大困难,因此历史系向学校提出调整历史地理专业学生专业的报告:

> 我系 1982 级 72 名学生是按照历史学专业 41 人、历史地理专业 31 人招收的。入学后根据扩大学生基础知识和加强学生基础训练的要求,两个专业第一、第二学年开设了相同的基础课,第三学年再划分为两个专业进行专业教学和训练,今年暑后该年级应划分专业。但鉴于当前社会上对历史学人才专业需要量大,而历史地理学专业毕业生无法进入对口单位的现状(我系今年有 1980 级历史地理学专业毕业生 31 人,其中分配在上海地区的有 14 个名额,分配方案落实的结果几乎无一与专业完全对口,有些单位接受该专业毕业生也要改作中国近现代史课程师资或行政办公人员,造成学非所用,人才浪费;外省市的分配方案无法了解具体落实情况),为此我们决定 1982 级 72 名学生不划分为两个专业,统称历史学专业,学生中可以有选读一定数量中国历史地理学专业课程,俾便毕业后有较大适应性。妥否,请批示。
>
> 历史系(主任) 庄锡昌
> 1984.6.2

经 6 月 6 日上午校长办公会议通过,秋季开学后历史地理专业并入历史

图 23　1990 年夏,谭其骧和历史地理专业的本科生及班主任合影(前排左三为谭其骧,后排左一为吴松弟,后排右一为阙为群)

学专业,保留历史地理课程作为选修。1987级历史学专业本科生升入三年级时,陈强、高阳、郭凤华、康福军、李云、吕俊、吕勇、王长发、王晨飞、王宜瑶、徐轶、张厚林12人选择历史地理专业,于1991年毕业。

考虑到历史地理专业的学生实际上要学历史学和地理学两个专业的基础课,课业负担重,学时紧,历史地理学的专业课程难以提高深化,而随着历史地理硕士点、博士点的设置与发展,研究生招收不断扩大,培养专业教学科研人才有了更好的途径,研究所决定不再招收专业本科生,集中精力做好研究生培养工作。

四、专注研究生培养

1982年史地所被教育部评为第一批博士点。在招收第一批硕士生、博士生后,研究生工作逐步成为史地所工作的重要内容,尤其在1987年停止招收本科生后,史地所就将教学与人才培养工作集中在研究生培养上。到2020年底,史地所共招收硕士研究生381名、博士研究生325名;已毕业获得硕士学位345人、博士学位260人。

1. 招生工作

由于全国除复旦大学外,没有历史地理专业本科生培养,虽然在招生考试中,历史学和地理学专业背景的本科生有一定的优势,但史地所在招生工作中并不局限于学生的学科背景,而是秉持在严把学术关的基础上,尊重学生的研究兴趣,以保证招收的研究生能够在毕业后仍然坚持历史地理学术研究。

在1982年历史地理专业成为第一批博士点后,2003年6月复旦大学启动了已取得一级学科博士学位授予权的学科可以自主设置学科、专业的工作。经专家评审后,史地所申报的"人口史"专业在当年11月校学位评定委员会第59次会议审议通过。2004年2月,国务院学位办公室正式批准并公布了复旦大学上报的自设学科、专业。故2003年以后史地所招收博士生的专业增加为历史地理学、人口史两个专业。

2006年,史地所对硕士生招生复试办法实行改革。

2006年3月29日(星期三)上午,在文科楼八楼所会议室举行了硕士生招生复试,复试科目为历史地理学综合知识。这次复试采取了新的形式,15名考生经抽签后分为两组,其中第一组由姚大力教授主持,第二组由葛剑雄教授主持,加上其他五位硕士生导师,组成评审组,对考生同时进行地名检索、问答、英语口语等考试。考生如抽到第一个问题不会回答时,允许抽第二个问题。一名考生回答后,其他人可以纠错或补充。有的问题可以抢答,也可以相互讨论。每名考生都有充分的表现机会,也可以了解同组其他人的情况。复试结束后,由评审教师分别排序,综合确定名次,在决定最高和最低分后评出各人成绩。

2. 课程设置与中期考核

(1) 不断完善研究生课程建设

在研究生招生之初,由于研究生人数较少,故课程设置相对较少,主要是"历史地理要籍选读""中国历史地理学概论""历史地理学理论与方法""历史自然地理""历史政治地理""历史人口地理""历史文化地理""先秦政区地理"等课程。而研究生培养计划因人设立,相对自由而宽松。但随着研究生招生人数不断增加,对研究生培养方案的科学性、体系性的要求提到了议事日程。在复旦研究生院的指导下,史地所多次召开教学研讨会,对研究生课程体系建设进行讨论,确定分基础课、专业基础课和专业选修课等三个层次进行研究生培养(见附录课程设置)。

此外,由于历史地理学是研究历史时期地理现象的学科,因此对地理环境的观察和对历史遗迹的考察是培养研究生历史地理研究理念的重要方式。鉴于此,史地所在研究生入学的第一年就组织历史地理综合考察,并将其纳入课程体系中,成为研究生培养的一大特色。

最初培养的研究生中,周振鹤、葛剑雄、刘统、吴松弟、王妙发、胡阿祥、王振忠、华林甫等人多次赴新疆、西藏等地实地考察,并将考察所获贯穿到他们的具体研究中。这一优良传统保持下来,并在随后研究生培养方案中不断完善。在1999年以后,史地所将实习考察基本路线确定为两条:

第一条是镇江—扬州—南京一线,让同学们对长江下游河段河流水系的演变,苏南皖南地区岩溶、重力地貌的特点以及镇江、扬州、南京城市地理和文化地理等历史地理内容获得直观的认识。其具体考察安排为:第一天,在镇江焦山和北固山,考察长江下游河道及江心洲的演变情况,在谏壁镇考察连通长江与京杭大运河的谏壁闸;第二天,实地考察唐代扬州城遗迹,参观作为清代盐务豪商巨宅代表的个园和作为清末一般盐商代表的汪氏小苑;第三天,考察南京南郊方山地质公园的死火山遗迹,在方山山顶俯瞰秦淮河冲积平原,考察以石头城和中华门为代表的明代南京城遗迹;第四天,考察栖霞山、八卦洲、燕子矶,观察矶头对江水的挑头和顶托作用,在长江畔的幕府山三台洞观察地壳抬升的遗迹,在玄武湖参观后湖明代黄册库遗迹以及玄武湖南岸台城附近的武庙闸遗迹;第五天,考察明孝陵、中山陵、灵谷寺及明故宫遗址。该线为研究所传统的考察路线。从 2018 年起,在此基础上,史地所又新辟了江苏淮安田野点。该地曾为黄河、运河、淮河、泗水交汇点,为明清两代河道总督、漕运总督驻地,还是淮安京杭运河与苏北灌溉总渠交汇处的水上立交,附近有洪泽湖高良涧闸等水利设施。

第二条考察路线是对上海青龙镇、马桥遗址、高家宅、金山、高桥中学和老宝山城进行上海海岸线变迁与上海城市地理两方面的考察。这条路线通过对考察点的冈身空间分布与地层分析,认识千年尺度下上海成陆过程。而对高桥镇的高桥中学内留存有永乐御碑、吴淞炮台湾国家湿地森林公园、金山等地的考察,可以对近千年上海陆地演化及其历史地理研究在经济建设中的现实意义有更深入的了解。2011 年后,这条考察路线之外又增加对杭州市凤凰山(南宋皇城遗址)、御街、太庙、清河坊、西溪湿地和宁波等地的历史城市地理和历史文化地理等内容的实地考察。

图 24　1997 年 10 月,史地所师生赴上海金山地区考察

自 2013 年起,考察突破了以往教师单一讲解的方式,出发前要求参加考察的学生做好文献预习工作,进入考察点后,采取学生讲解,教师补充的方式进行考察教学。在随后的考察中发现这种方法对提高考察的效果十分有益,考察前同学准备充分,对实地所观察的历史遗迹有更为清晰的认识,大大提高了实地考察的教学效果。

历史地理综合野外考察课程设置的目的是经过考察,加深对历史时期人地关系变迁的理解,并通过对自然、社会实地所见发现问题,形成仅靠阅读历史文献无法产生的问题意识。与此同时,让现实中所发现的问题再回到历史中,借助对历史文献记载的重新思考达到解决问题的目的。这门课

图 25　2004 年 11 月 6 日,史地所师生赴上海青龙江考察

程为史地所研究生培养的重要内容,一般在每学年的第二学期举行,希望在研究生系统学习历史地理学概论和历史地理学理论与方法后,结合基础的历史文献阅读,强化野外考察在历史地理学研究中的意义与作用,以达到培养具有扎实历史地理学研究能力的目的。

　　(2) 积极推进并资助研究生对外学术交流

　　2004 年 10 月,史地所樊如森、李智君、高凯同学参加武汉大学主办的 2004 届全国博士生论坛。2005 年,王大学、王列辉、傅辉参加山东大学主办的 2005 届全国博士生论坛。2006 年,吴俊范同学参加由吉林大学主办的 2006 届全国博士生论坛——水资源与环境分论坛。

　　2006 年 12 月 10 日,在张伟然教授的带领下,史地所研究生论坛代表队参加了由上海市历史学会发起、由上海师大主办的"走向现代——江南城乡变迁"(博、硕士研究生)学术研讨会。王加华、唐巧天、吴俊范提交了论文并作了报告。唐巧天获优秀奖,王加华、吴俊范获参与奖。张伟然教授作点评,王列辉、陈琍、孙景超、童敏薇同学进行了发言和讨论。

　　2007 年 12 月 8 日,由上海市历史学会主办、上海大学历史系承办的"怀疑与解释:史学研究的新视野"第四届上海史学会青年学术研讨会在上海大学举行。张伟然教授应邀作为点评教师,博士生李德楠、潘威、梁志平在研讨会上报告了论文。此次活动有多名同学提交论文,经过研究所和主办方筛选,最终遴选出上述三人作为正式代表。李德楠报告的论文题为《明清时期河工物料的演变及影响——以黄运地区为中心》,潘威的论文题为《1861—1953 年长江口南支河段冲淤状况的重建及相关问题的研究》,梁志平的论文题为《定额制度与区域文化的发展——基于长江三角洲地区的研究》。三位同学准备认真,报告得当,并踊跃提问,给与会师生留下了深刻印象。上海市历史学会会长熊月之教授在总结中对论文给予了高度评价,认为他们学风扎实,拓展了历史研究的视野。整场研讨会共评出 6 篇优秀论文,梁志平获奖。

（3）设立"谭其骧禹贡奖"鼓励青年学子

1997 年,为促进和鼓励史地所研究生专心学术研究,在所长葛剑雄教授的倡议下,首次在当年毕业生中设立"谭其骧禹贡奖"。第一届"谭其骧禹贡奖"获得者为博士毕业生张晓虹和硕士毕业生张敏。2002 年度"谭其骧禹贡奖"获得者为博士毕业生杨伟兵、硕士毕业生郑磊。2003 年度"谭其骧禹贡奖"获得者为博士毕业生吴滔,硕士毕业生奖空缺。2004 年度"谭其骧禹贡奖"获得者为硕士毕业生傅辉,博士毕业生空缺。2005 年度"谭其骧禹贡奖"获得者为博士毕业生石超艺,硕士毕业生奖空缺。

3. 研究生论文水平全国领先

自谭其骧招收第一批研究生起,史地所的研究生培养就取得了令人瞩目的成绩。除培养出中华人民共和国成立后的首批两位文科博士周振鹤和葛剑雄外,史地所研究生培养一直在国内同级科研单位中居于领先地位。

1999 年,教育部设立"高等学校全国优秀博士学位论文作者专项资金",以鼓励、支持全国优秀博士学位论文作者在高等学校不断做出创造性成果。因每年从已毕业的博士学位论文中评选出 100 篇优秀论文,故俗称"百篇"优秀博士学位论文。全国优秀博士学位论文评选是教育部学位管理与研究生教育司组织开展的一项加强高层次创造性人才培养的工作,旨在鼓励研究生不断创新,提高我国研究生教育特别是博士生教育的质量。这项我国博士生培养的标志性工作,从 1999 年开始,至 2013 年共进行了 15 次(年)评选,全国共评出 1469 篇优秀博士学位论文,其中复旦大学 51 篇。全国范围内,历史学共评出 30 篇优秀博士学位论文,其中复旦大学史地所 6 篇;另外史地所还有 5 篇博士学位论文获提名奖。这在复旦大学文科中位居首位。现分列如下:

全国优秀博士学位论文奖:

2000年,戴鞍钢《港口、城市、腹地——上海与长江流域经济关系的历史考察(1843—1913)》,指导教师:邹逸麟教授;

2001年,邹振环《晚清西方地理学在中国——以1815至1911年西方地理学译著的传播与影响为中心》,指导教师:周振鹤教授;

2005年,高蒙河《长江下游考古时代的环境研究——文明化进程中的生态系统和人地关系》,指导教师:葛剑雄教授;

2006年,李玉尚《环境与人:江南传染病史研究(1820—1953)》,指导教师:葛剑雄教授;

2010年,杨煜达《清代云南(1711—1911年)的季风气候与天气灾害》,指导教师:邹逸麟教授;

2014年,马孟龙《西汉侯国地理》,指导教师:葛剑雄教授。

全国优秀博士学位论文提名奖:

2006年,杨煜达《清代云南(1711—1911年)的季风气候与天气灾害》,指导教师:邹逸麟教授;

2008年,赵赟《苏皖地区土地利用及其驱动力机制(1500—1937)》,指导教师:满志敏教授;

2009年,王国强《〈中国评论〉与西方汉学》,指导教师:周振鹤教授;

2010年,吴俊范《从水乡到都市:近代上海城市道路系统演变与环境(1843—1949)》,指导教师:满志敏教授;

2011年,谢湜《高乡与低乡:11—16世纪太湖以东的区域结构变迁》,指导教师:葛剑雄教授。

与此同时,上海市教育委员会、上海市学位委员会也评选当年上海市优秀学位论文,史地所同样取得了傲人的成绩:共有13篇博士学位论文、4篇硕士学位论文获得上海市研究生优秀成果(学位论文)奖,在上海市各人文研究教育机构中名列前茅。

上海市研究生优秀成果(学位论文)奖史地所获得者名单

年份	题目	研究生	指导教师	类别
2001	晚清西方地理学在中国的传播与影响——以1815至1911年西方地理学译著为中心	邹振环	周振鹤	博士
2004	长江下游考古时代的环境研究——文明化进程中的生态系统和人地关系	高蒙河	葛剑雄	博士

年份	题目	研究生	指导教师	类别
2005	环境与人：江南传染病史研究(1820—1953)	李玉尚	葛剑雄	博士
2006	清代云南(1711—1911年)的季风气候与天气灾害	杨煜达	邹逸麟	博士
2007	苏皖地区土地利用及其驱动力机制(1500—1937)	赵赟	满志敏	博士
2008	《中国评论》与西方汉学	王国强	周振鹤	博士
2009	从水乡到都市：近代上海城市道路系统演变与环境(1843—1949)	吴俊范	满志敏	博士
2009	明清"江南海塘"的建设与环境	王大学	葛剑雄	博士
2010	高乡与低乡：11—16世纪太湖以东的区域结构变迁	谢湜	葛剑雄	博士
2012	西汉侯国地理	马孟龙	葛剑雄	博士
2014	近代江南的城镇化水平研究	江伟涛	满志敏	博士
2014	清代人丁研究	薛理禹	侯杨方	博士
2015	明清江苏沿海盐作地理与人地关系变迁	鲍俊林	葛剑雄	博士
2004	近代上海：一种新都市娱乐文化的滥觞——近代上海城市指南中的上海和上海娱乐(1895—1936)	盛丰	周振鹤	硕士
2010	唐前期道制研究——以民政区域性质的道为中心	罗凯	安介生	硕士
2012	清中叶以降浙南乡村家族人口与家族经济——以石仓家谱、文书为核心的个案研究	车群	侯杨方	硕士
2015	清代东北巡防体系研究——以《珲春副都统衙门档》所载1736—1860年珲春协领辖区为例	徐少卿	李晓杰	硕士

此外，聂顺新博士通过公开答辩形式先后获得复旦大学2012年研究生"学术之星"荣誉称号和第二十五届"光华自立奖"学术科研类文科一等奖，为当年全校唯一获奖者。

4. 举办历史地理暑期研修班等

常规的研究生培养对于系统训练历史地理学研究人才无疑有着重要作

用,但随着历史地理学影响力的不断扩大,学界和社会上迫切需要有更高层次、受众面更广的学术训练形式,历史地理暑期研修班应运而生。

2009年7月13—21日,由复旦大学研究生院主办、史地所承办的首届历史地理暑期研修班——"2009暑期历史地理前沿研修班"举行。7月13日在复旦光华楼举行的开幕式上,复旦研究生院常务副院长顾云深教授、中国地理学会历史地理专业委员会主任葛剑雄教授、北京大学历史地理研究中心主任唐晓峰教授、陕西师范大学环发中心主任侯甬坚教授、中国科学院地理科学与资源研究所/资源与环境信息系统国家重点实验室首席研究员王劲峰出席。本届研修班安排主题报告10组、专题讨论6组以及两天的上海市区与江南小镇的考察。其中主题报告为:《历史地理的创新和发展》(葛剑雄教授)、《多民族视野下的边疆史地研究》(复旦大学姚大力教授)、《过去人类活动影响自然环境的研究路径》(侯甬坚教授)、《近代地理学科的形成及其固有问题》(唐晓峰教授)、《空间分析的理论与方法》(王劲峰研究员)、《村落尺度的历史地理研究》(上海交通大学曹树基教授)、《中国近代经济变迁与经济地理格局的形成》(复旦大学吴松弟教授)、《历代战争的军事地理》(中国军事科学院刘统教授)、《历史地理学的多角度综合研究方法》(北京大学辛德勇教授)、《历史农业地理复原——从纪实农业到数字乡村》(暨南大学郭声波教授)。专题讨论分别为:历史文化地理专题讨论(复旦大学张伟然教授)、生态与社会专题讨论(复旦大学王建革教授)、历史政治地理专题讨论(复旦大学李晓杰教授)、区域历史地理专题讨论(复旦大学安介生教授)、历史城市地理专题讨论(复旦大学张晓虹教授)、人口史与GIS专题讨论(复旦大学侯杨方教授)。参加本次研修班的近100名学员,分别来自北京大学、复旦大学、北京师范大学、中国人民大学、华东师范大学、陕西师范大学、武汉大学、暨南大学、南京大学、南开大学、浙江大学、西北师范大学、中国海洋大学、台湾大学以及日本关西大学、英国诺丁汉大学、法国高等社会科学研究学院等30多个学校。这次研修班不仅开创了历史地理专业培养的第二课堂,扩大了复旦历史地理学科的学术影响力,也极大地激发起青年学者对历史地理学的专业兴趣。

由于第一届研修班取得了较好的反响,因此史地所决定于2010年8月21日至27日举办第二届历史地理暑期研修班。此次研修班以"GIS与历史地理研究"为主题,邀请到来自香港中文大学、华东师范大学和复旦大学的共12位专家学者讲座授课或主持讨论,共有来自海峡两岸20余所高校和科研院所的80余位博硕士研究生和青年教师参加学习。研修班分为讲座、讨论和上机实践三个部分。其中的讲座部分包括 10 场,即:《从历史地图到"中国历史地理信息系统"》(葛剑雄教授)、《多源数据在古河道复原中的应用》(满志敏教授)、《空间综合人文科学与社会科学研究进展》(香港中文大学林珲教授)、《GIS 在乡村及农业地理研究中的应用》(中国科学院刘彦随研究员)、《GIS 与空间可视化在人口地理研究中的应用》(中国科学院王英杰研究员)、《遥感与 GIS 在区域环境演进与评价中的应用》(复旦大学马蔚纯教授)、《GIS 与城市信息管理》(华东师范大学吴健平教授)、《遥感考古的理论与实践》(华东师范大学张立副教授)、《跨越技术障碍,进入 GIS 之门》(复旦大学路伟东博士)和《社会科学中的空间分析》(王劲峰研究员)。讨论部分则包括《GIS 与数据库建设》(侯杨方教授)和《问题、方法与数据:GIS 技术在历史环境变迁研究中的应用》(复旦大学杨煜达博士)。

2011 年 7 月 10 日至 17 日,史地所举办第三届历史地理暑期研修班。此次以"历史经济地理与区域经济发展"为主题,来自台湾"中研院"、南开大学、南京师范大学、河南大学、华中师范大学、上海社科院、上海海关学院、华东师范大学和复旦大学的 18 位专家学者参加了专题授课和专题研讨,来自29 所高校和科研院所的 54 名正式学员和一些旁听学员参与了全程研修班。此次研修班研修内容分专题授课、专题研讨和专业考察三个主要层面。以培养历史地理人才、推动历史经济地理研究为主要目的,学员们普遍反映,通过参加本次研修班,学习和了解到有着历史经济地理更多、更新的研究理论和方法,更加明晰了跨学科研究在历史经济地理研究中的重要意义。大家纷纷表示会把本次研修班中所学到的新理论、新方法、新观点、新视野,运用到自己今后的学习和研究当中。

2012 年 7 月 9—14 日,由史地所主办的第四届历史地理暑期研修班在复旦大学成功举办。此次研修班以"历史政区地理"为主题,来自北京大学、武汉大学、南京大学、暨南大学、上海大学、苏州大学和复旦大学的 12 位专家学者参加了专题授课和专题研讨,70 余名学员分别来自全国各地 43 所高校和科研院所。研修内容分专题授课、总结座谈和专业考察三部分。该次暑期研修班通过授课、座谈、考察等环节,使学员对历史政区地理这一积淀富厚、艰深而专门的历史地理研究领域获得了更全面的认识,接触到各断代历史政区地理研究的最新成果,吸收了前沿、精深的研究理念和方法,领略到顶尖学者的治学风采,对学员未来的学术研究起到很好的引导、启发及激励作用。

2013 年 7 月 8—13 日,第五届历史地理暑期研修班"历史自然地理前沿"举办。此次共招收学员 76 名,其中正式学员 35 名、旁听学员 41 名,分别来自全国各大高等院校。这次邀请到蓝勇、鲁西奇、郑景云、夏明方、王乃昂、方修琦及复旦史地所的邹逸麟、张修桂、满志敏、吴松弟、安介生、王建革、李晓杰、张晓虹、韩昭庆、杨煜达、杨伟兵等专家学者为研修班的学员授课。此次,研修班主要侧重于历史自然地理方面课程,涉及环境变迁、乡村聚落、历史气候、灾荒、沙漠化、土地利用、火山喷发、河道变迁、东部雨带变迁等。课程结束之后,学员们考察了上海青浦青龙镇及周边地区的河道变迁与城镇兴废。

2014 年 7 月 6—13 日,第六届历史地理暑期研修班"中国人口史和移民史前沿研究"举办。此次研修班共邀请葛剑雄、吴松弟、蔡泳、任远、安介生、侯杨方、樊如森、路伟东及美国加州大学的王丰共 9 位专家学者,针对中国人口史或移民史某一研究领域,进行深入系统的讲授,不仅是对现有研究的梳理整合,同时也对人口史研究和移民史研究的未来发展提供新思路。本次研修班共招收 30 名正式学员和 15 名旁听学员,并在讲座授课结束后,由老师带队,对上海周边进行历史地理实地考察。

2015 年 7 月 11—14 日,第七届历史地理暑期研修班"跨越国界的丝绸之路:历史与未来"举办,共招收正式学员 30 名,旁听学员 29 名。本次研修班以南京大学刘迎胜教授的《海陆丝路的过去与未来》报告开幕。随后有《丝绸之路的历史背景和未来启示》(葛剑雄教授)、《基于全球价值链视野,提升中国参与新一代贸易投资自由化进程水平》(上海 WTO 事务咨询中心姚为群教授)、《内陆亚洲与中国历史》(姚大力教授)、《中亚地缘政治与经济格局》(上海外国语大学杨波教授)、《中国大西南与东南亚的互动关系:历史、现状和未来》(贵州师范学院龙宇晓教授)、《明代边疆建设的成就及影响》(安介生教授)、《云南三江并流区的生态与历史》(杨伟兵教授)等专题讲座。本次研修班还首次加入了史料文献阅读讨论环节。

2016 年 7 月 3—10 日,第八届历史地理暑期研修班"历史地理研究技能强化暑期训练营"举行。该期训练营邀请葛剑雄、唐晓峰、辛德勇、徐少华、廖幼华、蓝勇、曹树基、满志敏、张伟然、张晓虹、傅林祥、杨伟兵等十余位专家,集中讲授历史地理学最新的研究理念和方法。本期共招收来自全国各高校在校学生 30 人,相对此前历届而言,尤为注重历史地理研究方法的指导和训练,包括文献考证、现场考察和数字呈现等,希望借此提升历史地理研究生的科研能力,并将历史地理研究方法向其他研究领域推广。

2017 年 7 月 9—15 日,第九届历史地理暑期研修班"历史维度下的生态系统与人类文明"举行。此次研修班为期 7 天,共招收来自全国各大高等院校相关院系所学员 30 名。历史环境变迁研究是基于历史自然地理研究,在世纪之交发展起来的一门新兴学科领域。这一领域的兴起,不仅是学术发展的结果,也有着因应环境问题的现实背景。相对于专注复原历史时期河流、海岸等地貌的历史自然地理,历史环境变迁研究更重视自然环境演变与人类活动之间的互动关系,是近年来在国际上颇受关注的一个研究方向。史地所邀请活跃于历史地理学、环境史学、生态学等领域的一线专家,集中讲授历史环境变迁领域最新的研究理念和方法,培育新人,交流动态。

2018 年 7 月 8—14 日,第十届历史地理暑期研修班"地理演化的人文印迹"举行。本次研修班共邀请历史地理学界的周振鹤、唐晓峰、李孝聪、辛德勇、胡阿祥、鲁西奇、蓝勇、郭声波、王社教、王振忠等 10 位专家学者开设课程,集中讲授历史人文地理研究的最新理念和方法,为有志于在相关领域深造研究的年轻学者广开门路,提供与学界名师直面交流的机会。来自海内外高校的 30 余名在校学生参加。

2019 年 7 月 1—6 日,第十一届历史地理暑期研修班"文学地理研究的技术与视野"举行。这次研修班是基于张伟然教授承担的国家社科重大项目"魏晋隋唐交通与文学图考",邀请了来自中国社会科学院、北京大学、南京大学、广州大学、暨南大学、湖南科技大学、中国文联、上海财经大学和复旦大学的 12 位从事历史地理和隋唐文学研究的专家。这次研修班共有 8 场讲座和 2 场座谈,从文学史、文献学、历史地理学等多个视角对文学地理研究的理念和技术要领作了精彩展示,30 名正式学员和近 150 名旁听学员参加。在本次为期 6 天的研修班中,这些中国古典文学和历史地理学两方面的一线专家,展现了中国古典文学的空间视野,分享了从事文学地理相关研究的一些技术要领,对推动中国文学地理研究的发展有重要的推动作用。同年 8 月 10—15 日,史地所又与《中国经济史研究》编辑部联合举办了第十二届"中国经济史前沿:GIS 与经济史研究"研修班。举办该次研修班的目的在于尝试在历史 GIS 平台和经济史研究者之间搭建一座桥梁,以推动经济史研究。研修班分为如下三部分:一是专题报告,邀请了 9 位经济史细分领域的学者,其均有使用 GIS 手段进行学术研究的丰富实操经验和理论感悟;二是软件操作课,邀请了具有多年系统讲授 GIS 课程经验的学者,带领 4 人助教团队,对学员进行 12 个学时的 GIS 软件操作培训,希望可以帮助那些试图在较短时间内掌握 GIS 基本原理和操作的学者和学生;三是小组讨论和圆桌会议,全体学员分为若干小组,在小组长带领下,总结学员们在 GIS 与经济史结合研究中所遇到的急需解决的问题和技术难点,在后续的圆桌会议上和与会专家进行讨论。

2020 年 8 月 10—21 日,第十三届历史地理暑期研修班"地图与地理:过去、现在与未来"在线上举行。本次研修班邀请地图学、历史地理学、测绘学、古旧地图研究以及地图收藏等方面的专家,如王家耀、葛剑雄、李孝聪、王妙发、汪前进、胡阿祥、王振忠、华林甫、张文晖、龚缨晏、徐永清、韩昭庆、成一农、钟翀、孙靖国、陈刚、唐曦、黄义军、白鸿叶、杨迅凌、丁雁南等。这些学者分别就"地理世界"与"地理空间"、中国与西方历史上出现的各类海图、历史地图的演进与发展和利用古地图在历史研究中的运用等多个话题展开报告和讨论,并分享从事相关研究的方法、心得体会以及技术要领,切实推动中国地图学史的发展。由于是线上举办研修班,学员人数不受场地限制,因此本次活动吸引了来自各地的研究人员、学生 200 余人参加,其中 129 名学员获颁结业证书。不少测绘部门和图书馆系统的研究人员也参加了本次研修班。

截至 2020 年,史地所连续举办了 13 届暑期研修班,以史地所师资为主,聚集全国历史地理及相关专业的师资力量,共招收正式学员 400 余人,旁听学员近千人,为全国历史地理学培养了大批青年人才。2019 年举办第十二届研修班时,最初几届的一些研修班学员已成长为研修班的主讲教师。

除研修班外,在复旦大学研究生院和全所师生的大力支持下,在全国各主要历史地理研究单位的积极协助下,史地所举办系列禹贡博士生论坛,主要面向国内外历史地理学及其相关学科的博士生,为他们的学术交流搭建平台。

2005 年 11 月 25 日和 28 日下午,首届禹贡博士生论坛在史地所正式举办,来自复旦大学史地所、历史系、文博系等 60 余位同学参加,涉及历史文化地理、城市地理、经济地理、政区地理、民族地理、环境地理和灾害地理等众多学术领域。本次论坛得到了全所师生大力支持,正在国外访问的所长葛剑雄教授写信鼓励"要多举办这样的学术活动",副所长满志敏教授、朱毅副教授积极为论坛出谋划策。史地所教师邹逸麟、周振鹤、吴松弟、王振忠、张伟然、王建革等 12 位老师参加了参赛论文的审阅和点评,史地所 22 名同学提交了论文摘要,其中的 18 名同学(4 名硕士生,14 名博士生)提交全文并做了精彩的报告。正在史地所访学的台湾"中研院"人文社会科学研究中心教授刘石吉也在现场进行指导。本次论坛是由博士生班委会发起的具有较高水准的学术活动,其宗旨在于为史地所研究生搭建一个充分展示自己专业研究成果、全面锻炼相关基本素质的平台。

2008年11月15—16日,"开放、融入、发展"复旦大学博士生论坛之历史地理篇在史地所举办,来自北京大学、复旦大学、陕西师范大学、西南大学、云南大学、武汉大学、暨南大学、中国人民大学、安徽大学等高校的博士生、青年学者参加此次论坛。

2009年10月17—18日,第二届禹贡博士生论坛举行。此次论坛共有来自陕西师范大学、暨南大学、中国人民大学、南京大学、武汉大学、西南大学、云南大学、日本学习院大学以及复旦大学的18名博士生参加。在第一届论坛的基础上,本次论坛无论是学术水平还是组织能力都有了明显提高。参加论坛的青年学者提交的论文大致分为四方面:历史自然地理方面,杜娟、王长命同学分别考察了关中平原上人为土形成的历史以及河东地区盐池的防护体系;历史政治地理方面,马孟龙等四名同学分别阐释了汉代存在的侯国问题、明代的卫所问题及清代道制、厅制问题等;历史人文地理方面,张永帅等七名同学分别详述了唐代长安城住宅的空间分布、宋代小区域的经济地理问题、清代开辟苗疆问题、清代云南的会馆问题及清代泰顺地区的方志撰修中反映的社会问题、上海地区开埠后的饮用水改良问题和近代广州的医院分布情况;其他历史地理专题方面,陈一容论述了《时务报》"东文报译"与清末世界地理的关系,章宏伟论述了明代杭州私人出版的重要性,赵湘军考证了广州附近府县"八景"的源流。

周振鹤、葛剑雄、姚大力题写了贺词,吴松弟、张伟然、安介生、李晓杰、张晓虹、傅林祥、朱海滨、杨伟兵、段伟、路伟东、王大学和邹怡等分别听取了本次论坛的报告并进行精彩点评。本次论坛取得了丰硕的成果,不仅促进了全国范围内历史地理博士研究生之间的相互交流,更有利于提高历史地理学专业博士研究生的学术研究能力。

第三届禹贡博士生论坛于2013年12月14—15日举行,来自北京大学、中国人民大学、中央民族大学、首都师范大学、陕西师范大学、吉林大学、暨南大学、宁夏大学、四川大学、云南大学、上海财经大学、上海交通大学、上海师范大学以及复旦大学等高校的近40名博士研究生汇聚一堂,就自己最新的研究成果作了汇报。这次论坛,论文选题涉及广泛,基本涵盖了当今历史地理学的各个分支,从一个侧面反映出当前中国历史地理研究生的水准,说明目前国内历史地理学科各个研究方向都有充足的后备力量。本次论坛还特别邀请了历史地理学及历史学界的10名资深专家进行现场点评并打分,最终评选出 20 篇优秀论文,颁发奖杯,以资激励。史地所所长吴松弟教授在闭幕式致辞中表示:作为国内历史地理研究的重点基地,史地所希望以博士生学术论坛为契机,为有志于从事历史地理研究的青年学者们创建一个相互交流与切磋的平台,以进一步促进历史地理学科的繁荣与发展。

为开阔研究生学术视野,增强他们的学术交流能力,并向学界展示研究成果,史地所还积极鼓励研究生走出去,参加国内外学术研究活动。2008 年 4 月 26 日,由香港大学社会科学学院主办的"Research Postgraduate Conference 2008"国际学术交流会议,共有来自中国、澳大利亚、加拿大、英国、新西兰等 9 个国家和地区的 21 所大学的师生参加。博士生谢湜和牟振宇同学应邀参加了会议。谢湜以"清代江南的分县与并县研究"为题,牟振宇以"近代上海法租界城市空间扩展研究"为题,用英文做报告,研究内容与研究方法都引起与会师生的极大兴趣。2009 年 8 月 16—19 日,由香港大学城市规划和城市研究中心举办的"10th Asian Urbanization Conference"邀请了来自中国大陆、台湾地区、香港地区及美国、加拿大、英国、澳大利亚、德国、法国等 30 多个国家和地区的 150 多位学者参加会议,博士生牟振宇提交了论文"Analysis on landuse and urbanization spatial process in French Concession of Shanghai supported by GIS(1898—1914)"并做学术报告。2013 年 3 月 13 日,博士生黄忠鑫和李甜赴日本京都参加首届"京都大学—复旦大学东亚人文研究"博士生研讨会。会议设有"历史地理""哲学·宗教"和"文学·语学"三个专场,分别由京都大学文学、哲学和地理学专业的资深教师组织讨论。在"历史地理"专场,博士生黄忠鑫报告了《明清徽州县以下区划(都图里甲体系)研究》,李甜报告了《生态·商业·空间:明清皖南商帮的兴起及其地域分化》。2014 年东亚环境史青年论坛(The youth forum of East Asia Environmental History,2014)于 3 月 8—10 日在上海交通大学举办,共有来自韩国、日本和中国大陆、台湾地区的多名学者及青年学生参加。王建革教授应邀作为嘉宾出席,博士研究生穆俊、耿金作论坛发言。穆俊的报告为"Flooding Problem of Lower Reaches of Daheihe during the Period of Republic of China",耿金的报告为"Reexamination of Puyang River since the Han and Wei Dynasty",二人的报告获得与会学者一致好评。

为追迹"禹贡学会"前辈学人,在史地所支持下,以史地所研究生为主,2018 年 11 月成立了"青年禹贡学社"。学社前身是始于 2005 年的复旦大学中国历史地理研究所博士生论坛,旨在为全国历史地理青年学生提供一个更为广阔的学术交流平台。此前论坛和沙龙的报告人几乎全为博士生,此时扩大到硕士生,并将活动更名为"禹贡青年研习班",希望借此机会吸引更多怀有学术理想的硕士生早日融入学术共同体。

正因为史地所在研究生培养各个环节严加把关,并在给予学生系统的学术训练和全方位能力培养的同时,注意他们的学术兴趣和学术自信力的养成,因此在研究生培养方面取得了令人瞩目的成绩。如还是二年级博士生的吴滔就在社会科学权威刊物《中国社会科学》2001年第4期发表论文《清代江南社区赈区赈济与地方社会》,并获得中共上海市委宣传部奖励;2005年二年级博士生王大学申请的课题"江南海塘的空间过程及相关生态、社会变迁(1052—1937)——对上海滨海平原区的考察",获得了是年上海市哲学社会科学青年基金资助。

史地所在学术培养的同时注意"三全育人",研究生政治思想素质也得到了全面提升。2007年春节,硕士研究生马雷完成了他第6次参加无偿献血的心愿,《新民晚报》1月31日头版报道了此事。

附录6:

2020年中国历史地理研究所课程表

课程名称	任课教师	课程性质	培养层次	学分
专业外语	姚大力	专业外语课	博士课程	1
专业外语	韩昭庆	专业外语课	硕士课程	1
历史地理学理论与方法	葛剑雄、安介生	学位基础课	硕士课程	2
中国历史地理概论	杨伟兵	学位基础课	硕士课程	2
中国历史地理要籍选读	傅林祥	学位基础课	硕士课程	3
地理信息系统	路伟东	学位基础课	硕士课程	2
历史地理学综合实习	杨伟兵、邹怡、王哲	学位基础课	硕士课程	2
中国历史自然地理	杨煜达	学位专业课	硕士课程	3
中国历史人文地理	张伟然	学位专业课	硕士课程	2
中国历史民族地理	安介生	学位专业课	硕博通用	2
中国历史城市地理	张晓虹、丁雁南	学位专业课	硕博通用	2
中国历史经济地理	吴松弟	学位专业课	博士课程	3
中国移民史	葛剑雄	学位专业课	博士课程	3

课程名称	任课教师	课程性质	培养层次	学分
中国历史农业地理	王建革	学位专业课	博士课程	2
中国地图学史	韩昭庆	学位专业课	硕士课程	2
中国疆域政区地理	李晓杰	学位专业课	硕士课程	3
中国边疆史地研究	姚大力	学位专业课	硕博通用	2
历史政治地理	周振鹤	学位专业课	博士课程	3
中国历史气候	杨煜达	学位专业课	博士课程	3
中国人口史	侯杨方	学位专业课	博士课程	2
人口与区域开发	路伟东	专业选修课	硕博通用	2
历史区域经济地理	樊如森	专业选修课	硕博通用	2
近代经济地理专题研究	吴松弟	专业选修课	硕博通用	2
现代经济地理学：理论、方法和前沿	王哲	专业选修课	硕博通用	2
历史环境变迁	鲍俊林	专业选修课	硕士课程	2
环境与社会史	杨伟兵	专业选修课	硕博通用	2
地域社会研究	朱海滨	专业选修课	硕博通用	2
中国历史灾害地理	段伟	专业选修课	硕博通用	2
中国自然地理	费杰	专业选修课	硕博通用	2
满文基础	齐光	专业选修课	硕博通用	2
满文文献研读	齐光	专业选修课	硕博通用	2
古藏文文献选读	任小波	专业选修课	硕博通用	2
藏文基础	任小波	专业选修课	硕博通用	2
西藏史地文献选读	任小波	专业选修课	硕博通用	2
现代蒙古语初级	佐藤宪行	专业选修课	硕博通用	2
蒙文史料解读（基础）	佐藤宪行	专业选修课	硕博通用	2
历史地理专业日语初级	邹怡	专业选修课	硕博通用	2
ArcGIS 空间分析与历史地理研究	路伟东	专业选修课	硕博通用	2
数字地图制图与应用	孙涛、李爽	专业选修课	硕博通用	3
考古地理学	王妙发	专业选修课	硕博通用	2
地理学思想史	丁雁南	专业选修课	硕博通用	2

课程名称	任课教师	课程性质	培养层次	学分
历史文化地理	张伟然	专业选修课	博士课程	3
徽州社会史研究专题	王振忠、邹怡	专业选修课	硕博通用	2
民国政区研究专题	徐建平	专业选修课	硕博通用	2
断代政区地理研究法	李晓杰、徐建平、黄学超	专业选修课	硕博通用	2
西方地理学研究导论	王大学	专业选修课	硕博通用	2
明清历史地理研究	王振忠	专业选修课	硕博通用	2
西南历史边疆地理专题	杨煜达	专业选修课	硕博通用	2
北方民族史文献讲读	姚大力	专业选修课	硕博通用	2
日本研究论文解读	佐藤宪行	专业选修课	硕博通用	2
边疆研究论文解读	佐藤宪行	专业选修课	硕博通用	2
《水经注》研读	李晓杰	专业选修课	硕博通用	2
《清实录》研读	齐光	专业选修课	硕博通用	2
历史地理信息科学英文文献导读	费杰	专业选修课	硕博通用	2
学术规范与史学写作	张伟然、王哲	公共选修课	硕博通用	2

附录7：

2019 年度硕士研究生中期考核实施细则
（2019 年 11 月 2 日制定）

一、目的

中期考核是硕士研究生培养过程的重要环节，是保证培养质量的关键质控点。为保证此项工作的规范、有效开展，切实发挥其在培养过程中的把关作用，历史地理研究中心根据复旦大学研究生院于 2019 年 9 月 25 日发布的《关于做好 2019—2020 学年研究生中期考核的通知》（研通字〔2019〕66 号），结合本中心硕士生培养工作的特点，特制定本实施细则，旨在明确本中心硕士研究生中期考核的目的、内容和意义，保证中期考核工作的顺利进行，从而有效检测硕士研究生专业基础知识的掌握程度，切实保证其具备完成硕士研究生全部修读环节的基本能力。

二、对象

历史地理研究中心 2018 级全体硕士研究生,共计 16 人。

三、内容

硕士研究生中期考核重点考察以下内容:

1. 历史自然地理、历史人文地理基础知识;

2. 历史地理相关文献史料阅读能力;

3. 历史地理专业英语;

4. GIS 软件基本操作;

5. 对个人硕士学位论文选题方向相关研究的了解和思考;

6. 个人硕士学位论文的已有工作。

四、形式

硕士研究生的中期考核分为两个部分:笔试、面试。

1. 笔试

形式:闭卷考试。满分 100 分。

内容:历史地理基础知识及其灵活运用。

时间:2019 年 12 月上旬(依届时通知为准),时间 13:30—16:30。

地点:历史地理研究中心 2201 会议室(依届时通知为准)。

2. 面试

形式:论文口头报告(该论文应为硕士学位论文的一部分)。由 3—5 名专业教师(不含该生导师)组成考评小组,对硕士生的论文报告进行打分和评价。满分 100 分。

内容:硕士生论文口头报告包括以下内容:

(1) 重点汇报硕士学位论文中已初步完成的某一专题研究。建议在口头报告前,将专题研究纸质版提交所在小组考评教师。

(2) 简要汇报相比开题报告所订研究计划,目前硕士学位论文的总体进度,后续思路。

(3) 以上两项内容口头汇报约 15 分钟,考评小组教师质询和评议约 5 分钟,总计约 20 分钟。

时间:2020 年 6 月上旬(以届时通知为准)。

地点:历史地理研究中心 2201 会议室(以届时通知为准)。

五、评分

1. 硕士研究生中期考核实际得分满分为 100 分,实际得分 = 笔试得分×50% + 面试得分×50%。其中,笔试得分为实际卷面得分,面试得分为 5 人考评小组各人评分的算术平均值。

面试时,教师打分参照以下标准:

A 等(优秀):85—100 分;

B 等(合格,继续攻读学位):70—84 分;

C 等(警告,限期改正):60—69 分;

D 等(不合格,取消学籍,作退学处理):0—59 分。

2. 中期考核得分记入培养手册时,分为合格(P)和不合格(NP)两档。以 60 分作为合格分数线。

3. 中期考核成绩与每年 9 月中旬进行的学业奖学金评选挂钩。进行奖学金得分计算时,依中期考核百分制实际得分计算。

六、管理

历史地理研究中心成立 2019 年度研究生中期考核领导小组,负责工作协调和争议处理。

成员如下:

邹　怡　副教授(分管副所长)

段　伟　教　授(教工党支部书记)

王建革　教　授(教师代表)

李晓杰　教　授(教师代表)

王　哲　青年副研究员(博士班辅导员)

附录8:

2019 年度博士研究生中期考核实施细则
(2019 年 11 月 2 日制定)

一、目的

中期考核是博士研究生培养过程的重要环节,是保证培养质量的关键质控点。为保证此项工作的规范、有效开展,切实发挥其在培养过程中的把关作用,历史地理研究中心根据复旦大学研究生院于 2019 年 9 月 25 日发布的《关于做好 2019—2020 学年研究生中期考核的通知》(研通字〔2019〕66 号),结合本中心博士生培养工作的特点,特制定本实施细则,旨在明确本中心博士研究生中期考核的目的、内容和意义,保证中期考核工作的顺利进行,从而有效检测博士研究生专业基础知识的掌握程度,切实保证其具备完成博士研究生全部修读环节的基本能力。

二、对象

遵照培养方案,已在 2019 年 7 月前按期完成"开题报告"等前置培养环节的本中心 2018 级博士研究生,共计 12 人。

三、内容

博士研究生中期考核考察以下内容:

1. 对博士学位论文选题方向相关研究的了解和思考;

2. 博士学位论文开题报告的执行情况,相对于开题报告的新思路;

3. 博士学位论文目前的完成情况,正在进行的研究(重点);

4. 博士学位论文写作的后续计划。

四、形式

1. 博士研究生的中期考核采用书面中期报告和分组口头报告方式,书面中期报告和分组口头报告的内容必须事先征得导师的同意;

2. 参加中期考核的博士生围绕前述 4 项内容,撰写 1 份不少于 3000 字的书面报告,并根据通知在分组面试前 2 天,提交所在考评小组各位教师;

3. 博士生在分组口头报告中重点汇报博士学位论文中已初步完成的某一专题研究(该专题研究若有初稿,建议在面试前提交考评小组教师),可就已提交的 3000 字书面报告略作补充,并接受考评小组教师的质询和评议,总计用时约 20 分钟;

4. 分组口头报告,每组由 3—5 名专业教师(不含该生导师)组成考评小组,对博士生进行质询和评价,满分 100 分;

5. 时间:2019 年 12 月中旬(以届时通知为准);

6. 地点:历史地理研究中心 2201 会议室(以届时通知为准)。

五、评分

1. 博士研究生中期考核实际得分满分为 100 分,所在考评小组 5 名教师各自打分,实际得分取算术平均值。

面试时,教师打分参照以下标准:

A 等(优秀):85—100 分;

B 等(合格,继续攻读学位):70—84 分;

C 等(警告,限期改正):60—69 分;

D 等(不合格,取消学籍,作退学处理):0—59 分。

2. 中期考核得分记入培养手册时,分为合格(P)和不合格(NP)两档。以 60 分作为合格分数线。

3. 中期考核成绩与每年 9 月中旬进行的学业奖学金评选挂钩。进行奖学金得分计算时,依中期考核百分制实际得分计算。

六、管理

历史地理研究中心成立2019年度研究生中期考核领导小组,负责工作协调和争议处理。

成员如下:

邹　怡　副教授(分管副所长)

段　伟　教　授(教工党支部书记)

王建革　教　授(教师代表)

李晓杰　教　授(教师代表)

王　哲　青年副研究员(博士班辅导员)

附录9:

研究生参加海外学术会议资助办法

(本办法自2017年10月1日起实施)

为鼓励历史地理研究中心研究生积极参加海外学术会议,开拓研究视野,提升交流能力,促进中心国际化水平的提高,经行政班子合议,特制定以下资助办法。

一、资助对象

1. 本中心在读非定向研究生(但包括少数民族骨干计划和士兵计划研究生),硕士生三年级以内(含),博士生四年级以内(含),直博生自入学起六年级以内(含)。

2. 参加海外学术会议指前往国外和中国港澳台地区知名大学、科研机构参加学术会议和工作坊,提交论文并作报告。不作论文报告的参会活动,不在本资助范围之内。

3. 已获得国家公派留学项目资助、教育部博士研究生学术新人或复旦大学博士生短期国际访学资助计划、资助博士生出国参加国际学术会议项目等国家级、省部级和校级资助的海外参会活动,以及获得前述资助,正在海外访学期间拟参加海外学术会议,不在本资助范围之内。但是,获得前述资助参与其他海外访学或参会活动且已返回学校,在获得新的会议邀请时,仍可申请本资助。会议主办方承担申请人往返交通费用的海外学术会议,不在本资助范围之内。

4. 仅资助通过复旦大学外事处办理出境手续的赴海外参会活动。

5. 每位研究生就读硕士和博士期间,分别至多申请1次资助,直博生在学期间至多申请2次资助。

6. 博士生在申请本资助前,必须先申请研究生院的资助博士生出国参加国际学术会议项目。该项目资助额度为10000元封顶,具体批准额度依参会地点调整,会后须填写研究生院提供的结项表。该项目可随时按需申请。若申请成功,则不能重复申请本资助,若申请不成功,可继续申请本资助。目前,研究生院没有针对硕士生的此类资助,若今后出台此类资助,比照博士生,先申请研究生院资助,若未申请成功,再申请本资助。

7. 为适应学校日益严格的预决算制度,自2018年起,根据当年财务年度经费情况决定此类资助的总额度,并报教授会议批准通过,用完即止。

二、资助标准

1. 资助按三类地区划分封顶梯度,资助额度与研究生院资助博士生出国参加国际学术会议项目对接。详见下表。

资助封顶梯度标准　　　　　　　　　　　（单位:人民币元）

中国港澳台地区	东亚、东南亚地区	美国、欧洲等其他地区
4000	6000	10000

2. 资助范围包括外事处批件核定参会时间内的往返大交通费、签证费、会议注册费(不含会后考察费)、住宿费、差旅补贴(涵盖市内交通和餐费)5个类别。因会议形式不一,针对每位申请人的具体资助类别范围,由评审小组根据会议安排情况决定。

3. 费用报销时,依据复旦大学财务报销制度,凭发票等支付凭证报销,汇率计算等亦遵循校财务处相应规定。凭票报销和出差补贴总额,按实际发生支出报销,并按上表对应的资助额度封顶,超出部分自理。若实际支出未达封顶金额,剩余额度亦不允许使用资助类别之外的支出抵充。建议在行前咨询本中心财务人员。

4. 资助仅采用事后报销方式,不采用预借款形式。

三、交流要求

1. 研究生参加海外学术会议,必须遵守中国和前往国家及地区的法律法规,遵守复旦大学外事纪律,若出现违法乱纪活动,除依据法规纪律给予处分以外,不予费用报销。

2. 研究生使用资助的各项开支,必须符合复旦大学的差旅标准等财务规定,确保开支合理。若出现费用超标和奢侈浪费现象,行政班子查证属实,有权撤销对申请人的资助。

3. 研究生参加海外学术会议结束返校后,须同时以电子版和纸质版形式提交不少于3000字的参会纪要,并附不少于2张参会照片。中心将存档,并择优在"复旦史地所"微信公众号上刊发。

四、申请方式

1. 申请材料

（1）复旦大学历史地理研究中心研究生参加海外学术会议资助申请表。

（2）会议主办方出具的正式邀请函,须明确会议起止时间和会议主题。（复印件1份）

（3）参会论文。

（4）导师推荐函(纸质版附导师签名),推荐函中必须确认以下三点：

① 该学术会议的内容和性质无有悖于国家法律和学校纪律之处；

② 该学术会议有助于提升学术能力,支持研究生前往参与；

③ 研究生提交的参会论文,已具备参会的学术水准。

（5）若为博士生,提供之前曾提交研究生院的"资助博士生出国参加国际学术会议项目申请表"。（复印件1份）

2. 提交时间

申请人根据需要,于前往复旦大学外事处办理手续前提交申请。

不接受已出发后的事后申请。

3. 提交形式

申请人须同时提交申请材料的电子版和纸质版。

电子版发送至教学分管老师邮箱,其中导师推荐函须由导师邮箱发出。

纸质版提交至教学分管老师信箱。

五、评审方式

1. 中心收到齐全的纸质版和电子版申请材料后,将邀请不少于3位教师(不含申请人导师)组成评审小组,决定是否资助及资助额度,在复旦大学的7个工作日内答复申请人。

2. 若发现申请人在申请研究生院资助博士生出国参加国际学术会议项目的同时,提交了本资助的申请,评审小组将等待研究生院反馈申请结果后再启动本资助的评审。

3. 若发现申请人申请材料作假,并未在会议中进行论文报告,行政班子查证属实,有权撤销对申请人的资助。

第六章

历史地理学科建设及成果

一、整理点校《肇域志》

1982年3月2日上午,新任国务院古籍整理出版规划小组组长李一氓将谭其骧接到家中,询问顾炎武著作整理出版的情况。李一氓说:我最推崇顾炎武,顾炎武了不得,顾炎武的书每一本都了不得,我就是偏爱。他问除了《天下郡国利病书》以外,顾炎武还有什么书没有整理出版。正好谭其骧在此前历史地理研究室曾准备整理顾炎武的未刊稿本《肇域志》,对此作过一些了解,就把这一情况告诉了李一氓,并说上海图书馆藏有此书稿本,另一个比较完整的稿本收藏于云南省图书馆。李一氓当即表示,这么重要的书应该尽快整理出版,要列入古籍整理出版规划,作为重点。

3月17日下午,国务院古籍整理出版规划会议在北京京西宾馆开幕,谭其骧作为小组新聘的成员出席会议。3月24日上午十时开闭幕大会,李一氓入场时先走到谭其骧与唐长孺的座位前,对谭其骧说:《肇域志》就交给你负责了,我讲话时会说。果然,李一氓在讲话结束时宣布,将《肇域志》整理列为规划项目,由谭其骧主持,整理小组设在云南,将请国务院办公厅发电报通知上海市和云南省政府。散会后上海古籍出版社副总编辑包敬第到谭其骧房间来,表示上海古籍出版社本来就准备整理出版此书,稿本在上海图书馆,谭其骧又在上海,建议他向李一氓提出,不要将整理小组设在昆明,整理好后由上海古籍出版社出版。中午下楼去餐厅时,正好在电梯中遇到李一氓,谭其骧就说自己其他工作很忙,整理小组设在昆明不方便。李一氓告诉他电报已经发出,不能改了,又说:昆明气候好呀,你可以常住昆明,专心整理《肇域志》。谭其骧转达包敬第的要求,李一氓说:禾还没有种,就想吃米了。这件事以后再说。其实李一氓早有打算,这样重要的书是要交给中华书局出的。

谭其骧会后回到上海,学校已接到市政府转达的国务院办公厅电报通知。29日上午,谭其骧就向党委书记盛华和副校长徐常太作了汇报。历史系的吴杰在研究室工作时曾做过一些整理《肇域志》的准备,谭其骧与他商定,可用上海图书馆藏本作工作底本。5月4日,他们与上海图书馆馆长顾廷龙商议,决定用《肇域志》拍摄的胶卷放大复制。

5月初,云南省政府通知复旦大学,将派省图书馆馆长来上海商谈《肇域志》整理工作。3日,盛华、徐常太、谭其骧、历史系党总支书记孟伯衡等讨论议定各项准备工作。

5日上下午,谭其骧、吴杰、王文楚、葛剑雄与云南省图书馆的吴锐、李孝友讨论整理《肇域志》工作计划,上海古籍出版社的郭群一也参加。

会后,整理小组向古籍组报告情况,并申请经费,获批资助 3 万元。由吴杰撰写《〈肇域志〉流传过程》,经谭其骧审改后在《国务院古籍整理出版规划小组简讯》上发表。根据李一氓"要大做文章""做足文章"的指示,《简讯》汇集其他有关顾炎武的著作、版本的文章,出了一期专辑。

8 月 20 日,谭其骧召集整理小组会议,分配吴杰、王文楚、葛剑雄、杨正泰整理样稿,备 10 月会议之用。在此基础上,制订点校体例。

10 月 15 日下午,在昆明圆通饭店召开工作会议,谭其骧、吴杰、王文楚、杨正泰、葛剑雄赴会。云南省副省长王士超与文化局局长等领导到会,谭其骧介绍了这项工作的由来和整理出版《肇域志》的意义,汇报了几个月来的工作和对未来的期望。16 日开始,双方互看已完成的样稿,谭其骧仔细审阅了云南方面准备的云南府部分样稿。经过讨论修改,双方通过点校条例,明确了双方的任务,确定到下次会议一年内应完成的工作量。会议于 19 日下午结束。

会后,各人分卷点校,陆续送谭其骧审阅,并召开会议,结合审阅中发现的问题,逐页逐条对照体例讨论,以提高点校质量。1983 年起胡菊兴参加点校工作。

1983 年 10 月 21 日至 27 日在上海申江饭店召开第二次工作会议,吴锐、朱惠荣、李孝友和复旦人员参加。复旦大学邹剑秋副校长到会致辞,副所长邹逸麟和中华书局预定的责任编辑张忱石与会。谭其骧审阅云南方面完成的贵州、山西部分点校稿,会议讨论了提出的问题,并研究是否应调整错简,是否需要在规定的版本外进行外校,对体例作了一些修改。会议确定下一次工作会议于 1985 年 5 月在昆明召开,点校工作应在此后完成。26日,全体赴顾炎武的故乡江苏昆山考察,听取县人大常委会的介绍,观阅《惧谋录》抄本和公祭顾亭林祠堂的历次题记,参观亭林公园、千墩镇方塔、顾氏住宅遗址以及在千墩中学内的亭林墓故址。27 日中午,上海市市长汪道涵、市委宣传部部长王元化、市政府顾问杨恺、市政府秘书长肖车会见并宴请会议全体人员。

10 月 30 日,上海图书馆馆长顾廷龙告诉谭其骧,馆内藏有顾毓琇的《肇域记》抄本,复印后作为参校本。

12 月 1 日,谭其骧在学校召开工作会议,增加王天良、郑宝恒、周振鹤、王新民(王颋)四人,要求大家在 1985 年 5 月前完成。为了集中时间,避免干扰,1984 年 1 月 11 日至 4 月 9 日,谭其骧、吴杰、王文楚、杨正泰、葛剑雄入

图 26　1983 年 10 月 27 日，谭其骧在上海主持《肇域志》工作会议时与汪道涵市长、谢希德校长等人合影（前排右起：杨恺、王元化、谭其骧、谢希德、汪道涵、吴锐、华中一、吴杰；后排右起：葛剑雄、杨正泰、李孝友、汪瑞祥、朱惠荣、李自强、邹逸麟、张忱石、王文楚、胡菊兴、邹沪荣）

住申江饭店，集中进行点校和审阅。2 月 26 日，吴杰因个人原因要求退出，商定对他已做的工作以发给津贴方式补偿，放弃著作权和署名权。

　　1985 年 4 月 26 日至 5 月 1 日，在昆明圆通饭店召开第三次工作会议，双方人员和张忱石参加。吴锐已离休，云南省图书馆馆长由李高远接任。王文楚与朱惠荣汇报了双方的工作情况，讨论了完善体例等事宜。谭其骧审阅部分点校稿，根据发现的问题提交讨论，还讨论了目录、索引的编制办法，署名与稿酬分配方案。中华书局沈锡麟专程到会，转达了李一氓对这项工作的关切和期待。由于部分卷的点校尚未完成，已完成的部分需要交叉复校，会议决定点校工作到 8 月底完成，复校工作到年底结束。

　　为便于就近与编辑工作对接，1986 年 12 月 15 日，谭其骧致函张忱石，介绍上海古籍出版社吴旭民协助张忱石。《肇域志》稿本的一段题跋以行草书写，有些字无法辨认。1987 年 8 月 3 日，谭其骧的亲戚、书法家许宝骙来访，谭其骧请他通读，还有一个字无法确认。

　　到 1987 年中，云南方面仍未交稿，谭其骧不得不去信催促。但直到1988 年 4 月，张忱石的催促信也未得到回复，最后只能请云南方面将尚未完成部分全部转到复旦大学，由王文楚点校或复审。1991 年 10 月谭其骧因病失去工作能力后，主编工作由王文楚承担。经协商，古籍整理出版规划小组同意将《肇域志》交上海古籍出版社出版。

《肇域志》，为明末清初顾炎武撰写的全国性地理总志，始纂于崇祯十二年，成书于康熙元年。该书 2004 年由上海古籍出版社正式出版。2005 年获第八届华东地区古籍优秀图书特等奖，2007 年获首届中国出版政府奖，2019 年获第二届宋云彬古籍整理奖·图书奖。

附录10：

《肇域志》点校凡例

一、标点

1. 基本参照中华书局点校本"二十四史"体例。

2. 不用圆括号、破折号、删节号等符号。

3. 双行小注并列的方位里数，一律改成单行，左前右后，中间顿号。

4. 并列名词用顿号。

5. 凡方志皆加书名号。

6. 凡谥号尊称皆加专名号。

二、底本和校勘

1. 以云南省图书馆藏抄本为底本。

2. 以四川省图书馆藏抄本、上海图书馆藏汪士铎本为主要校本，参校以南京图书馆藏盍山精舍本、竹书堂本，中国国家图书馆藏汪士铎南畿部分抄本，上海师范大学图书馆藏陈作霖抄本。

3. 《山东肇域记》以上海图书馆藏抄本为底本，校以中国国家图书馆藏抄本。

4. 校勘记简称云南省图书馆藏抄本为"底本"，四川省图书馆藏抄本为"川本"，上海图书馆藏汪士铎本为"沪本"，南京图书馆藏盍山精舍本为"盍本"，竹书堂本为"竹本"，中国国家图书馆藏汪士铎南畿部分抄本为"京本"，上海师范大学图书馆藏陈作霖抄本为"陈本"；《山东肇域记》称上海图书馆藏抄本为"底本"，中国国家图书馆藏抄本为"京本"。

5. 本书取材广泛，所引方志原著，或已佚，或为孤本、罕见本，难以一一查核，一般只出本校，各本明显讹误衍脱，参校他志，酌予校订。

6. 凡底本不误、他本误者，一般不出校勘记。

7. 凡显系误字或倒文，一般径改，不出校勘记。

8. 凡避明、清讳，一律回改。

9. 校勘记凡引用《二十一史》《水经注》，皆注明篇名，不注卷数。引用下列诸书，注明卷数，书名则用如下简称：《元和郡县图志》——《元和志》；《太平御览》——《御览》；《太平寰宇记》——《寰宇记》；《元丰九域志》——《九域志》；《舆地广记》——《广记》；《方舆胜览》——《胜览》；《文献通考》——《通考》；《资治通鉴》——《通鉴》；《续资治通鉴》——《续通鉴》；《大明一统志》——《明统志》；《天下郡国利病书》——《利病书》；《读史方舆纪要》——《纪要》；《古今图书集成》——《图书集成》；《嘉庆重修一统志》——《清统志》。

10. 校勘记引用明及明以前方志，年号和书名连标书名号；引用清方志，年号用专名号，书名用书名号。

11. 校勘记统编列于各县之后。个别省份政区隶属系统不完整或内容简略，编列于府、州、卫之后。《山东肇域记》编列于各卷末。

三、目录

1. 今本《肇域志》缺京师（北直隶）及江西、四川、广西三布政司，因《明统志》所载为较早的天顺时期政区建置，而《明史·地理志》记载嘉靖、万历以后直隶至明末的政区建置，与本书所记大要相称，故所缺部分，今按《明史·地理志》次序补目，列于本书目录之后，以供参阅。

2. 南京（南直隶）及山东、山西、河南、陕西、湖广、浙江、福建、广东、云南、贵州十布政司所辖各府州县，不论其重出或错入，皆按原书所载列入。

3. 目录按原书编排，原稿政区府、直隶州与县隶属系统完整与非完整者之间以及无隶属关系者之间皆空一行，以示区别。

四、编排

1. 南直隶及各布政使司所辖府、州、县编排次序，皆据底本，凡底本次序错误者，参校川本、沪本等予以调整，并于校勘记中注明。

2. 底本正文中双行夹注或小字注文，一般改同正文。

3. 眉批、旁注插入正文适当位置，与正文无关者，列于正文段落之末，以六角括号注明；眉批、旁注，用小一号字体排印。

4. 后人所加眉批、旁注，一般删除，可补充内容者，于校勘记中注明。

五、索引

本书编有目录所载府、州、县、卫、所及宣慰、宣抚、安抚、长官等司地名四角号码索引，以便查阅。

二、建立教育部重点研究基地——复旦大学历史地理研究中心

1999 年 5 月，学校召开会议，布置申报教育部全国重点人文社会科学研

究基地。5月24日,所长葛剑雄与学校社科处联系了解情况,社科处分管此次申报的领导认为,史地所的条件符合申报要求,不必再专门汇报,按要求填写申报材料即可。25日,学校确定上报史地所,发下正式表格。6月1日,召开全所会议,宣读教育部文件,介绍申报书内容,确定各人在4日上午十时前上报个人论著目录,在网页上增补个人内容。葛剑雄提出"一所两制",即以项目确定未来研究中心的成员,公开招聘,自由流动,双向选择,得到大家赞同。初步列出大项目有修订增补《中国历史地图集》、两千年来中国环境变迁(包括自然、人文),拟设置的子机构有边疆历史地理、环境变迁等和信息中心。

6月22日,社科处反馈对申报表的几点意见。29日又发下评审细则,对教授年龄结构、成员的学位学历等都有相应指标,所内按要求准备相应的资料和复印件。30日,上报校领导,建议基地以"谭其骧历史地理中心"名称上报。

8月3日,社科处通知:教育部已确定复旦大学正式上报本单位与古代文学研究中心,名称为"复旦大学历史地理研究中心",要落实公开招聘,在保持理论优势的同时加强应用,中心负责人需先由校长聘任,中心人员应签订合同,9月中旬正式上报。8月9日,根据上报要求,学校要为申报基地提供必要条件,列出清单。9月1日,校党委书记秦绍德听取汇报,对于本单位提出的保障条件,除了工作用房和兼职人员的费用外,其余均获得支持;学校决定由社科处协议条款,中心成员实行全额包干。材料齐备后,由社科处正式上报。

当时确定的招聘原则是:

复旦大学历史地理研究中心聘任研究人员原则

一、凡承担本中心科研项目的教师,得聘任为专职或兼职研究人员。研究人员分为研究员、副研究员、研究助理三种。参照本人现有职称,凡重大项目及其子项目的负责人或主要承担人可以高聘或平聘,其余情况只能平聘或低聘。聘期按项目的需要,一般为一年或两年。特殊情况下可短期聘任。

二、凡自带省部级以上科研项目,且科研经费已转入中心者,得聘为专职或兼职专项研究人员。专项研究人员分为研究员、副研究员、研究助理三种。参照本人现有职称,凡项目主持人可以高聘或平聘,其他参加者只能平聘或低聘。其他参加者的聘任数量,视项目的重要性与经费多少而定。

三、专职及专职专项研究人员每年出国的时间不能超过三个月，不得接受外单位每年三个月以上的兼职，受中心派遣者除外。凡事假、病假超过六个月或长期出国者（一年或按学校规定为长期出国者），聘任合同即自行终止。

四、兼职人员每年用于本中心的工作量不得少于三个月。

由于中心的组建原则是"带项目进入"，招聘成员必须是某一科研项目的成员，因此史地所内有些人因未参加项目而无法进入中心，为此进行了反复协商。有的已在进行的项目究竟有多少人参加，必须找到立项时的依据，不能临时添加。外聘人员也必须自带项目或参加史地所的项目，而且教育部规定，同一人不能同时兼任多个基地，为此与意向中的学者进行多次沟通和协商，才确定了若干名外聘对象，发出聘任合同（详见附录13）。

9月18日，葛剑雄收到了其他基地的申报材料，开始评审。10月11日，从社科处获悉历史地理研究中心在评审中得分超过700分，11月初评审专家组将来校考察，即着手准备汇报材料。考虑到史地所的外文书刊太少，便请社科处协调，向校图书馆借调一些外文书刊。10月12日，所内讨论了葛剑雄拟订的汇报提纲、教授会条例。19日，社科处确定把评审会地点放在日本研究中心。22日，教育部通知11月4日专家组将来复旦考察评审，当天下午史地所召开教师座谈会，确定名单。27日，学校发下四本专项经费本，已拨发经费，因教育部要求学校上报拨款复印件，以证明中心的经费已经落实。当天又刻制历史地理研究中心的公章，咨询陆谷孙教授"复旦大学历史地理研究中心"的英语译名。在此期间陆续选聘中心首届学术委员会成员。

11月4日上午八时半，教育部社政司顾海良司长、张保生处长、魏贻恒与南京大学陈得芝教授、四川大学陇瀛涛教授、中科院测地所蔡述明研究员、天津师大靳润成教授和中国人民大学科研处处长到达日本研究中心。陈得芝主持会议，副校长徐明稚汇报学校情况和对中心的保障，葛剑雄汇报中心概况、建设目标和可靠性分析，项目负责人邹逸麟、葛剑雄分别汇报项目情况。专家及张保生发表意见后又提出问题，由葛、邹、满志敏答复。随后专家组到中心实地考察，看了办公室、会议室、电脑室和资料室。专家们见刚才会上拍摄的照片已经出现在网上，一致赞扬设施先进，利用率高。下午二时半继续开会，研究生院副院长袁竹书、人事处处长沈兰芳、外事处副处长陈寅章及财务、图书馆人员先后汇报对中心的支持措施,并回答专家提问。与会专家组考核葛剑雄和周斌对教育部文件内容的了解,二人都完整回答了基地建设的五项目标。他们退出后召开了教师座谈会。五时半开结束会,仍由陈得芝主持,秦绍德书记、徐明稚副校长等校领导到场。陈得芝代表专家提出三项建议,张保生要求在 11 月 20 日前落实。会议在顾海良与秦绍德讲话后结束。

11 月 10 日,华东师大副校长兼研究生院院长俞立中率该校科研处处长、人文学院院长、比较教育研究中心主任等来校了解中心组建和评审情况。葛剑雄参加座谈,并提供了有关资料。

12 月 27 日上午,教育部普通高校人文社会科学重点研究基地建设研讨会在金沙江酒店召开,顾海良主持,讨论《管理条例》草案,下午继续。已通过评审的基地主任近百人参加。28 日上午开大会,教育部社政司副司长阚延河主持,华东师大党委书记、上海市教委副主任致辞,顾海亮宣读教育部文件,给各基地主任授牌。秦绍德和葛剑雄发言介绍复旦大学历史地理研究中心。葛剑雄的发言如下:

从建成世界一流学科的战略高度建设研究基地

复旦大学历史地理研究中心的前身是成立于 1959 年的复旦大学历史系历史地理研究室,是由我国历史地理学的奠基人、著名历史地理学家和历史学家、已故中国科学院院士谭其骧教授创办的。1982 年 6 月,经教育部批准,在研究室基础上建立中国历史地理研究所。1981 年被首批确定为硕士、博士学位授予点。1987 年被国家教委确定为全国重点学科。1999 年 6 月组建为复旦大学历史地理研究中心。

由于在全国同行中,我们研究人员最多、研究领域较广,不少成果在国内外学术界具有影响,对组建中心一度认识不足。但在组建过程中,通过对教育部有关文件的学习,特别是在申报和评审过程中领导同志和专家的指导和帮助,我们认识到,中心组建不是简单的换一块牌子,也不是一般性的经费投入,而是高校社会科学研究机构一项根本性的重大改革,必须从建成世界一流学科的战略高度建设研究基地。

历史地理学的研究对象是历史时期的地理现象,但主要的研究手段是历史文献和历史学的研究方法。由于中国历史悠久、疆域辽阔、人口和民族众多、地理环境复杂、区域差异显著、文化丰富多彩、历史文献浩如烟海,所以历史地理研究得天独厚,拥有世界上最优良的条件,大多数分支都能进行大范围的、延续性的研究。

由于历史地理学的研究领域覆盖自然科学、人文和社会科学的很多领域，对于从总体上认识人类社会的发展规律，具有重大的理论意义；同时也有很强的应用性，如对历史边界、中外关系、行政区划、地区差异、经济开发、社会变迁、文化区域、人口与移民、民族分布与迁移、城市规划、生态保护、减灾防灾、国土整治等很多方面都能提供决策咨询。

在人类普遍关注未来、意识到生态环境的重要性、重视可持续发展的情况下，涉及时间、空间和人类活动并跨越自然和社会学科的历史地理学将能够发挥其他学科所不能替代的作用。

中国的历史地理学完全可能发展成为一门世界最先进、具有鲜明中国特色、为人类做出独特贡献的学科。但是，迄今为止的学科发展还不能适应这样的要求。尽管我们已有19位专职研究人员，但面对众多的课题就力不从心，更无法主动为现实服务。尽管我们近年来取得了较快的进步，但一些分支的空白还难以填补。历史地理研究离不开实地考察和地方文献资料，有较强的地域性，如北京大学对北京历史城市地理的研究，陕西师大对黄土高原历史地理的研究，武汉大学对荆楚地理的研究等，都有其独特的贡献，也是我们无法取代的。我们的具体成果虽然达到了世界先进，但在学科理论、研究方法、学术规范等方面还没有得到国外同行的承认。

要在较短的时间内使中国历史地理研究达到世界一流水平，并在国内产生更大的影响，为相关学科的发展和现实需要做出更大的贡献，我们必须使现有人员发挥更大的作用，实行强强联合，集中国内一流学者实施重大项目，也使科研经费能投入到最有希望的项目中去。这些只有通过深化改革才能实现，我们的改革措施主要集中在这三个方面。

中心实行主任负责制，主任由校长聘任，并与校长签订责权利明确的合同书，对中心的建设目标和日常管理负责。从下一任中心主任起，将在国内外公开招聘。

建立学术委员会，作为中心的决策、评估和咨询机构。学术委员会由7—9人组成，本校成员不超过2人，其余均为校外委员（尽可能包括1—2名国外委员），成员基本包括国内各历史地理研究机构。学术委员会每年至少召开两次会议，并保持经常性通讯联系。主任每月召开教授会议，讨论决定中心的日常工作。

中心的研究人员由主任按建设目标和科研项目的需要提出初步名

单,经学术委员会批准后聘任,相互签订责权利明确的合同书,全部流动。目前所聘人员以复旦大学中国历史地理研究所人员为主,兼聘校内外(含国外)合适人员,逐步做到兼职和一年以下短期研究人员占总人数的一半。所聘人员的职称和聘期按需要与可能确定,不受原职称和年资的限制。兼职人员必须有明确的职、权、利,在兼职结束时有可供鉴定的成果。兼职期限从三个月至两年不等,一年以上的兼职人员必须有一定时间来中心工作。

自 2001 年起,重大项目和中心自定项目全部实行面向国内外的公开招标,由学术委员会决定承担人;新增的专职和兼职人员实行公开招聘,中心公布招聘条件和名额,本人提出申请,学术委员会决定后由主任聘任。

中心根据学科建设和完成项目的需要,按研究方向和任务招收博士后,招聘访问学者。访问学者的期限自三个月至一年不等,必须来中心工作。

在学校的全力支持下,中心将大幅度改善研究人员的待遇,实行能者多劳、多劳多得、优劳厚酬、奖励先进的原则。专职人员除基本工资按所聘职称和年资发给外,其余 50% 的年薪以工作量津贴和奖金的方式浮动。兼职人员除按承担的项目拨发经费外,另发津贴,津贴的一半作为奖金,视项目完成情况核发。

继续进行"谭其骧禹贡奖"的评选。由谭其骧先生生前倡议设立的"谭其骧禹贡基金"已于 1996 年评选全国优秀青年历史地理论著奖,得到国内广大青年学者的响应。自 2000 年起,将每两年评选一次,逐步增设青年以外的奖项,并将增加研究生特别奖,邀请获奖研究生来中心作短期访问。2000 年的颁奖会定于 8 月上旬中心与云南大学联合召开国际学术讨论会期间举行。

设立"谭其骧历史地理讲座",邀请国内外一流学者来中心讲学。讲座的内容应为国内、国际一流或具有前沿性,时间自两小时至一学期课程不等。讲座一般对校内外公开,课程性讲座事先接受报名。

除每年举办大中型学术讨论会外,每半年举行一次小型专题讨论会,议题可由学术委员会提出,也接受中心内外课题负责人的申请,凡符合中心学科建设方向的议题,给予经费资助,召集人和举办单位均公开招标。中心已于 12 月上旬召开灾害与中国社会专题讨论会,参加者20 多人,其中 8 人来自中国人民大学、武汉大学、安徽大学、南京农业大学、北京市社科院、澳大利亚国立大学等单位,包括国际知名的澳洲学者和去年首届全国优秀博士学位论文获得者。与会者全部提交论文,将出版论文集。

要使我们的研究成果得到国际学术界的承认,要想中国历史地理学成为一门面向世界的学科,必须加强与国际学术界的联系和交流,更必须以英语发表研究成果。但目前中心多数成员的外语水平离熟练进行学术交流、直接用外语撰写学术论著还有相当距离;电脑虽已普及,但大多仅用于文字处理;国际交往的面很窄。所以除大幅度提高用于国际交流的经费、经常举办国际学术会议和参加重大国际活动外,将在外语听说、网络信息和国际联系等方面提高人员适应国际交流的素质和走向世界的能力。

中心决定自明年起,每年至少召开一次全部使用英语的学术讨论会,50 岁以下及具有博士学位的成员必须作报告。将资助中心成员参加重大国际学术会议,明年 8 月将有 2 人参加在韩国召开的国际地理学大会,并在地理学思想史专业委员会作主题报告。今后凡由中心资助出国参加国际会议的人员,事先都必须公开用外语报告拟提交的论文,接受评审或选拔。中心人员中 6 名未长期出国的博士将在三年内由学校安排出国。

我们的建设目标是:

三年内在学术水平、软硬件设施、科研管理各方面达到国内第一,进入国际前列。六年内在学术水平达到本专业国际一流,成为国际中国历史地理研究中心。长期目标是在整体上达到和保持国际一流,拥有与哈佛大学费正清东亚研究中心等一流研究机构同样的知名度、研究实力和世界性影响。

上下午会上介绍的还有华东师大、吉林大学、人民大学、兰州大学、南京大学、北京师大、安徽大学。

29 日下午三时,阚延河和与会基地主任到达复旦大学美国研究中心。周斌主持中心揭牌仪式,秦绍德书记、王生洪校长等参加。秦绍德致辞后,阚延河与秦绍德揭牌。基地主任分批至文科楼八楼历史地理研究中心所在地参观,一致认为中心的设施先进而实用。之后回美研中心,葛剑雄与章培恒作了介绍,并与张保生一起回答了专家组提出的问题。

会后为中心成员包括外聘专家办理驻所证明,报教育部社科处备案。

2000 年 1 月 20 日,学校在逸夫楼举行会议,王生洪校长为葛剑雄和章培恒颁发基地主任聘书,学校布置第二批基地的申报。

2 月 20 日,布置制作历史地理研究中心的网页。

2 月 25 日,学校在逸夫楼召开大会,由基地主任和第二批申报负责人介绍、答辩。葛剑雄介绍了中心建设的目标和措施,回答了提出的问题。会上有教授提出中心应着力在国际刊物上发表论文,洪家兴教授提出中心应考虑十年后能否保持先进。

3 月 17 日,学校拨发中心配套经费 90 万,"重中之重"项目经费 10 万。4 月,学校为中心人员定岗:中心负责人可定一二级,葛剑雄定为一级;博士点骨干可定三四级,党政负责人可定三四级。

6 月初,中心发出第一期简报,以后每季定期编发。每年年底前向校文科科研处上报总结。

2001 年 3 月 6 日,校文科科研处召开中心主任会议,征求对教育部社政司下发的基地管理办法草案的意见,总结中心工作。葛剑雄、章培恒都提出了历史地理研究所与历史地理研究中心关系的问题。一方面,由于中心与所并存,而非科研人员和没有项目的科研人员都不能进入中心,不能享受中心人员的津贴,因此研究所人员中有 4 人不能进入中心,工作条件和薪酬都不如中心成员,兼任所长的中心主任很难处理。另一方面,中心承担的项目绝大多数就是原来研究所承担的项目,在申报、管理、经费、评审、成果、评奖各方面也存在不少矛盾。但其他中心都是虚体,成员分散在各系所和其他单位,不存在这些矛盾。于是有人建议,在中心成立后研究所应该取消,但学校最终决定维持现状。

6 月 6 日,教育部在北京召开全国重点人文社会科学研究基地主任会议,顾海良司长主持,39 所高校领导、103 个基地主任、10 个省级教委(教育厅)主管 230 余人到会。浙江大学农业现代化与农村发展研究中心、北师大文艺学研究中心、华中师大中国农村问题研究中心与复旦大学历史地理研究中心主任发言。葛剑雄主任发言后提问的人很多,欲罢不能,休息时还有多位主任来交谈或提议合作。对他介绍的中国历史地理信息系统(CHGIS)项目,不少人问为什么要与哈佛大学合作,成果的归属有何问题。在会上发言的还有华东师大俄罗斯研究中心、山西大学科技哲学研究中心、人民大学民商法研究中心。下午,有中山大学党委书记、华中师大校长、厦门大学校长发言,新任教育部副部长袁贵仁讲话。

6 月 7 日的会议由阚延河主持,中山大学逻辑与认知研究中心、吉林大学东北亚研究中心、天津师大心理行为研究中心、安徽大学徽学研究中心、武汉大学传统文化研究中心、北京大学中古史研究中心负责人分别发言。张保生介绍管理办法的修改过程，并作了解释：如强调制度创新是基地建设的关键，自我发展机制，动态管理等；学术委员会任期，每次换届人数不少于三分之一；校内专职人员每年驻所研究时间不少于六个月，校外兼职人员不少于三个月；对驻所证明作了简化，由所在院系和主管二校长签字即可；可以有专职行政人员；项目管理改为三年左右，可以适当延长；2001 年重大项目招标后，学术委员会必须讨论，要有差额，一定要投票；成果管理，将署名要求进一步明确，著作类与咨询报告一定要写明由基地资助，论文类成果作者的第一署名单位一定要是基地名称，否则不予承认；每年开一次国际或国内会议，研讨时间不得少于两天，会议人数不得少于三十人，全国性会议代表必须来自其他大学，国际性会议代表至少来自两个的国家；教育部的投入不少于三千万，基地每年从主管部门得款不少于三十万，学校配套预算应列入年度经费预算，不是每年申请。

7 日下午和 8 日全天都是分组讨论，葛剑雄主持历史和文物组，讨论了管理办法，评选"十五"规划项目，商定设立基地主任联席会议，明年 3 月在复旦大学历史地理研究中心开首次会议。

会后，复旦大学历史地理研究中心按照《管理办法》的要求，一一落实。8 月 23 日，第一次学术委员会会议在上海召开，唐晓峰（北京大学）、张丕远（中科院地理所）、辛德勇（中国社科院历史所）、朱士光（陕西师大）和邹逸麟、葛剑雄出席，杨国桢（厦门大学）请假。葛剑雄汇报工作，说明复旦大学历史地理研究中心存在的主要问题是项目进展不理想；《历史地理》因无刊号，发表的论文无法申报成果，因此拟申请刊号。会议还讨论通过了明年的工作计划，包括项目设置。

9 月 12 日下午，顾海良、张保生来复旦大学，在逸夫楼会议室听取基地工作汇报，各中心主任汇报了各自中心的情况。复旦大学历史地理研究中心的情况由葛剑雄汇报。11 月 18 日，秦绍德书记主持校内的汇报会，王生洪校长、郑祖康副校长和人事、财务、文科科研处及相关院系负责人到会，各中心主任发言介绍。

2002 年 9 月，教育部社政司下发文件，今年的项目可由中心自审通过，但必须成立委员会，由委员投票。

2003 年 7 月，社政司布置考核验收工作，复旦大学历史地理研究中心按要求上报了评审表和相关资料。9 月 27 日上午，社政司魏贻恒处长率专家组陈得芝、靳润成、韩光辉(北京大学)、郑炳林、陈春声(中山大学)、刘建军(东北师大)到复旦大学。陈得芝主持汇报会,校党委副书记燕爽和葛剑雄汇报,然后对项目进行抽签汇报。邹逸麟、满志敏、周振鹤(由张伟然代表)抽得。因邹逸麟与满志敏是同一项目的一、二期,项目重复,重抽后由葛剑雄抽得。三人分别汇报了各自的项目。十时专家组到中心考察,看了地图室、电脑房与资料室,向在场人员了解情况。返回会议室后,魏贻恒交给复旦文科科研处处长张晖明和葛剑雄各一个问题,他们先后回答,然后又回答专家提问。专家认为,历史地理研究中心取得的成绩比评审表上的内容更多,魏贻恒表示,专家组可以根据实际情况对考核结果做出调整。

当年底公布考核结果,复旦大学历史地理研究中心被评为优秀基地。

2004 年 4 月,教育部在成都召开高校文科科研处处长会议,布置哲学社会科学创新基地申报事宜。5 月下旬,葛剑雄开始准备创新基地申报材料。6 月 8 日,教育部和财政部在北京召开会议,38 所高校的校长或书记参加。两部发布文件,正式启动 985 二期工程,部署创建科技创新平台和哲学社会科学创新基地。9 日,教育部在清华大学召开座谈会,与会者有北大三人,人大、北师大、复旦和上海财大各二人,分别为校领导和专家,复旦是燕爽和葛剑雄。财政部科技文教司赵司长到会听取意见。会前社政司领导告诉葛剑雄,要用具体事例说明文科基地建设同样需要大量经费,葛剑雄在发言中以《中华人民共和国国家历史地图集》的编纂和中国历史地理信息系统为例作了说明。

6 月 21 日,教育部在北京召开社会科学委员会成立大会,周济部长和袁贵仁副部长颁发聘书,葛剑雄被聘为历史学部委员。在下午的大会上,社政司靳诺司长介绍了 985 二期计划与重大项目评审办法,葛剑雄以教育部学风建设委员会副主任的身份介绍了《高校人文社会科学学术规范》制订的经过。在历史考古组会议上,确定了五个重大项目和相应的创新基地。7 月间,教育部批准了据社会科学委员会会议意见确定的新基地目录并正式下达。复旦大学历史地理研究中心修改了申报材料,由学校汇总上报。

8 月 31 日,教育部在北京友谊宾馆召开新基地评审会,赵副部长主持,周济部长、吴启迪副部长讲话,由社会科学委员会成员评审。在 9 月 1 日的分组会上,葛剑雄介绍本基地的情况,顺利通过。2 日上午,会议分两组审核通过基地名单。

2005 年 5 月,葛剑雄与校方商定新基地方案,拟定经费预算。6 月,改定创新基地建设计划书,又根据教育部对重点项目的修改意见完善了计划书,同时拟定下设各虚体中心人员名单。

12月20日下午,召开全所会议,复旦大学党委副书记燕爽、文科科研处副处长葛宏波、历史系党总支书记董雅华等到会。燕爽宣布复旦大学历史地理创新基地成立,聘葛剑雄为主任。会后即筹备成立虚体研究中心,组建学术委员会,通过科研项目,拟定教师、职员聘任合同。

2006年3月18日,首次学术委员会会议在复旦正大中心召开,郭声波(暨南大学)、唐晓峰(北京大学)、侯甬坚(陕西师大)、陈春声(中山大学)、王家范(华东师大)、邹逸麟、周振鹤和葛剑雄出席,安介生、张晓虹列席。经讨论,会议通过新基地建设方案和虚体中心名单。

7月6日,教育部在北京教育行政学院召开基地建设会议,社政司袁振国副司长主持,杨光司长讲话。先由中山大学、山东大学、四川大学、华中师大、兰州大学、广东省教育厅、上海市教委科研处负责人发言,北大、复旦(葛剑雄)、北师大、中国政法、南开、华中师大、人民大学、中山大学、重庆工商大学、南京大学的基地主任发言。下午由魏贻恒说明管理办法新稿,袁振国讲话。晚上历史考古组讨论,由瞿林东、葛剑雄主持,并商定明年的联席会由兰州大学敦煌研究基地承办。

7日上午教育部周济部长到会,人大、清华、北师大、北大、北京市教委、吉林大学、南京大学、武汉大学、华东师大、江苏省教委领导发言。周济讲话。下午会议由杨光主持,教育部李卫红副部长作总结报告,并布置工作。

2007年2月2日至4日,"21世纪大学协会地理专业组第三次会议"(Third U21 Geography Specialty Group Meeting)在复旦大学历史地理研究中心举行。这是该协会所属大学的地理学院(系、所)负责人继在英国诺丁汉大学和澳大利亚新南威尔士大学后的第三次聚会,由复旦大学历史地理研究中心主办。澳大利亚新南威尔士大学澳大利亚国防学院分校物理学、环境学和数学学院地理学教授、《国际地理信息科学学报》亚太区编辑 Brian G.Lees,英国格拉斯哥大学地理和大地科学系 Joanne Petricia Sharp 教授,英国诺丁汉大学地理学院历史地理教授 Mike Heffernan,新西兰奥克兰大学地理、地学和环境科学院 Chris de Freitas 副教授,香港大学地理系主任 George C.S.Lin 教授,复旦大学历史地理研究中心主任葛剑雄教授和副主任满志敏教授出席会议,葛剑雄教授主持会议。复旦大学历史地理研究中心的张伟然教授、安介生教授、张晓虹副教授、韩昭庆副教授等列席会议。

与会各单位代表回顾了上次会议(2005年2月)以来本单位的教学、科研、学科体系架构等学术方面的发展情况,并就共同感兴趣的校际交流、可能的学术合作前景等作了交流。会议认为,由于专业的共同性,各单位之间的合作和交流有着广阔前景,也面临着共同的困难和机遇,定期举行这样的会议很有必要。会议对一些单位因缺乏资助而未能到会感到遗憾,希望协会和所属大学给予更多支持。下次会议的时间和主办单位待会后另行协商。与会者参观了上海博物馆,考察了上海都市景观和洋山深水港,对上海发生的巨大变化和崭新的地理景观留下深刻的印象。

5月,满志敏接替葛剑雄出任历史地理研究中心主任。

6月8日下午三时,教育部副部长李卫红、社科司副司长袁振国等一行五人,在复旦大学党委书记秦绍德、党委副书记燕爽、文科科研处处长方晶刚等人的陪同下来到复旦大学历史地理研究中心。满志敏教授就中心近年来在学术研究、人才培养、队伍建设等方面取得的成果进行了汇报。在听取汇报之后,李卫红副部长等参观了中心的科研与教学展览以及正在整理的谭其骧文库,并对中心的工作表现出浓厚兴趣,希望中心在今后的工作中进一步加强跨学科研究,为历史地理学发展开辟新的研究方向。历史地理研究中心全体研究人员到会听取了汇报。其中,邹逸麟教授、周振鹤教授和葛剑雄教授等陪同李卫红副部长参观中心的科研与教学成果展览并作了讲解。

12月12日下午,中共中央政治局委员、上海市委书记俞正声同志,在校党委书记秦绍德和校长王生洪陪同下,参观了历史地理研究中心。俞书记听取了研究中心成果的简介,着重了解了中国历史地理信息系统,饶有兴趣地咨询了上海行政区划的历史变化,主动询问了历史环境演变的研究前景,并高兴地接受了历史地理研究中心赠送的《中国历史地图集》。

2008年6月20日,历史地理研究中心召开创新基地985一、二期项目中期检查评审会。历史系戴鞍钢教授、巴兆祥教授、朱荫贵教授以及历史地理研究中心邹逸麟教授、满志敏教授五位专家莅临此次评审会,会议由中心副主任王振忠教授主持,文科科研处严明亦参加会议。评审会上,项目主持人提交中期检查书并汇报了已有的科研成果及未来规划。专家组成员倾听了汇报并作了认真评议。

2009年3月6日,葛剑雄教授在北京参加全国政协十一届二次会议时,中共中央政治局常委、国务院副总理李克强同志到全国政协教育界联组会议听取委员发言并作讲话。会后,李克强同志对葛剑雄说:"复旦大学的历史地理是全国第一,你们谭老先生贡献很大。"在旁的中国人民大学党委书记程天权介绍葛剑雄是谭先生的学生,是首批文科博士,李克强同志说"我知道"。

4月22日,2008年度教育部重点研究基地重点项目开题报告会于复旦大学光华楼西主楼2201会议室举行。参加的专家有复旦大学文科科研处领导以及历史地理研究中心姚大力教授、吴松弟教授、王振忠教授。本次报告会上共报告两个项目:一是"行政区域划界操作过程的历史考察",项目负责人是周振鹤教授;二是"清代地理专题研究",项目负责人是邹逸麟教授。两位项目负责人分别汇报了项目的研究基础、研究内容、研究设想以及实际存在的困难。与会专家提出了建设性意见,肯定了两个项目的可行性。

7月至9月,史地所研制开发的中国历史地理信息系统被教育部选中参加"辉煌60年——中华人民共和国成立60周年成就展",为整个教育部展厅仅有的三件实物展览之一(另两项是多所高校联合研制的月球车和中央教育电视台的"教育新媒体学习超市"软件)。该系统于2009年9月19日至10月20日在北京展览馆举行,党和国家领导人参观了该系统展台,并有部分领导在现场进行了系统的互动操作。

"辉煌60年——中华人民共和国成立60周年成就展",是国庆60周年系列庆祝活动中级别最高的国家大展。为完成教育部和复旦大学的这项任务,史地所专门成立大展项目组,由葛剑雄教授主持。项目组成员有侯杨方、张晓虹、路伟东、韩昭庆、赵红、王大学、邹怡、孙涛、车群、张鑫敏、薛理禹、吴恒、单丽、陈熙等。该项目是建立在已有 CHGIS 基础数据的基础上,设计制作便于展示视频界面,由政区、人口、经济、文化、自然、灾害等六个专题构成,以触摸屏电脑的形式提供系统互动。经过两个月的紧张工作后,9月14日设备进场调试,16日教育部副部长袁贵仁来现场审查,并与本系统进行了互动查询。随后中共中央政治局常委李长春同志在国务委员刘延东的陪同下进行了审查。同时,十七届四中全会600余位代表进场,作为9月19日前的预展。本系统特别引起了国台办主任王毅的兴趣,他在设备前从秦代到清代,逐一浏览了历代政区图,并对疆界的变化特别留心,当听说本系统即将上网后连声称赞。

9月19日"辉煌六十年——中华人民共和国成立60周年成就展"在北京展览馆隆重开幕。中共中央政治局常委、国务院总理温家宝致开幕词,中共中央政治局常委李长春主持开幕式。随后,党和国家领导人胡锦涛、江泽民、吴邦国、温家宝、贾庆林、李长春、习近平、李克强、贺国强等分别参观了展览。按照事先安排的线路与站位,党和国家领导人都站在本系统旁边听讲解。解说词重点提到了由复旦大学主持研制的中国历史地理信息系统将上网公开共享,并提示可以现场互动查询,多位党和国家领导人亲自操作了这一信息系统,取得了良好的效果。国家发改委、教育部已要求提供成千份相关数据的光盘,上海市科技馆也要求引入展出。展览期间,大批参观者与专业人士对本系统感兴趣,不少人在现场进行互动查询。23日下午,受校领导委托,蔡达峰副校长来到展馆,葛剑雄教授陪同参观。一直在京负责展品制作和展示的侯杨方教授作了详细汇报,蔡达峰代表学校向侯杨方教授、专职讲解人员和北京大学协助讲解的研究生表示感谢和慰问,并感谢教育部为这一系统的展示提供了宝贵的机会。在场的教育部规划司人员转达了教育部领导对这一展品的高度评价。

9月,经全国哲学社会科学规划领导小组批准,葛剑雄教授被聘为国家社会科学基金学科评审专家。

2010年5月6日,由校党委书记秦绍德带领的调研组到中心调研,深入了解学科发展现状,与中心主要负责同志一起研究学科下一步发展思路。满志敏主任全面介绍了2005—2009年发展的情况,以及下一步发展的思路和重点,并就拓展研究方向、加强数据库的建设和利用等问题与调研组成员进行了讨论。秦绍德希望中心加强后备队伍建设,积极扩展学术影响力,在学科建设中继续保持优势,争取更大作为。座谈结束后,调研组成员参观了刚刚整理完毕、即将对外开放的谭其骧文库。11月17日,杨浦区委书记一行领导及校党委书记秦绍德莅临中心。满志敏教授陪同参观史地所的谭其骧文库,同时他还实地操作中国历史地理信息系统。

12月7日下午,校党委组织部部长来史地所,宣读了学校任命吴松弟担任中国历史地理研究所所长的决定,安介生任副所长;免去满志敏所长和王振忠、张晓虹副所长职务。后吴松弟接替满志敏担任中心主任。

2011年3月8日下午,历史地理研究中心举办了新学期教师系列讲座的第一场讲座,吴松弟教授作了《从人口为主要动力看南宋经济发展的限度——兼论古代中西生产力的主要差距》报告。报告以宋朝为例,揭示出中国传统经济发展以人口数量增长为主要源动力的特征;同时对比生产过程中,中西方生产工具应用的差异,尝试揭示导致中西方经济发展结果不同的主要技术因素,对于中国经济史与经济地理的研究,对于深入认识中国传统社会均具有启示意义。

为了展现历史地理研究中心教研人员的科研成果与研究水平,更好地营造校园学术气氛,还制定并通过了《教师学术报告会制度》。中心的教研人员每学年应公开作一次学术报告,向师生汇报自己的最新学术研究成果。

3月11日,吴松弟教授与王建革、张晓虹、安介生、王大学、孙涛等数位教师前往南京师范大学地理科学学院,进行了为期一天的学术访问。南京师范大学地理科学学院的创始人为著名地理学家李旭旦教授,地图学与地理信息系统均为国家重点学科。南京师范大学地理科学学院陆玉麒教授、闾国年教授、盛业华教授等热情接待了来自复旦的客人。本次学术访问的重点是虚拟空间教育部重点实验室。实验室主任闾国年教授较为全面地介绍了实验室的发展状况,重点介绍了"华夏家谱GIS平台"项目的建设情况。闾国年还十分关注史地所CHGIS项目的进展情况。实验室副主任盛业华教授热情地为来客展示了实验室所使用的地理信息采集车与颇有影响的专利产品Google图像三维还原系统。

在与地理学院的教师座谈中,吴松弟教授介绍了复旦史地所的简史与最新科研、教学的进展情况,各位随队教师也介绍了各自的研究状况。这次学术访问的效果令人满意,在交流中,双方对相互合作的前景都有很高的期待,并商定从双方研究的交叉点入手,着重开展空间分析实验室以及人文地理方面的合作交流,如移民史成果与华夏家谱GIS平台项目相结合、地名数据库的建设问题等。

2011年是我国著名历史地理学家谭其骧诞辰100周年。在谭其骧百年诞辰当日即2月25日,复旦大学举行了庄重的献花仪式,拉开了系列纪念活动的序幕。4月,研究所举办了谭其骧青年历史地理学者论坛,集中展示了历史地理学界的新锐力量。同时,还专门开设了"谭其骧百年诞辰纪念专题网站",并在复旦大学正门展示橱窗推出了"谭其骧先生生平事迹图片展",让大众更多了解他超越前人的学术成就与求真务实的学术态度。

5月28—29日,复旦大学隆重举行纪念谭其骧先生百年诞辰国际历史地理学术研讨会,深切缅怀这位中国历史地理学的先驱。5月28日纪念大会前,以谭其骧生前藏书为基础的谭其骧文库和中国历史地理研究所所史陈列室在所内举行揭幕仪式。复旦大学党委书记、上海市社联主席秦绍德,复旦大学图书馆馆长、谭其骧学生代表葛剑雄,谭其骧同事、中国历史地理研究所前所长邹逸麟,分别为谭其骧铜像、文库和所史陈列室揭幕。复旦大学副校长林尚立代表学校接受了谭其骧家属捐赠的手稿、证书和纪念品。

纪念大会宣读了全国人大常委会副委员长陈至立、韩启德的题词与贺信,以及中国科学院地学部部长秦大河、谭其骧早年学生代表、华东师范大学资环学院陈吉余院士的书面致辞。全国政协委员、九三学社中央专职副主席邵鸿,上海市社会科学院常务副院长左学金,上海市社联党组书记、专职副主席沈国明,复旦大学党委书记秦绍德先后发表讲话,高度肯定了谭其骧在中国历史地理学发展中的奠基作用。中国地理学会秘书长张国友、浙江大学副校长罗卫东以及高德等,围绕谭其骧的历史地理学成就与治学理念发表了讲话。大会还进行了第四届谭其骧禹贡基金优秀青年历史地理论著奖的颁奖仪式。

5月29日的活动由座谈与学术研讨会组成。曾与谭其骧共同编绘《中国历史地图集》的老同事以及谭其骧学生,相聚一堂,共同讨论了他的学术贡献与学术思想。来自复旦大学、北京大学和陕西师范大学等历史地理研究重镇的学者,汇报了最新的历史地理学研究成果,以学术界特有的方式向中国历史地理学的拓荒者谭其骧致敬。

9月15日,第八届复旦大学"校长奖"颁奖典礼在光华楼举行,校长杨玉良和校党委书记朱之文为本届校长奖获得者颁奖。史地所CHGIS国庆60周年大展项目组(葛剑雄、侯杨方、张晓虹等)荣获第八届复旦大学"校长奖"。

2012年4月26日上午,人民日报社张研农社长一行,在校党委书记朱之文陪同下,参观史地所。吴松弟、满志敏参加接待来宾,并介绍了历史地理学科建设情况。

6月3日,史地所举行建所30周年庆祝会。所庆开幕式于复旦大学光华楼东辅楼102报告厅举行。复旦大学党委办公室、文科处、科技处、研究生院、各院系领导与代表、校外兄弟单位领导及代表、史地所广大师生等200余位出席大会。代表们肯定了史地所30年来所取得的业绩和为中国历史地理学所做出的贡献,希望继续传承谭其骧先生所坚持的实事求是、奋发向上的精神,并对今后发展提出了一些建议。

2013年7月16—25日,吴松弟带领史地所教师和甘肃河西学院部分人员共30余人,举行了一次"河西走廊历史地理联合学术考察"活动。本次考察从兰州出发,经武威、民勤、山丹、张掖、高台直至敦煌,取得了圆满成功。

10月14日上午,历史地理研究中心与俄罗斯莫斯科国立测量与制图大学共同签署了双方教学科研合作协议。复旦大学副校长林尚立、文科科研处处长杨志刚、外事处副处长刘莉以及中国历史地理研究所部分师生代表参加了签约仪式。

12月9日下午,中共上海市委副书记李希一行在朱之文、杨玉良等人陪同下来历史地理研究中心参观。中心主任吴松弟介绍了中心的历史、重要成果以及近年来的发展情况。李希一行饶有兴致地参观了中心陈列室,详细了解了本中心的 CHGIS 系统,对中心未来的发展方向给予了充分肯定。随后还参观了谭其骧文库,吴松弟代表中心向李希赠送了一套《中国历史地图集》。

2014 年 1 月上海市社会科学院智库研究中心发布的《中国智库报告》中,复旦智库名列综合影响力第八名,高校系统影响力第三名,复旦大学历史地理研究中心和复旦大学美国研究中心在"文化建设"和"国际问题"中排名第四。

4 月 21 日上午,教育部刘利民副部长一行在校党委书记朱之文、副校长陈晓漫陪同下,参观了中心陈列室、谭其骧文库。吴松弟、安介生向领导介绍了发展历史和近年的进展情况。刘利民询问了中心的研究生培养以及《中国历史地图集》是否需要修订等情况。

为进一步推动我国边疆史地的研究,12 月 15 日上午,吴松弟与云南大学历史系主任罗群在复旦大学签署了"西南边疆史地研究合作协议"。

云南大学历史系是我国研究西南边疆史地的重镇,拥有深厚的学术积淀与传统,而复旦大学史地所是我国历史地理研究最重要的基地,近年来又在大力发展边疆史地研究,因此,双方以"强强联合"的态势,确立了"以科研为基石,以人才为纽带,紧密合作、互补互惠、创新求实"的合作宗旨。双方协力构建科研合作和互惠共赢的学术交流平台,共同推动历史时期西南边疆经济与社会变迁、西南民族社会的形成与演变、西南政区变迁与地域政治、云南环境变迁与区域开发、南亚东南亚国家历史地理等多个研究领域的发展,同时在人才交流、学生培养等诸多方面展开密切合作。

协议签署后,来访的云南大学社科处副处长李晨阳,历史系主任罗群、副主任张轲风与复旦大学文科科研处处长陈玉刚及史地所吴松弟、姚大力、安介生、杨伟兵等进行了座谈,深入讨论了进一步开展双边合作的事宜。

2015 年 5 月,张晓虹接替吴松弟任中心主任,任期五年。

5 月 15 日上午,中心主任张晓虹和副主任杨伟兵、邹怡及傅林祥一行,前往上海历史博物馆,与张岚馆长、黄勇书记和博物馆科研及管理人员共同座谈,就双方合作共建交换意见。张晓虹和张岚分别代表历史地理研究中心和上海市历史博物馆,共同签署了双方的合作共建协议。

5 月 24 日,中心举办了校友返校日暨"历史地理学发展与社会服务"研讨会,来自全国各地 80 余名历史地理研究中心历届毕业生重返校园,共话学谊,为中心的发展建言献策。返校当日,谭其骧文库布置了"谭其骧先生手稿与藏书特展",展现了中心创始人谭其骧教授的治学历程,部分珍贵手稿系首次公开展览。另在所史室辟有"中心近五年学术成果展",集中展示了2010年以来中心所取得的最新学术成果。通过校友返校日活动,为进一步发展积蓄了力量。

12月,中心学术委员会改选,由葛兆光任学术委员会主任,张晓虹任副主任,学术委员有陈春声、Peter K.Bol(包弼德)、唐晓峰、王社教、姚大力、吴松弟、蓝勇。接着中心举行了第一次学术委员会会议。

12月3—10日,张晓虹带领"十三五"科研主攻方向"中华文明形成和塑造的时空过程"各重大课题负责人、骨干科研人员姚大力、张伟然、王建革、李晓杰、朱海滨、杨伟兵、朱毅、徐建平、任小波、黄学超等学者,赴陕西凤翔、岐山、高陵、泾阳、黄陵、宜川、韩城、潼关和河南三门峡、新安、孟津、洛阳等地开展科研考察活动。在陕西省考古研究院种建荣、陕西师范大学西北研究院李令福、河南省洛阳市文物局副局长杨晓光等专家协助和指导下,考察队身临大河雄关,走进考古遗址,对中华文化早期历史发展及其地理背景进行了深入细致的考察,收获丰硕。

在新近发掘的雍畤及大型祭祀坑、周原西周聚落、仰韶文化杨官寨城池、秦公大墓、曹魏大墓等遗址遗存地区,考察队均作了近距离的观察,并与考古学者展开学术交流,领略了考古学界新近发掘所呈现的先秦雍城、雍畤等城市功能布局及周边大型祭祀场所、西周墓葬与采邑区划体系,同时亦对考古地理学GIS应用和功能考古有了新的体会。在关中地区,考察队重点对泾河流域郑国渠、白渠、泾惠渠等各水口变迁及灌区系统作了考察,实地观测关中农业号为"天府""天下陆海"的自然和水利地理基础。在沿途,考察队还查看了灞渭会水口、泾渭分明处、黄河壶口、洛渭黄三河汇流点、孟津古渡、小浪底水利枢纽河段等多个河流地貌景观,文献、地图和实地互证,比较其古今变化,讨论其推移状况,对古代文明核心区的流域水系变迁有了非常直观的认识。考察队还对历代潼关城址城墙、誉为"丝绸之路第一关"的汉函谷关军事和交通以及黄帝陵、司马迁祠墓、北魏孝文帝长陵、东汉光武帝原陵等重要文保单位和龙门石窟、白马寺等佛教文化作了考察。

2016年2月25日,历史地理研究中心举办了纪念谭其骧冥诞105周年活动。活动主要包括"谭其骧先生铜像献花仪式"和"纪念谭其骧先生冥诞105周年暨《谭其骧全集》出版座谈会"两部分。纪念的意义并不仅仅在于怀念,更在于追随前辈先贤的足迹,继承他们的事业,吸收他们的治学理念和为学方法,努力开创历史地理研究的新局面。

8月30日,"复旦大学中国历史地理研究所档案与方志学科教工作站"

揭牌仪式在贵阳市白云区地方志编纂委员会办公室、档案局会议室举行,副所长杨伟兵、白云区人民政府副区长张雪梅共同为工作站揭牌。工作站的设立是史地所"十三五"发展规划增强学科协同创新和服务社会能力的重要举措。揭牌仪式前,史地所与贵阳市地方志办公室、档案局签署合作协议,旨在推动在地方志、年鉴编纂及档案开发利用等相关领域开展合作研究。

10 月 25 日,由国家测绘地理信息局地图技术审查中心韩权卫副主任带队,中国地图出版社、中华地图学社等部门主管和技术工程师一行五人来中心访问,主要就《中国历史地图集》编纂、历史疆域、边界考证、历史地图编绘等情况和资料作专题调研。邹逸麟、赵永复、傅林祥、杨伟兵、路伟东、孙涛等出席了调研活动。12 月 26—28 日,中国地理学会十一届理事会第三次全会暨十一届七次常务理事会在广州召开。会上表彰了一批为大会工作做出贡献的单位和个人,张伟然获第三十三届国际地理大会组织工作的突出贡献奖。

2017 年,根据学校《关于"一带一路"及全球治理研究院学术委员会等拟聘人员的批复》文件(校批字[2017]247 号),复旦大学"一带一路"及全球治理研究院聘任张晓虹教授为人文交流研究所负责人。研究院设有战略与国际安全研究所、全球与国家治理研究所、经贸与区域经济合作研究所、国际产业与投资研究所、国际法律研究所、社会人口研究所、人文交流研究所、国际传播研究所等学科专业研究所。其中,人文交流研究所主要依托史地所、历史系的学术资源,对"一带一路"沿线国家与地区的自然环境、历史发展和文化特点进行研究,为"一带一路"倡议的顺利实施提供历史借鉴。

7 月 19—27 日,由中心主任张晓虹带队,姚大力、张伟然、傅林祥、朱海滨、徐建平、佐藤宪行和赵红等老师,在河西学院谢继忠教授和贾小军副教授陪同下,考察了河西走廊地区明清佛教寺庙中的壁画和民族关系,从历史遗迹中透视西北地区历史发展的特点及其与地理环境之间的关系。

12 月 24 日,上海市地理学会召开第十二次代表大会,经上海市社团局、上海市科协批准,所长张晓虹被推举为上海市地理学会第十二届理事会常务理事、副理事长,任期四年。

2018 年 1 月,所长张晓虹被国家教材委员会聘为国家教材委员会历史学科委员会委员,聘期五年。

7 月 29 日至 8 月 7 日,由中心主任张晓虹带队,李晓杰、傅林祥、朱海滨、樊如森、路伟东、王大学、佐藤宪行、丁雁南、黄学超、孙涛、赵红、戴佩娟和王静等对黑龙江沿岸区域宁古塔将军驻地、黑瞎子岛等地进行考察。在考察过程中,与黑河学院历史文化学院的师生进行了座谈。

8月,在上海市第十四届哲学社会科学优秀成果评选中,周振鹤主编的《中国行政区划通史》获著作类特等奖。《中国行政区划通史》除总论外,分为13卷18册,共计1300余万字,是中国第一部大型行政区划变迁通史,也是1978年以来上海市哲学社会科学优秀成果奖颁出的第十个特等奖、2000年以来的第三个特等奖。本次评选中,吴松弟主编的《中国近代经济地理》获著作类一等奖。该套书由25位学者历经8年撰写完成,共9卷、510万字,为海内外第一部全面系统阐述中国从传统经济向近代经济变迁的空间过程与地理格局的多卷本著作。

9月19日,中心在云南永平成功举办第三届南方丝绸之路文化高峰论坛。复旦大学校长助理苟燕楠代表学校出席开幕式并致辞,高度评价这一连续举办三年的高峰论坛在我校对口支援中的积极作用。论坛报告会由文科科研处副处长葛宏波主持。本中心姚大力、杨伟兵、樊如森和历史系张海英等在大会上作了报告。

2019年5月,邹逸麟、张修桂主编的《中国历史自然地理》获"第五届郭沫若中国历史学奖"二等奖。该奖是目前中国史学界最权威的荣誉奖项,评奖对象包括通史、断代史、专门史、考古学、古文字学和古人类学等方面的优秀学术专著。该奖的设立,旨在鼓励广大史学工作者致力于学术研究,促进中国历史学的发展与繁荣。获奖的《中国历史自然地理》一书是继1982年中国科学院《中国自然地理》编辑委员会主编的《中国自然地理·历史自然地理》后,我国历史自然地理学领域的又一集大成者,总结了近三十年来中国历史自然地理研究的进展,并将历史自然地理的研究提升到一个空前的水平,也代表了当前我国历史自然地理学研究的最高水平。该书自出版以来得到学界普遍赞誉,此前曾获第七届全国高校人文社会科学著作类二等奖。

8月22—30日,张晓虹组织中心科研人员姚大力、王振忠、傅林祥、杨煜达、佐藤宪行、任小波、黄学超、孙涛、王静和国际问题研究院孙凌云赴中亚乌兹别克斯坦,对该国"一带一路"相关历史遗迹进行了考察。在为期八天的行程中,考察队访问了乌兹别克斯坦首都塔什干、历史名城撒马尔罕、布哈拉、沙赫里萨布兹和铁尔梅兹,并在沿途对相关遗址和重要地物进行了考察。考古遗址是本次考察的重要内容,考察队重点考察了撒马尔罕蒙古征服前的阿弗拉西阿卜古城遗址、纳沃伊喀喇汗王朝时期的拉巴蒂·马立可驿站遗址、布哈拉粟特时期的瓦拉赫沙古城遗址、铁尔梅兹古城贵霜时代的法亚兹特佩和卡拉特佩佛教遗迹等。在考察中,考察队成员查核文献、展开讨论,对它们所蕴含的重大历史地理价值有了更直观而深入的认识。该次考察还特别留意了古代丝绸之路交通路线,行经帖木儿国门、泽拉夫尚河谷地等交通要道,并特别对山隘要道"铁门"进行了徒步考察,这极大丰富了考察队成员对丝绸之路中亚段交通的认识。另外,考察队还访问了阿弗拉西阿卜遗址博物馆、铁尔梅兹考古博物馆和乌兹别克斯坦国家历史博物馆,并与当地的考古、文博学者作了交流。历史地理研究中心和"一带一路"及全球治理研究院人文交流研究所仍将持续关注中亚"一带一路"历史遗产,持续深化"一带一路"相关研究。

9月21—22日,教育部人文社会科学重点研究基地历史地理研究中心成立20周年暨《历史地理研究》发刊学术研讨会在复旦大学美国研究中心举办。复旦大学党委书记焦扬,复旦大学副校长陈志敏,中央文史研究馆馆员、复旦大学文科特聘资深教授葛剑雄,中国地理学会副理事长兼秘书长张国友研究员出席。复旦大学历史地理研究中心主任张晓虹主持。焦书记勉励中心以期刊创立为契机,不忘初心,牢记使命,以学科建设为引领,以人才培养为根本,推动整个历史地理学科全面发展。陈志敏副校长代表学校致辞,指出严谨认真、开放包容的历史地理学人要围绕我国和世界发展面临的重大问题,着力提出能够体现中国立场、中国智慧、中国价值的理念、主张与方案,强调学术传统既需要薪火相传,也需要与时俱进、推陈出新。葛剑雄教授在致辞中强调,在未来更应加强学术交流,促进学科发展,共同为"双一流"建设和新时代中国特色社会主义现代化建设添砖加瓦。张国友研究员代表中国地理学会致辞,强调20年来复旦大学历史地理研究中心潜心学问的初心不改,30多人的科研团队研究涵盖各个历史地理学分支领域,一直在引领着学科发展,这样喜人的成就不仅依靠历史的积淀,更重要的是学校领导的大力支持。

2019年1月揭牌的中国历史研究院成立学术咨询委员会。根据中央批准的组建方案,中国历史研究院从全国史学界遴选41位专家学者,成立中国历史研究院学术咨询委员会。9月,葛剑雄教授受聘为学术咨询委员会委员。

2020年1月,史地所有4项成果获第八届高等学校科学研究优秀成果奖(人文社会科学),分别是周振鹤主编的《中国行政区划通史》(共13卷)、吴松弟主编的《中国近代经济地理》(共9卷)获著作类一等奖,张伟然著《中古文学的地理意象》获著作类二等奖;张晓虹等的"The Relationship between the Spread of the Catholic Church and the Shifting Agro-pastoral Line in the Chahar Region of Northern China"论文获第八届高等学校科学研究优秀成果奖(人文社会科学)论文类三等奖。

附录 11:

复旦大学历史地理研究中心教授会议条例
(2000 年 2 月修订)

一、教授会议是在学术委员会指导下,负责本中心学术评估、咨询、决策、监督的常设机构,其职权是:

1. 对中心的建设目标和发展规划提出建议;

2. 对中心的重大或集体科研项目提出建议;

3. 对与中心的人员和项目有关的学术水平做出评估;

4. 通过主任提出的人员聘任原则;

5. 通过主任提出的年薪分配方案;

6. 通过主任提出的经费分配方案;

7. 通过主任提出的奖励和惩处方案;

8. 通过主任制订的规章制度;

9. 向主任提出建议,答复主任的咨询;

10. 听取主任的工作汇报,对各项决议的执行情况实行监督;

11. 通过对主任的不信任投票;

12. 决定主任提交讨论的其他事项;

13. 行使学术委员会授予的其他职权。

以上事项如属学术委员会职权,仍需提交学术委员会做出决定,并以学术委员会的决定为准。

凡属历史地理研究所范围的事务,如人事、正常的职称提升、研究生工作等,仍按学校和所规定的办法处理。

二、教授会议由中心主任召集。主任不能召集时,可委托中心具有教授职称的副主任代行召集。特殊情况下,可委托其他教授召集。

三、除寒暑假外,教授会议每月不少于一次。有重要或紧急事项时,可随时召集。

四、教授均可要求主任召开教授会议,但必须说明要求讨论的具体内容。凡两名教授提议,并得到半数(含提议人)教授同意,主任即应安排会议。

五、教授会议的参加对象为本中心专职教授(以聘任的职称和期限为准)。教授长期出国、连续半年以上的事假或病假期间应终止出席会议。必要时,可邀请校内外兼职教授参加。非教授的中心副主任、秘书可列席会议。根据讨论的需要,也可邀请其他人员列席。列席者可以发言,但没有表决权。

六、教授会议的议题由主任提出。教授在会前或会议进行过程中都可以提出临时动议,凡获得参加会议的半数教授的同意,该项动议即可列入讨论。但如时间不够或准备不充分时,主任得决定在一周内另开一次会议。

七、教授会议的有效出席人数是总数的一半以上,总数不含终止参加会议的人数,出席者不含委托他人代为发表意见或投票。

八、教授会议的决议可通过协商一致通过。但有不同意见时,或有人建议时,即应采用举手表决或无记名投票方式。每位教授一票,但属涉及行政管理的事项,主任拥有两票。终止参加教授会议的教授没有表决权。一般因病因事无法出席会议时,可委托其他教授代行投票。一般事项的通过应超过投票数的一半,重大事项的通过应超过投票数的三分之二。举手表决时应在会议记录中登记具体姓名或由各人在决议上签名,所用无记名投票应封存保留一年备查,然后销毁。

九、教授会议一般均公开举行,中心其他成员可以要求旁听,但不得发言。在讨论涉及人事、职称、评奖或其他不宜公开的议题时,主任可决定为秘密会议。秘密会议不允许旁听,出席和列席人员必须履行对会议内容保密的义务。

十、未出席会议的教授(含主任,不含终止会议者)对通过的决议有异议时,可以要求复议,但须得到主任同意或两名其他教授的附议。复议的决议一律作为涉及行政管理的重大事项,主任有两票,并须由超过三分之二的票数通过,其结果为中心最后决定。

十一、对涉及中心非教授成员的决议,有关人员可以要求复议。要求复议必须由本人提出,并得到两名教授的支持。复议时本人可以列席会议并申述理由,说明情况,但表决时必须退出。对复议的表决均作为重大事项,其结果为中心最后决定。

十二、对主任的不信任投票应由全体教授(包括终止参加会议者)三分之二以上多数通过。主任应在三天之内向校长辞职,在校长做出处理之前,仍应维持中心的正常工作,或可委派副主任代理。

十三、教授会议通过的决议如与学校现行规章制度相抵触,主任应提交学校有关部门或校长请求变通或做出解释。如由有关部门或校长驳回,该项决议即失效。

十四、教授会议通过的决议如与学术委员会的决定不同,或被学术委员会否决,主任应提请学术委员会予以复议。如仍被学术委员会否决,该项决议即失效。

十五、教授会议由中心秘书或其他列席人员负责记录,形成的决议必须整理成文,会后印发至每一教授。与兼职教授有关的事务应同时印发至每位兼职教授。与中心其他成员有关的决议应及时传达至有关人员。会议记录属中心档案,应按规定妥善保管。

十六、主任负责实施教授会议的决议,并应在此后适当的会议上报告实施的情况,接受教授的质询。

十七、教授会议不得干预属于中心主任按照校长聘任时授予的职权(如人员聘任权、工资分配权、责任目标管理权等)以及在教授通过的原则指导下的具体日常行政事务,但可以提出建议和不同意见,主任应做出说明或解释。

十八、主任得在不违反本条例原则的前提下制定相应的执行细则,并对条例做出解释。本条例的修订须作为重大事项在教授会议通过。

附录12:

复旦大学历史地理研究中心学术委员会条例

一、复旦大学历史地理研究中心学术委员会是本中心的学术评估、决策和监督机构,其职权是:

1. 决定中心的建设目标和发展规划;

2. 确定中心的重大或集体科研项目;

3. 对与中心的人员和项目有关的学术水平做出评估;

4. 通过主任提出的人员聘任原则;

5. 通过主任提出的年度经费和津贴分配方案;

6. 通过主任提出的奖励和惩处方案;

7. 通过主任制订的规章制度;

8. 向主任提出建议,答复主任的咨询;

9. 听取主任的工作汇报,对各项决议的执行情况实行监督;

10. 决定主任提交讨论的其他事项。

二、学术委员会由七至九名教授(或相当称职人员)组成,其中本中心的专职、兼职研究人员不得超过二名,应尽可能包括一至二名国外委员。中心主任、副主任可以担任委员。

三、学术委员每届任期三年,可以连任,但每届必须至少更换三分之一。委员因故不能继续担任时,应以书面方式向主任和中心主任提出,中心主任按规定手续补聘。但如该届委员任期已不足一年,也可不再增补。

四、委员名单由中心主任提出,并经中心教授会议通过,征得本人同意后聘请,并报教育部社政司和校长备案。

五、学术委员会设主任一人、副主任一人,由全体委员推选,中心正副主任不得担任学术委员会正副主任。

六、学术委员会可聘请秘书一人,协助主任、副主任处理日常工作。

七、学术委员会由主任召集。主任因故不能主持时,可委托副主任召集。

八、学术委员会全体会议一般每半年召开一次。经中心主任或两名委员提议,并经一半以上委员(不含提议人)同意,可以提前或推迟召开。

九、学术委员属义务性质,委员不领取薪金和津贴。因开会及工作需要的差旅费、食宿费、通讯费、资料费等由中心报销。

十、学术委员会可采取协商一致的方法,也可以采用举手表决或无记名投票方式,每位委员一票。通讯协商或投票的方式同样有效。

十一、学术委员会可聘请若干专家作为咨询委员,也可邀请专家列席会议,但列席专家没有表决权。

十二、学术委员会会议可以公开举行,中心专、兼职研究人员可以旁听,但经主任同意方可发言。如有两名委员建议,会议可以秘密举行。秘密会议的内容只能由主任按会议决定的方式和范围发布,其余与会者不得泄露。

十三、学术委员会会议由中心秘书或列席人员负责记录,形成的决议必须整理成文,会后印发至有关方面及有关人员。会议记录属学术委员会档案,应按规定妥善保管。

十四、学术委员会的任何决议和决定均接受复议和申诉的要求,对复议的表决必须由三分之二以上票数通过,复议的结果为最终决定。

十五、本条例的修订必须经三分之二以上委员无记名投票通过。

附录13：

复旦大学历史地理研究中心聘任合同书

专职研究人员聘任合同

复旦大学历史地理研究中心主任（以下简称甲方）与被聘任人_____（以下简称乙方）订立合同如下：

一、甲方聘任乙方为复旦大学历史地理研究中心专职研究员（副研究员、研究助理），聘期自____年____月____日至____年____月____日。

二、在聘任期间，甲方将努力改善乙方的工作条件，并向乙方提供相应的科研经费、工资、津贴和福利待遇。具体数额将根据教育部和学校拨发的经费，按乙方承担的工作量确定，在中心内部公布。

三、在聘任期间，乙方应完成的主要科研项目是：_____。项目成果归中心所有，并由中心安排出版或发表，乙方依法享有著作权和署名权。

四、甲方将于____年底进行中期检查，乙方如未完成预定工作，甲方有权终止合同，或停拨经费，减发津贴。

五、在聘任期间，乙方不得接受其他单位三个月以上的兼职，每年出国时间不得超过三个月（受甲方派遣者除外）。如超过期限，甲方将停拨经费，减发津贴，必要时可终止合同。乙方如长期出国（满一年或学校列为长期者）或长期事假、病假（连续满六个月），合同即自动终止。

六、本合同书经双方签字后，于本中心经教育部社政司批准为人文社会科学重点研究基地之日起生效。

七、本合同书一式三份，具有同等效力，双方各执一份，另一份交学校备案。

兼职研究人员聘任合同书

复旦大学历史地理研究中心主任（以下简称甲方）与被聘任人_____（以下简称乙方）订立合同如下：

一、甲方聘任乙方为复旦大学历史地理研究中心校内兼职研究员，聘期自____年____月____日至____年____月____日。

二、在聘任期间，甲方将努力改善乙方的工作条件，并向乙方提供相应的科研经费和津贴。具体数额将根据教育部和学校拨发的经费，按乙方承担的工作量确定，在中心内部公布。

三、在聘任期间,乙方应完成的主要科研项目是:＿＿＿＿＿＿＿。项目成果归中心所有,并由中心安排出版或发表,乙方依法享有著作权和署名权。

四、在聘任期间,乙方每年投入本项目的工作量不少于三个月。

五、甲方将于＿＿年底进行中期检查,乙方如未完成预定工作,甲方有权终止合同,或停拨经费,减发津贴。

六、本合同书经双方签字后,于本中心经教育部社政司批准为人文社会科学重点研究基地之日起生效。

七、本合同书一式三份,具有同等效力,双方各执一份,另一份交学校备案。

项目制兼职研究人员聘任合同书

复旦大学历史地理研究中心主任(以下简称甲方)与被聘任人＿＿＿＿(以下简称乙方)订立合同如下:

一、甲方聘任乙方为复旦大学历史地理研究中心校外兼职研究员,聘期自＿＿年＿＿月＿＿日至＿＿年＿＿月＿＿日。

二、在聘任期间,甲方将向乙方提供相应的科研经费和津贴(或来所工作的旅费和食宿津贴)。具体数额将根据教育部和学校拨发的经费,按乙方承担的工作量确定,在中心内部公布。

三、在聘任期间,乙方应完成的主要科研项目是:＿＿＿＿＿＿＿。项目成果归中心所有,并由中心安排出版或发表,乙方依法享有著作权和署名权。

四、在聘任期间,乙方投入本项目的工作量不少于三个月。

五、甲方将于＿＿年七月初进行中期检查,乙方如未完成预定工作,甲方有权终止合同,或停拨经费,减发津贴。

六、本合同书经双方签字后,于本中心经教育部社政司批准为人文社会科学重点研究基地之日起生效。

七、本合同书一式三份,具有同等效力,双方各执一份,另一份交学校备案。

项目制专职研究人员聘任合同书

复旦大学历史地理研究中心主任(以下简称甲方)与被聘任人＿＿＿＿(以下简称乙方)订立合同如下:

一、甲方聘任乙方为复旦大学历史地理研究中心专项研究员(副研究员、研究助理),聘期自＿＿年＿＿月＿＿日至＿＿年＿＿月＿＿日。

二、在聘任期间,甲方将努力改善乙方的工作条件,并向乙方提供相应的工资、津贴和福利待遇。乙方的科研经费主要由所带项目解决,甲方适当予以补助。以上各项的具体数额将根据教育部和学校拨发的经费,按乙方承担的工作量确定,在中心内部公布。

三、在聘任期间,乙方应完成的主要科研项目是:_____。项目成果归中心所有,并由中心安排出版或发表,乙方依法享有著作权和署名权。

四、甲方将于____年底进行中期检查,乙方如未完成预定工作,甲方有权终止合同,或停拨经费,减发津贴。

五、在聘任期间,乙方不得接受其他单位三个月以上的兼职,每年出国时间不得超过三个月(受甲方派遣者除外)。如超过期限,甲方将停拨经费,减发津贴,必要时可终止合同。乙方如长期出国(满一年或学校列为长期者)或长期事假、病假(连续满六个月),合同即自动终止。

六、本合同书经双方签字后,于本中心经教育部社政司批准为人文社会科学重点研究基地之日起生效。

七、本合同书一式三份,具有同等效力,双方各执一份,另一份交学校备案。

附录14:

复旦大学历史地理研究中心"十二五"工作总结

复旦大学历史地理研究中心在教育部社政司、复旦大学校领导和文科科研处的指导、支持下,通过中心历届主任和全体同人的努力,"十二五"期间在科学研究、教学培养和学术交流等各方面都取得了突出的成绩,特别是在优化学术队伍、服务国家战略、深化制度改革、提高综合研究能力和学术影响力等方面,工作成效显著。

一、"十二五"规划预期建设目标实现情况

自2011年以来,历史地理重点研究基地的核心工作围绕着"十二五"规划预期建设目标逐步推进,完成了保持中国历史地理学研究国内第一、国际领先的地位及多出学术精品与研究力作的建设目标。具体而言,本中心的工作主要体现在以下四个方面:

1. 以历史空间分析实验室为抓手,将数字化建设推向常规化和制度化

在与哈佛大学合作研发的中国历史地理信息系统的基础上,2013年国

绕着GIS技术的应用，中心专门成立了"历史空间分析实验室"，力图通过文科实验室的建立，将GIS技术渗透到历史地理学研究的各个方面，全面提高历史地理学研究水平，并借此实现本中心数字化建设的常规化与制度化，推动历史地理学在解决当下现实问题中发挥作用。本中心也因此跻身于美国辛辛那提大学编制的"世界重要数字化研究机构"之列。

2. 学科框架进一步完善，历史地理学理论体系构建顺利进行

经过"十二五"期间的建设，本中心已基本完成历史地理学科建设任务，在原有历史自然地理与历史人文地理学的传统学科分类下，建成以研究问题为导向的历史地理学科架设，形成了历史自然地理与环境变迁研究、历代疆域变迁与历史政治地理研究、历史人口地理与人口史研究、边疆史地研究、历史经济地理研究、历史城市地理研究、历史社会地理研究、历史文化地理研究、历史地理信息系统研究等九个研究方向。

3. 研究水平明显提高，智库职能已初见功效

"十二五"期间，在教育部重点研究基地配套经费与复旦大学985工程的资助下，本中心的科研进展顺利。与此同时，本中心研究人员从国家社会科学基金、国家自然科学基金和科技部等部委申请到各类研究项目计17项。其中，国家社科基金项目14项，获资助金额391万；国家自然科学基金项目6项，获资助经费259万元；科技部973项目子课题1项，资助金额61万；企业横向课题15项，获得研究经费1434万。出版著作64部，发表论文325篇。其中，SSCI、SCI论文有所突破，反映出本中心学术研究再上台阶。

本中心研究人员还积极将自己的学识服务社会热点问题，如全球气候变化、"一带一路"经济发展战略、城市化问题、民族边疆社会安全问题等。葛剑雄教授自2013年至今，通过民革上海市委社情民意信息渠道提交专报22篇，被有关部门采用18篇。周振鹤教授在《南方周末》发表"不要迁都，要功能分疏"，对近年来甚嚣尘上的迁都讨论给予学理上的回应与建议。姚大力教授在《东方早报》上多次发文，梳理现代民族主义的源流，总结中国历史上的治边策略，为当下解决边疆民族问题建言献策。吴松弟教授利用对近代海关贸易报告的研究，为上海建成世界主要航运港口城市提供历史借鉴。正是基于上述工作，本中心在上海社科院的中国智库排名中名列"文化研究"第四位。

4. 国内外合作交流的地域与研究领域都有所扩大，学术影响力不断增强

"十二五"以来，本中心的国际学术交流活动十分活跃。在五年多的时

间里,本中心长期出国访学或合作研究者共有 4 人次,短期出境参加学术会议、讲学及合作研究者高达 96 人次,邀请国外学者来所访学、讲座 18 人次。中心还加强了与俄罗斯莫斯科国立测绘大学、日本学习院大学等国内外学术机构的合作,学术交流的范围和地域都有了很大的拓展。

二、重点研究基地科研规划实施进展,标志性成果及其主要理论创新和实际贡献

"十二五"期间,历史地理研究中心的建设目标已基本实现,甚至超额完成任务。主要表现在以下两个方面:

1."十二五"科研规划实施进展

(1)已基本建成研究方向齐全、年龄梯度合理的科研教学团队

在"十二五"期间,为进一步优化学科结构,中心引进了 5 名边疆史地和历史自然地理的青年学者。其中,外籍副教授 2 名,使用满文、蒙文和藏文研究边疆史地的青年学者 2 名,有自然地理学背景的副教授 1 名。这些青年学者的加盟,不仅改变了本中心以往长期单纯依赖汉籍文献研究边疆史地的状况,将中心建设成目前国内边疆史地的研究重镇之一。同时,传统优势学科历史自然地理方向队伍年龄结构也趋向合理,为继续保持在全国的绝对优势地位奠定了基础。

本中心科研人员现有教授 16 名(含特聘资深教授 3 名),副教授 9 名,讲师 2 名,工程师 1 名,在职行政人员 4 名,其中有博士学位者 27 人。"十二五"期间,本中心还获得教育部新世纪优秀人才计划 2 人,上海市领军人物 1 人,上海市曙光计划 3 人,上海市晨光计划 1 人,上海市浦江人才计划 4 人。目前,本中心已形成了年龄层次齐全、专业结构完整、职称水平较高,且各个年龄段都拥有在全国有一定影响的研究队伍。

(2)研究水平在全国保持领先地位,形成一批高质量的学术成果

科学研究是本中心的核心工作,也是本中心在"十二五"期间重点推动的工作。本中心研究人员在 2011—2015 年共出版著作 64 部,在 SCI、SSCI 和国内外权威、核心学术期刊上发表专题研究论文 284 篇,获省部级以上奖项 23 项,被全国政协、中央统战部、民革中央、上海市政协、上海市委统战部等部门采纳的咨询报告 18 项。其中,邹逸麟、张修桂教授主编的《中国历史自然地理》获教育部优秀成果二等奖。同时,"十五"期间启动的国家重点文化工程《清史》和《中华大典》,由本中心承担的部分已基本完成。

(3)初步建成历史地理时空数据库与实验室,中心能力建设日趋完善

"十二五"期间,本中心通过 985 工程建设项目,建成多个历史地理专题

数据库。为实现历史地理数据资源共享,在原有CHGIS基础上建立"历史空间分析实验室",将中国历史地理信息系统的时段延伸到1949年。同时,还初步形成了上海县一级的历史行政区划变迁数据库与展示平台,为进一步完善中国历史地理时空数据库奠定了坚实的基础。

在研究能力建设方面,自2011年以来,累计购置图书130万元,目前已建成全国资料最为齐全的历史地理资料库,特别是在地方志、地图收集方面特色突出。

(4) 本中心人才培养再创辉煌,再获全国优秀博士学位论文奖

在原有历史地理、人口史两个博士点的基础上,中心在"十二五"期间新增了边疆史地博士点,同时拥有一个属于历史学一级学科的博士后流动站。自2011年以来,中心共招收硕士研究生120名、博士研究生92名,共有96名硕士生和69名博士生顺利毕业并获得学位。其中,有2篇论文获得全国优秀博士学位论文奖,3篇论文获得全国优秀博士学位论文提名奖,还有6篇博士学位论文和2篇硕士学位论文获上海市优秀成果(学位论文)奖。

2. 标志性成果及其主要理论创新和实际贡献

"十二五"期间,最能代表本中心学术水平的标志性成果主要是葛剑雄有关咨政报告、周振鹤主编《中国历代行政区划通史》(13卷)。《中国历代行政区划通史》是在掌握传世与出土文献的基础上,充分吸收前人的研究成果,力求最大可能地反映历史真实,重建政区变化序列、复原政区变迁面貌。全书分为十三卷,依次是总论先秦卷、秦汉卷、三国两晋南朝卷、十六国北朝卷、隋代卷、唐代卷、五代十国卷、宋西夏卷、辽金卷、元代卷、明代卷、清代卷和中华民国卷,2015年内全部出齐。本丛书是中华人民共和国成立以来第一部学术意义上的行政区划变迁通史,不仅对历史政治地理学的理论建构有着重要贡献,而且为当下的行政区划设置与调整提供了历史依据。

三、重点研究基地发展现状分析,存在的主要问题和面临的困难

1. 本中心发展现状分析

本中心无论是人才队伍、研究成果还是研究方法,都在国内具有绝对领先的地位。即使是与国际上著名大学的历史地理学科相比,本中心也具有相当的优势。本中心所形成的九个研究方向涵盖了历史地理学研究的各个方面,每个研究方向都有相应的学科带头人与研究团队,反映出本中心在历史地理学方面的整体实力。目前,本中心发展前景良好,各类事业进展顺利。

2. 存在的主要问题与面临的困难

本中心经过"十二五"期间的建设,科研成果和研究生培养都在全国同

类研究机构中名列前茅,但也存在着一些影响后续发展的问题与困难。

(1) 研究队伍的更新还需置于国家发展战略中考量

经过"十二五"期间的建设,本中心的科研队伍已增加5名青年研究人员。但是从整个学科发展来看,队伍年龄结构偏大的问题还没有得到完全解决,尤其是35岁以下的青年教师仅占中心科研人员的14.3%。与此同时,作为历史地理学研究新的增长点,历史空间分析实验室还需要高层次的GIS研究人员加盟,以实现历史地理学突破性的进步。

(2) 学科整合需要进一步加强,学术碎片化现象比较严重

目前本中心形成了9个研究方向,虽然囊括了历史地理学的各个方面,每个方向都有高水平的研究人员,但也存在着学术碎片化突出、学术特色不突出等问题,难以处理国家战略层面上的科学问题。只有凝聚研究方向,形成有特色的学术团队,才可以凸显本中心的研究水平与学术特色。

(3) 学术研究的国际化水平还有待进一步加强

本中心仍是一个仅具中国区域视野的学术队伍,与国外同行交流和影响国际学术方向的能力都有待进一步提高。这表现在:研究地域还局限在中国疆域之内,研究成果以中文书刊为主,出国参加国际学术会议的人员偏少。因此,推动本中心国际化水平的提高,应该是今后中心能力建设中亟需克服的难题之一。

四、体制机制改革措施及制度执行情况

"十二五"期间,本中心继续完善科研管理体制改革,加强学术委员会和教授会议在中心各项重大事务决策中的重要作用。为此,中心多次召开教授会议对《复旦大学历史地理研究中心教授会议条例》进行讨论与修改,完善教授会议制度,规定每学期定期召开教授会议,讨论中心各项事务。教授会议在中心队伍建设、学科规划、研究生招生和经费使用等中心重大问题的决策上,作用进一步得到发挥。与此同时,中心还制定了相应的管理条例,以使中心的各项事务都有对应的条例可以遵循。在研究项目管理上,本中心主要是落实科研项目的年度总结、中期检查和结项提交三个环节,确保项目能够按时保质完成。

正因为有以上制度的保证,中心的各项工作能够有序展开,"十二五"规划的执行情况进展良好,所承担的科研任务得以顺利完成。

五、年度经费使用情况和"十二五"期间经费总决算

本中心自2011年至2015年8月,共有经费3465.3万元。其中,来自各类项目的经费2633.7万,图书资料费130万,会议经费61万,办公经费76.1

万,其他经费 564.5 万。具体年度经费使用情况如下:

年度	项目经费 （万元）	图书资料费 （万元）	会议费 （万元）	办公经费 （万元）	其他 （万元）	小计 （万元）
2011	380	40	10	12.1	96.8	538.9
2012	373.5	10	30	10	134.65	558.15
2013	158.5	80	13	10	96.8	358.3
2014	285.2	\	\	27	115.49	427.69
2015	1436.5	\	8	17	120.76	1582.26

三、211 项目建设

1996 年初,学校布置申报 211 项目,下发预算申报表。邹逸麟所长已获悉葛剑雄将接任所长一职,便请葛剑雄具体负责。1 月 24 日,商定 211 项目负责人为邹逸麟、葛剑雄,安介生为秘书,满志敏为技术负责人,吴佳新为经费负责人(后因调离,由朱毅取代)。2 月 12 日,校党委组织部负责人王维龙到所宣布,葛剑雄接任所长。

3 月,学校明确,申报的 211 项目中不包括历史系。

5 月 6 日,研究生院召开 211 申报工作会议,211 办工室顾树棠、叶绍梁及徐明稚副校长介绍情况,要求会后两天内上报正式申报材料。

8 月 5 日,葛剑雄、邹逸麟、满志敏商议确定 211 项目设备要求。6 日,葛剑雄参加学校项目可行性组讨论,满志敏参加设备组讨论。

8 月 19 日,学校召开中层干部会议,徐明稚宣布本校 211 项目已获通过。11 月 27 日,徐明稚主持 211 工作会议,叶绍梁布置有关详细表格填写和资料准备事宜,人事、财务、物资等处介绍有关情况并提出要求。会后,安排各单位分别按已确定的经费汇报实施计划。40 万元以上设备须填专项表格。

1997 年 3 月 17 日,学校要求本周内交出 211 计划书,按经费分年度指标填写表格。因计划起点是 1996 年,而实际经费尚未下达,故要求朱毅将去年开支中可列入 211 项目的经费结算列出,以便在经费下达后划转,算出 9 万余元。

9 月 23 日,杨福家校长、程天权书记、宗有恒副校长、李大潜、施岳群、方林虎和顾树棠等听取葛剑雄汇报。葛剑雄谈了史地所的学术地位,与国内外相关机构的比较,211 项目的具体内容、实施办法,还提到了存在的问题,包括科研经费使用规定死板、50 岁以下学者职称不高、历史自然地理方向缺人、电脑等设备缺乏、《中国历史地图集》释文有待整理利用等。学校对葛剑雄所提问题基本都同意解决，要求顾树棠具体落实。

10 月，用 211 经费为全所教师配备 IBM 新型号电脑，单价超过 1 万元。以后还从教授开始分批配备打印机。当时都是多人合用办公室，无空调与取暖设施，故允许教师放在家里，为此拟定借用办法，要求教师签署借据，保证在长期出国或退休时归还，损坏须赔偿。另一方面，要求教师全部学会电脑操作和文件处理，极大提高了科研效率。这样的配置和要求，不仅是全校院系中首例，据了解也是全国文科非涉外科研单位的第一个。但也引起校内的争议，甚至受到"造成国家财产流失"的指责和举报。

1998 年 9 月，学校布置中期检查，于 10 月 23 日填妥表格并附资料上报。11 月 10 日下午，党委副书记张济顺和顾树棠、叶绍梁及物资、财务、学科办等人员来所，葛剑雄作汇报，邹逸麟补充，朱毅汇报经费使用情况。

1999 年 1 月 14 日，学校召开 211 负责人会议，总结中期检查工作，布置下阶段工作；要求各学科在 2 月 10 日前上报调整项目，准备评定全国重点学科；寒假前拨发今年经费，下半年再拨明年经费。

2000 年 1 月 25 日，史地所收到经费并下达通知。19 日，成立图书资料采购咨询组，由周振鹤、满志敏、王振忠、傅林祥组成，单价 1 万元以内的图书订购可自行决定。

1 月 28 日，向学校上报项目调整报告：

校 211 办公室并报上级有关部门：

由于本项目原定指标过高，任务较重，加上项目实施时间比原定计划缩短；又由于项目经费基本都用于采购设备，少量用于添置图书资料，部分原定目标，如建立历史文献数据库和成立面向国内外的"谭其骧中国历史地理研究中心"，缺乏启动经费；有的项目受外部条件制约，如《中国历史地图集》已发现盗版光盘，再进行光盘化研制已缺乏意义；本项目的建设目标和具体成果拟作适当调整，以确保在今年内完成。

1. 项目整体目标基本不变，但在经费落实前，"谭其骧中国历史地理研究中心"暂缓成立。

2. 项目建设的主要指标：

本项目的主要指标中"对近 500 年的研究，在人文地理方面要覆盖全部研究领域，填补地域上的空白；自然地理方面要达到国际最高精度,如气候变迁应建立到'月'和'日'的环境变化序列",在两年多时间内还无法达到,拟删除。

主要研究领域和可能产生的重大科技成果,调整为:①历史地理学学科理论和体系,首期完成多卷本《中国历史地理学》中的3卷,其余各卷继续撰写;②历史政治地理、中国与周边国家关系研究,完成《中国行政区划通史》2卷(其中第一卷正式出版)、"正史地理志汇释丛刊"16种、中国与周边国家关系史及边疆历史背景的部分专题报告;③历史人口地理与人口史研究,完成6卷本《中国移民史》(已出版并获上海市哲学社会科学优秀著作一等奖)、6卷本(原定5卷,现增1卷)《中国人口史》(年内出版)及研究人口与中国社会、中国现代化关系等方面的著作和论文;④历史气候和灾害、灾害与中国社会研究,编制灾害年表,完成《灾害与中国社会》专题论文集;⑤历史地理和历史信息处理,为有关数据库的建立作前期准备或试验,首批完成《中华大典·历史地理典·域外分典》约400万字及其他分典的样稿。

6月16日,学校召开211项目大会,在校党政领导全部出席,包括葛剑雄在内的10人作了报告,李大潜副校长、秦绍德书记讲话。

2000年9月,葛剑雄上报验收报告:

由复旦大学中国历史地理研究所(现复旦大学历史地理研究中心)承担的复旦大学"211工程"建设项目——中国历史地理学科,自1997年8月26日校长正式批准实施。1999年1月又经学校批准,对建设目标作了适当调整。经过三年的建设,有关的具体项目均已完成,达到了预期目标。

现报告如下,请予验收。

一

三年来,本项目共投入中央财政和上海市财政拨款311万元。至2000年9月,累计支出196.12万元,完成投资66.05%,尚有余额105.59万元。到2000年10月,累计支出225.3万元,完成投资72.4%,尚有余额85.7万元。预留用于:资料室装修和改造约60万元,局域网专线改造约10万元(年内投入),2001年8月CHGIS国际会议的筹备经费10万元(明年初投入),预计完成总经费的98%。这些投入成效显著,从根本上改变了中心的面貌,改善了科研条件,为完成建设项目提供了可靠的物质基础。

自 1997 年来,中心通过申请国家自然科学基金、国家社会科学基金、教育部社科项目基金、上海市社科项目基金、学校科研项目和横向经费,共自筹经费 162.5 万元,配套比例达到 52%。全部用于完成相关的科研项目和中心基本建设。

至 2000 年 9 月,用于购置设备的经费 92.3 元,10 月份又购设备约 30 万元,总计约 122.3 万元。共添置了电脑服务器、个人电脑、光盘刻录机、扫描仪、打印机、电脑投影仪、数码摄像机、数码相机、复印机、传真机等设备 90 台件。利用这些设备,中心建成了自己的局域网——禹贡网,每个办公室与会议室、资料室、电脑室都能连接,通过与校园网、教育网联网,可以方便地获得各类信息或进行通讯。中心科研人员每人配置 1 台电脑,博士研究生平均每 2 人、硕士研究生平均每 3 人配置 1 台电脑。教师和研究生全部学会了电脑文字处理和网上通讯,多数师生进而掌握了更多的信息手段,如地图和图像处理、数据库和数据处理等。

用于购置图书资料,包括软件和光盘的经费约 38.9 万元,共增订杂志刊物 150 种、图书 3727 册、复印资料 7000 页、软件和光盘 9 种(130 张盘)。目前,本单位有关历史地理和相关学科的图书资料已基本齐全,居全国同类单位之首,建设历史地理资料中心的目标基本实现。《四库全书》、"二十五史"、《中国历史地图集》等历史地理常用资料和报刊论文索引等,都能在本单位的电脑上随时查找引用,使用于资料检索和搜集的时间大大节约,提高了科研成效。

用于工作用房装修 5.08 万元,添置校产设备 5.62 万元。本着节约、实用的原则,我们对办公室、会议室、电脑房和资料室进行了装修,增加了 7 台空调,保证了设备的安全使用,改善了办公条件。

去年下半年,我们在历史地理研究所的基础上组建历史地理研究中心,申报教育部全国重点研究基地。在评审过程中,无论是通讯评议还是专家前来考察,都对中心的硬件条件表示满意。12 月底,教育部在上海召开现场会议,我们中心作为全国首批 15 个中心之一获得批准,200 多位来自全国各高校的领导和与会代表参观了我们中心,他们一致认为,中心的设备和环境不仅符合教育部建立研究中心的要求,而且非常实用,不像有的单位那样一味追求豪华,是大家学得了的。这是对我们组建中心工作的肯定,也充分肯定了我们的 211 工程建设成果。

二

三年来,中心取得了一系列重大科研成果,调整后的具体项目已全部完成,建设目标已经达到。

1. 中国历史地理学科体系建设的标志性著作"中国历史地理学"系列丛书,今年起已列为中心承担的两项教育部人文社科重大项目之一,目前已有《历史气候变迁》《城市地理》《农业地理》三种完成,预计年内还有《社会地理》《民族地理》二种可以完成,全书共有 12 种,将由山东教育出版社分批出版,已签订出版合同。由邹逸麟承担的国家自然科学基金项目已完成由他主编的专著《中国历史人文地理》,将由科学出版社出版。

2. 历史政治地理、中国与周边国家关系研究:由周振鹤主编的《中国行政区划通史》的第一卷"导论、先秦至东汉时期"书稿已交复旦大学出版社,第二卷"魏晋南北朝时期"可在年内完成。郑宝恒承担的国家教委人文社科博士点项目"民国政区研究"已完成专著《民国行政区划》,年内将由湖北教育出版社出版。周振鹤主编的《上海历史地图集》出版后,被评为上海市哲学社会科学优秀成果一等奖。"正史地理志汇释丛刊"由于出版社方面的原因,至今尚未出版。由葛剑雄承担的国家教委人文社科博士点项目"1368—1840 年中国与周边国家关系研究"已经完成,最终成果已延伸至 1949 年,将作为上海国际问题研究所"中国与周边国家关系研究"的历史部分以内部与公开两种方式发表。在此过程中,葛剑雄为中央有关部门和领导同志、上海市台湾事务办公室、东亚研究所等撰写了相关专题报告,受到领导和有关方面的重视。

3. 历史人口地理和人口史研究是中心近年来最突出的成果,为国内外学术界所瞩目。葛剑雄主编,葛剑雄、吴松弟、曹树基著的《中国移民史》(共 6 卷)继获得上海市哲学社会科学优秀成果一等奖后,于 1999年获中宣部"五个一工程"奖。《新华文摘》《历史研究》等刊物已发表多篇书评。据《历史研究》编辑部告,该刊今年第 6 期还将集中发表三篇书评。上海市社会科学基金重大项目《中国人口史》(葛剑雄、吴松弟、曹树基、侯杨方著)已经完成,6 卷书稿中除第一卷的导论部分因需要根据各卷内容作总结和修改外,其余各卷已全部交稿,其中第四卷已出版,另二卷已排出清样,年内可由复旦大学出版社出版。另外安介生的《山西移民史》已由山西人民出版社出版,该书是国内正式出版的第一部省区移民史。葛剑雄、侯杨方、张根福著《人口与中国的现代化(一八五〇年以来)》(学林出版社出版)将人口史的研究延伸至当代。

4. 历史气候变迁、灾害与社会研究:满志敏参加全球变化中国委员会集成研究特别小组,并参与执笔起草《过去2000年环境变化综合研究》预研究报告(10万字)。去年召开的灾害与中国社会小型讨论会有澳大利亚国立大学、中国人民大学、武汉大学、南京农业大学、安徽大学等单位与中心共20多位学者参加,论文集《灾害与中国社会》将在年内由复旦大学出版社出版。《中国灾害年表》已完成,正在接洽出版。

5. 历史地理和历史信息化建设:国家重点文化建设项目《中华大典》,由中心承担其中的《历史地理典》,预计有4000万字。按计划集中完成《域外分典》,400万字的稿件中大部分已交付浙江古籍出版社,其余部分年内可完成审稿。由中心承担的其他分典《总论分典》和《历史人文地理分典》都已完成样稿,其中《总论分典》已成稿200万字以上。

三

中国历史地理学科原定在“九五”期间的建设目标是:建成国际一流水平的中国历史地理学科,具备完整的学科理论和分支体系,使中国历史地理研究所成为国内第一、国际领先的历史地理研究机构,具有国际性、开放性、综合性、权威性,具备研究中心、信息中心、咨询中心和高级人才培养中心这四个功能。

通过历史地理研究中心的申报和评审,教育部社政司和国内同行充分肯定了中心全国第一、国际领先的地位。美国哈佛大学、加州大学伯克利分校、澳大利亚格林菲斯大学等单位已与我们商定,从明年开始实施中国历史地理信息系统项目,即研制数字化中国历史地图和相应的数据库,全部学术研究将由我们承担。这是一项广泛国际合作的长期、重大项目,合作者大多为国际一流学者,以世界第一为成果的目标,哈佛大学将在前三年中向我们提供35万美元的经费,我们对最终产品拥有在中华人民共和国境内的全部排他性的权益,并作为五人国际管理委员会永久性成员,共同管理和分享国际权益。这充分证明了国际学术界对我们国际领先水平的承认。

中心的国际学术交流有很大增加。三年来,6个月以上的长期出国合作交流有5人次,1个月以上的短期出国出境交流有10人次。仅今年以来,在“谭其骧历史地理讲座”作学术报告的就有美国哈佛大学东亚系主任包弼德教授、日本爱媛大学藤田胜久教授、美国农业史学会会长科克莱斯教授、美国匹兹堡大学许倬云教授等。中心成员赴美国、日本、德国、韩国参加国际会议的有 8 人次，赴中国香港、台湾讲学 3 人次，长期出国交流 3 人；与云南大学联合在昆明成功召开了国际中国历史地理学术讨论会；接待了韩国长期交流学者 1 人，日本、美国、意大利短期交流学者 6 人；葛剑雄教授还将应中国人民对外友协之邀，赴美国参加孔子思想与世界和平讨论会并作学术报告。明年 8 月在上海召开的中国历史地理信息系统国际学术讨论会，拟邀请国际知名专家学者 20—25 人。为保证邀请到国际一流专家学者，并提高会议质量，将与 ECAI（历史文化数字化计划）中国工作组协作，由该组织提出邀请名单的建议，筹措与会者的国际旅费。

三年来，中心成员共出版专著 14 种，发表论文 276 篇。中心的科研成果共获得"五个一工程"奖 1 项，教育部、中国社科院、上海市等省部级一等奖 5 项，二等奖 1 项，三等奖 7 项。在校内，中心每年人均发表著作和论文数量均名列文科前茅，去年分列第一和并列第二（无第一）。

中心的建立和学术地位的提高增强了中心的吸引力，也促进了人才的培养。今年报考中心的博士、硕士研究生数量空前，博士生导师最多的有 12 人报考，共录取硕士生 6 名，博士生 9 名，也是历年最多的。今年录取的博士生中，有的已发表过多篇高质量的论文；有的承担了国家自然科学基金项目，有 10 万元科研经费。今年毕业的 3 位博士生，其学位论文全部被评为优秀。中心已通过的博士学位论文中，有 1 篇被评为全国优秀，1 篇被评为上海市优秀。

近三年来，研究生在《历史地理》《中国历史地理论丛》《中国经济史研究》《中国农史》《复旦学报》等核心刊物上发表论文 50 余篇。参加 2000 年中国历史地理国际学术讨论会的 5 位研究生都在会上交流了论文，受到与会学者的好评。在第二届禹贡基金优秀青年历史地理论著奖的评选中，在全部 16 个奖项中，中心青年教师获 4 项，研究生获 4 项，占总数一半。今年上海市首次对在校博士生予以青年社会科学基金资助，其中学术类仅 8 个名额，中心有 1 位博士生获得 1 万元资助。

在学校人事部门的支持下，中心落实在三年内安排未长期出国的 6 位有博士学位的青年教师出国学习交流的计划：今年已安排 1 名教师进修外语；2 名教师已分别去美国哈佛大学和日本爱知县立大学做为期一年的访问学者；另 2 名教师分别申请了去哈佛大学和英国牛津大学做一年访问学者，其中一人已通过资助方的初试，将于下月去中国香港复试。

中心 1 位青年副教授被学校列入"世纪之星"人才培养计划,获得"世纪之星"教学科研奖励基金(全校 6 名),每年获 5 万元的津贴和经费。

根据这些情况,我们认为,"211 工程"中国历史地理学科项目的总体目标已经达到。

复旦大学历史地理研究中心
2000 年 11 月 21 日

11 月 21 日下午,历史地理研究中心"211 工程"历史地理学建设项目验收会在中心会议室召开,出席验收会的有专家组和学校领导。专家组由华东师大资源与环境学院院长陈中原教授任组长,上海社科院历史所副所长熊月之研究员任副组长,成员有华东师大史学研究所所长谢维扬教授、上海师大文学院副院长严耀中教授,以及本校的古籍研究所所长章培恒教授、国外马克思主义研究中心主任俞吾金教授、历史系戴鞍钢教授;学校领导党委副书记翁铁慧,以及学科建设办公室顾树棠、叶绍梁等出席了验收会。专家组听取了项目负责人葛剑雄教授所作的关于项目建设情况的汇报,参观了该建设项目购置的设备、资料和有关设施。经认真讨论和评议,专家组最后认为,经过三年建设,中国历史地理学科项目所确定的 211 建设目标已经达到,希望继续完成已定项目,进一步巩固学术地位,完善四个功能,建设好历史地理研究中心,出色地完成复旦大学三年行动计划"重中之重"的建设任务。与会专家听取了项目负责人葛剑雄教授所作的关于项目建设情况的汇报,参观了该建设项目购置的设备、资料和有关设施。

经认真讨论和评议,确定验收意见如下:

一、该项目于 1997 年 9 月全面启动,中央和上海市共投入经费 311 万元,包括预留资料室改建费在内,完成项目总投资 98%,主要用于购置设备、购置图书资料、工作用房装修等项。经审计,该项目各类开支符合规定的内容和报批程序。

二、该项目建设的主要成绩有:

1. 按计划购置的设备,如电脑服务器、个人电脑、光盘刻录机、电脑投影仪,以及利用这些设备建立的局域网等,选择合理,管理规范,使用效率高,利用购置的设备和图书资料建成了信息量大、检索便利的历史地理信息中心。这些都明显地改善了科研和教学条件,为保证项目的实施提供了可靠基础。

2. 科研取得突出成果。获得国家自然科学基金、国家社会科学基金项目 5 项,教育部、上海市和其他省部级基金 8 项,国际合作基金 1 项,单位自筹经费 162.5 万元,配套比例达 52%,全部用于完成相关的科研项目和本单位的基本建设。出版专著 14 种,发表论文 276 篇。其中一些标志性的成果,如《中国移民史》《上海历史地图集》等已在国内外学术界产生重大影响。共获得"五个一工程"奖 1 项,教育部、中国社会科学院、上海市等国家、省市级一等奖 5 项、二等奖 1 项、三等奖 7 项,全国性学会奖 8 项,上海市学会奖 2 项。

3. 促进了人才培养。在历史人口地理和人口史、政治地理、社会地理和社会史、文化地理等分支已有多位中青年教师成为学科带头人,三年来已有 1 位 35 岁以下博士被破格提升为教授、博士生导师,1 位 30 岁以下博士被破格提升为副教授,并获得学校"世纪之星"教学科研奖励基金。招收博士、硕士研究生数量增加了一倍,研究生的总体水平迅速提高,2 篇博士学位论文分别被评为全国或上海市优秀博士学位论文。

4. 扩大国际交流,巩固了国际领先的地位。三年间,长期及短期出国交流人员增加,接待了高水平的外国学者来访,成功地举办了国际学术讨论会。即将开展的中国历史地理信息系统项目具有国际一流水平,并将由历史地理研究中心发挥主导作用,证实了该中心国际一流的学术地位。

5. 提高了总体实力,确保了该学科全国第一的地位。在去年教育部首批人文社会科学重点研究基地的申报中,历史地理研究中心无可争议地通过评审,成为首批基地之一。今年在复旦大学三年行动计划"重中之重"学科建设评审中,中心也名列首批。

专家组认为:经过三年的建设,中国历史地理学科项目所确定的目标"建成国际一流水平的中国历史地理学科,具备完整的学科理论和分支体系,使中国历史地理研究所成为国内第一、国际领先的历史地理研究机构,具有国际性、开放性、综合性、权威性,具备研究中心、信息中心、咨询中心和高级人才培养中心这四个功能"已经达到。希望历史地理研究中心能继续完成已定项目,进一步巩固学术地位,完善四个功能,出色地完成复旦大学三年行动计划"重中之重"的建设任务。

专家组组长　陈中原　　　（签字）

副组长　熊月之　　　（签字）

2000 年 11 月 21 日

2002 年 9 月 5 日,学校召开 211 二期申报会议,王生洪校长主持,叶绍梁传达有关文件内容,布置工作,要求申报工作在 10 月底结束。23 日,葛剑雄拟定 211 二期项目申报书。

12 月,各单位在校内汇报。19 日,葛剑雄主持哲学系的汇报会;27 日,俞吾金主持新闻学院的汇报会。

2003 年 7 月 2 日,史地所收到学校对 211 第二期项目的正式批复。在所内分配子项目经费,拟定项目管理办法及验收标准,与教师签订子项目合同书,发出购置设备通知。

2005 年 1 月,开始填写 211 项目评估表。10 月 10 日,学校召开验收工作会议,叶绍梁主持,副校长兼研究生院院长周鲁卫讲话,叶绍梁布置 211 二期项目验收工作,财务、审计、设备、图书各部门作相应布置。2006 年 2 月 22 日,与历史系一起召开验收会,211 项目二期通过验收。

四、"中国历史地理信息系统"(CHGIS)项目

1999 年 6 月 28 日上午,美国哈佛大学人文学院院长 Knowlesey 率包弼德(Peter K.Bol)教授等来所参观交流。葛剑雄向他们介绍了进一步增补、修订《中国历史地图集》的计划,并在电脑室由满志敏演示了几幅数字化制作的明清样图。院长很感兴趣,问了些问题。包弼德教授希望将这一计划扩大为国际合作的数字化信息项目,哈佛大学有意参加,并可在美国申请到经费。在参加复旦大学的欢迎午宴后,葛剑雄与包弼德商议合作的准备。

2000 年 1 月,葛剑雄去美国加州大学伯克利分校出席 ECAI(Electronic Cultural Atlas Initiative,电子文化地图协会)主办的 PNC(太平洋邻里大会)。13 日,与包弼德、范毅军(台湾"中研院"历史语言研究所副研究员)商谈合作的可能性。葛剑雄强调史地所在历史资料上的优势,即历史地图上每一个点、线都有根据,保证信息的准确性和可信度,同时指出合作的前提是对知识产权的充分尊重。包弼德演示了哈特威尔(Hartwell)教授生前制作的部分数字化地图,葛剑雄认为,由于没有编例说明和资料依据,无法判断其准确度,尤其是其中的政区界线。包弼德也发现,在他最熟悉的浙江金华地区,的确存在一些错误。14 日下午,葛剑雄与包弼德、施坚雅(Willian Skinner,加州大学戴维斯分校教授)、刘易斯·兰开斯特(Lewis Lancaster,加州大学伯克利分校教授)、劳伦斯·克里斯曼(Lawrence Crissman,澳大利亚格里菲斯大学教授)、范毅军及其助手举行专题会议,正在参加大会的贝明远(Merrick Lex Berman)、李孝聪(北京大学教授)、杨林(历史博物馆研究

员）应邀列席。在各自介绍情况后，葛剑雄指出，Hartwell 地图由于无法提供依据，没有利用开发价值，只有《中国历史地图集》才能成为历史地理信息系统的基础。《中国历史地图集》的版权归中国社会科学院所有，只有在复旦大学完全参与及非商业性的情况下才能获得应用授权。包弼德等提出合作的可能性，葛剑雄建议由复旦大学负责系统的学术部分，即资料、定点、成图等，美国方面负责数字化信息技术。中国台湾方面不便直接列为合作单位，可由哈佛大学牵头。包弼德介绍，美国国家基金必须在美国使用，但罗斯对这一项目感兴趣，罗斯基金在中国使用没有问题。会议又讨论完成的时间，葛剑雄认为这取决于经费多少以及能组织到多少专家参与。会议一致同意合作研制中国历史地理信息系统，会后即开始筹备，葛剑雄在月底前报一个初步预算，3 月份在台北继续会商。会后葛剑雄问包弼德编制预算的底线，他说首期可定三年，每年 10 万至 20 万美元。

会议确定的项目顾问委员会名单：格里菲斯大学劳伦斯·克里斯曼、台湾"中研院"范毅军、复旦大学中国历史地理研究所葛剑雄、威斯康星大学托马斯·豪、加州大学伯克利分校 ECAI 主任刘易斯·兰开斯特、华盛顿大学威谦·拉夫兰、密歇根大学中国数据中心卡尔·朗斯特兰斯、东洋文库斯波义信、香港中文大学苏基朗、密歇根大学中国数据中心包曙明、加州大学戴维斯分校威廉·施坚雅、巴黎大学皮埃尔·埃丁纳·威尔。

回校后，葛剑雄向副所长满志敏、钱林书以及邹逸麟教授等介绍情况，并着手起草给校方的请示报告。由于涉及国际合作，校外办要求准备详细材料。中心在 2 月 8 日上报：

关于与美国哈佛大学东亚系等单位合作

争取美国基金资助

研制"中国历史地图"GIS（地理信息系统）的

请示报告

去年 6 月，美国哈佛大学东亚系主任包弼德教授（Peter K.Bol）来校访问期间，曾提出与我所合作，研制"中国历史地图"GIS（地理信息系统）的建议，当时商定在双方有一定准备后进一步讨论，对方允诺与有关基金会接洽，以寻求资助。

今年 1 月 12—17 日葛剑雄出席太平洋邻里协会（PNC）期间，经包弼德教授提议，与有关人士作了进一步商谈，参加的有加州大学伯克利分校 Lewis Lancaster 教授、加州大学戴维斯分校 William Skinner（施坚雅）教授、格里菲斯大学 Lawrence Crissman 教授、威斯康星大学 Thomas Hahn 教授、台湾"中研院"范毅军教授等，北京大学历史系李孝聪教授和中国历史博物馆杨林研究员也参加了会议。葛剑雄介绍了有关中国历史地图编绘的情况和我们的基本立场，有关教授介绍了他们已经进行的工作计划，最后口头达成以下共识：

一、"中国历史地图"地理信息系统的全部内容应由我方研究编制后提供，美方负责完成信息系统包括数字地图的编制。

二、地图的今内容以中国国家测绘局编制并在全世界公开发行的 1990 年一百万分之一数字地图为准。

三、历史部分的资料和地图，包括 1990 年以前边界的画法等，均由我方负责，对方不得改动。历史部分内容不限于《中国历史地图集》。

四、研制过程以非商业性为限度。最终成果在中国的版权归我方所有，我方可以另行出版印刷版；世界版权为双方共有，其权益由事先谈判确定。

五、美方负责申请罗斯基金等私人基金，首期预计三年，每年向我方提供的资助不低于 10 万美元，并力争延续第二期三年。葛剑雄同意在本月内提供一个初步预算，以便今年 3 月他访问台湾时能与包弼德等具体商谈。

六、我方只与美国方面合作，不与中国台湾方面发生直接关系。中国台湾方面参加何种工作，参与至何种程度，均由对方与美方协调。

七、中国方面由我所全权负责，我方将聘任最合适的个人或单位承担有关研制任务。

普遍建立 GIS 是全球大势所趋，数字化地图的编制也是我国政府宣布的目标。由于《中国历史地图集》早已公开出版，《中华人民共和国国家历史地图集》也将正式出版，对国外和中国台湾使用有关资料和地图实际无法限制，只有我们积极参与，才能保证将来编入 GIS 的历史资料和地图符合我方的学术水准和政治立场。本所已将编绘新的《中国历史地图集》列入未来的计划，如能将两者结合起来，既可解决一部分经费来源，又能保证研究成果得到国际学术界的承认和利用。为此，拟以上述条件为与对方进一步谈判的基础，争取达成协议，自 2001 年起开始首期研制。如无不妥，请尽快批复，或上报有关领导部门。

历史地理研究中心

2000 年 2 月 8 日

校党委书记秦绍德出访,春节后才回校。2月28日,秦绍德询问项目能否保证由我方主导,葛剑雄汇报了具体措施。因属地图性质,又系与美国方面合作,决定上报教育部审批。3月1日,秦绍德批复请示报告。

3月8日,葛剑雄在香港中文大学出席会议期间,与项目顾问苏基朗(教授、历史系主任)商谈合作的可能性。

3月13日,葛剑雄在台湾"中研院"与范毅军商谈。对于范毅军将《中国历史地图集》中的地图数字化的打算,葛剑雄提出必须由版权所属单位中国社科院、作者代表单位复旦大学与"中研院"三方谈判,明确授权的条件和范围。他提出与包弼德合作的新项目,即明清民国县界的数字化地图。

3月23日,葛剑雄、包弼德、克里斯曼、范毅军在"中研院"史语所七楼会议室开会,包弼德与克里斯曼介绍哈特威尔地图,范毅军介绍已制作的样图,最后商定明年5月前召开技术会议,制定编码系统,10月先在哈佛大学开会,再至圣巴巴拉参加GIS(地理信息系统)会议。散会前范毅军忽然提出,台湾保存有前"内政部"的地图档案,可由"中研院"承担民国及晚清地图,会议未作讨论。

4月6日,葛剑雄与范毅军在史语所办公室商谈,达成几项共识。范毅军正在进行的将《中国历史地图集》数字化的工作应取得合法的版权,可以先拟一个版权转让协议文本寄给葛剑雄,由葛与中国社科院科研局负责人王正联系协商,谈妥后他们双方会谈签约。与哈佛合作的新项目,1820年前由复旦负责,1820年后由范负责。成果要求包括文字资料及检索,有关处理及技术参数应先协调,必须统一。边界的画法必须按照《中国历史地图集》《近代史地图集》和《民国地图集》,如有不同处应事先通知葛剑雄,以便决定是否需要上报外交部。人员往来的经费相互负担在对方期间,旅费自理;对边疆地区,如无法承担旅费,或需要进行实地考察,应事先提出,复旦方面愿意协助。这期间接到黄宽重打来的电话,范毅军接听后代葛剑雄辞谢,说不必再见面。

4月7日,葛剑雄致电史语所所长杜正胜辞行,简单通报与范毅军商定的事项,并对范缺少合作团队表示担忧,希望杜正胜给予支持。

4月10日和27日,包弼德两次到复旦大学,向葛剑雄、满志敏通报了他会后与范毅军商谈的结果,并具体讨论了项目启动前的各项准备工作。5月6日,葛剑雄与满志敏将包弼德所谈内容译成中文,整理出一份备忘录,上报学校。

6月6日,王生洪校长听取葛剑雄汇报,同意校方以1:0.5的比例拨款,与美方资助配套。又指出,既然不直接与中国台湾方面合作,应将这方面内容删除。以后在由王校长签署的复旦大学给美方的承诺书上写明,对美方资助的经费,复旦大学将以 1∶1 配套。对这笔经费的解释是,其中 50% 是直接拨款,50% 是间接拨款,体现在校方提供的相关人员的人头费及设备费。

26 日,包弼德发来邮件,希望葛剑雄能指定一位助理,以便与美方及中国台湾"中研院"方面进行事务性商谈。考虑到这位助理必须去美国才能与项目经理商谈,葛剑雄建议就以满志敏为助理,包弼德回复同意。

7 月 10 日,包弼德发来邮件,涉及与"中研院"的分工、版权及具体技术问题。估计范毅军千方百计要扩大"中研院"的合作份额,而包弼德希望尽可能增加项目资源,不得不作某种调和。附件中施坚雅的方案则希望多利用哈特威尔地图以及他本人已有的数据系统,但与复旦的方案和历史地图的编绘体例并不兼容。葛剑雄再三研读,决定先译成中文发给有关人员,再一起研究如何答复。12 日下午,葛剑雄与满志敏、邹逸麟、钱林书、张修桂对包弼德的邮件与施坚雅的附件逐条讨论,确定由葛剑雄以中文答复,数字化历史地图的编制完全由我方负责,"中研院"可以承担 20 世纪部分,中国境内的版权全部归复旦大学。项目时间定为二年,经费估计需 200 多万。7 月19 日,将答复与经费预算一并发给包弼德。

7 月 19 日,范毅军致电葛剑雄,交谈很久,在了解葛拟订的方案后,他要求发去方案文本。21 日,范再次来电,询问《中国历史地图集》版权方面的问题,希望得到有关文件的副本,他们的律师要了解。葛剑雄告诉他,文件不便外传,但可以个人名义发一个说明,加盖史地所公章以资证明。又告诉他,因涉及两岸关系,中国社科院是否会批准还没有把握。范明确表示合作意向,葛剑雄同意待黄宽重来时详谈。24 日,葛剑雄将拟订的致中国社科院科研局及范毅军的函件打印,在征求邹逸麟、满志敏意见后发出。

7 月 28 日,葛剑雄、满志敏会见正在复旦访问的台湾"中研院"史语所新任所长黄宽重。黄宽重表示,他只是代表史语所表明愿意与项目合作的态度,具体问题仍然可与范毅军商谈。他同意范毅军应以发挥技术方面的作用为主,因为史语所并无具体人员参加范毅军的团队,并不具有历史资料方面的优势。

8 月 5 日,葛剑雄在昆明会见来参加中国历史地理学术讨论会的贝明远。贝转达包弼德的意见:10 月会议时提交一份工作计划和对编码的基本要求。暂时先以《中国历史地图集》为基础增补,然后改用 1990 年底图,这样不会有版权问题,再加制一份 1820 年分县界的详图。包稍后会发来详细邮件。

8月27日,葛剑雄去苏州新区出席哈佛燕京中国同学会聚会,与哈佛燕京学社主任杜维明谈及中国历史地理信息系统。杜说此前包弼德已向他介绍过,哈佛燕京学社持积极态度。

30日,包弼德到访复旦大学,与葛剑雄商谈。确定10月份先在哈佛大学开会,争取哈佛燕京学社参加,杜维明与会。10月份如能最后确定项目计划,复旦可在12月份开始工作,以六个月为期,完成1820年全图。以最新底图取代《中国历史地图集》所用,政区等级、治所位置作基本内容,选一二个省加县级界线。数据库先建框架,再陆续充实。明年8月中旬在复旦召开一次国际会议,国外来宾不少于20人,为便于真正了解,用同声传译。又商定各项细节,并复印了包弼德带来的申报罗斯基金的资料。

8月31日,范毅军致电葛剑雄,介绍前一天与王正会谈的情况,答允明天用传真发来与王正拟订的有关《中国历史地图集》版权转让的协议文本;下周将来访。9月1日,范毅军发来传真,征求意见。葛剑雄修改后发回。6日,范毅军来电,将发来合同书文本,请求代打印简体字文本。这项合同规定:中国社科院向台湾"中研院"转让《中国历史地图集》的条件是限于对地图进行数字化(台湾称为"数位化"),不得对内容有任何改动,限于在台湾范围内使用,不得用于商业化目的。10日,范毅军来访,与葛剑雄商谈双方合作的协议,并在电脑上改定协议文本,打印出备用。

9月3日,葛剑雄收到包弼德邮件,是8月30日商谈的备忘录。葛剑雄作了修改,将"由校方任命邹逸麟担任项目的学术委员会主任"改为"建议校方任命",并建议在顾问委员会名单中增补邹逸麟。

29日,包弼德发来邮件,要求葛剑雄在会前去北京,向国家测绘局请示有关地图版权的使用条件。

原定满志敏以葛剑雄助理的身份去美国参加会议,上报学校后未获批准,10月20日以邮件告知包弼德。包弼德回复时并建议查阅欧洲历史地图网站,作为参考。

10月25日,葛剑雄在美国加州大学圣巴巴拉分校会见包弼德,包表示对范毅军的态度还不得要领,他认为黄宽重所长驾驭不了范,不得已时只能致函李远哲院长对范适当约束。

26日上午在人文学院六楼会议室开会,兰开斯特致开幕词,包弼德介绍议程,葛剑雄以一小时介绍中国历史地理信息系统对编码的要求以及工作计划,兰开斯特回顾 ECAI 工作及中国小组的作用并展望未来,威斯康星大学麦迪逊分校东亚图书馆托马斯·豪以中国小组编辑身份报告工作。在自由讨论时,针对 CHGIS 提了不少问题,葛剑雄一一作答。包弼德通知下午回房间讨论,但范毅军与克里斯曼有大会报告。到休息时,葛剑雄建议先与包弼德、贝明远讨论有关事项。于是另外找了一个小会议室,葛剑雄对协议草案逐项作了说明,包弼德均表同意。又商定两点:签署两份协议书,一份复旦与哈佛签,另一份哈佛与台湾"中研院"签,任何一方如想退出协议,必须提前一年通知;协议应有中文文本,如没有,须有一份中文摘要和名词对照表作为附件。包弼德去会场听克里斯曼介绍,葛剑雄与贝明远继续讨论具体事项。晚上六时,包弼德在住室召集会议,葛剑雄、贝明远、克里斯曼、范毅军及其助手参加。会议确定以 1820 年全图为样本,葛剑雄承诺如经费到位可提前至 12 月初开始工作。包问台湾"中研院"能否提供县级地名表,葛说明复旦有现成资料,不必另取。会议议定以《大清一统志》为准,必要时输入全文。晚餐时范毅军坐在葛剑雄旁,劝他对包弼德的要求不能轻易许诺,不能上美国人的当,要坚持爱国主义和民族大义。葛剑雄明白范的真实意图是不愿意仅承担技术工作,要提高他在项目中的地位。

　　27 日,范毅军向包弼德表示,由于尚未仔细看过协议文本,无法表态。包非常诧异:真是这样,何必请范来开会? 早餐后克里斯曼来,葛剑雄、包弼德与他用英语讨论底图。克的意见用 BCW(国外地图软件),或免费自由用,而且明年 1 月会出新版,肯定更精确。葛剑雄意见是此事应由复旦决定,而且边界的画法涉及政治,所以必须用 AcChina(中国数字化地图软件)。八时到包弼德房间继续讨论,贝明远、范毅军及其助手参加。葛剑雄说明复旦承担的工作,可到交草图为止,草图可用百万分之一地图。包弼德问"中研院"能否承担下阶段的数字化工作,范毅军坚持就用他们的《中国历史地图集》数字版。葛剑雄说《中国历史地图集》只有一个标准年代,CHGIS 有多个年代,即使同一年代,编者也可能有修改,不可能直接利用。而且中国社科院和复旦给"中研院"的授权仅仅是对《中国历史地图集》复制和数字化,并不包括修改或新版。包弼德很不愉快,坚持问范能否承担,范说这要看此事是否有价值,但始终没有正面回答。克里斯曼和贝明远向范毅军解释CHGIS 与《中国历史地图集》的不同,范的助手又用中文作说明,但范始终不表态,会议无果而散。原定在当天上午的会上由包弼德和葛剑雄介绍CHGIS 计划,但包弼德事先不知道,而且讨论还没有结果,经交涉改为其他内容。会议期间,包弼德与克里斯曼、范毅军、葛剑雄多次商谈,因范毅军态度不明,难以定论。下午,包弼德、贝明远、克里斯曼、葛剑雄、范毅军及其助手未参加分组会议,继续讨论项目合作事宜。包弼德提出可以签约,范毅军表示事先未获得"中研院"授权。克里斯曼表示,只要有任何一方没有签字,这样的协议书就得不到他学校的批准。会议陷入僵局,葛剑雄建议先签一个临时协议,规定至明年会议前的分工和各方权益,以便及时开始工作。在此期间,可继续就正式协议谈判。如最终没有达成协议,到明年9月底终止。各人都同意,只有范毅军显得勉强,但也没有反对。接着讨论具体做法,克里斯曼提议用不同系统合成,不必专用中国的地图。葛剑雄说明因涉及国界,不能不用中国地图;而且历史上的边界必须严格按照《中国历史地图集》,否则项目不可能被批准。又讨论版权及有关问题,大致同意葛剑雄的意见。

会议对CHGIS数据模型作了原则性的定义,并规定了数据库记录的基本原则,这一原则表述为:在下述任何一种地名变化情况中都必须新建一个记录加以区别,以便反映中国基础历史地理在空间和时间上的变化。这些变化包括:地名名称变化、行政隶属关系变化、空间特征变化。根据这一要求,现有的编码方式都无法适应,必须自行研制。

讨论结束时,除范毅军外,其他人都表示满意。葛剑雄与范毅军交谈,范重复昨晚的意见。休息后参加闭幕会,施坚雅、苏基朗已到会。主持人稍作介绍后,包弼德、贝明远、克里斯曼分别报告CHGIS项目各方面,葛剑雄作了补充。

28日早餐时,包弼德向葛剑雄表示感谢,认为昨天多亏他解决难题。他安排今天上午首先讨论的问题还是如何利用"中研院"所作的数字化成果,二者如果结合最好。葛剑雄声明复旦的立场,包表示理解。十点在六楼会议室开会,包弼德先报告了项目已有的进展,申报罗斯基金的情况,然后逐条讨论贝明远所拟的临时条款。范毅军声明因没有"中研院"授权不能表态,实际却反复挑剔,大家都不以为然。葛剑雄要求说明"传播权"与版权的区别,以明确复旦拥有的在中华人民共和国境内的权益。经议论,大家认为这两项都属复旦独有,实际并无区别,只是不能再输出到中国境外。文本中出现一处ROC("中华民国"的英文缩写),葛剑雄指出必须删除,贝明远说明是一时笔误,今后任何文件中都不会再出现。在讨论具体要求时,范毅军又强调聚落的重要性,聚落密度大,边界就明确了;又说清朝县界实在无法画清。施坚雅不了解前几天的情况,随声附和。葛剑雄发言指出,增加聚落与画县界并行不悖,画县界必须列入目标。一则1820年图是样本,凡今后可能出现的内容在样本中应尽量采用;一则这是新地图与《中国历史地图集》的主要区别。休息时葛剑雄向贝明远说明,这是范毅军的手段,是为了尽可能提高他的地位。实际上即使已标明聚落位置,复旦的能力也比他强得多。范的目标是显示"中研院"并非只具有数字化的优势。午餐后进会场时,葛剑雄又与贝明远谈及,他表示会向施坚雅阐明。事后他告诉葛剑雄,施坚雅心里很明白,学术上必须依靠复旦,不会受范毅军影响,他只是担心复旦无法在短期内完成任务,别无他意。下午继续讨论,范毅军又让助手演示江南地区的电子地图,但不是《中国历史地图集》中的地图。葛剑雄问他是何年代的,他语焉不详,说自清朝以来划为六期。又说方志中的资料本来就是混杂的,并非同一年代。葛剑雄指出这是常识,历史地理研究的责任就是要区别不同年代。最后商定,临时协议以今天决定的文字为准,由贝明远打印,寄各单位审定、轮流签字后生效。返回酒店途中,包弼德告诉葛剑雄,据贝明远与范毅军最新接触,范将退出,但可提供《中国历史地图集》的电子编码待参考。葛剑雄强烈表示完全不必,如范不参加,复旦大学可以自己完成数字化。包弼德劝暂时维持现状,葛剑雄表示可仍按原协议提供底图及数据库,而不管由哪方面如何数字化。

29日早餐时,葛剑雄与包弼德约定,在贝明远将协议文本寄到后即准备签字,又要求务必尽早通知能提供的最低限度资助数额。他在12月初去南极考察前会制定计划,并在复旦大学组织人员开始工作,等贝明远来时可集中于确定编码办法。包弼德意见是可将《大清一统志》列表而不要全文输入,葛剑雄认为这是基础工作,如人力允许就二者同时进行,但以保证前者为原则。克里斯曼、苏基朗来后继续商谈工作。范毅军的助手来后,包弼德要他向黄宽重转达意见,范毅军不应起破坏作用,希望黄宽重另派足以代表史语所或"中研院"的代表。葛剑雄也向他表明,范毅军应有明确目标,不要贪多务得,并应取得史语所及同人的理解,否则非但不利于他本人,也不利于复旦与他的合作。包弼德口气严厉,他认为范毅军这次与会是以败事为目的,决意终止与范的合作。

11月7日,葛剑雄将包弼德发来的分工协议译为中文,在中、英文本上签字后用传真发回包弼德。当天又收到包弼德发来的给罗斯基金会的申请书。13日,包弼德来邮告知已致函李远哲院长和"中研院"资讯中心谢教授,谢教授答允另组团队取代范毅军。11月30日,包告知已收到李远哲复函,有积极意向。

2001年2月12日,CHGIS项目组开工,首批成员有邹逸麟、王文楚、赵永复、张修桂、钱林书、傅林祥,路伟东协助满志敏处理技术问题。他们都参加过《中国历史地图集》《中华人民共和国国家历史地理集》的编绘,对政区沿革、地名考证、点线定位驾轻就熟,开工后进展顺利。由于校方同意将美方转来的经费作为捐赠款处理,属于"横向经费",对用途不作规定,项目负责人葛剑雄签字就能提取现金,所以确定对工作组成员按当时学校最高标准发给酬金,教授每月6000元,副教授每月4000元,工作日每天补贴午餐费10元。

为保证复旦大学拥有CHGIS版权的完整性,葛剑雄与工作组成员签约,在各人对自己的成果拥有知识产权和署名权的同时,放弃对项目整体版权的支配权。

包弼德发来邮件,提出为了在8月会议上提交更有代表性的样图,要求在1820年地图上增加聚落数量。5月8日,召开项目组会议,确定增补县以下地名,分为两类:一是市镇和副县级单位驻地,二是一般性聚落。对傅林祥拟的资料处理办法进行了讨论,但对一些时间、地点概念模糊、不确定的资料如何处理,还提不出一致的意见。会后,葛剑雄针对资料中的不确定性研究处理办法,提出"对模糊信息的标准化处理办法"。如对"乾隆初""乾隆间""乾隆末"一律处理为乾隆元年、乾隆三十一年、乾隆六十年,对"清初""清末"一律处理为1644年、1911年。对空间信息的处理也是如此,在具体里程无法确定时,一般取其两端或中位数。但对这类信息,应与其他准确信息有不同标志,以便在发现准确信息时能及时替换。

5月24日,葛剑雄接到"中研院"友人的电话,得知范毅军在何炳棣面前造谣,称葛剑雄向美国人廉价出卖学术成果,引起何炳棣愤怒,扬言将向中国高层反映。

6月9日,包弼德来复旦商谈。因为罗斯基金三年为期,所以到明年3月就应申请下一期美国国家人文基金(National Endowment for the Humanities)。为适应不同基金的申请要求,目前要制成两类样图,一是以今天的上海市为范围,逐年上溯,编制不同年代的系列地图;一是以某一县级单位编成不同年代的地图。得知为了制定编码办法,每年要给克里斯曼拨35000美元,供他支付一位雇员的薪酬,葛剑雄建议将这项工作转到复旦来做,仍然可以请克里斯曼当顾问。因不久就要去克里斯曼处实地了解,商定此后再作决定。或者将这项工作交给中国台湾方面,由"中研院"解决经费。

6月10—24日,葛剑雄与满志敏去悉尼,参加在悉尼大学召开的ECAI区域性会议。在13日的大会上,葛剑雄在20分钟的报告时间里介绍了在CHGIS项目中"对模糊信息的标准化处理办法",受到主持人与听众的好评。休息时,葛剑雄与兰开斯特讨论了与ECAI的进一步合作,包括参加即将在墨西哥、美国、韩国、日本召开的会议。他对包弼德计划以上海作为样图很有兴趣,询问能否与叶文心、上海图书馆的上海项目合作,他还建议建立上海小组,由复旦召集。17 日,葛剑雄与满志敏到达布里斯班,会见克里斯曼的雇员林某。林某毕业于浙江大学地质系,在南京地质局工作多年,赴泰国求学,再来澳洲工作,曾在大学教 GIS,但对历史地理完全不懂。二人到格林菲斯大学后与他交谈,发现克里斯曼毫无进展,对提出的要求并未认真考虑,而林某尚未开始做任何工作,连满志敏发给他的文件也没有看过,甚至不知道是否收到。因为克里斯曼尚未返回,葛剑雄与满志敏只能在 18 日拟定一个备忘录,在 19 日交给林某,一一解释后,让他转交给克里斯曼。又由满志敏改为图像方式,以便发给贝明远。然后回答林某提出的问题,并商定若干原则,如地名应分专名、通名两栏,通名另以编号代替。地名的起讫年代出于推算或估计可不加区别,而在释文中说明;又讨论了松江府地名表上的栏目及内容。不过看来林某还是没有理解 CHGIS 对编码的要求,葛剑雄直截了当问他究竟能否按要求完成,如果完成不了,是因为经费不够、时间不够,还是今天世界上还不具备这样的技术,或是他缺乏这样的能力。林某说一时无法肯定,以后会答复。下午三时半克里斯曼回来了,葛、满简短地向他介绍讨论情况,估计到林某不可能在他的指导下完成编码方案的设计,就问林某能否到复旦短期工作,得到肯定答复。

7 月 5 日,葛剑雄、满志敏召集项目组会议,讨论数据库文件格式及资料中引书格式,规定将版本、出版单位、时间等逐项登记在一个文件中,写释文时仅用书名、卷数、页数。原计划本周结束工作,到周末发现地图上的界线还未画全,决定延长一周。

8 月 6 日,葛剑雄、满志敏访问美国密歇根大学,参观中国数据中心,了解相关设备和数据范围、检索方法;在包曙明办公室座谈,交流情况。7 日上午,在亚洲图书馆八楼地图室,葛剑雄介绍中国历史地图简史,满志敏介绍演示 CHGIS 样本,与当地学者及访问学者作了交流。

9 日上午,葛剑雄在哈佛大学东亚系办公室与包弼德交流项目进展,满志敏与贝明远讨论技术问题。提及范毅军,葛剑雄说明将在 8 月会议期间正式表明态度,如范仍发表不负责任言论,将劝他退出顾问委员会。下午二时邀请了当地 GIS 专家十余人,由贝明远演示编码办法,听取意见,包弼德作了说明,得到大家首肯,只是要求不要太复杂,以便能为公众和非专业人士利用。

　　10 日上午十点举行报告会,包弼德主持,杜维明等 50 多人到会。满志敏、葛剑雄介绍中国历史地图与 CHGIS，原来计划由包弼德的博士生李卓颖为满志敏翻译，但配合演示，他基本上都讲明了，只有几处借助李的翻译。提问很多，因已过十二点，未能全部回答。午餐后回到包弼德办公室继续商谈，包建议与哈佛环境研究项目合作，葛剑雄 9 月份再来时可约负责人见面；商议 CHGIS 国际工作上海会议准备工作，确定分组主席，定 23 日上午十时至十二时开 CHGIS 项目管理委员会会议，除施坚雅外均可到会。包答允今晚给施坚雅打电话，征求他意见。满志敏与贝明远继续商谈技术问题。

18 日，在加拿大魁北克召开的国际地理大会分论坛上，葛剑雄就 CHGIS 作 30 分钟的专题报告。在回答问题时有人提出西藏的表示方式，葛剑雄说应尊重历史事实，在系统中得到准确显示。有人问复原历史地名的难度，葛剑雄说明了中国历史资料的丰富性，也举例说明地名考证的困难。哈里斯教授问了复原历史人口的方法。散会时，还有人问逐年编制地图是否必要，如改成每 10 年一幅更节约，因为自然要素在 10 年内不会有多少变化，葛剑雄向他解释，因为政区等人文因素变化很大，比如要与人口数据结合，必须用当年的地图才能保证准确性。

8 月 23 日至 25 日，由复旦大学、哈佛大学、ECAI 联合举办的 CHGIS 国际工作会议在复旦大学召开，来自美国、英国、德国、澳大利亚、比利时、俄罗斯专家和国内专家学者共 60 余人参加会议。王生洪校长、教育部社科司田敬诚处长、中国社科院科研局负责人王正等参加开幕式。上午十时召开 CHGIS 项目管理委员会会议，包弼德、葛剑雄、克里斯曼、李德财、贝明远出席。李德财在美国西北大学执教二十多年，不久前返回中国台湾，是"中研院"指派的代表。下午葛剑雄又与李德财商谈了一小时，双方意见一致，明确今后不再与范毅军发生关系，"中研院"方面完全由李德财代表。

在 25 日上午的会上，葛剑雄、满志敏、克里斯曼报告，分别就模糊信息的标准化处理、数据模型的定义和意义作了介绍和说明。在下午的闭幕会上，包弼德又对项目的有关问题作了说明，他要求葛剑雄用中文概括，以便让不懂英语的与会人员明白，因为同声传译无法准确表达。

26 日上午，因李德财已经离会，CHGIS 项目管理委员会召开扩大会议，除包弼德、葛剑雄、克里斯曼、贝明远外，还邀满志敏、邹逸麟、林某参加。确定由包弼德拟英文备忘录，如需要，再由葛剑雄准备中文本。在谈到边界处理时，林某居然表示不能遵守，还说要退出，受到葛剑雄的批评和制止。散会后满志敏、贝明远和林某继续讨论技术问题。

9 月 1 日，葛剑雄改定包弼德所拟备忘录。在回复包的邮件中，他告诉

图27 2001年8月，在复旦大学历史地理研究中心举办中国历史地理信息系统国际工作会议

包弼德：他发现范毅军在拉某些中国大陆学者包括某人"合作"，所以今后任何涉及CHGIS项目或复旦大学史地所、研究中心的，必须以葛剑雄的意见为准。

9月3日，葛剑雄召集项目组会议，介绍管理委员会的决定，布置下阶段工作：满志敏安排样图的扫尾工作，傅林祥继续完成上海地图，其他人在复校旧稿后转入画县级地图，以撰写释文为主。23日又讨论了释文写法，确定若干原则。

10月13日，贝明远发来邮件，告知在8月会后，林某一直没有任何回复，只能另找编码研制人员。葛剑雄和满志敏决定不再寻求外援，立足自主研制。经过一年多探索和改进，加上与CHGIS项目管理委员会不断研讨，满志敏形成了完整的编码原则和方法，他撰写的《关于CHGIS第二阶段数据模型的定义问题》一文发表于《历史地理》第19辑（上海人民出版社2003年）。葛剑雄用通俗的语言解释为"一地一码"，即一个码只能代表一个特定的时间内的特定空间的地名，只要这一地名在空间和时间的任何一方面发生变化，就必须产生一个新的码作为代表。

11月28日，葛剑雄带路伟东去美国印第安那大学参加ECAI举办的技术培训讲座。路伟东是毕业留所不久的硕士，正负责史地所禹贡网的制作和维护。葛剑雄在会上报告从中国传统的历史地图向数字化地图和历史地理信息系统转化的过程和条件,在回答提问时解释历史地图与 time map(时间序列地图)的异同。会议期间,葛剑雄与兰开斯特讨论了 CHGIS 与 ECAI 进一步合作和在复旦举办类似讲座的可能性。

2002 年 1 月 6 日,葛剑雄去越南顺化参加由联合国教科文组织和 ECAI 联合举办的 GIS 与文化遗产研讨会。由于以英语报告的内容要逐段翻译为越南语,实际报告时间不到一半,葛剑雄的报告只能大大简化。但历史地图中的汉字还是引起越南学者的兴趣,由于越南汉字完全是以汉字书写,以汉字为记录手段的数据库和 CHGIS 完全适合越南的历史地图制作或历史 GIS。但稍作讨论就发现,存在难以逾越的障碍,因为到会的越南学者根本不认识汉字,更无法阅读或理解越南的古籍。

2 月间,葛剑雄参加中国对外友协组团赴美国讲学。2 月 27 日到达波士顿,当天就抽空与包弼德、贝明远会见,商定利用讲学间隙,在 3 月 1 日上午举行 CHGIS 项目工作会议。又到贝明远办公室,商议经费和成果首次发表的方式和期限。

3 月 1 日上午,葛剑雄与包弼德、贝明远先办理应在哈佛报销的会议费用。在审阅贝明远所交的说明中,发现仅涉及两个样本,因复旦只发来这两个,数据库只收到 70 余条,而不是商定的千余条。葛剑雄当即打电话给满志敏,又让贝直接与满通话,得知上海部分确已发来千余条数据。但满志敏的确还未发来葛剑雄所拟的说明(边界和底图)、名单,答允明天即发出。提到总编码,满的意见是可由贝明远编;贝同意,但今后要求满志敏按照此程序。商定在项目封面上删去"中研院",因实际无贡献,包弼德同意。讨论下阶段工作,商定仍按照葛剑雄定的办法,但集中于江浙等省,分省发表。建议下次工作会议推迟至 11 月,复旦可在会前交出首批内容。约定葛剑雄返回后议定时间表,月底前发回。因林某已无希望,克里斯曼对项目只能起顾问作用,编码设计由复旦承担,待满志敏议定方案后,贝明远去上海商议,约定在五六月间。

3 月 18 日,CHGIS 项目组召开会议,确定 10 月底完成苏南、浙江、福建部分,又讨论了自然地理要素和卫所的处理办法;商定由满志敏主持确定编码方案,5 月间请贝明远来商定。

5 月,葛剑雄应"中研院"中山人文社会科学研究所之邀,赴台湾访学。27 日,所长(后出任"中研院"副院长)刘翠溶约共进午餐。刘告知,GIS 项目已申请到"国科会"的资助,以两年为期编成台湾历史地图。"中研院"明年将成立社科中心,项目将置于该中心。葛剑雄表明对范毅军及与"中研院"

合作的态度,如由院方派出代表,就可商谈合作事宜,建议派人随李德财参加 11 月的 CHGIS 项目管委会会议,即可具体商谈该项目的合作。

7 月 11 日下午,正在中国开会的包弼德到访复旦,向葛剑雄介绍近况。哈佛东亚系主任由孔飞力接任三年,他从 9 月起可享受学术假一年。葛剑雄向他通报与刘翠溶商谈的情况,商定 11 月会议不请"中研院"其他人参加。

8 月 8 日,贝明远、施坚雅分别发来邮件,通知 11 月 CHGIS 项目管委会会议的日程及住处安排。发来与崔氏书店所订代销第一期成果光盘的合同书。

10 月 3 日,葛剑雄将致中国社科院说明 CHGIS 版权及与《中国历史地图集》关系的说明发给贝明远。贝收到后回复,将在会前发给包弼德与施坚雅,并在会上散发。

11 月 7 日,葛剑雄与满志敏到达美国加州大学戴维斯分校。8 日上午开会,施坚雅简短致辞,贝明远报告工作,谈自 2001 年香港会议至今的活动,介绍相关人员与项目,其中谈到北京大学与悉尼大学合作的北京数字地图。下午一时半作公开报告,十余人到会。施坚雅主持并作简短说明,贝明远概述 CHGIS 项目,葛剑雄介绍已完成工作,说明项目与《中国历史地图集》的关系,又举例说明其应用价值。休息时葛剑雄与李德财谈范毅军的事,他的意见是最好与范或"中研院"分管副院长谈一次。四时开会,包弼德主持,贝明远报告可以合作的单位和团体。介绍哈特威尔地图,施坚雅介绍他的数据系统。回住处后,包弼德与李德财找葛剑雄,谈范毅军的事。包出示刘翠溶来信,刘完全听信范的谣言,称"中研院"已拥有《中国历史地图集》的独家版权,而 CHGIS 已侵犯其版权。葛剑雄表明此信完全不能接受,也不必回复。李德财要求有一个书面意见,以便回去向院方汇报,葛剑雄同意以邮件形式发给他,并将副本抄送有关各方。

在 9 日的会议上,施坚雅与他的学生马克作介绍。休息后讨论与相关单位的关系,包弼德介绍李远哲的信件等情况,葛剑雄说明范毅军的事,声明刘翠溶的信件无法接受,在她未撤回此信或做出道歉之前,绝不与对方合作;要求将范逐出顾问委员会;将致函李德财说明事实真相,并抄送各方。会议决定,由包弼德通知范毅军退出顾问委员会,包将答复刘翠溶函的第一、三点。李德财对此事表示歉意,已致邮院方说明事实真相。

11 月 14 日,葛剑雄收到包弼德致范毅军的邮件以及包转来的范的回复,无理至极,竟称复旦大多数人都知道 CHGIS 项目"侵犯"《中国历史地图集》的版权,又说中国社科院对葛剑雄的答复一直不满意,范将向中国大陆与美国提起法律诉讼。贝明远发来邮件，说请注意范毅军的动向，预作准备。葛剑雄致邮件于李德财，并驳斥范毅军的新说法，请李代发给刘翠溶、黄宽重，并可发给范本人。又要朱毅将此文加盖公章后寄给中国社科院科研局王正。请满志敏召集项目组临时会议，宣读此邮件，并介绍情况，以正视听，防止有人搬弄是非。15 日葛剑雄致电王正，得知范毅军果然已多次去电，甚至想拉社科院参与诉讼，已为王正所拒。据说范提供的"证据"，都是从网上下载的。葛剑雄请王正将"证据"复印寄来，约定 12 月份在北京见面。

18 日葛剑雄致电黄宽重，告知将给他去信。黄说他与李德财都是范毅军行为的受害者。27 日，葛剑雄拟定声明，公布 CHGIS 项目由复旦大学独享中国版权，并分享国际版权，分发各方。

27 日下午三时，葛剑雄召开全所员工会议。在谈及 CHGIS 项目时，某人为自己辩护，但实际承认参与了范毅军的活动。散会后某人找葛剑雄，称他在台湾时见到过"中研院"与中国社科院的协议书，《中国历史地图集》的版权出让金是 5 万美元，有排他性条款。范毅军的确准备聘请美国律师，赴美控告哈佛燕京学社。他说听了葛剑雄的解释认为版权没有问题，但著作权还有问题，CHGIS 主编应该署名谭其骧。

12 月 4 日，包弼德发来邮件，说已收到李德财复函，刘翠溶说明不宜与 CHGIS 管委会进行法律诉讼。

15 日，某人告诉所内同人，他已与其他教授联名在禹贡网上要求召开教授会议说明情况，并将发动签名，向哈佛燕京控告包弼德侵犯版权。他说上次搞倒王某某是小事，这次要搞倒包弼德。

19 日上午九时召开全所会议，因事关重大，葛剑雄要求历史系党总支派代表出席旁听，楚永全到会。某人事先散发了他写的材料，声称会后要上网，并交媒体发表。葛剑雄因处理其他公务，九时四十分才到会场，某人已与满志敏发生争执。葛剑雄说明开会缘由，接着由某人发表意见，葛剑雄逐条说明事实。其间提到周振鹤主编的《上海市历史地图集》也没有采用注释形式，按某人的说法也属无出处。周振鹤以谭先生当年重编改绘杨守敬《历代舆地图》到新编《中国历史地图集》为例，说明地图与论著不同，只要在编例中说明，不必一一注明出处。邹逸麟以《中国历史地图集》作者的身份说明 CHGIS 完全是一项新研制的项目，根本不存在侵犯版权的情况。在事实面前，某人承认"5 万美元"版权排他性转让是误传。最后葛剑雄说明对某人的态度，必须立即收回散发的材料，并不得再扩散，否则将追究其责任。如再有对项目与史地所声誉的破坏行为,将立即清除出所。某人未表明态度。散会后,有人告诉葛剑雄,某人自称从4月份起一直在对抗,实在是出于对谭先生的情感,不乐意包弼德担任主编(实际是管委会主任)。又说如果将1820年地图取消,则一切都成为过去,他会请葛剑雄吃饭,重修旧好。

2003年1月7日,收到包弼德邮件,催落实3月份出首张数据光盘。9日,葛剑雄与满志敏商议,我方工作在2月底前完成,同时致邮包弼德,并通报某人的情况。

7月8日,满志敏会见来访的贝明远,双方都发现最近一次转入复旦的经费有减少,将告知包弼德查清原因。10日,葛剑雄与贝明远商谈,对复旦所报开支作了说明,其中未包括间接支出,如参加国际会议的差旅费。如果下一笔基金申请成功,拨给复旦部分至少不应低于目前数额。如果需要增加内容或寻求合作,都需要相应的经费。建议下一次工作会议在明年六七月间举行,到时增加三项试验性成果(江南地区人口分布,黄河下游河道的变迁,河南的水旱灾害)。稍后复旦大学向哈佛大学发去由校长签署的承诺书,如能获得第二期经费资助,仍按1∶1配套。

8月5日,复旦大学出版社总编辑贺圣遂与葛剑雄联系,问能否出《中国历史地图集》新版。葛剑雄告诉他,《中国历史地图集》的版权归中国社科院所有,近期也不可能修订,不存在出新版的可能,倒不如利用CHGIS的阶段性成果,出一套分省历史地图集。

9月26日,在哈佛大学访学的同人传来消息,"中研院"王汎森到访哈佛,包弼德与他疏通,希望以范毅军收敛为前提,恢复与"中研院"的合作关系。范毅军扬言葛剑雄即将离任,使王汎森等误以为范毅军、某人的活动产生了影响。

10月8日,贝明远来邮征求对下一届CHGIS项目管理委员会成员的意见,葛剑雄提名北京大学唐晓峰。

11月17日,贺圣遂约葛剑雄商谈。葛剑雄建议由复旦大学出版社出分省历史地图集,首批可在2005年复旦百年校庆时出若干种,以后陆续出全。待确定具体方案后可再讨论,到时邀请秦绍德书记参加。

12月16日,贺圣遂致电葛剑雄,询问分省历史地图准备工作的进展。葛剑雄约年内再商谈一次,同时提醒他复旦大学出版社是否有出版地图的资质,是否能把握电子印刷的技术问题。

2004年2月9日,项目组开会确定先编浙江、福建两省的历史地图,明清以来画出县界,县级及以上地名出释文。当晚葛剑雄与贺圣遂会面,确定出版计划,秦绍德临时因故未到。

27日,收到包弼德邮件,知基金申请成功,但还有7万美元缺口。

3月1日,复旦大学出版社编辑吴仁杰来电,约定近日来所签合同。出版社希望从明年起每年出版2册,葛剑雄希望计划不要定得太紧,但可以争取多出。2日,葛剑雄与吴仁杰谈出版合同,建议由贺圣遂在计划书上签署意见,或者另拟一个简单的协议,请学校主管领导签字批准。每册另订出版协议,可以用格式化合同,但合同不包括国外版权,因为CHGIS的国际版权是分享的,不能由复旦单方面决定。4日,贺圣遂签署的计划书由葛剑雄上报,双方签出版合同。葛剑雄与满志敏商定,分省历史地图集由他们两人分别任主编、副主编,请邹逸麟为学术顾问,每册由实际作者署名。确定第一册出版福建省分册,由张修桂主编;第二册出版浙江省分册,拟请邹逸麟主编。

4月9日上午,葛剑雄在复旦大学美国研究中心会见来参加国际会议的包弼德,包告诉葛,昨晚在学校的晚宴上与党委副书记燕爽邻席,交谈一小时,很融洽,他着重说明CHGIS的国际影响,他的印象是校方相当重视,也很支持。当晚,他们交流经费申报及使用状况,葛剑雄得知实际到账经费不会减少。

15日,在西安召开的中国史学会年会大会上,葛剑雄作主题发言,谈历史地理学对中国史学的贡献,介绍CHGIS项目的先进性和最终目标,受到与会者的高度评价。

5月8日,葛剑雄去美国加州大学伯克利分校参加ECAI工作会议,在开幕式上发布了明年在复旦大学召开ECAI年会的信息,欢迎各国ECAI成员和同行参会。在9日上午的会上,葛剑雄报告CHGIS项目的进展,并回答了提问。贝明远报告项目的编码、数据处理等技术问题。

18日,包弼德发来邮件,约请葛剑雄共同为Historical Geography(《历史地理》)撰写有关CHGIS的论文,葛剑雄同意并根据包的要求提供了部分文稿。

6月3日,葛剑雄与满志敏到达美国西雅图,4日在华盛顿大学参加CHGIS项目工作会议。上午会议由包弼德主持,首先介绍了到会的新任管理委员会成员、北京大学唐晓峰教授。唐晓峰简要介绍了北京大学历史地理研究中心,葛剑雄补充说明该中心与李孝聪长期存在的合作关系。贝明远报告一年来的工作进展,并展示样本;满志敏展示复旦完成的部分。会上讨论下一次会议安排,因为美国人文基金不提供开会经费,所以无法列入预算;2006 年的会议定在哈佛大学举办,经费另筹。葛剑雄建议利用明年在复旦召开的 ECAI 年会开一个小会,邀请施坚雅参加,复旦可以提供商务舱机票,请施作一讲座,施原则上同意了。又讨论了经费结算与预算事宜。

十二时四十五分在图书馆报告厅举行公开报告会,校内外数十人参加,包弼德与华盛顿 Lavely 教授介绍 CHGIS 项目,贝明远作演示,包弼德等回答听众提问,葛剑雄作补充说明。在会前还与地理系的陈教授、Lavely 的中国学生等作了交流。会后继续讨论下阶段工作,葛剑雄提出增加工作人员,除研究生、博士后参与外,还准备与云南大学商谈,请他们承担云南、贵州部分;与北京大学商谈,请他们承担北京、河北部分;与陕西师范大学商谈,请他们承担西安市与相邻地区;东三省部分,正在落实中。关于各地的标准,可有所不同,如东北重点在明清以来,此前或仅作几个片段。关于海岸线、河流的画法,葛剑雄建议海岸线按阶段,凡在标准年代的要附考证资料,非标准年代的可允许作者调整,使用同样的资料;河流的画法也可如此处理。总之,重点在利用现有研究成果和资料,而不是开展新的研究。大家都表示赞成。

5 日的会议商定的事项有:罗斯基金的余款(复旦有 8000 美元,哈佛有 2 万余美元)都用于资助合作者,由葛剑雄与对方签署协议,并于 10 月间报给包弼德,有中文文本即可。可能的合作者有云南大学、北京大学及陕西师大。为保证在两年内完成内地省份,要尽力扩大合作,如陕西、甘肃、宁夏、东三省、北京、河北、云南、贵州,都可寻求合作者。葛剑雄介绍复旦大学出版社出版分省历史地图的计划,说明对其国际版权的限制。包弼德等建议出版汉语拼音版,葛剑雄说明不存在技术困难,唯一担心的是在中国的销路,如果哈佛能够出版就毫无问题。包弼德问是否包括县界,葛剑雄回答如分省图没有县界,就会影响它的利用价值。施坚雅也持同样看法。但包弼德担心会影响其他工作,建议不包括在新基金的安排之中,葛剑雄承诺不影响,尽可能利用其他现有成果,并使用其他经费。对可能完成的具体专题,议定为人口、土地利用、水旱灾害、交通路线等,葛剑雄说明这些都只能是片段,不可能有延续性。对复旦大学禹贡网和哈佛燕京网的一般性链接,葛剑雄建议授权贝明远决定,但作为正式的联网和设置镜像,必须经委员会全体同意,至少应该无人反对。

7 月 1 日,英国牛津大学副校长参观 CHGIS 项目工作室,满志敏作了介绍,并演示部分成果。13 日,在葛剑雄汇报项目进展时,王生洪校长说:牛津大学副校长参观后表示非常满意,他认为这个项目是多学科的结合,有利于国际合作,代表最高水平。

22 日,葛剑雄与满志敏商定,招募三年级上学期的硕士研究生参加项目工作,以增加人员;二年级硕士生中条件合适者,也可以招募。工作以全天为宜,便于考核。

26 日,葛剑雄回复包弼德,通报与其他单位合作的进展,重申 10 月底前会发去合作协议书;同意包整理的工作会议备忘录;说明因划定县界而增加的人力由复旦自筹经费,纸本分省历史地图集的内容可供项目共享。

8 月间,与云南大学历史系联系,得到积极回应,拟订合作协议草案。

9 月 1 日,葛剑雄致电唐晓峰,了解合作进展情况。唐说已与北京市测绘局洽商,但对方不太愿意成果免费公布于网上。约定将复旦与云南大学的协议草案寄去作为参考,以便他与同人协调。

10 月,与山西大学师范学院院长王尚义联系合作事宜。19 日,王尚义、谢鸿喜、牛俊杰和一位博士生来复旦。葛剑雄向他们介绍了项目背景,并逐一解释合同条款,建议以山西省及内蒙古设府州县部分作为他们的工作范围。对博士生的津贴,可按一般人员的 40% 计算。如双方对合同条款无异议,可在月底正式签约。王尚义索取项目的书面介绍材料,准备作为申请其他配套经费的依据。

11 月,云南大学历史系陆韧等三人来复旦了解、学习 CHGIS 项目,以便回校后开展工作。按 211 项目驻所工作标准发给一个月津贴。由满志敏安排项目组教授轮流为他们讲解辅导。

确定获得美国国家人文基金从明年起的资助后,葛剑雄一直在与包弼德讨论基金的分配和使用办法;按美方要求,提供了详细的预算,最终确定了哈佛大学哈佛学院与复旦大学的协议文本。12 月 17 日包弼德在协议中签字,27 日葛剑雄签字,协议生效。根据协议,2005、2006 两年分配给复旦使用的经费为 140836 美元。

12 月 19 日,葛剑雄在北京与唐晓峰商谈合作。唐表示,如果范围限于北京市,可请尹钧科承担,自明年下半年开始,半年内可完成。商定后尽快签约。

2005 年 1 月 4 日,吴仁杰与满志敏、葛剑雄商议《分省历史地图集》版式,拟采用与《中国历史地图集》同样形式,单面印地图,另一面印图名及文字。

5 日,史地所将与太原师院的协议书寄贝明远。12 日,又催贝明远转来经费余款,以便支付合作方。15 日,太原师院 5 人到复旦,史地所安排他们了解、学习。

5月1日,包弼德转来一篇对CHGIS的批评文章,葛剑雄认为是出于对某些方面的误解,拟答复发回。

5月9日至13日,由复旦大学历史地理研究中心与ECAI联合举办的"文化地图:数字中国,数字东亚"(Cultural Atlas:Digital China, Digital East Asia)学术讨论会在复旦大学召开,包括来自美国、加拿大、墨西哥、英国、德国、法国、意大利、澳大利亚、韩国、日本等16个国家的80多位学者,来自中国港澳台的8位学者,共百余人出席会议。

会前的8日晚上,CHGIS项目管理委员会宴请复旦项目组全体人员。包弼德、葛剑雄、施坚雅、克里斯曼、唐晓峰、贝明远参加,邹逸麟、满志敏、张修桂、赵永复、钱林书、傅林祥、孟刚、孙涛、傅辉(博士研究生)、谢湜(博士研究生)、陆长玮(硕士研究生)出席,王文楚因病未到。复旦社科处处长桑玉成应邀出席,分管副校长临时因公未到。

图28 2005年5月8日,CHGIS项目组中方与外方成员合影(前排左起:钱林书、克里斯曼、张修桂、施坚雅、赵永复、邹逸麟;中排左起:孙涛、陈伟庆、陆长玮、傅林祥、满志敏、唐晓峰、桑玉成、葛剑雄;后排左起:Bill Lavely、包弼德、傅辉、谢湜、贝明远)

5月9日上午,包弼德主持CHGIS项目管理委员会会议,逐项讨论工作报告及计划,均无异议。

在5月10日上午的大会上,葛剑雄作了《薪尽火传》的主题报告,回顾中国历史地图史及谭其骧先生的贡献,说明CHGIS是对谭其骧先生事业的继承,也是对中国传统的创新。

6月13日，葛剑雄与朱毅商定项目组成员病假期间津贴扣除办法，因为王文楚估计要病休两个月，以往定的办法未考虑到这种情况。在15日的项目组会上通报了新办法。

在准备分省历史地图集浙江省分册的编绘工作时，考虑到其中新增加的主要工作是画出明代以来的县界，提前布置博士生谢湜承担。他写出考证材料并画出草图后，交邹逸麟审查。15日，邹逸麟返回样稿，认为符合要求，可以采用。又布置硕士生陆长玮协助张修桂收集、摘录福建省县以下小地名。

22日上午，葛剑雄在太原师范学院召集牛俊杰、谢鸿喜等人开会，听取汇报，回答了他们提出的问题；发现太原师院进展不大，除此前用邮件发至复旦的条目外，还没有其他成果。在下午的会上讨论下阶段的工作，葛剑雄要求他们加快进度，按原定计划完成；对内蒙古部分可根据实际情况，先易后难，实在找不到资料或无法定点的可以取消。

9月1日，仍按原协议给牛俊杰等四人寄去来复旦期间的驻所津贴，要求他们汇报近期工作进展，并发来样稿，以便作为拨发下一期经费的根据。

学校申报明年聘请国外高级专家资助。10月1日致包弼德邮件，询问他是否有来访一个月的可能，并告诉他项目遇到的困难：满志敏、王文楚患病，今夏上海异常高温，进度大受影响。

10月8日，葛剑雄、满志敏召开项目组会议，了解各人具体进度，商定至明年底完成内地各省。已经外包部分要催各单位执行预定计划，因个别单位签约领取经费后毫无进展。争取请云南大学承担贵州省部分。14日致电唐晓峰，商定请尹钧科来面谈一次，促成立即开工。

18日，与项目组讨论，确定续编1911年至1949年地图。

27日，葛剑雄与项目组讨论地图上今地名的表示办法，因为省治、府治周围往往小地名较多，如今地名全部按规定标出，小地名无法容纳。商定了几种处理办法。

11月10日，收到唐晓峰邮件，得知尹钧科即将开始工作，明年4月份可结束。答允每月拨发经费。

12日，葛剑雄到越南河内参加历史研究中的地理信息国际学术研讨会，在14日下午的会上作了介绍CHGIS项目的报告。与会的越南、日本、泰国学者此前大多不了解此项目，提问很多。

12月1日，葛剑雄去澳门参加历史记忆学术讨论会。在3日上午的会上，葛剑雄报告CHGIS项目，着重说明完整的空间系列地图对保存历史记忆及记忆准确性的影响。

5 日，张修桂完成福建省编稿，交满志敏进行数据处理。《中国历史地图集》限于标准年代，福建省只有二十余个年代的地图，而基于 CHGIS 的数据，张修桂的编稿中增加到二百多个有变化的年代，画出二百多幅地图。

2006 年 1 月 9 日，葛剑雄翻阅福建省历史地图，请满志敏打印出样图，寒假前交吴仁杰，并与出版社联系。请张修桂与满志敏拟订编例草稿备用。谢湜交来浙江省县界全部考订材料。11 日通知吴仁杰，将发去两种样稿，要求他与印刷厂确定能否使用，以便开学后发稿。13 日，请朱毅与吴仁杰联系福建省分册数据资料与印刷厂的交接，要求确保文件的安全。2 月 15 日，吴仁杰来电，要求确定福建省分册地图的比例尺，由满志敏落实。5 月 25 日，要求张修桂增加序图。

图 29　CHGIS 项目组部分成员在进行考释工作（右起：邹逸麟、张修桂、傅林祥、赵永复、王文楚、钱林书）

4 月 6 日上午，在旧金山召开项目工作会议，包弼德主持，施坚雅、葛剑雄、满志敏、Lavely、贝明远、马克出席。在葛剑雄报告工作后，商定 6 月 10 日交 1911 年地图，补全空白。贝明远说明第一批数据已在哈佛燕京网公布，已有 500 人登录使用，每周点击量超过 2000 次。由于复旦大学禹贡网使用不便，并且需要由复旦承担下载费用，葛剑雄同意今后国内用户可以上哈佛燕京网，但要求贝明远提供用户名单。因 NEF 下一期基金是从 6 月开始的，明年 1—5 月将出现空缺,葛剑雄同意由复旦解决。准备邀请贝明远来复旦工作一段时间,但不能提供与哈佛相同的薪酬,只能按复旦的标准提供食宿费和津贴。施坚雅、Lavely 分别汇报了相关项目的情况,包弼德通报了收集辽宋金元人口数据的工作。

8 日上午十时四十五分,葛剑雄主持美国亚洲学会年会 CHGIS 分论坛,包弼德、满志敏、马克、Lavely 先后作主题发言。葛剑雄与包弼德介绍施坚雅,并邀请他作评论。在他评论后,葛剑雄向他致谢,并代表中国同人祝贺他 80 寿辰。在自由发言时,包曙明介绍他的中国数据系统,还有三位提问,葛剑雄回答了《中国历史地图集》与 CHGIS 的主要区别。

5 月 15 日,葛剑雄、满志敏、朱毅与来复旦短期工作的云南大学陆韧等三人商定,如能提供新的经费,贵州部分仍由云大承担,否则就在完成云南部分后结束。

17 日,安排好日前商定的事项,改定与云南大学的合同;改定与美方协议的预算表,加上国内出差费、购置宽幅扫描仪、贝明远来校期间的开支等。7 月 14 日,葛剑雄与满志敏议定致美方文件,按美方要求,每半年一份,列出本中心能承担的任务及提供的经费,打印签字后发出。

10 月 16 日,葛剑雄与满志敏会商福建省图,针对样稿中的问题,集中改地图,文字可重新编排,由满志敏录入交出版社即可。商定将政区文字改用同一黑色,界线加浓,插图字体改小,并当场在样图旁标明。2007 年 1 月 17 日,又与张修桂商定图上地名不用古今对照。

在样稿全部完成、形成数据文件、即将交印刷厂印制时,出版社才发现该印刷厂根本不具备印制数字化地图的能力,连相应的软件都没有。因此提出,能否由项目组完成全部印制准备,直接用数字化文件制作电子版。由于没有专用软件,电子版绝对不可能达到直接印刷的要求,而且项目组也没有这方面的实践经验。至此,分省历史地图项目就此夭折,完成过半的浙江省图终止。

2007 年 3 月,葛剑雄卸任复旦大学中国历史地理研究所所长、历史地理研究中心主任,出任复旦大学图书馆馆长,但仍负责主持 CHGIS 项目。

自 2003 年发布第一张数据光盘起,项目组陆续完成了三批数据,经贝明远整理加工后制成光盘,并在复旦禹贡网和哈佛燕京网同时发布。哈佛燕京网上这批数据,成为国际中国历史和相关学科研究者、研究生必查必用的资料,哈佛燕京网也被评为美国三个最受欢迎的人文类网站。

复旦大学历史地理研究中心与美国哈佛大学等合作的"中国历史地理

信息系统"项目网站,2008 年被评为由美国人文科学基金支持的人文科学优秀教育基金资源网站。国际合作项目 CHGIS 是将地理信息系统这种现代技术用于传统中国历史地理研究的一个重要实践,按照网络数据和 Web 地图的要求设计了数据模型和数据库关系结构,开发了基础数据地图浏览、地名查询界面。与基础数据相配套的是一个内容丰富的政区地名释文数据库,基础数据中的每一个地名,包括全部地名和空间定位的原始史料、研究结论和专家意见,以保存迄今为止中国政区地名的知识和对其认知。该合作项目在申请美国国家人文基金支持中,2005 年和 2007 年曾两度被评为优秀项目,予以优先支持。

CHGIS 项目管委会又争取到美国国家人文基金两年的资助,项目预定于 2008 年完成。但实际进度却越来越慢,大大落后于计划。

从客观上看,任何数字化、信息化的基础都是最低限度的原始资料,如一个地名的名称、方位、存在时间。通过充分研究,并采取一些技术手段,能够一定程度重构,并将模糊信息标准化,但绝对不可能无中生有。即使生出来了,由于得不到验证,毫无应用价值,也得不到承认。所以从项目的空间范围中剔除一些完全不具备信息基础的区域(如某些边疆地区),从时间范围中剔除一些缺乏基本信息系列的阶段(如南北朝的交界地区)是不可避免的。但由于对这些困难估计不足,存在过高的期望,耗费了时间和精力。

项目组成员年事渐高,到 2007 年,赵永复、王文楚、邹逸麟、张修桂都已年过 70,最年长的赵永复已 75 岁,钱林书也已 65 岁,难以维持正常的工作时间和效率。项目组也曾考虑外聘人员,但外院系和国内都找不到像他们那样具有历史地理研究基础又有编绘历史地图丰富经验的专门人才。

复旦大学中国历史地理研究所、历史地理研究中心作为教育部重点研究基地和承担 211、985 项目的"重中之重"科研单位,中青年承担着繁重的科研项目,争取项目、评奖、提升职称的压力很大,竞争相当激烈。虽然他们完全具备承担 CHGIS 工作的能力,但像这样旷日持久的集体项目无法给他们的年度或阶段性考核提供成果依据,也不会得到从国家基金、教育部到学校的各种评估、考核系统的承认,再加上根据当时的政策,作为在职人员,他们不能领取任何津贴,要他们利用已经很少的业余时间,长期无偿为项目奉献,当然不可能。所以,项目组只能组织辅助人员、职员编制的人员参加,或者招募研究生短期工作。

经费也越来越紧。本来学校承诺以 1∶0.5 配套,实际上从 2006 年开始就未再拨发,远未达到配套标准。项目的最大开支是人员的津贴酬金,开始几年因学校经费尚未下达,很多其他开支先在美方经费中报销。待校方经费下拨后,按规定不能支付酬金,即使有钱,也无法代替美方经费发酬金。2006年起国家规定以月收入1600元为个人所得税起征点,2008年提高至2000元,项目的月津贴都高于起征点。为不影响大家的积极性,由项目经费代缴个税,又增加了支出。

另外,作为项目技术方面的负责人,满志敏健康状况恶化,一度病危住院,只能由孙涛代理,或直接与贝明远联系。

2009年3月13日,包弼德致函葛剑雄、满志敏:

> 项目的最后一批基金资助期已尽。我们已经筹集了超过100万美元的资金,但原来希望三年完成的项目已延长到了八年。自从我们开始空间分析和历史地理信息项目以来,它们在学术界的地位越来越重要,我们研制CHGIS的决心和期望得到举世公认。
>
> 我们不得不对目标作若干约束:从公元前221年至1911年的整个王朝的空间缩小到"十八省",接受无法有效重构魏晋南北朝期间的政区地理的事实。这些减缩虽然不幸,但还是合理的。无论如何,我仍然认为CHGIS已经成为中国历史政区地理最权威的资源。
>
> 根据我的看法,我们无法认为合理的是,一个我们自己已经确定的比原来小的项目没有完成,以致我们无法应对美国人文基金的结项,这项资助是哈佛大学和复旦大学共同接受的。因此我们也无法出版CHGIS的数字化地图集,本来我们希望未来为CHGIS和复旦大学历史地理研究中心获得经费的源泉,并使我们能不断增加对中国历史研究有价值的空间数据。
>
> 你们一定明白,除非能发布并出售CHGIS的数据光盘,我们已经不可能为它筹集到更多经费了。下一步怎么办?想听到你们的建议。
>
> 最后一个问题是CHGIS与贝明远的工作合约已经期满,他将转入其他给他薪酬的项目工作。我能提供的唯一支持就是请其他项目允许作些时间交换,如让他整个四月间做其他项目的工作,而让他在五月间为CHGIS工作。但我们必须有严格的安排,保证到时他有现成的数据可处理。

在后面他列出两张清单,一是已经收到的数据,一是六项尚未收到的数据。他要求:我们需要知道,第一项数据何时能完成,谁具体负责。

这是无法回避的问题,但又是葛剑雄、满志敏一时回答不了的。如其中某项数据何时能完成,由谁负责,在落实到人、落实他的工作时间和效率、解决他在此期间的薪酬、保证他的工作条件之前,是没有办法回答的。而这些条件,有的必须得到本人和校方的明确承诺,有的是本人和校方也办不到的。

此后,葛剑雄与包弼德多次协商,确定以 2010 年 7 月为项目最终完成时间,但不包括 1911—1949 年的数据。

2009 年 8 月,教育部确定中国历史地理信息系统为参加国庆 60 周年成就展览会展示项目。为完成这一重大任务,又不影响项目的正常工作,确定借用 CHGIS 的名称和理念,主要采用 1820 年和 1911 年的数据,其他时间序列与数据格式不求相同,由葛剑雄组织团队完成。

2009 年裴宜理接替杜维明出任哈佛燕京学社主任,鉴于经费紧缩,要求不再持有 CHGIS 的国际版权。经多次协商,哈佛大学费正清亚洲研究中心同意接管。5 月 31 日,孙涛给贝明远发邮件建立联系,正式代替满志敏负责 CHGIS 数据的后续处理工作。10 月 5 日,包弼德拟订协议草案发给复旦。27 日,葛剑雄向校方请示,同时汇报项目工作:

一、关于与美方协议的说明

自 CHGIS 项目启动之初,我们与美方订过多次具体的协议,包括管理委员会成员达到的一致协议。其中有关该项目权利的规定是:复旦大学拥有 CHGIS 在中国的版权和一切权利,凡在中国的用户必须从复旦大学中国历史地理研究所的禹贡网上下载。CHGIS 的国际版权归哈佛燕京学社所有,凡在中国以外的用户必须从哈佛燕京学会的网站上下载。

当时商定将国际版权交给哈佛燕京学社,主要是考虑到该机构是一个独立的法人,与哈佛大学没有隶属关系,既有很高的学术信誉,又能为各方所接受。我们的考虑是,通过哈佛燕京学社拥有该项目版权的做法,有利于取得国际评价,获得国际资助,扩大国际影响。从此后的发展看,这些目的都已达到。

当时还规定,该项目的全部成果都应供全世界一切非商业性的用户免费下载和使用,对商业性应用则收费。对中国境内可能的商业性应用的授权和收益完全由我方掌握,只需向管理委员会通报。对在中国境外,即由哈佛燕京学社拥有的版权和权利的应用,需要管理委员会批准,对可能产生的商业性收益,主要用于资助复旦大学进一步的研制和开发。

自裴宜理接任哈佛燕京学社主任后,她明确表示不愿再拥有CHGIS的版权,据说主要是怕因此而承担可能产生的经费,而哈佛燕京的收入主要靠基金的收益,去年以来已有很大紧缩。为此,管委会曾讨论过由复旦全部拥有的方案,但考虑到这样做会失去国际上的优势和影响,故决定还是交给哈佛大学费正清中国研究中心,该中心主任已表示愿意接受。

由于费正清研究中心是哈佛大学的下属机构,为明确以往协议的实质,管理委员会特意签署这一协议,作为对以往协议的补充和具体化。新协议特别强调复旦大学的权利是 exclusive,即排他性的,任何第三方今后都不可能拥有这一权利,而复旦行使此项权利时将不受中国内外的影响。另一方面,费正清中心拥有的权利与原来哈佛燕京所有相同。管理委员会成员中中国占 3 名(复旦 2、北大 1),美国占 4 名(哈佛 1、华盛顿大学 1、加州 1、哈佛临时雇员 1)、澳洲占 1 名。由于委员会采取协商办法,我们完全可以做到使委员会尊重我们的意见,不做出对我不利的决定。

新协议涉及的数据与成果截止于明年 7 月完成的 CHGIS 首期,今后的成果(1911—1949)如何使用,将另行谈判。管委会在协议中所承诺的"支持"可以理解为继续寻求资助,但并不是一项具体的义务。协议明确复旦与费正清中心方面在系统基础上开发或附加的数据将不在协议范围之内。

二、CHGIS 项目开展的情况

此项目系于 2000 年与美国哈佛大学东亚系包弼德教授、哈佛燕京学社达成合作协议,由美方先后申请罗斯基金和美国人文基金,于 2001 年正式开始的。首期主要任务是研制一套自秦朝至清末的逐年的电子历史地图及相应的数据库,并分批在复旦大学禹贡网和哈佛燕京学社网站上发布,供全世界用于非商业性目的用户免费下载。

至目前为止,共获得美方资助 466.8 万人民币(汇入美元,随时折换为人民币)。学校原允诺一比一配套,由王校长签署证明送美方,实际配套 109.8 万。两项合计共 576.6 万元,目前尚余约 20 万元。

地图研制分省区进行,已全部完成江苏、上海、浙江、福建、台湾、广东、江西、湖南、湖北、安徽、陕西等省及 1911 年全图,广西、河南、山东、河北、甘肃、山西、云南大部分完成,内蒙古完成与山西相邻部分地区。北京市原委托北京大学,至今未见成果。贵州原委托云南大学,但已表示无力承担。山西委托太原师院,结果不够理想。

按原定计划及美方资助协议,明年7月底必须全部完成,除以上省区需全部完成外,尚需研制东北三省19世纪中叶至1911年,内蒙古、新疆、西藏、青海清嘉庆二十五年(1820年)图。如不采取特别措施,难以实现。

造成工作滞后的主要原因,一是研制人员基本都是退休或老年教授,随着年事渐高,工作效率不可避免地下降,而较年轻的人员既缺乏经验,又不愿参与此类长期、集体、难以显示个人学术成果的项目;一是合作的外单位或缺乏能力,或不守信用,但当时美方力促扩大合作单位,不便拒绝。

造成经费不足的主要原因,是校方未按协议配套。美元汇率下降、交纳个人所得税也是造成实际开支增加的因素。

为确保明年7月能全部完成,拟采取的措施有:

采取承包办法,核定酬金并在完成后一次性支付,使退休教授可采取灵活方式工作,在职教师可提高效率。

招募研究生承担辅助性工作,聘用必要的临时工。

适当简化部分研制内容,如允许对缺乏原始资料的区域和阶段保留空白(原有此规定,现拟略放宽掌握标准)。

因所需经费主要用于酬金及劳务费,对追加经费的用途尚需予以明确,以便到时支付。

校方批准了有关CHGIS国际版权的处理办法。2010年3月8日,葛剑雄以复旦大学图书馆馆长的身份,代表复旦大学中国历史地理研究所在协议书上签字。

5月6日,葛剑雄向包弼德通报最后阶段的工作状况:

CHGIS 详细进度:

广西(张修桂):一、二、三级政区释文、地图基本完成。

湖北(钱林书):一、二、三级政区释文和二、三级政区地图完成,一级政区地图一个月内完成。

山东(王文楚):三级政区释文和地图完成,缺一、二级政区。暂停。

陕西(王大学、徐建平)：一、二、三级政区释文完成,需作局部补充。

甘肃(段伟、邹怡)：一、二、三级政区释文基本完成,邹怡尚需补充。

四川(邹逸麟)：三级政区释文完成。暂停。

河北(傅林祥)：三级政区释文基本完成,进行中。

河南(赵永复)：三级政区完成一半。暂停。

山西(太原师院)：一、二、三级政区释文已完成,质量较差,需校改。

东北三省(傅林祥)：一、二、三级政区已完成,需校改。

云南(云南大学陆韧等)：释文与地图基本完成,需补充。

贵州(云南大学陆韧等)：进行中。

准备采取办法：

1. 原来由满志敏负责的后期数据处理,改由孙涛负责。满志敏近期将已在进行的部分移交给孙涛,孙涛处理完后分省发送。

2. 现阶段已暂停的邹逸麟、张修桂、赵永复、王文楚,准备与他们个别商量,根据他们遗留的工作量,采用承包的办法,确定一笔酬金,在完成后发给。他们可以在家中工作,时间由他们自己掌握,但今年之内一定要完成。如他们有困难,就另找他人。

3. 钱林书的工作一直未停止过,他在完成湖北省后,可帮助完成其他省。

4. 请将去年下半年的经费寄来(至今尚未收到),以便支付酬金。

5. 孙涛处理中遇到的问题,仍请满志敏在不影响休息的前提下指导,或者让他与贝明远直接联系求教。

6. 释文中遇到的学术问题,由葛剑雄负责解决。

6月8日,葛剑雄致函全体项目人员：

目前已是6月上旬,离原定基本完成的时间不到一个月,离最后结束的7月底也只有一个多月了。天气转热,且变换频繁,请各位珍摄。但我仍不得不请各位抓紧时间,使大家十年努力不至功亏一篑。因此,如遇到缺乏基本史料,或众说纷纭,或一时难以查清,可采取简化措施,或跳过这一年代,前后连接即可。在点与线之间,重点是定点准确,不得已时,线可忽略;二级政区的界线可不画,或沿用前一阶段的。释文也可简化,特殊情况下可做好记录(出处等),仅留结论。近日包弼德教授将来所,或遇各位或询及进度,可据实相告,然仍请明确以7月为完成期限。

6月14日下午,包弼德教授到2108办公室与葛剑雄谈了CHGIS未来发展的相关问题,明确复旦到7月底至少需要完成公元前221年到公元1911年的县级点的数据工作。

8月1日,孙涛如约将最后数据发给贝明远。由于附件太大,被哈佛的邮箱拒收。2日,孙涛按照贝明远的指示,将文件切割为三个数据压缩包,再次发出,提交至哈佛FTP服务器,同时上传到贝明远所在空间实验室一份。数据说明:本次数据共有三个压缩包,即GEOCHGIS.rar(内容是MApInfo格式的数据)、Tables.rar(内容是CHGIS数据表)、Layer_1911_Final.rar(内容是补充以后的1911年数据)。本次提交数据较以往有重大变化之处在于:一、补全了全国County_Point数据;二、涉及地域涵盖了有资料可查的地域;三、修正了原CHGIS_Final_Tables中PT_ID与PT_Note_ID对应错误的部分。

9月23日,贝明远给孙涛的信中谈及他在为V5版做数据转换的工作,预计9月29日完成,需要着手V5版的用户测试工作。10月19日和26日,贝明远发邮件给孙涛,求助网页中文翻译事项,孙涛作了回复。

2011年2月11日,所长吴松弟从美国给孙涛发邮件提到,他将在返回复旦后着手安排CHGIS扫尾的工作。2月12日贝明远与孙涛远程通话,商议具体的执行计划,并附上一份计划书文档。2月18日上午,孙涛与贝明远通过Skype电话讨论CHGIS扫尾工作细节,主要是完善地名数据。3月19日,孙涛向吴松弟汇报扫尾工作的工作量和时间安排,以三个月为工作期限。7月1日,孙涛分三个邮件将完成数据交贝明远。之后又对发现问题的地方进行修改。7月4日,孙涛再次将修改后的数据发给贝明远,数据正式命名为CHGIS V5,并在7月5日向吴松弟提交了扫尾工作薪酬情况的汇报,参与的同学有刘大伟、霍仁龙、吕朋、伍伶飞、郑俊华、张宁、王中。然而,9月7日前后的几次邮件中,贝明远都提到了目前数据集都不完整,希望有一个较为完整的历史空间结构,且可信度要高于维基百科。孙涛向他推荐了"中国历史行政区划简介""洪定国沿革表"以及时间方面的"中国历史朝代公元对照简表"。

2012年5月20日,包弼德教授来复旦,与吴松弟、满志敏、孙涛就CHGIS数据存在的问题进行商讨。此次商讨的会议备忘录,吴松弟在8月31日发给孙涛。其中,主要强调CHGIS项目由史地所出资,由满志敏负责在 2014 年 12 月 30 日前完成内地十八省没有完成的部分——河南、河北、山东的部分县，华北平原和四川的部分府界。

8 月 12 日，美国哈佛大学空间分析研究中心（代表哈佛大学费正清研究中心）与 CHGIS 管理委员会同复旦大学中国历史地理研究所签订 CHGIS 项目备忘录：

依据 2012 年 5 月 20 日上午在复旦大学中国历史地理研究所的工作讨论，双方对中国历史地理信息系统（CHGIS）乙方承担的工作中需要补充的部分，达成如下几点共识：

一、乙方需完成内地十八省没有完成的部分：河南、河北、山东的部分县，华北平原和四川的部分府界。

二、为了便于工作的进行，双方确定乙方：

1. 一般不写释文，但提供一个基本的资料出处。

2. 魏晋南北朝时期不做沿革和图面的表达，但依据资料情况，提供一些涉及政区制度、国家疆域变迁、重要地点的名称及今地的资料。

三、乙方用二年半的时间，在 2014 年 12 月 30 日以前全部完成上述工作。工作期间如发现问题，随时与甲方沟通和商议。

四、甲方尽量在工作上（不包括研究经费）给予帮助，同意及时对乙方的每批数据进行检验和审核，同意保持在线的地名，包括它们的新的数据。如产生下载的 GIS 数据集，则返回副本到复旦大学，张贴到网上。

五、双方补充工作时如发现仍有需要补充的内容，或有必要对某些已确定的内容进行修正，随时进行沟通和商议。

六、双方合作并共享权益的 CHGIS 的数据和地图所表达的最后年度，仍然依照原来的规定，为 1911 年。

甲方代表：美国哈佛大学空间分析研究中心主任、中国历史地理信息系统管理委员会主席包弼德（Peter K.Bol）

乙方代表：复旦大学中国历史地理研究所前任所长满志敏

复旦大学中国历史地理研究所现任所长吴松弟

复旦大学中国历史地理研究所现任副所长安介生

时间：2012 年 8 月 12 日

此后，CHGIS 项目的主管权由时任所长的吴松弟接管，吴松弟取代葛剑雄任管理委员会委员,葛剑雄保留荣誉委员名义。

2014 年 6 月 6 日,吴松弟群发邮件提及包弼德不再担任哈佛大学空间分析中心主任,希望史地所尽早完成剩下的数据工作。满志敏在 6 月 9 日回复吴松弟的信中称:"有关 CHGIS 目前正在做,政区聚落基本完成,目前就等做界线了。原计划今年下半年完成,估计应该问题不大。"

2015 年史地所领导班子换届后,该项目的实际负责人由新任所长张晓虹接任。当年 2—3 月,满志敏完成 CHGIS 的释文修订工作。6 月,路伟东将原来的地名查询系统修改为 php 代码,重新挂到网上。

2016 年 4 月 21 日,孙涛将新的一批 CHGIS 修改数据发送给贝明远。9 月 9 日,再一次将数据补充修正后发出。2016 年 11 月贝明远发邮件给孙涛,孙涛解释了新版数据的若干问题。2017 年 1 月 19 日,包弼德发来邮件,提到 CHGIS V6 的工作,以及之前葛剑雄收不到相关消息的事情。

2017 年 11 月,包弼德委托王宏甦与张晓虹、徐建平、孙涛一起讨论将原由哈佛大学费正清研究中心管理的 CHGIS 网站迁到复旦大学,以及中国历史地名查询系统(TGAZ)在复旦做镜像服务的问题。张晓虹在向复旦分管文科的校领导刘承功书记汇报后,得到校信息办的支持。2019 年 1 月,服务器申请通过,开始安装软环境。2 月,王宏甦通知史地所 TGAZ 最新数据已更新。3 月 2 日,贝明远群发邮件宣布退休。5 月 21 日,王宏甦协助史地所部署 TGAZ 服务,由实验室助管党荧做技术对接工作,并在 6 月完成 TGAZ 界面的汉化工作。2020 年 8 月,服务器申请漏洞安全测试,准备申请公网域名 tgaz.fudan.edu.cn。9 月 27 日上午,服务器通过漏洞安全测试,下午域名批准,tgaz.fudan.edu.cn 可以公网访问。

五、《中华大典》编纂

1992 年 9 月,中宣部在北京京西宾馆召开《中华大典》编纂工作会议,成立工作委员会和编纂委员会。葛剑雄应召出席,被确定为编纂委员会委员、常务委员。

《中华大典》是运用我国历代汉文古籍编纂的一部大型工具书,其目的是为学术界及愿意了解中国古代珍贵文化典籍的人士提供准确翔实、便于检索的汉文古籍分类资料。国务院在关于编纂《中华大典》问题的批复中指出,编纂《中华大典》"是我国建国以来最大的一项文化出版工程"。《大典》所收汉文古籍上起先秦,下迄清末,约三万种,达七亿多字,分为二十二个典,近百个分典,内容广博,规模宏大,前所未有。

《大典》的编纂采取编纂单位与出版社联合申报的办法。浙江古籍出版社和上海古籍出版社都有意出版《历史地理典》，遂与史地所联系商谈，经过多次讨论，达成联合申报的协议，上报《大典》工委会后获得批准。《历史地理典》由邹逸麟任主编，葛剑雄任副主编，由邹逸麟、陈桥驿、张修桂、周振鹤、赵永复、葛剑雄组成编委会，聘请史念海、陈桥驿为顾问。葛剑雄起草了《〈中华大典·历史地理典〉编纂条例》《各级人员的职责和权益》《资料费使用和稿酬发放办法》，由编委会通过。

1994 年 10 月 7 日至 9 日，《中华大典·历史地理典》启动会在杭州举行。《大典》工委会副主任兼办公室主任伍杰，浙江省委常委、宣传部部长梁平波，浙江省新闻出版局以及浙江、上海相关专家学者二十多人到会。会议讨论了《中华大典》组委会提交的三个文件，经逐项逐条认真修改后通过；确定《历史地理典》分四个分典——《历史地理总论》《历史人文地理》《历史自然地理》《域外历史地理》；确定了下阶段的工作安排和具体日程，择定有关书目作为资料辑录和分类的试样；计划力争在三年内分期分批完成编稿，在五年内出版。

会后，主编与分典主编、分典主编与总部主编签约，收集、复印资料和编纂样稿全面展开。为了达到提高质量和加快进度的目的，编委会在历史地理学界各单位招聘相关分典或总部的编纂人员或负责人。

1996 年 1 月 12 日，《中华大典》组委会在复旦大学召开工作会议，伍杰专程参加，浙江古籍出版社总编辑萧欣桥、编辑部赵一生，上海古籍出版社总编辑钱伯城、副总编辑魏同贤，江苏古籍出版社社长高纪言、总编辑黄希坚应邀到会。葛剑雄主持，伍杰讲话后，域外、自然地理、总论、人文地理四个分典和几个总部汇报各自进展和目前存在的问题，传阅样稿。13 日上午继续开会，钱伯城、魏同贤、高纪言、黄希坚就样稿发表意见，在此基础上讨论了对体例的理解和处理，着重讨论了省略号的运用和省略尺度的掌握。由于编纂人员对《大典》的经目、纬目结构以及在本典中如何运用仍难以理解和掌握，14 日上午的会上，葛剑雄在黑板上画出经目、纬目结构图，讲解相互关系，但大家对"综论"与"叙事"的区别争论激烈，最终才达成一致，然后一一议定各分典、总部的经目、纬目。葛剑雄布置会后工作，宣布对已拟定经纬目并完成样稿的总部预发 10% 稿费，资料费按每千字 3 元计，凭发票报销，或者计入稿费。伍杰讲话后结束。

上海交通大学出版社邀请葛剑雄主编《交通运输典》，在会议期间向伍杰汇报，并提出在经费下达前可先垫付启动费。伍杰同意办报批手续。3 月

1 日,葛剑雄拟订编纂《交通运输典》方案和编委、分典主编名单,由交大出版社上报。4 月 23 日上午,《交通运输典》启动会在交大教师活动中心召开。会议期间,葛剑雄与张天蔚签署协议书。葛剑雄主持讨论框架,大致明确各分典内容范围。

由于史地所承担两典的主要任务,工作量极大,加上原有和不断增加的科研任务,研究人员严重不足,除了招募退休人员和所外合适人员外,也由导师吸收博士研究生参与,组织硕士研究生做资料收集整理工作。

1997 年 2 月 21 日,葛剑雄赴京参加《文学典》样稿审定会。工委会主任李彦,副主任刘杲、伍杰,编委会主任任继愈,副主任席泽宗、程千帆(录音发言)、戴逸,常务编委刘乃和、马继兴、庞朴、葛剑雄出席。《文学典》首个启动,其样稿具有示范作用。但葛剑雄也发现,适于《文学典》的体例并不完全适于《历史地理典》和《交通运输典》。26 日,葛剑雄在所内传达北京会议并介绍全典的进展,要求 4 月底前各总部完成样稿,确有困难的应及早退出,以免影响全典进度。但由于学术骨干和中青年教师都忙于完成 211 项目,与《大典》相比,211 项目周期短,经费充足,结项快,个人成果明确,自然被列为首位。

《大典》经费不足的矛盾也日渐尖锐。为保证编纂质量,工委会、编委会都强调要选择原本、善本作为编校底本,而当时还没有古籍电子文本和数据库,只能复印。尽管由中宣部、文化部、国家图书馆等九个单位发文,要求所有图书馆必须向《大典》编纂人员开放并允许复印,还规定了各类古籍单页复印价格,实际连在国家图书馆复印都得不到执行。很多古籍根本不许复印,能够复印的收费也远远超出规定。每千字 3 元资料费是根据最终采用的字数计算的,但复印量往往是采用字数的很多倍。随着物价的上涨和正常收入的相应提高,原定的稿酬标准每千字 15 元(含资料费与各级编审费)已毫无吸引力。由于研究生的古文底子普遍较差,做辅助工作效率不高,在电脑上文字录入也因为对繁体字、异体字不易辨认而缺乏积极性。工委会规定主编要审阅 30% 编稿,为保证质量,主编实际审稿量远超规定。面对动辄数百万字的编稿,主编穷于应付。尽管工委会、出版社一再催促,编委会千方百计采取措施,并通过 211 项目经费给予一定补贴,但所有原定计划都一再延期。

1998 年 6 月 13 日,在浙江莫干山召开《历史地理典》工作会议,根据样稿具体讨论编纂与点校通则,会后向编委会、工委会提出意见:

编委会、工委会：

本典在试样和编纂工作中，发现《大典》"编纂通则"和"校点通则"有个别地方不尽合理，或不适应本典的需要，建议予以修改，特上报如下：

一、"编纂通则"3 正文：各级纬目的内容，一般以所收辑的原书为单位，按时代顺序排列。从本典实际看，同一纬目中往往有并列的不同项目，如分论一般按地区划分，不可能以原书为单位收录，只能将原书内容分别录入各地区。建议在此条后增加，也可以按类型（事类）收辑。

二、"编纂通则"4 书目，朝代名标注。元以前应加蒙古（1271 年前），因蒙古已于 1234 年灭金，而元朝尚未建立。如无蒙古，这 37 年间在其统治区的著作无法标注朝代。

三、"校点通则"2 规定以方括号补入脱文，7 规定了对省略内容的处理方法。但实际上有两种既非脱文，又不宜用省略符号的情况：一是时间或地点的全称在原文中往往很远，如洪武十四年四月十二日，原文中的年号、年份、月份、日期都不连接，按目前规定只能写为：洪武（略）十四年（略）四月（略）十二日。如能将洪武十四年四月用规定的符号补在"十二日"之前，效果会更好。地名亦有类似情况，一是原文中的人名、地名用简称或代词，而在句子中又作宾语或状语，不可能用注"略"的方法补全，而如果不补入必要的内容，读者又无法理解或引用。如：乃降授（丁）谓太子少保，分司西京，并罢（任）中正，出知郓州。其中的"丁""任"二字就不可能以（略）的方法出现，但如不补入，资料价值就大受影响。因而建议采用以下三种办法：

1. 在不宜用（略）符号连接，但又不是照录原文的情况下，如时间、地点、数字等与事件之间，可用空一格表示。例如：洪武十四年　四月十二日；河南　开封；夏　六月　大雨。

2. 必要的补字，以 [ ] 号补入。如乃授 [丁] 谓太子太保，分司西京，并罢 [任] 中正，出知郓州。又如：渭至 [雷] 州。

3. 有较多文字删节，又不影响内容的理解和文字的连贯时，仍用（略）符号。

四、引书出处规定中未提及《后汉书》十志的标志法。十志实为《续汉书》的一部分，建议标为《续汉书·郡国志》，不作《后汉书·郡国志》。

五、引书出处规定《新唐书》中的"藩镇魏博"等标作《新唐书·藩镇传·田承嗣》。考虑到藩镇传有五卷,传主六十余人,仅列传主名仍不便查找或引用,建议改为《新唐书·藩镇魏博·田承嗣》。但藩镇合传可只列传主所属,如《新唐书·藩镇淄青·李正已》(不作藩镇淄青横海)。

六、引书出处规定将《三国志》中的"魏书""蜀书""吴书"一律标作"志","三嗣主纪"改标为"传",实际已改动了原书标题,缺乏科学性,建议仍用"书"和"纪"。

七、《宋会要辑稿》因内容繁多,在篇名下往往还列有二级数字,如××三之八。为便于查找,建议照原书录入。

八、总集、别集中诗、文都有题目过长的可能,有时题目比引文还长。建议凡题目超过一行者都应简化,或用前面几个字,或按习惯简化。但碑、传、铭等必须保留传主姓名或补全姓名(据原文无法补全者除外)。

九、一般读者对别集作者大多不了解,建议除书名已包括作者姓名者以外,均加作者名。

十、有的书籍卷次、卷数因版本而异,建议引用时应严格按照所采用的版本。

十一、所引资料汇编,有时卷帙浩大,建议必要时可出现三级标目。

十二、明清方志有在同一年号中有两种或三种者,仅加年号尚不足以区别,建议凡同一年号有两种或两种以上者应加具体年数(可以《中国地方志联合目录》为准)。

十三、考虑到本典的地理特点,拟将纬目中的"综论"和"论述"改为"综论"和"分论",并要求在任何一级纬目中都必须有此两项,其余各项则可视实际需要而定。

以上意见妥否,请尽速批示。

《历史地理典》编委会

一九九八年六月十六日

考虑到全典的完成遥遥无期,于是确定集中力量于《域外分典》,力争二三年内完成。简报上报后,《大典》办公室要求改为"二年之内"。

12月3日,《历史地理典》工作会议在复旦史地所召开,重点讨论《域外分典》。葛剑雄主持,全体编委(陈桥驿由侯慧璘代表)到会,萧欣桥、魏同贤、钱伯城、高纪言、黄希坚应邀参加。《域外分典》主编赵永复汇报情况,针对资料剪辑的困难,预定了两套经纬目设置和编排方案。出版社的专家充分发表意见,认为《域外分典》遇到的困难也是其他典都面临的,最突出的矛盾是如何将古籍中的原始资料纳入现代学科分类。编委与其他分典主编结合本身情况,认为如不作适当变通,这一矛盾无法解决。但如何变通,各典、各分典、各总部情况各异,只能在原则规定下灵活解决。最后决定采用比较容易实施的第一方案,最终出版的《域外分典》即按此设置编排。

至1999年1月,各分典、总部大致按规定时间陆续交稿,但由杭州大学承担的《自然地理分典》的样稿一直未交。经核查,发现编纂人员复印或抄录了大量资料,但大多与主题关系不大,而编纂人员都来自地理系,不懂历史地理,也不能正确理解古文。编委会建议萧欣桥向伍杰汇报,尽快采取措施。

交大出版社催促《交通运输典》的启动,但经请示伍杰,工委会考虑到《大典》总的进度很不理想,重点抓好已经开编的各典,尽快出成果,不希望扩大新典,所以一直没有下达任务和经费,只能暂缓。

9月25日至27日,《历史地理典》编务工作会议在杭州召开,葛剑雄、萧欣桥轮流主持。除全体编纂人员外,浙江古籍出版社资深编辑、校对,杭州大学中文系古典文献学教授参加。会议讨论了重要书目的替换、底本异同、引用格式、编排次序、同一分典或同一总部内容重复、必要的校勘、补充文字、篇名和标题的处理、标点的一致、书名号与专名号、使用引号的原则、抄录资料的核对、不同版本的统一、异体字处理、避讳字处理等问题,并做出相应决定;还讨论了各级主编职责、审稿和复核要求、批改处理、编稿编码、交接手续等;确定年底为《域外分典》预发稿费,并适当提高标准,重申交稿日程表与应完成的百分比。

10月28日上午,中宣部和国家新闻出版总署在人民大会堂召开《中华大典·文学典》首发式,葛剑雄赴京参加。中宣部部长刘云山、副部长龚心瀚,国家出版局局长于友先,工委会主任李彦、副主任伍杰,编委会主任任继愈、副主任戴逸、席泽宗、程千帆(代表),相关各省出版局、出版社、高校或研究机构负责人,各典负责人出席。下午由伍杰主持座谈会,葛剑雄建议通过教育部采取加强措施,推动各高校的编纂工作。此后教育部发文,《中华大典》等同于国家社科基金重大项目,应纳入评奖、评定职称、工作量考核范围。

12月起,《域外分典》的编稿分批交浙江古籍出版社。

2000年2月16日,萧欣桥来电建议再增加人员,并提出某人的编稿问题颇多,应由他人校阅。4月10日,收到《大典》编委会主任任继愈的催稿函。葛剑雄与学校商定以基地建设经费进行补助,编纂加快进度,并向秦绍德书记反映。16 日,葛剑雄回复任继愈,已请学校大力支持,编纂人员尽力而为,但难以创造奇迹;又请工委会解决杭州大学《自然地理分典》所面临的难题,以免影响全局。20 日,萧欣桥与江兴祐来所,与葛剑雄、邹逸麟、赵永复、朱毅商定三项:由赵永复排出《域外分典》目录,以便确定编排次序;编委会负责安排专人通审,防止误标;请杭州大学交稿,否则请工委会决定撤销其资格。

6 月 5 日,有分典主编要求退出,经请示伍杰,必须退还已支经费,今后作为规定。

7 月 14 日,萧欣桥来电,杭州大学编稿人员已送去现有材料,数量很多,但都未加工,现答允在明年及后年内完成。葛剑雄要求年内必须交出样稿,以便判断是否有继续的必要和可能。10 月 11 日,萧欣桥来所,与邹逸麟、葛剑雄、赵永复、傅林祥商定校改办法,决定请研究生核对原书,可按每千字 10 元付酬。但如工委会不另拨经费,其他分典的编纂工作将无法开展。18 日,萧欣桥、江兴祐又来所与邹逸麟、赵永复、苏松柏、傅林祥商议校样审读问题。

10 月 22 日,葛剑雄应召去北京《大典》办公室汇报工作,李彦、任继愈、伍杰听取汇报,办公室副主任赵含坤、萧欣桥参加,浙江省出版部门负责人未能到达。葛剑雄在汇报工作后提出,《大典》工作陷入困境的主要原因是一开始对工作量和困难估计不足,经费严重不足,且难以为继,建议上报国务院重新立项,并大幅度增加经费;杭州大学的问题也要及时解决。伍杰要求《域外分典》必须在明年出版,可按每千字 30 元发稿费;准备发文撤销杭州大学的编稿点。李彦介绍向有关方面汇报的情况,并提醒近期副总理李岚清或中宣部部长丁关根可能会过问《大典》编纂进展情况。伍杰提出,如同意《交通运输典》启动,必须由葛剑雄任主编。

2002 年 9 月,葛剑雄与傅林祥商定《域外分典》的收尾工作,安排集中统一引书格式。11 月 26 日,萧欣桥等来所商议《域外分典》编校后期工作。27 日,邹逸麟拟定《历史地理典》前言,与葛剑雄商定编委名单。

2003 年 6 月,开始校阅《域外分典》清样,发现错字大多出于繁简转换。因限于经费,尽可能减少复印量,字数少的材料允许抄录,非冷僻罕用字允许抄简体,而排印时需要转为繁体,导致错误。8 月 3 日,确定分典主编与编者须看全部校样,邹逸麟抽阅全部页码末位数 1 各页,葛剑雄抽阅全部页码末位数 6 各页。

8 月 7 日,交大出版社张天蔚获悉《大典》即将重新论证启动的消息,向葛剑雄表示,只要经费落实,仍愿承担《交通运输典》。

8 月 10 日,《大典》工委会在北京召开论证会,邹逸麟、葛剑雄赴京出席。国家出版局、中宣部、财政部领导与李彦、任继愈先后讲话,要求到会专家与各典主编、出版社领导认真讨论,明确《中华大典》的意义和价值,是否有必要二次启动,需要哪些保障条件。财政部副部长特别强调,究竟还需要多少经费,应该充分估算,考虑到物价和人力成本的上涨,须留有余地。11 日下午是各典讨论下阶段工作并报经费要求,武汉理工大学席龙飞参加《交通运输典》的讨论。

8 月 14 日,萧欣桥来电商定《域外分典》书名事宜,因原定条例与样校中有"域外分典"与"域外历史地理分典"两种,现统一为《历史地理典·域外分典》。商定 9 月 10 日交稿。

10 月 7 日,张天蔚来电询问论证会结果,再次表示希望能出版《交通运输典》。

10 月 14 日,工委会和编委会在北京召开《域外分典》验收会,李彦、伍杰、任继愈、赵含坤、马继兴、刘家和、庞朴、徐忠良(浙江省《中华大典》办公室主任、浙江古籍出版社总编辑)、萧欣桥、江兴祐参加,任继愈主持。葛剑雄汇报,赵永复作补充,徐忠良汇报出版社方面情况,萧欣桥、江兴祐略作补充。宣读未到会专家李学勤、瞿林东、戚志芬的书面意见,马继兴、刘家和、庞朴发表意见。伍杰同专家的意见认为,基本上已达到出版要求,专家提出的具体意见能改就改。任继愈提出再找一两位专家通读一遍,精益求精。伍杰要求汇报其他分典的情况,葛剑雄表示,《总论分典》尚无什么大问题,只要经费落实,有文件明确《大典》分典项目的归属和等级,就可以继续完成。至于《人文地理》和《自然地理》两个分典,如果实在没有人愿意承担,也可以自己承担,但必须保证经费充足并有自主权。会后葛剑雄与徐忠良、萧欣桥、江兴祐商议,目前国内找不到这样的专家来通读全书,只有等校样出来后集中人员一起翻阅改写,然后报告工委会获取准印文件。

2004 年 1 月,《历史地理典·域外分典》由浙江古籍出版社出版。按《中华大典》统一装帧,精装 3 册,620 万字。主编:赵永复、傅林祥;主要编纂人员(以姓氏笔画为序):许勇、苏松柏、吴佳新、何凤瑶、赵永复、黄国荣、傅林祥。

4 月 19 日,收到《大典》办公室发来的简报,包括《域外分典》在内的《中华大典》已出版成果呈送温家宝总理获得批示。7 月 16 日,浙江古籍出版社社长、财务科科长与江兴祐来所,与葛剑雄商定该分典相关预支经费结算办法,核定并签发各人应得稿费。

2006 年 4 月 20 日,葛剑雄获悉《大典》将重新启动。5 月 29 日,葛剑雄赴京出席重新启动会议。当晚葛剑雄在京西宾馆与伍杰、张天蔚商定,《交通运输典》由葛剑雄主编,上海交大出版社出版。稿费(含资料费等开支)每千字 60 元,为避免资料费扣缴个人所得税,可采用向出版社报销方式。因萧欣桥已退休,魏同贤、钱伯城希望将《历史地理典》转至上海古籍出版社出版,请葛剑雄向任继愈、伍杰争取。30 日上午重启大会召开,国务委员陈至立讲话,《大典》工委会主任于永湛汇报 2006 年工作,戴逸、陈崇武(中国社科院历史研究所所长)、葛剑雄、席泽宗等发言。席泽宗指出,虽然经费已大幅度增加,但归作者所得还是太少,无法组织到合适人员,建议将稿费部分提高到每千字 100 元。任继愈讲话,强调《大典》应与《清史》采取同样办法,享有同等待遇。财政部部长助理讲话,对经费的拨发和使用作了说明。

6 月 21 日,接《大典》工委会通知,《历史地理典》由西泠印社出版社出版。江兴祐已调该社任总编辑。

7 月 12 日,伍杰、张天蔚与葛剑雄签署《交通运输典》的三方协议。17 日,葛剑雄填写申报表,由学校盖章后报《大典》办公室。31 日,西泠印社出版社来电告知,伍杰已通知由该社出版《历史地理典》,由葛剑雄主编,总字数不变,先交《总论分典》。8 月 5 日,江兴祐等三人来所,与葛剑雄签署协议书,商定经费标准与支付办法按交大出版社《交通运输典》的合作方式。与浙江古籍出版社未了事务,均由西泠印社负责处理。

9 月间,经复旦资产处批准,在光华西楼 22 层设立一间《大典》工作室,聘用一位毕业研究生和一位教师家属处理日常工作,另外在研究生中招募资料收集和处理的辅助人员。由于经费要转入学校账户,以后又要从中支付稿费,将工委会批文、与两家出版社签署的协议书上报学校社科处和财务处,经校长批准后,葛剑雄与财务处处长林学雷签署经费支付办法备忘录。

10 月 20 日,伍杰、江兴祐商定,《总论分典》应在明年年底出版,所以必须在 7 月底交稿,从年初开始分批交。21 日,《中华大典·历史地理典》启动发布会在杭州召开,于永湛局长,杭州市委副书记叶明,杭州市委宣传部部长张鸿建、副部长魏皓奔,伍杰,西泠印社出版社社长江吟等人参加。魏皓奔主持,于永湛颁发立项书,张鸿建讲话,江吟介绍情况,葛剑雄介绍《历史地理典》和史地所情况、回顾启动以来工作、说明《大典》的作用和意义,于永湛讲话,葛剑雄回答媒体提问。

两典重新启动后,工委会一直催葛剑雄上报编委会名单。葛剑雄鉴于前几年编纂工作的教训,建议目前对编纂人员只安排具体工作,到工作完成后再根据各人的实际作用和贡献确定编委及分典、总部主编名单,使编委会名副其实,也有利于调动全体编纂人员的积极性,得到工委会同意。最终有青年教师、在读博士研究生当了《历史地理典》和《交通运输典》的编委、分典主编。《历史地理典》编委会(2007 年后)调整为:主编葛剑雄,编委(以姓氏笔画为序)王大学、巴兆祥、安介生、葛剑雄,学术秘书朱毅、孟刚。

2007 年 5 月起,《总论分典》分批向出版社交稿。9 月 21 日,葛剑雄赴京参加《医药典·药物图录》审稿会,在结束前提出,1912 年前外国人来华用文言写的行记在中国境内部分应收入《交通运输典》中交通路线和行记部,得到任继愈和其他编委、专家的赞同。

《中华大典》确定的编纂原则是,"同时参照现代科学的学科、目录分类方法,并根据各类学科内容的实际情况,一般将每一大类学科辑为一典,也有将几个相关学科共辑为一典的。对各典名称,均以现代学科命名,对于所收入的各种古籍资料,亦尽可能纳入现代科学分类体系中"。所以一开始组委会通过的《历史地理典》的设计框架就是按历史地理学的分类,设计了《总论分典》《人文地理分典》《自然地理分典》三个分典以及一个按空间划分的综合性的《域外分典》;另外,在分典以下也按学科分支设计各总部,如在《人文地理分典》下设置疆域、政区、经济、人口、交通、城市、文化、民族、宗教、城市等总部,在《自然地理分典》下设置地貌、植被、水分、水系、山脉、海岸、气候、灾害等总部,在《总论分典》下设置综述、理论总部。但开始收集资料后就发现,这样的设想完全脱离实际,并且根本无法操作。

由于首先编纂和出版的是《域外分典》,情况特殊,只要以地域划分总部,没有遇到什么矛盾。到二次启动其他三个分典全面展开时,这一编纂原则就成了难以逾越的障碍,不可调和的矛盾。

中国的传统文化中只有沿革地理,历史地理学是一个新学科,是现代地理学的分支。传统典籍中并没有多少符合历史地理学的直接资料,都需要由历史地理学者加以整理、分析、论证、推断才能成为历史地理研究的根据,其结论是研究者新得出的,不可能直接见于典籍记载。《大典》的编纂是直接辑录原文,编者不加一字,而如果将这些原始的、间接的、零散的资料辑录出来编在一起,很难反映历史地理的真实内容。

历史地理的任何内容都是建立在特定的空间基础上的,但原始资料中绝大多数是没有具体位置或空间范围的记载,体例不允许编者加上自己的判断或者考证结果(实际也不可能做到),如将这些资料辑录汇编,完全体现不出历史地理的空间特点。又如，历史地理中只有人口地理分支，但传统典籍中只有户口统计数；人口地理以人口为基本计量单位，但传统典籍中只是赋役单位。进行历史人口地理研究时，研究者需要将户口数、赋役单位转化为人口数或人口指标，而《大典》编纂只能直接用户口数、赋役单位或对这些数据的论述，将它们纳入历史人口地理总部，不仅不伦不类，而且会误导读者。

二次启动后，其他各典全面启动，又遇到了资料归属和重复问题。除《历史地理典》外，《大典》还设有二十一个典，几乎将历史人文地理和自然地理的各个分支都覆盖了，有的是完全重合的。葛剑雄主编的两个典中就有《交通运输典》，与《人文地理分典》中的《交通地理总部》完全重合。同一个主编还可以自己协调，与其他主编之间只能事先分配，如《自然地理分典》中的内容大部分该收在《地学典》，《植被总部》的内容大多应收在《林业典》《生物学典》，《人文地理分典》中的《军事地理总部》完全包括在《军事典》中，《经济地理总部》的内容分别见于《农业典》《林业典》《工业典》，《宗教地理总部》无法在《宗教典》以外找到更多材料。

为此，经过反复讨论，多次推翻已定方案，最终在《总论分典》中撤销了《理论总部》；撤销《人文地理分典》，改为《疆域政区分典》；撤销《自然地理分典》，改为《山川分典》。又经多次汇报解释，终于得到《大典》工委会、编委会批准。但第一阶段花费了大量人力和经费，已收集整理的资料基本报废，进度不得不推迟。

随着资料的积累，又发现疆域部分不仅资料有限，而且用辑录古籍的办法正确理解历史上的中国疆域，政治上于国家不利。古籍中的疆域不等于今天的国界或边界，古籍中的"中国"不等于今天的中国，宗藩体制下的归属不等于今天的国家主权。即使汉唐盛世，正史中对疆域的叙述也往往只限于设置郡县的范围；称某地"不属中国""不通中国"实际仅指该地与中原王朝的关系，却明显授人以柄。唯一的处理办法是删除疆域部分，《疆域政区分典》最终改为《政区分典》。

《交通运输典》原来的设计方案也是按照学科体系制定经目，但因停顿多年，并未实施，所以避免了损失。在《历史地理典》的分典与经目重新设置后，《交通运输典》也重新设置为《交通路线与里程分典》《驿传制度分典》《交通工具与设施分典》三个分典。

为做好后期编校工作，2014年聘用毕业博士研究生马雷为专职编校，协助主编审稿。交大出版社聘请马雷审核校样。

《历史地理典·总论分典》于 2012 年 4 月由西泠印社出版社出版,精装 3 册,562 万字。主编:钱林书、巴兆祥、安介生。其中,《著作总部》主编为钱林书,《人物总部》主编为安介生,《方志总部》主编为巴兆祥,《地图总部》主编为葛剑雄。

《历史地理典·政区分典》于 2017 年 5 月由西泠印社出版社出版,精装 7 册,1480 万字。主编:葛剑雄、马雷;主要编纂人员:马雷、王大学、孟刚、马孟龙、鲍俊林、胡列箭、张宁、郭永钦、位书海、张靖华、俞德斌、江培燕、叶江英、魏玉帅、赵龙琨、段然。

《历史地理典·山川分典》于 2017 年 6 月由西泠印社出版社出版,精装 2 册,430 万字。主编:傅林祥;主要编纂人员:马雷、位书海、朱波、张力、叶江英、苏婷、范宇杰、朱柳宇、甄嘉宝、梁雨琦、侯晨、许鹏程。

《交通运输典》主编:葛剑雄;副主编:傅林祥;编委(以姓氏拼音为序):傅林祥、葛剑雄、霍仁龙、路伟东、马雷、王大学。

《交通运输典·交通路线与里程分典》于 2017 年 9 月由上海交通大学出版社出版,精装 2 册,332 万字。主编:葛剑雄、傅林祥;主要编纂人员:马雷、位书海、俞德斌、江培燕、叶江英、魏玉帅、赵龙琨、段然、王亮、曹鑫、季忠平。

《交通运输典·驿传制度分典》于 2017 年 9 月由上海交通大学出版社出版,精装 2 册,371 万字。主编:傅林祥;主要编纂人员:吴佳新、许勇、俞德斌、江培燕、位书海、叶江英、魏玉帅、赵龙琨、段然、薛文赫、范宇杰。

《交通运输典·交通工具与设施分典》于 2017 年 9 月由上海交通大学出版社出版,精装 2 册,449 万字。主编:路伟东、王大学、霍仁龙;主要编纂人员:霍仁龙、路伟东、田仁琼。

《中华大典·历史地理典·域外分典》出版后,得到了学术界的好评,获第十四届浙江省树人出版奖、第八届华东地区古籍优秀图书特等奖、第二十一届浙江省版协优秀图书奖一等奖。《中华大典》工委会将本书和《中华大典》其他已出部分呈送国务院及有关部门,温家宝、李长春、刘云山、陈至立等中央领导同志阅后做了重要批示,充分肯定了《中华大典》的工作。

六、《历史地理》编辑与期刊申请

《历史地理》创刊号出版后,国内外学术界反应很好,中国图书馆进出口公司将其列为对外发行和交流刊物,每辑都有 400—500 册。但因不是定期出版的刊物,无法预订,影响了正常发行流通。

对第二辑的稿了,谭其骧仍逐篇审定。当时有不少学者将自己的论文寄给谭其骧求教,如发现有价值的论文,谭其骧就推荐给吴应寿、张修桂。1982 年 12 月,《历史地理》第二辑出版。

从 1983 年 3 月 7 日至 10 日,谭其骧审完第三辑的稿子。但到 11 月付印前刘伯涵又提出了一些问题,12 月 1 日,谭其骧与吴应寿、张修桂讨论解决问题。1984 年 2 月 22 日刘伯涵送来第三辑的清样,谭其骧在 4 月间校完。第三辑的版权页上印的出版时间是 1983 年 11 月,实际印出已是 1984 年 7 月。

3 月 2 日,瞿宁淑专程来商谈《历史地理》出版脱期的难题,他建议谭其骧向市委宣传部部长王元化汇报。11 日谭其骧去王元化家,未遇,留下张修桂写的有关情况,又写了一张纸条,要求至少在年内出版第四辑。实际上第四辑一直到 1986 年 2 月才出版。虽然以前三辑都已供不应求,但第四辑也只印了 4600 册。

1985 年 5 月 17 日,谭其骧排定《历史地理》第五辑的目录,到 31 日审完全部稿子。6 月 5 日,谭其骧与邹逸麟商议调整组委会名单,因韩儒林、方国瑜已逝世,各单位的负责人和学术带头人也有了变化。他们商定了从第五辑起新的编委会名单,报地理学会审批。

8 月 26 日至 27 日,历史地理专业委员会会议在北京北师大招待所举行。会前谭其骧提出《历史地理》的出版经费问题,但瞿宁淑表示学会无法资助。会议决定谭其骧继续担任《历史地理》主编,侯仁之、史念海改任顾问,新任专业委员会主任、副主任任副主编,编委增加陈得芝(南京大学)、邓锐龄(中国社科院民族所)、尤中(云南大学)、张丕远(中科院地理所),增加王文楚为常务编委。在第五辑公布的编委会名单如下:

　　主编:谭其骧
　　副主编:陈桥驿　邹逸麟　钮仲勋　于希贤
　　顾问:侯仁之　史念海
　　常务编委:吴应寿　张修桂　赵永复　王文楚
　　委员(以姓氏笔画为序):马正林　于希贤　尤中　王文楚　邓锐龄　吴应寿　张丕远　张修桂　陈桥驿　陈得芝　邹逸麟　赵永复　钮仲勋　谭其骧

谭其骧为了增加《历史地理》的出版经费,又与高德联系,提出在《历史地理》上辟专栏刊登有关《中国历史地图集》的文章,每期从历史地图编绘经费中资助 2000 元,但最终没有落实。10 月 9 日,谭其骧又向复旦大学副校长邹剑秋要求,用改绘杨图积余的经费补贴《历史地理》。邹原则上同意,要求提出具体数字。11 月 9 日,谭其骧与上海人民出版社的叶亚廉和刘伯涵商议,请出版社提出每期要求补贴的数额。但出版社提出的金额与校方差距很大,直到 1986 年 2 月还未达成协议。

当年 2 月 25 日经谭其骧向中国地理学会申请后,中国科学技术协会给中国地理学会答复,其《同意〈历史地理〉改变刊期的批复》文件([1986]科协发学字 054 号)如下:

同意《历史地理》改变刊期的批复

中国地理学会:

　　你会(86)地理会发字 004 号文收悉。同意《历史地理》期刊由年刊改为半年刊。

一九八六年二月二十五日

事实上,因经费困难,导致另一个矛盾更加突出。经过长期积压和冻结,很多中青年学者急于申报、提升职称,但投送《历史地理》的稿子虽被录用却因脱期而不能发表,无法作为成果进行申报,往往因此而误了一轮评审。当时职称评审尚未经常化、制度化,误了一轮有时就等不到下一轮,造成终身遗憾。经常发生作者一再催问甚至因此而与编辑部发生争执、冲突的现象,有些质量高的稿子作者就改投定期刊物。为此,谭其骧一直与出版社交涉,但 1987 年 1 月 11 日刘伯涵告诉他,除非将《历史地理》申请为期刊,否则只能作为书籍出版,出版时间肯定快不了,更无法保证。《历史地理》第五辑至 9 月出版。

11 月 12 日,《历史地理》编辑出版工作会议在复旦大学召开,复旦大学谭其骧、邹逸麟、吴应寿、张修桂、王文楚、赵永复,上海人民出版社郑维淑、叶亚廉、刘伯涵等,新华印刷厂代表二人,新华书店代表一人参加。会议达成协议,今后每辑由复旦大学购买 2000 册,编辑部交稿做到齐、清、定,出版社及时处理发稿,按时印刷出版,确保每年一辑,争取每年二辑,新华书店做好发行。11 月 16 日,谭其骧去无锡参加纪念徐霞客的活动,向瞿宁淑提出,今后每辑由地理学会包销 500 本,得到同意。但协议并未完全落实,《历史地理》第六辑到 1989 年 1 月才出版;第七辑的二校样到 11 月才排出,1990

年 6 月出版。

因为第九辑是"庆贺谭其骧先生八十寿辰专辑",复旦大学预定在 1990 年 11 月召开国际学术讨论会,必须在此前出版。经过努力,第八辑在 7 月出版,第九辑在 10 月出版,这一年共出了三辑,创造了空前绝后的纪录。专辑首栏刊登了谭其骧先生简历、著作目录,发表了中国地理学会历史地理专业委员会的贺信、中国史学会副会长林甘泉研究员的贺信和邹逸麟的文章《一丝不苟 精益求精——学习季龙师的工作态度和治学精神》。但第十辑就推迟到了 1992 年 7 月才出版,此时已是谭其骧弥留之际,没有能看到这一辑,更没有看到他生前已经审阅过部分稿子的第十一辑。

谭其骧去世后,编委会作了重大调整,刊登在第十二辑(1995 年 8 月出版)上的名单如下:

顾问:侯仁之 史念海

主编:陈桥驿 邹逸麟

副主编:张修桂(常务) 钮仲勋 于希贤

常务编委:王文楚 周振鹤 葛剑雄 辛德勇

编委(以姓氏笔画为序):马正林 王守春 尹钧科 史为乐 司徒尚纪 冯季昌 朱士光 朱毅 刘盛佳 张丕远 张步天 李并成 陈得芝 林汀水 林超民 韩光辉

1996 年第十三辑出版时,又增加了编委周魁一(水利部水科所)。

1998 年第十四辑出版时,副主编改为张修桂(常务)、于希贤(北京大学)、朱士光(陕西师大)、王守春(中科院地理所),王文楚不再任常务编委,陈代光(暨南大学)、陈伟(武汉大学)、李志庭(杭州大学)、李孝聪(北京大学)、侯甬坚(陕西师大)、胡阿祥(南京大学)、钱林书(复旦大学)、郭声波(四川大学)、蓝勇(西南师大)替换了部分已退休的编委。

发表在第十四辑上、由编委朱毅编撰的文章《〈历史地理〉集刊在反映学科发展和实践中的作用》,总结了创刊 15 年来的成绩和影响:

自 1981 年创刊至 1996 年,已出版了十三辑(前十一辑由谭其骧先生主编),刊登学术论文 356 篇,总计约 510 万字。由于集刊的主旨以发展和繁荣学术为目的,在海内外学术界获得很高的评价。据统计,《历史地理》每辑有 400—500 册发行到海外及中国台湾、香港。在美国有关大学图书馆里，《历史地理》已成为学者们关注的刊物。美国斯坦福大学教授、前亚洲学会主席施坚雅称其为"第一流的刊物"，不少论文被国外学者定为博士研究生必读材料，并被广泛引用。中国台湾一位学者说："《历史地理》我每期必看，甚至每篇必看。"中国香港学者许冠三在《新史学九十年》一书中，称"《历史地理》素质之高，更非一般学报所能比拟"。美国、日本、德国一些学者看到集刊后，纷纷介绍给他们的同行。还有不少海外学者将稿子寄来，要求在集刊上发表。国内广大学者更是喜爱《历史地理》，认为集刊上的文章大多资料翔实，考订严谨，观点明确，是目前国内少数办得较严肃、学术性强的刊物之一。

随着历史地理专业委员会的换届，编委会也作了相应调整，刊登在第十六辑(2000 年 7 月)的名单如下：

顾问：侯仁之　史念海　陈桥驿
主编：邹逸麟　张修桂
副主编：周振鹤　葛剑雄　李孝聪　辛德勇
常务编委：朱毅
编委(以姓氏笔画为序)：于希贤　王守春　王振忠　尹钧科　司徒尚纪　冯季昌　朱士光　华林甫　刘盛佳　陈伟　杜瑜　李并成　李志庭　吴宏岐　徐少华　钱林书　郭声波　唐晓峰　曹树基　龚胜生　韩光辉　韩茂莉　满志敏　蓝勇

葛剑雄接任历史地理专业委员会主任后改变惯例，专业委员会主任不再担任《历史地理》主编，从二十一辑(2006 年 5 月出版)起，周振鹤接替张修桂任主编，唐晓峰(北京大学)、满志敏、侯甬坚增加为副主编，王尚义(山西师院)、王社教(陕西师大)、靳润成(天津师大)、阙维民(杭州大学)替换了部分已退休的编委。具体编委会组成如下：

顾问：侯仁之　陈桥驿
主编：邹逸麟　周振鹤
副主编：葛剑雄　李孝聪　唐晓峰　辛德勇　满志敏　侯甬坚
常务编委：朱毅
编委(以姓氏笔画为序)：王振忠　王尚义　王社教　司徒尚纪

冯季昌　朱士光　华林甫　陈伟　李并成　吴宏岐　吴松弟　侯甬坚　胡阿祥　徐少华　郭声波　曹树基　龚胜生　韩光辉　韩茂莉　靳润成　蓝勇　阙维民

2007 年,《历史地理》进入中文社会科学引文索引(CSSCI)首批来源集刊之列,并正式纳入中国知网期刊数据库,成为中文核心刊物。中文社会科学引文索引指导委员会第七次会议于 2007 年 11 月 25 日在南京召开。会议根据中国社会科学研究评价中心提供的各学科期刊的总被引次数、2004—2006 三年他引影响因子及其加权值数据,对拟入选 CSSCI 来源期刊进行了定性评价。

2008 年邹逸麟退休,不再担任《历史地理》主编一职。专业委员会主任葛剑雄提名北京大学辛德勇接任主编工作,从二十四辑(2010 年 4 月出版)起主编署名为周振鹤、辛德勇。此时编委会组成为:

顾问:侯仁之　陈桥驿
主编:周振鹤　辛德勇
副主编:葛剑雄　李孝聪　唐晓峰　满志敏　侯甬坚
常务编委:朱毅
编委(以姓氏笔画为序):王振忠　王尚义　王社教　冯季昌　华林甫　陈伟　李并成　吴宏岐　吴松弟　胡阿祥　徐少华　郭声波　曹树基　曹小曙　龚胜生　韩光辉　韩茂莉　靳润成　蓝勇　阙维民

主编周振鹤、辛德勇和常务编委朱毅在稿源与质量上不断努力,因此在 2013 年《历史地理》第二十八辑以后,由每年一辑改为每年两辑,并使《历史地理》分别于 2014—2016 年、2016—2018 年连续入选 CSSCI 来源集刊阵营,为后续的期刊申请奠定了良好的基础。

自 1981 年创刊以来,《历史地理》一直是"以书代刊"的学术刊物,属集刊类型,仅能以书号形式纳入全国新闻出版和发行领域,不利于 CSSCI 等刊物评级体系的认定,投稿量、订阅面和影响均有一定局限性。这愈来愈制约着《历史地理》刊物发展,也与刊物本身较高的学术地位极不相称。因此,将《历史地理》转为正式期刊,成为史地所发展和建设的重要目标之一。

长期以来,《历史地理》由中国地理学会历史地理专业委员会主办,事实上的承办单位是复旦大学中国历史地理研究所(研究所成立前是复旦大学历史系历史地理研究室承办)。主编和编委由中国地理学会历史地理专业委员遴选组成,编辑部设于复旦大学中国历史地理研究所(之前为复旦大学历史系历史地理研究室),编辑由研究(室)所人员出任。为使《历史地理》更好地发展,获得学校更多的经费支持,所长吴松弟在与主编周振鹤、辛德勇商议后,从 2014 年出版的《历史地理》第三十辑起,改为由复旦大学中国历史地理研究所与中国地理学会历史地理专业委员会共同主办。

2015 年 8 月,依据中国地理学会期刊编辑条例,主编只能连续担任两个任期,届时历史地理专业委员会主任吴松弟向中国地理学会提出申请,改由吴松弟和副主任委员徐少华担任《历史地理》主编。吴松弟接手主编后,开始谋划将以书代刊的集刊改为定期出版的季刊。这一想法得到了史地所的支持,并上报复旦大学文科科研处,希望同时获得学校的支持。为做到这一点,史地所首先考虑增加史地所研究人员在《历史地理》集刊中编委的数量。2016 年 1 月,史地所向《历史地理》主编申请增加史地所编委名额:

关于复旦史地所增加《历史地理》编委的申请

尊敬的吴松弟主任、徐少华主编:

《历史地理》是中国地理学会历史地理专业委员会委托复旦大学中国历史地理研究所主办的全国性学术刊物。自创刊以来,虽然《历史地理》集刊的主编和编委一直由全国主要历史地理机构的学者共同组成,但主要的编辑工作都由复旦史地所承担,编辑部亦附设于本所内。因此,本所在《历史地理》编委会中的人数也长期位居全国各主要历史地理学机构之首,最多时达九人之多,如此方得以保证《历史地理》集刊数十年编辑与出版工作的顺利进行,并在全国学术界享有崇高的学术声誉。

但近年来随着学术市场的转型,以书代刊的《历史地理》集刊发行量与发行范围都受到严重制约,影响到该刊的稿源质量,并限制了集刊学术影响力的进一步提升。因此,专业委员会与本所联手致力于将《历史地理》由集刊转为期刊。转变期刊的前提是要将《历史地理》由目前的一年 2 辑改为一年 4 期,这无疑意味着编辑工作量骤增。目前本所的《历史地理》编委仅有 4 人,故本所希望专业委员会与主编考虑《历史地理》编辑工作的实际需要,增加本所人员进入编委会。

鉴于本所研究人员王建革教授、侯杨方教授和李晓杰教授多年来致力于历史地理学研究,学养深厚,并长期热忱服务《历史地理》编辑工作,故推荐三位教授作为《历史地理》编委候选人。望历史地理专业委员会与《历史地理》主编核准为盼。

　　此致

敬礼

复旦大学中国历史地理研究所

2016 年 1 月 24 日

　　经主编吴松弟、徐少华与副主编们商议后,上报中国地理学会并得到同意。2016 年 9 月出版的第三十三辑,编委会名单如下:

　　顾问:葛剑雄　唐晓峰　辛德勇

　　主编:吴松弟　徐少华

　　副主编:郭声波　韩茂莉　侯甬坚　靳润成　蓝勇

　　编委(以姓氏笔画为序):安介生　曹树基　曹小曙　陈伟　龚胜生　韩宾娜　何凡能　侯杨方　胡阿祥　华林甫　李并成　李晓杰　李勇先　鲁西奇　吕卓民　马强　毛双民　阙维民　孙冬虎　汪前进　王建革　王尚义　王社教　王元林　王振忠　吴宏岐　吴滔　晏昌贵　张萍　张伟然　张晓虹　周宏伟

　　编辑部:杨伟兵(主任)　孟刚

　　随后,为逐步推动《历史地理》期刊申请工作,自 2017 年 1 月出版的第三十四辑开始,《历史地理》按学术期刊排版要求,增加中文摘要、关键词,并进一步完善和规范行文体例、注释等。

　　与此同时,《历史地理》自创刊号到第三十四辑,出版单位均是上海人民出版社,为支持《历史地理》出版工作,上海人民出版社还适当资助出版资金。但是在申请期刊过程中,学校提出希望能将《历史地理》改在复旦大学出版社出版。经过所长张晓虹与主编吴松弟商议后,请葛剑雄教授出面与上海人民出版社协商《历史地理》出版迁移工作,最终得到了上海人民出版社的理解。自 2017 年 7 月第三十五辑起,《历史地理》改由复旦大学出版社出版。《历史地理》变更出版社,是复旦大学"双一流"期刊质量提升及支持该刊申办期刊等系列计划的一部分,对于整合各方力量,增大申办刊号几率,有着重要意义。事实也证明,这一出版单位的变更,对集中力量申办刊号有着关键性作用。

在上述准备过程中,在复旦大学文科处积极支持下,在 2016 年 3—9 月间,历史地理所积极查阅资料并电询国家新闻出版署和上海市新闻出版局,了解申办流程和条件等,并做了部分相应的材料准备。2016 年 11 月,按学校要求,史地所正式向学校文科处提交了《〈历史地理〉集刊争改期刊申报》的报告书。2017 年 2 月起,以主管科研工作的副所长杨伟兵为主,完成"期刊出版申请表"和《复旦大学关于申请创办〈历史地理〉中文季刊的可行性论证报告》以及致上海市新闻出版局的申办函件等多个重要材料的填写和撰写。

由于《历史地理》集刊主管单位是中国地理学会,在申请刊号过程中,国家新闻出版署建议该刊以复旦大学为主申请期刊号。因此,经所长张晓虹、历史地理专委会秘书长张伟然与中国地理学会秘书长张国友多次沟通协商,中国地理学会终于同意由《历史地理》的完全主办方改为以复旦大学为第一主办单位、自己作为第二主办单位,其复函(地理会发字［2017］05号)如下:

关于同意作为《历史地理》期刊第二主办单位的函

上海市新闻出版局:

为认真贯彻和落实习近平总书记在全国哲学社会科学工作座谈会上的重要讲话精神,着眼于实现"两个一百年"奋斗目标和中华民族伟大复兴中国梦开展前瞻性研究,着眼于人类社会发展面临的共同问题进行独创性研究,为推动世界发展提供中国理论、中国学术、中国智慧,发展和繁荣中国特色社会主义哲学社会科学,在当前我国"双一流"建设中,加强历史地理学基础研究,推动形成完善的理论体系、学科体系、课程体系,提升中国历史地理学的国际学术影响力,根据国务院《出版管理条例》及《期刊出版管理规定》等相关法律法规,经研究,我会同意参与创办《历史地理》期刊(备用名《历史地理学报》《历史地理研究》),该刊主办单位为复旦大学、中国地理学会,出版单位为复旦大学出版社有限公司。该刊为中英文,季刊,16 开,公开发行,办刊宗旨为:坚持社会主义办刊方向,坚持"百家争鸣、百花齐放"学术原则,坚持立足中国、面向世界,打造一流学术期刊。

我会是由全国广大地理工作者自愿组成、在中华人民共和国民政部依法登记注册、具有独立法人资格的全国性、公益性、学术性的社会团体,是中国科学技术协会的重要组成部分,是我国发展地理科学事业的重要社会力量。我会拥有全国会员 2 万人,学会下设 22 个专业委员会、9 个分会、8 个工作委员会,联系地方学会 31 个(未含台、港、澳),主办与联合主办有《地理学报》、《地理学报》(英文版)、《冰川冻土》、《遥感学报》、《山地学报》、《经济地理》、《人文地理》、《世界地理研究》、《中国国家地理》和《历史地理》集刊等 19 种学术和科普刊物,具有丰富、强大的学术优势和办刊经验。本刊由我会委托历史地理专业委员会指导学术工作,组织编委会,编委包括当代中国历史地理学界的主要学者,代表着中国历史地理学界的最高水准,具备办刊所需的强大专家优势,能够确保期刊学术质量。

中国地理学会
2017 年 3 月 25 日

4 月 6 日,复旦大学出版社有限公司出具了《复旦大学出版社有限公司关于同意出版〈历史地理〉期刊的函》,其称:"经研究,我社同意出版《历史地理》期刊,作为该刊的出版单位,在主办单位的指导下负责期刊的出版和发行工作,确保按质按时出刊。"10 日,复旦大学也和中国地理学会签署《历史地理》期刊合作办刊协议书。完成上述必要的工作后,由复旦大学出面正式向上海市新闻出版局提交申办期刊申请。上海市新闻出版局于 4 月 19 日向国家新闻出版署完成上报。5 月 10 日上海市新闻出版局(上海市版权局)回复复旦大学,已按《中华人民共和国行政许可法》受理《历史地理》创刊申请。6 月 7 日,国家新闻出版署答复已于 6 月 6 日收悉上海市局报送的本刊申请,同时指出需要补充中国地理学会资产性质证明、复旦大学出版社有限公司图书出版许可证等一些材料。7 月,补充材料全部提交完毕。

2017 年 7 月下旬,因需要复旦大学的主管单位教育部出具同意《历史地理》申办期刊意见,复旦大学于 8 月 24 日向教育部行文请示后,为避免因行政审批周期过长、材料提交不及可能导致的申办被自动认定为失败的局面出现,10 月 24 日复旦大学主动通过上海市新闻出版局向国家新闻出版署撤回了本刊申办期刊的申请。2018 年 3 月,教育部组织专家对多个刊物申请进行评估论证,最终批复同意复旦大学关于《历史地理》申办期刊的申请。

史地所再次组织材料向上海市新闻出版局提交了新的申办报告。6 月 8 日,国家新闻出版署通知已进行行政审批。11 月 2 日,史地所向文科处提交了《关于报送史地所吴松弟教授任〈历史地理〉主编材料的请示》，获批后补充提交了拟任主编吴松弟的政审材料。

2018 年 11 月 1 日，国家新闻出版署最终同意复旦大学创办《历史地理》期刊的申请，但考虑到现有期刊名不得与学科名称相同，故更名为《历史地理研究》。其批复如下：

> 同意创办《历史地理研究》期刊，国内统一连续出版物号为 CN31－2157/k9，中文季刊，小 16 开，公开发行，主管单位为教育部，主办单位为复旦大学、中国地理学会，其中复旦大学为主要主办单位，出版单位为复旦大学出版社有限公司。办刊宗旨为：坚持正确的舆论导向和办刊方向，刊载历史地理研究领域学术成果，促进该领域学术交流，提高我国在该领域的学术研究水平和国际影响力。

11 月 21 日，接复旦大学文科科研处通知，《历史地理》编辑部主任杨伟兵和复旦大学出版社总编辑王卫东前往上海市新闻出版局，领取了《国家新闻出版署关于创办〈历史地理研究〉期刊的批复》（国新出审［2018］762号）和《上海市新闻出版局关于同意创办〈历史地理研究〉期刊的批复》（沪新出报［2018］109 号）两份文件。为支持《历史地理研究》期刊编辑工作，学校专门拨有正式编制的编辑 1 名。

2018 年 11 月至 2019 年 1 月 10 日，根据期刊管理要求，《历史地理研究》编辑部和复旦大学出版社有限公司充分沟通和准备，完成了在上海市新闻出版局管理网站系统中的期刊信息填报。其间，复旦史地所、出版社和中国地理学会、历史地理专业委员会经过多次沟通和协商，再度明确中国地理学会历史地理专业委员会为《历史地理研究》期刊建设提供学术指导；同时，作为全国历史地理研究的学术平台，其编委应具有代表性。最终经中国地理学会批准，确定的组织架构为：

顾问：葛剑雄　唐晓峰　辛德勇　徐少华
主编：吴松弟
副主编：韩茂莉　郭声波　蓝勇　张晓虹　王卫东
编委（以姓氏笔画为序）：安介生　包弼德　邓辉　范今朝　傅林祥　葛全胜　龚胜生　韩宾娜　韩昭庆　何凡能　侯杨方　侯甬坚　胡阿祥　华林甫　李并成　李令福　李晓杰　李勇先　鲁西奇　马强

阙维民　孙冬虎　孙宏年　王建革　王尚义　王社教　王元林　王振忠　吴宏岐　吴滔　晏昌贵　张九辰　张萍　张伟然　郑炳林　郑景云　周宏伟　朱海滨

编辑部主任：杨伟兵

编辑：孟刚　程心珂

组织架构明确后,决定在 2019 年上半年出版的《历史地理》最后一辑第三十八辑中,对《历史地理》集刊进行总结,并宣布将于 2019 年 8 月出版《历史地理研究》2019 年第 1 期。

4 月 21 日,由史地所举办的《历史地理研究》期刊建设暨学科发展研讨会在复旦大学光华楼召开。校文科科研处处长顾东辉、中国地理学会副理事长兼秘书长张国友、《历史地理研究》主编吴松弟、复旦大学出版社王卫东致开幕词,祝贺《历史地理研究》期刊创立。张国友、顾东辉代表《历史地理研究》期刊主办单位复旦大学和中国地理学会,共同为编辑部揭牌。会议特邀复旦大学首席教授邹逸麟,教育部"长江学者激励计划"特聘教授、北京大学历史系辛德勇,国务院学科评议历史学组成员、武汉大学历史学院教授徐少华作特别讲话。张修桂、王文楚、钱林书、朱毅等复旦大学中国历史地理研究所前辈亦莅临会场并分别作重要发言。《历史地理研究》期刊以"坚持正确的舆论导向和办刊方向,刊载历史地理研究领域学术成果,促进该领域学术交流,提高我国在该领域的学术研究水平和国际影响力"为办刊宗旨,主要刊载历史地理研究和相关领域理论、方法以及实践等方面的学术论文,反映中国历史地理学界的研究水平和发展动态。

9 月 21—22 日,在复旦大学美国研究中心谢希德厅举办了教育部人文社会科学重点研究基地历史地理研究中心成立 20 周年暨《历史地理研究》发刊学术研讨会。复旦大学党委书记焦扬,复旦大学副校长陈志敏,中央文史研究馆馆员、复旦大学文科特聘资深教授葛剑雄,中国地理学会副理事长兼秘书长张国友出席;史地所所长张晓虹主持。焦扬、张修桂、葛剑雄、陈志敏、张国友、吴松弟为《历史地理研究》期刊揭幕。

作为复旦大学近十五年来首次成功申请期刊,学校对《历史地理研究》给予了极大支持。2019 年初,人事部门为《历史地理研究》编辑部核准一位编辑编制,同年 7 月 1 日经公开招聘,程心珂任本刊编辑,协助编辑部主任杨伟兵工作。资产处也在同年 11 月批准了给予《历史地理研究》编辑部 44 平方米的办公室用房。

图30　2019年9月,在教育部人文社会科学重点研究基地历史地理研究中心成立20周年暨《历史地理研究》发刊学术研讨会上,校党委书记焦扬等为新刊揭幕(左起:陈志敏、葛剑雄、吴松弟、焦扬、张国友、张修桂、张晓虹)

　　需要指出的是,《历史地理研究》期刊是《历史地理》集刊的延续和发展。《历史地理》这一集刊名为教育部批复同意(教社科函[2018]8号),在国家新闻出版署、上海市新闻出版局登记备案,为《历史地理研究》期刊永久保留。

　　《历史地理研究》2019年下半年正式发刊以来,很好地继承了《历史地理》优良办刊传统,迅速成长,已有多篇论文被人大报刊复印资料中心及《明清史》《近代史》等全文转载,刊物引用率稳步提升。《历史地理研究》设立了经宣传部门审核的官方网页,依托中国地理期刊阵营开设的编审系统网站和经复旦大学宣传部批准开设的编辑部官方微信公众号,注册、登录、关注人数和浏览、下载量增长迅速;还与中国知网、维普数据、超星学术等建有合作关系,同时积极参与中国地理期刊出版年会等业务交流活动,并积极承办分论坛活动。编辑部每年赴外调研,促成与《清史研究》《人文地理》《中国历史地理论丛》等同行刊物及科学出版社、中国地理学会、北京大学等相关学界的常态化交流,极大提升了编辑业务水平,扩大了影响力。2019年底,《历史地理研究》成功获批上海市2020年文教结合"高水平高校学术期刊支持计划"项目资助。2020年11月,期刊入选地理资源领域高质量科技期刊分级目录(2020 年)人文地理学领域"业内认可的较高水平期刊"T3 类期刊目录。

附录 15:

《历史地理》《历史地理研究》重要文件目录

文件名称	机构	日期	主要内容	备注
同意创办《微波学报》等十七种刊物([80]科协发学字 157 号)	中国科学技术协会	1980 年 6 月 12 日	致中国地理学会,同意创办《历史地理》集刊	抄送国家出版局
同意《历史地理》改变刊期的批复([1986]科协发学字 054 号)	中国科学技术协会	1986 年 2 月 25 日	批复中国地理学会([86]地理学会 004 号文件),同意《历史地理》期刊由年刊改为半年刊	批文明确写有"期刊"二字
《历史地理》集刊争改期刊申报	复旦大学中国历史地理研究所	2016 年 11 月 8 日	研究所正式向复旦大学文科处提交期刊申办申请	标志着本刊申办期刊正式开始
复旦大学关于申请创办《历史地理》中文季刊的可行性论证报告	复旦大学	2017 年 2 月 28 日	全面论证期刊申办可行性,成为创办期刊申请依据的基本资料	2 万余字,由编辑部杨伟兵撰写
关于同意作为《历史地理》期刊第二主办单位的函(地理会发字[2017]05 号)	中国地理学会	2017 年 3 月 25 日	致上海市新闻出版局	
复旦大学出版社有限公司关于创办《历史地理》期刊的请示函(复旦出版字[2017]29 号)	复旦大学出版社有限公司	2017 年 4 月 6 日	致上海市新闻出版局,同意作为期刊出版单位的请示	
复旦大学出版社有限公司关于同意出版《历史地理》期刊的函	复旦大学出版社有限公司	2017 年 4 月 6 日	致复旦大学,同意作为期刊出版单位	

文件名称	机构	日期	主要内容	备注
《历史地理》期刊合作办刊协议书	复旦大学、中国地理学会	2017年4月10日	双方同意复旦大学为第一主办单位，中国地理学会为第二主办单位	
复旦大学关于创办《历史地理》期刊的函（复旦文〔2017〕2号）	复旦大学（签发人许宁生）	2017年4月19日	致上海市新闻出版局，同意并申请创办期刊	
期刊出版单位基本信息登记表	复旦大学	2017年5月9日	申办期刊的基本信息登记	
《历史地理》编辑部办公场地证明	复旦大学中国历史地理研究所、《历史地理》编辑部	2017年5月22日		
上海市新闻出版局（上海市版权局）行政许可受理通知书（编号20170510BK060100101）	上海市新闻出版局	2017年5月10日	致复旦大学，受理期刊申请	
行政许可申请材料补正通知书（新出政许综〔2017〕700号）	国家新闻出版广电总局行政受理中心	2017年6月7日	致上海市新闻出版局，要求补充中国地理学会资产证明等申请材料	
《历史地理》申办期刊补正材料（新出政许综〔2017〕700号）提交说明	复旦大学	2017年6月23日	致国家新闻出版广电总局，按要求补交材料情况说明	由编辑部整理补正材料并撰写说明
中国科协办公厅关于中国地理学会国有资产证明的函（科协办函学字〔2017〕178号）	中国科协办公厅	2017年6月30日	致新闻出版广电总局综合业务司，证明中国地理学会系全国性社会团体，其资产不含非公有资本	

（续表）

文件名称	机构	日期	主要内容	备注
关于报送史地所吴松弟教授任《历史地理》主编材料的请示	复旦大学中国历史地理研究所	2017年11月2日	报文科处,说明并出具拟任主编吴松弟教授简历,复旦大学历史系分党委、复旦大学党委的政审材料	由文科科研处上报教育部
教育部关于同意创办《历史地理》杂志的批复(教社科函[2018]8号)	教育部	2018年3月20日	致复旦大学,就复旦大学报的《复旦大学关于申请创办〈历史地理〉期刊的请示》(复旦文[2017]7号)作批复	
复旦大学关于创办《历史地理》期刊的函(复旦文[2018]4号)	复旦大学	2018年4月10日	致上海市新闻出版局,同意并申请创办期刊	
复旦大学出版社有限公司关于创办《历史地理》期刊的请示函(复旦出版字[2018]19号)	复旦大学出版社有限公司	2018年4月3日	致上海市新闻出版局,同意作为期刊出版单位的请示	
国家新闻出版署关于创办《历史地理研究》期刊的批复(国新出审[2018]762号)	国家新闻出版署	2018年11月1日	致上海市新闻出版局,抄送教育部、复旦大学、ISSN中国国家中心,同意上海市新闻出版局《关于拟同意创办〈历史地理〉期刊的请示》(沪新出报[2018]51号)	系《历史地理研究》期刊批准创立的正式文件
上海市新闻出版局关于同意创办《历史地理研究》期刊的批复(沪新出报[2018]109号)	上海市新闻出版局	2018年11月20日	致复旦大学出版社有限公司,抄送教育部、复旦大学、中国地理学会	

七、历史空间综合分析实验室建立

历史空间综合分析实验室是复旦大学中国历史地理研究所于 2013 年 5 月创建,力图发展成集网络数据服务、中国历史地理信息系统建设与以历史地理数据库为基础的空间分析平台构建于一体的数字工作和教学实验室,由史地所副所长安介生任实验室主任,路伟东负责实验室业务工作。实验室设立之初的核心工作是围绕 CHGIS 项目,同时展开与各高校和科研单位的数字人文合作,为史地所的研究提供数字支撑。

2014 年 12 月,安介生、路伟东不再从事实验室工作,改为徐建平任实验室主任,孙涛具体负责实验室业务。

实验室为服务历史地理研究中心"十三五"重大攻关方向"中华文明形成与塑造的地理背景和历史过程"的研究,2015 年起,确立其工作是以"时空中国:中国历史地理信息平台建设及其开发利用"为核心任务。2018 年 11 月,以近代社会经济网络研究见长的王哲博士作为青年副研究员引进至史地所,他主要利用 GIS 从事近代经济地理研究,因此加盟到实验室;2019 年 8 月,毕业于北京大学地球与空间科学学院地图学与地理信息系统专业的李爽博士作为青年副研究员引进至史地所,在实验室主要从事近现代上海城市地理的研究工作;2020 年 8 月招聘博士后一名,北京大学地球与空间科学学院摄影测量与遥感专业柴宝惠博士进入实验室工作。

实验室自成立以后,主要在时空框架数据、古旧地图、古今地名查询以及历史地理文本数据库方面取得了很大进展。2007 年起,史地所就开始有系统地将所资料室收藏的用于编纂《中国历史地图集》的古旧地图扫描做成电子地图,同时还以购买、复制等方式从国内外各大图书馆、档案馆获取一批电子地图,如日本科学书院出版的全套《中国大陆五万分之一地图集成》《中国大陆二万五千分之一地图集成》,以及其他收藏机构档案中的县级地图等。将这些地图整理后建库,于 2016 年 12 月发布"古旧地图数据平台",以供学术界使用。但因地图管理的原因,截至 2020 年 12 月,仅供复旦史地所师生在校内网上自由使用。学界如研究所需,则应向史地所提出申请,亦可免费提供。

2019 年原本部署于哈佛大学的中国历史地名查询系统服务器正式搬迁至复旦大学,并对外提供地名查询以及数据接口服务(API),该地名查询系统不仅提供古今地名对照,还提供充分的资料依据和地名空间定位。

与此同时,实验室成立之后,在数据库建设方面也做了很多工作。陆续将史地所师生在科研过程中积累的十数个资料型数据库进行整合。由于这些专题数据库无法进行空间定位,不具备空间查询的基础,但作为历史地理专题资料,仍有其学术价值。因此为了更好利用这些资料,实验室将其开发成可以文本检索的资料库。

2016年,依托周振鹤主持的国家社科重大项目"中国行政区划沿革数据平台建设(1912—2013)",开始在CHGIS数据的基础上,完成1912—2013年县级以上政区的点状数据和面状数据的研究工作,以及县级及以下政区数据的点状数据工作。2018年,在上海市高峰高原中国史项目的资助下,徐建平、孙涛负责将CHGIS项目中未能及时完成的边疆地区数据与西藏大学其美多吉教授、内蒙古师范大学那顺达来副教授和新疆大学吴轶群副教授联合开展边疆地区政区数据的补充整理工作。

在复旦大学特色原创性项目的支持下,2020年1月实验室新研发的"中国历史地理信息平台"进入调试阶段。该平台是以CHGIS数据为基础,打造成集时空框架、古旧地图、历史地名查询及用户数据发布于一体的综合性数据平台,实现历史地理数据相互关联。该平台将建成全国高校时空数据统一的标准平台,以便更好地发挥各种类型历史地理数据的综合作用。目前,本平台已向全国高校、研究机构以及社会大众分级授权开放,为社会各界提供全方位的历史地理信息服务。

附录16:

历史空间综合分析实验室使用办法

第一章 总则

第一条 为了加强实验室的建设和管理,保证各位老师和同学们良好的使用环境,提高实验室利用效率,特制定本条例。

第二条 所有使用实验室的人员必须遵守实验室的管理规定。

第二章 设备使用

第三条 目前实验室主要设备包括台式电脑四台,爱普生A3面幅扫描仪一台,惠普A3面幅激光打印机一台,WEEWO 50寸展示屏一台,电脑桌四个,会议长桌一个,靠背椅十二把,文件柜两个。实验室的设备服务于实验室数据建设和管理,不提供对外出租和借用。如有老师或同学需借用实验室的扫描仪、打印机,必须经过实验室管理员同意。

第四条 在实验室担任助管的同学,除实验室工作本身需要用到上述设备外,不得私自使用实验室设备,更不得私自将设备提供给本实验室以外的其他成员使用。

第三章 数据使用

第五条 实验室所生产的各类数据及数据库均为复旦大学历史地理研究中心所有,任何人不得将实验室生产的各类原始数据及数据库拷贝、传播。

第六条 实验室的各类数据库可以根据教师或同学的要求,提供地图输出服务。

第七条 扫描之电子地图,如有本所教师或学生需要,由该教师或学生提出书面申请,经实验室管理员审批同意后,由管理员指定专人从地图数据库中拷贝该电子地图。外单位人员同样需提出申请,并需在电子地图上加盖带禹贡印章的水印。

第四章 办公场地使用

第八条 本实验室的办公场地有两个任务:一是作为实验室人员及助管学生从事数据建设的工作场所,二是作为地理信息系统课程的上机操作教室。其他课程、会议、讨论、自习等一律不得使用实验室。

第五章 实验室助管管理

第九条 实验室招聘的助管,凡是文本处理、数据录入等工作,一律在实验室电脑上操作,禁止携带出实验室。

第十条 实验室助管除了值班当日在实验室工作外,其余时间不得擅自使用实验室。

第十一条 实验室助管只服务于实验室的工作任务,听从实验室管理员的安排。在实验室当班时间内,不得从事其他与实验室工作无关的工作。

第十二条 实验室助管必须保证实验室的清洁卫生,不在实验室内吃零食、喝饮料。不当班时不得将个人物品放置于实验室内。

第十三条 实验室助管在使用实验室设备时,必须遵守相关规则,遇有设备故障,应及时向管理员报告。

1950 年

9 月,谭其骧应复旦大学之聘,任历史系教授,自杭州浙江大学迁居上海。(介绍人:周予同、周谷城)

秋,谭其骧在历史系讲授"秦汉魏晋南北朝史""隋唐五代两宋史"课程。

是年,中央人民政府出版总署聘请谭其骧担任"地图编刊委员会委员"(厅秘字第 716 号)。

1951 年

上半年,谭其骧在历史系讲授"秦汉魏晋南北朝史""隋唐五代两宋史"课程。

10 月下旬,谭其骧随复旦大学土改工作队赴安徽五河县和灵璧县参加土改,其间曾任灵璧县西叶村工作组组长。

10 月 17 日,人民教育出版社聘请谭其骧担任新华地图社中国历史地图主编。

11 月,谭其骧加入九三学社。

1952 年

1 月 24 日,谭其骧结束土改返回上海。

2 月下旬起,谭其骧参加思想改造运动,7 月 29 日运动结束。

秋,谭其骧在历史系讲授"秦汉魏晋南北朝史""隋唐五代两宋史"和"中国历史地理"三门课程。

是年,谭其骧被增选为第三届九三学社上海分社理事会委员。

谭其骧应新华地图社负责人曾世英之邀编绘"中国历代疆域图",聘请浙大时学生吴应寿为助手。

1953 年

4 月 3—6 日,谭其骧同顾颉刚、胡厚宣等教师率复旦大学历史系学生 60

人赴苏州访古考察。(顾颉刚 1951—1954 年任复旦大学兼任教授,请假未上课)

是年,谭其骧主持的新华地图社编绘地图工作停止,吴应寿自新华地图社编辑转任复旦大学历史系助教。

是年至次年,谭其骧为顾颉刚、章巽合编的《中国历史地图集(古代史部分)》作校订。

1954 年

秋,毛泽东问及北京市副市长吴晗查阅历史地名的工具书,吴晗推荐杨守敬《历代舆地图》并建议将此图加以改进,得到毛泽东赞成。

11 月 2 日,"标点《资治通鉴》及改编杨守敬《历代舆地图》委员会"在北京成立,由吴晗、范文澜领衔,中国科学院第一、第二历史研究所及北京大学、国家出版总署、高教部、地图出版社等单位领导任委员,决定聘请谭其骧赴京主持改编杨图。

11 月 9 日,高教部副部长黄松龄致函复旦大学校长陈望道,借调谭其骧至中科院工作一年。

是年,校行政会议通过教研组及负责人名单,谭其骧任历史系中国中古史教研组主任。

1955 年

2 月 11 日,谭其骧赴北京,开始重编改绘杨守敬《历代舆地图》工作。

2 月 17 日,谭其骧参加标点《资治通鉴》及改编杨守敬《历代舆地图》委员会会议,汇报工作设想。

3 月 11 日,谭其骧在中科院参加黄河历史水文讨论会。

4 月 9 日,谭其骧在地图出版社作学术报告《黄河与运河的变迁》,后发表于《地理知识》1955 年第 8、9 期。

5 月 5 日,谭其骧参加吴晗主持的改绘杨图会议,讨论改绘方案。

9 月 23 日,谭其骧在北京大学参加《地理学报》编委会会议。

11 月 25 日,谭其骧在中科院参加中国自然科学史研究委员会第三次会议。

是年,谭其骧在北京先后绘制东汉、西晋、清、春秋、西汉等时期历史地图。

1956 年

1 月起,谭其骧在北京参与中科院地学部、地理研究所和历史研究所制订有关历史地理、地学史、科学史十二年远景规划工作。

2月16日,中国科学院历史二所成立学术委员会,谭其骧受聘为委员。

6月14日,全国长期科学工作规划会议结束,毛泽东、朱德、周恩来、陈云、邓小平等党和国家领导人在中南海怀仁堂接见与会代表并合影,谭其骧参加接见。

7月,谭其骧参加中国科学院、高教部教学大纲审查会,参加中国史、中国哲学史教科书座谈会。

复旦大学1956年度历史地理专业计划招收副博士2人,谭其骧、章巽为导师。两人亦被列入该年度中科院地理所历史地理室专业导师名录。

是年,谭其骧在北京继续主持重编改绘杨图工作,先后同绘图人员编绘底图和清代图,拟定清代图编例和撰写出版说明等。

谭其骧在复旦大学被评为二级教授。当选九三学社复旦支社第二届主任秘书、复旦大学第七届工会副主席(连任至1962年第十届)。

章巽受聘为复旦大学历史系教授。

1957 年

1月9日,谭其骧在中科院历史所作有关中国历史地理概论的报告。

1月21日,改绘杨图工作迁至上海。谭其骧在上海北苏州路河滨大楼地图出版社提供的办公地点设立工作室,参加者还有章巽、吴应寿、邹逸麟、王文楚,以及地图出版社时德涵、复旦大学慎安民、郑永达三名绘图员。邹逸麟、王文楚为中科院历史所助理研究员,借调至复旦大学编图。

2月,谭其骧在中科院地理所招收钮仲勋为研究生(在职),委托北京大学侯仁之代管。

5月,谭其骧代理复旦大学历史系主任,至1960年10月。

5月27日,谭其骧在复旦大学校庆学术报告会上作《海河水系的形成与发展》报告,1986年发表于《历史地理》第四辑。

8月1日至9月8日,谭其骧应侯仁之邀赴青岛疗养,并参加撰写中科院地理所组织的《中国古代地理名著选读》中《〈汉书·地理志〉选释》。参加人员还有顾颉刚、侯仁之、任美锷。

9月,编图工作室自河滨大楼迁至复旦大学校内100号楼。

秋,谭其骧在复旦大学招收胡菊兴为研究生。

是年,杨图委员会由吴晗、尹达主持,范文澜改任顾问。

吴应寿晋升讲师。

1958 年

7 月 13 日，谭其骧在北京参加中国地理学会理事会。

7 月 17—21 日，谭其骧在北京参加《国家地图集》筹备会议。会议确定该图集第四部分为历史地图，指定由复旦大学承担。

秋，复旦大学从历史系（1955 级，五年制）升入四年级学生中选出周维衍、魏嵩山、赵少荃、林汀水、项国茂、王天良、祝培坤、嵇超、朱芳（毕业后调出）、林宝璋、刘明星等 11 人参加编图工作。

9 月 13 日，谭其骧参加"标点前四史及改绘杨守敬地图委员会"工作会议，范文澜、吴晗等出席，会议决定改绘地图工作由国务院科学规划委员会领导，拟请科委与教育部联系将此工作列入复旦大学研究工作计划，由复旦大学负责领导完成。

9 月，谭其骧任校务委员会常委，同时担任九三学社复旦支社副主任委员。

11 月下旬，谭其骧应邀同华东师范大学历史系师生赴扬州等地考察。

是年，编图工作室又迁至校内老工会办公室（旧址现为日本研究中心所在地）。

1959 年

1 月，谭其骧参加地图出版社召开的工作会议，会议决定使用最新测绘资料制作的地图作为编图底图，以复旦大学和国家测绘总局名义向国家科委上报《关于杨守敬〈历代舆地图〉编制重绘工作情况及请审批重新制订整编改绘杨图方案的报告》。

3 月 3 日，谭其骧赴京参加《中国通史》提纲讨论会。

3 月 26 日，谭其骧在复旦大学历史系作关于曹操评价问题的学术报告，3 月 31 日在《文汇报》发表《论曹操》一文与郭沫若商榷，引起热烈争鸣。

4 月 1 日至 5 日，谭其骧赴北京参加《国家地图集》第一次编委会扩大会议，并任编委和历史组召集人。

6 月 15 日，复旦大学向上海市委教育卫生工作部和高教局申请筹建历史地理研究室。

7 月 14 日，上海市高教局批复同意，复旦大学以参加地图编绘人员为基础，在历史系成立历史地理研究室，谭其骧以代理系主任兼任室主任，邹逸麟协助处理行政事务。

7 月，谭其骧与章巽赴京参加杨图工作会议，谭其骧汇报四年半工作，讨论设计方案。

9月底,谭其骧赴京参加历史博物馆陈列地图和中小学用挂图的讨论和审议。

10月5日,谭其骧参加杨图工作会议,对《图集》试样提意见,会议决定《图集》采用8开本,单面印刷。

是年,谭其骧在历史系筹建历史地理专业,筹备地理基础课师资力量,从华东师范大学调入张修桂、孔祥珠两名地理系本科应届毕业生。

谭其骧和研究室成员开始参加《辞海》条目撰稿。

1960 年

5月14日,谭其骧出席上海市教育、文化、卫生、体育、新闻方面的社会主义建设先进单位和先进工作者大会(简称上海市文教"群英会"),被评为上海市高等学校先进工作者。

6月1日至17日,谭其骧赴京出席全国文教"群英会"。

图31　1960年6月11日,上海市出席全国文教"群英会"代表团合影(二排左十一为谭其骧,二排右十二为陈望道)

6月7日,谭其骧在京同吴晗、尹达等商议杨图工作,决定《图集》应包括中原王朝以外的少数民族和边疆政权。

6月24日至7月10日,谭其骧参加上海市政协召开的知识分子座谈会("神仙会")。

8月,研究室制定"中国历史地理学专业教育计划"。

秋,从复旦大学历史系1955级毕业生中挑选周维衍、魏嵩山、赵少荃、林汀水、项国茂、王天良、祝培坤、嵇超、林宝璋、刘明星等10人留研究室工作。

从中山大学地理系调入李新芳、周源和、赵永福（后改名赵永复）、陈家麟、全汉文，从西北大学地理系调入章祖生（先后改名章左生、章左声）、王仁康，纪光明，共计8名本科毕业生，同张修桂、孔祥珠一起组成地理教学组，负责地理基础课教学工作。张修桂担任地理教学组负责人。

历史系开始面向全国招收历史地理本科生，学制五年，首届录取20名学生。

9月12—20日，谭其骧与魏嵩山、邹逸麟赴京参加杨图委员会会议，审稿和讨论图例及制图技术问题。

10月，谭其骧被正式任命为复旦大学历史系主任，任期至1966年12月。

12月25—29日，谭其骧与金竹安赴京参加杨图工作会议，主要解决制图方面的问题。是年，研究室成立资料室，吴浩坤、陆惠鸿调入资料室。李德清调入。

1961 年

1月15日，校长审批同意《复旦大学历史地理研究室保密性地图、资料使用办法》。

5月，谭其骧在复旦大学校庆科学报告会上对东汉以后黄河长期安流的根本原因作了讲演，整理成《何以黄河在东汉以后会出现长期安流的局面——从历史上论证黄河中游的土地合理利用是消弭下游水害的决定性因素》，后刊于《学术月刊》1962年第2期。

夏，胡菊兴研究生毕业，留研究室工作。

8月23—31日，谭其骧与周维衍、邹逸麟、王文楚赴京参加杨图工作会议。

秋，招收第二届历史地理本科生，录取20名。因编图任务繁重，难以兼顾教学，本届学生大三转入历史学专业。

11月，邹逸麟、王文楚正式调入复旦大学历史系。

11月底，谭其骧参加中国地理学会在上海召开的地貌学、经济地理专业学术讨论会。谭其骧作《什么是历史地理学，为什么要研究历史地理学》的报告。竺可桢、侯仁之等参会，会议论文共50篇，其中历史地理7篇。

是年，谭其骧当选为九三复旦支社第四届主任委员。

1962 年

3月，谭其骧在上海参加《辞海》编委会会议。

6月7日,谭其骧在复旦大学校庆科学报告会上作《历史上的中国范围、王朝疆域及中国与王朝的关系》报告。

夏,钮仲勋研究生毕业。

秋,招收第三届历史地理本科生,录取12名学生。三届共计招收本科生52名。

9月,谭其骧在浦江饭店参加《辞海》编稿,至1963年8月底结束。邹逸麟、王文楚一同参加编写。

11月1日、6日、9日、14日、24日,谭其骧由上级安排为叶群讲解历史地理方面问题。

是年,谭其骧在复旦大学招收史为乐为研究生。

李德清调至华东师范大学。

郑宝恒调入。

1963 年

1月7—12日,杨图工作会议在上海召开。吴晗主持会议,复旦大学、国家测绘总局、南京大学等有关协作单位人员共25人出席。

5月12日,谭其骧、邹逸麟、魏嵩山、周维衍赴京参加杨图委员会会议。会议决定突破杨图中原王朝的版图,改以1840年前的中国为范围,在此范围内的历代边疆地区的部族以及所建立的政权辖境全部予以画出;每一个历史时期选定一个标准年代编绘;取消工矿、战争、城市、中原王朝范围内的民族分布等图幅。重编改绘杨图工作由此转变为新编中国历代疆域政区地图集。

夏、秋,张修桂参加中科院地理所组织的永定河故道考察。

10月26日至11月16日,谭其骧赴京出席中科院哲学社会科学部扩大会议。

11月10日,谭其骧在京参加杨图工作会议。

是年,研究室部分成员下乡参加"四清"运动。

张鸣环、吴杰调入。

1964 年

3月11—19日,谭其骧与邹逸麟、魏嵩山、周维衍赴京参加杨图工作会议。各单位汇报工作进展,讨论各组统一体例、注记方法、流官治所与土官治所如何区别等问题。

3月20日至4月1日,谭其骧在北京审稿并参加审稿会,讨论审阅蒙古图、后金图、明图等。

9月，谭其骧当选为第三届全国人民代表大会代表。

11月17日至12月6日，谭其骧下乡参观社会主义教育运动。

12月17日至次年1月4日，谭其骧赴京出席第三届全国人大第一次会议。

是年，研究室部分成员下乡参加"农村社会主义教育运动"，学校重新调整教研室、研究室，谭其骧任研究室主任。

1965 年

1月5日，谭其骧、方国瑜等赴京参加杨图工作会议，着重研究制图方面的问题。

夏，史为乐研究生毕业。

7月至8月，谭其骧与邹逸麟、赵少荃、周维衍赴京参加杨图委员会会议。各单位汇报工作情况及问题，拟定审稿方案。复旦大学完成的中原图幅分发与会人员，谭其骧介绍各朝图编例。会议还进行内部审稿和外审，并确定1967年底完成全部编稿工作。

7月，第一届历史地理专业本科生毕业。钱林书、牟元珪、程显道分配至复旦大学历史系，杜瑜弟、朱玲玲、卫家雄、李志庭等10人分配至中科院历史所，暂借调至研究室参加编图工作。

12月11日，谭其骧由校统战部安排至朱行镇参加"四清"劳动，至1966年1月17日结束。

是年，研究室部分成员下乡参加"四清"运动和劳动，至次年5月结束。

1966 年

4—5月，谭其骧编唐大中方镇表及图，整理完成宋至明中越边界条目。

6月，由于"文革"，编图工作完全停顿。研究室组织思想学习，谭其骧接受批判和监督劳动。

年底，中科院历史所借调人员陆续返回历史所。

1967 年

编图工作停顿。研究室组织思想学习，谭其骧接受批判和监督劳动。

1968 年

编图工作停顿。研究室组织思想学习，谭其骧接受批判和监督劳动。

1969 年

5 月 6 日,《文汇报》记者采访谭其骧。几日后,《本市资产阶级学术权威学习"九大"文献后的反应(二)谭其骧希望继续搞历史地图》(载《文汇情况》第 359 期)上报上海市领导。

5 月 15 日,在复旦大学军训团部召开恢复杨图工作会议。谭其骧临时被通知参加会议,之后作为具体工作人员参加《图集》编绘。

5 月 19 日,研究室举办学习班,成立由工宣队负责人徐以万,军训团成员、校党委委员王耀忠,程显道和周维衍组成的领导班子。

6 月 2 日,研究室正式恢复编图工作。后复旦大学派人去南京、北京各协作单位,催促恢复编图工作。

7 月 14 日,复旦大学工宣队、军宣队、革委会为编绘历史地图一事上报上海市革命委员会。复旦大学向国家测绘总局、各省、自治区和有关市县发函,征集地图或地图册,包括属于机密的大比例尺地图。

11 月 20—27 日,地图编绘各协作单位碰头会在复旦大学召开。

1970 年

5 月,上海市革委会向毛泽东、党中央上报《关于编绘〈中国历史地图集〉工作的报告》。

5 月至次年上半年,杨宽从"五七"干校调入研究室,参与编绘《图集》先秦部分图幅。

8 月初,编绘工作会议在京召开,会上讨论的清图前言、编例和其他各册图的有关资料由谭其骧撰写或准备,但他无权参会,事后也未征求他意见。

11 月初,领导小组决定东晋十六国和南北朝时期的图只画州郡治所不画县治。

1971 年

4 月 12 日,周恩来接见出席全国出版工作会议的上海市革委会文教组负责人绳树珊时,对《中国历史疆域图》做出指示。

5 月 6 日,第五次编绘工作会议在复旦大学召开,讨论了一至六册(原始社会至明时期)图中的问题。

5 月 21 日,研究室内传达毛泽东指示关于标点"二十四史"工作的文件,研究室成员参与了标点《旧唐书》《新唐书》《宋史》的任务,谭其骧负责把关,该项工作持续约一年。

1972 年

1 月 22 日，朱永嘉布置谭其骧为郭沫若主编的《中国史稿》配插图。此后，历史系编写《秦始皇》《曹操》小册子及《沙俄侵华史》，修改《辞海》中的涉外条目等，大多由谭其骧把关或审定。

7 月 30 日，谭其骧和张修桂等赴金山海滩考察滩地状况，后由谭其骧、张修桂撰写《金山卫及其附近一带海岸线的变迁》，提交市革委会主管部门，为金山石化厂选址提供参考。

是年，编图工作基本完成。

1973 年

1 月，谭其骧被任命为复旦大学历史系革命委员会副主任。

1 月 3 日起，谭其骧、邹逸麟、王文楚等开始参加为毛泽东阅读的"大字本"古文注释工作，谭其骧还负责历史类文章的审定。

1 月 10—22 日，编绘地图协作会议在复旦大学召开，讨论了编绘中尚未解决的一些重大问题。会议决定将图名改为《中国历史地图集》，作者署名为"编辑组"。

3 月 25 日，谭其骧复函中科院地理所黄秉维，代表学校同意承担《中国自然地理·历史自然地理》主要编纂任务。

4 月，谭其骧和杨宽等赴武汉参加长江流域规划办公室召开的长江流域文物考古工作座谈会。

6 月 21 日至 7 月 26 日，谭其骧为经周恩来特批来华留学的李政道之子李中清讲授"魏晋南北朝史"，共六次。

7 月 28 日至次年 6 月 5 日，周恩来委托外交部副部长余湛主持审图工作。

9 月 13 日，谭其骧与赵永复、王耀忠赴北京向外交部汇报秦至唐历代在今越南边境内的边界、五代至清中越边界的资料及历代西界的资料。

9 月 13 日至 12 月 26 日，审图会议在中国历史博物馆召开。

12 月下旬，谭其骧参加《中国自然地理·历史自然地理》编委会会议，拟定了《历史自然地理》的纲目和分工方案，复旦大学承担历史时期水系变迁的主要部分黄河、长江和辽河的撰写。

是年，学校恢复历史地理研究室，谭其骧任室主任。

1974 年

2 月 19 日至 5 月 18 日，审图会议在中国历史博物馆举行，讨论明以前的编图原则,谭其骧和周维衍先后与会。

6月5日,余湛传达周恩来的批示,审图例会结束。

7月1日,李先念、叶剑英、邓小平等领导对上海市革委会领导关于《中国历史地图集》出版问题的信做出批示。

7月8—15日,谭其骧和研究室一行十余人对江苏吴县、吴江、昆山三县太湖以东和东太湖地区进行考察。谭其骧和张修桂合作撰写《太湖以东及东太湖地区历史地理调查考察简报》。

是年,谭其骧和张修桂对马王堆出土的地图进行研究,张修桂绘制了复原图,谭其骧撰《二千一百多年前的一幅地图》《马王堆汉墓出土地图所说明的几个历史地理问题》,刊于《文物》1975年第2期、第6期。

林汀水调至厦门大学,袁樾方调入。

1975 年

1月12—17日,谭其骧赴京出席第四届全国人大第一次会议。

5月17日至6月13日,谭其骧应国家文物局局长王冶秋之邀,去新疆、甘肃考察文物保护工作,其间作多次学术报告,阐述新疆历来为中国疆域一部分和西北地区在中国边疆的重要地位。

9月10日,谭其骧应国家文物局在河北承德召开的北部边疆省区文物考古工作座谈会的邀请,在会上作了《对历史时期的中国边界和边疆的几点看法》长篇报告,摘要刊登在《中国史研究动态》。

下半年,《中国历史地图集》内部本第八册(清时期)8开本出版。

是年,陈伟庆、吴磊入室参加绘图工作。

1976 年

7月,外交部在北京召开会议,讨论清图新疆图幅西部界线。谭其骧寄去书面意见,请中国历史博物馆洪廷彦代为说明,获会议一致同意。

9月5日,谭其骧参加复旦大学代表团,出访罗马尼亚布加勒斯特和克鲁日大学。22日离京,10月2日返回。

11月23日至12月5日,谭其骧、邹逸麟等参加在陕西师大召开的《中国自然地理·历史自然地理》第一次审稿会。侯仁之、史念海、郭敬辉、朱士光等与会。

是年,《中国历史地图集》内部本第一至四册陆续出版。

章巽退休(1979年又被历史系聘为教授)。

1977 年

1 月 22 日，复旦大学党委《关于呈送〈中国历史地图集〉的报告》报上海市革命委员会。

4 月 15 日，谭其骧与张修桂、袁樾方等到武汉参加长江中下游河道特性及整治规划研究工作成果交流座谈会，并赴湖北洪湖，湖南岳阳、长沙，江西南昌、九江、湖口等地考察，历时二十余天。

5 月 24 日至 27 日，谭其骧与周维衍、赵永复、项国茂去南京大学协商对《中国历史地图集》隋唐西北边界画法，未解决分歧，决定上报外交部。8 月 2—20 日，谭其骧、周维衍至北京参加外交部召开的讨论会，余湛裁定《中国历史地图集》隋唐西北边界采用南京大学意见。

6 月 5 日至 7 月 10 日，谭其骧、邹逸麟、王文楚、赵永复赴郑州、荥阳、安阳、汤阴、浚县、滑县、濮阳、大名、邯郸、新乡、延津、开封、徐州，对黄河下游河道变迁及其造成的影响作实地考察。

10 月，章巽校点《大唐西域记》由上海人民出版社出版。

11 月下旬至次年 1 月 30 日，谭其骧和邹逸麟等参加在华东师大举行的《中国自然地理·历史自然地理》第二次定稿会。侯仁之、陈桥驿、陈吉余、王守春等十余人参会。

12 月，谭其骧当选为第五届全国人大代表。

是年，《中国历史地图集》内部本第五至六册陆续出版。

1978 年

2 月 1 日，谭其骧患脑血栓入院，住院治疗长达一年又八个月。

6 月，谭其骧撰《〈山经〉河水下游及其支流考》发表于《中华文史论丛》第 7 辑。

9 月，学校重新任命谭其骧为历史系主任。

10 月，谭其骧招收的研究生周振鹤、杨正泰、顾承甫、周曙、葛剑雄入学。

11 月，谭其骧、章巽主编修订的《辞海·地理分册·历史地理》由上海辞书出版社出版。

是年，《中国历史地图集》内部本第七册出版，至此内部本八册出齐。

项国茂调离，吴浩坤调至历史系。

招收硕士研究生 5 人。

1979 年

年初,研究室开始酝酿起草将《中国历史地图集》公开出版的请示报告。

6 月 5—12 日,周维衍、魏嵩山等参加在西安召开的全国历史地理学术讨论会,谭其骧因病未能出席。此次会议成立了中国地理学会历史地理专业委员会,侯仁之任专委会主任,谭其骧任副主任。

冬,历史系全系教职员工会议民主选举谭其骧连任系主任。

12 月 23—24 日,研究室受中国地理学会的委托,在复旦大学举行筹备出版全国性历史地理刊物工作会议。中国地理学会负责人郭敬辉和谭其骧、侯仁之、史念海等人参加。

年底,地图出版社报告国家测绘总局,要求公开出版《中国历史地图集》。

是年,徐旻、邬沪荣入室工作。

1980 年

1 月 16 日,复旦大学党委副书记徐常太、历史系党总支书记孟伯衡与谭其骧研究了《中国历史地图集》的公开出版和续编第九、十册的问题。受复旦大学党委之命,谭其骧以个人名义致函胡耀邦、方毅,要求公开出版《中国历史地图集》。

4 月,谭其骧赴北京出席中国史学会代表大会,当选为中国史学会常务理事。

5 月 20 日,历史系向学校上报《关于成立历史地理研究所的报告》,学校上报教育部,于 6 月 4 日获批复。

6 月 12 日,中国科学技术协会发文([80]科协发学字 157 号),同意创办《历史地理》集刊。

9 月,梅益在中国社科院历史所召开会议,讨论由谭其骧起草的《中国历史地图集》修改方案,谭其骧参会。会后,研究室讨论修订方案和具体工作计划。

秋,复旦大学历史系历史地理专业恢复招收本科生。招生 31 名。

11 月,谭其骧当选为中国科学院地学部学部委员。

谭其骧赴太原出席《中国历史大辞典》编委会会议,担任副主编兼《历史地理分册》主编。

谭其骧当选为九三学社复旦支社第五届主任委员。

年底,研究室安排葛剑雄担任谭其骧助手。

是年,《复旦学报(社会科学版)》(增刊)《历史地理专辑》由上海人民出版社出版;褚绍唐、吴应寿整理《徐霞客游记》由上海古籍出版社出版。

是年,朱毅由中文系调入。

1981 年

2 月,谭其骧起草的《中国历史地图集》修改方案由中国社科院审定上报,胡耀邦、胡乔木批示同意。

5 月,谭其骧赴京参加中国科学院第四次学部委员大会。27 日,又应翁独健邀请参加中国民族关系史研究学术座谈会,作《历史上的中国和中国历代疆域》报告。

《中国历史地图集》修改方案寄送社科院。

6 月,《中国历史地图集》修订工作开始,杨宽、钱林书负责第一册(夏至战国),王文楚负责第二册(秦、汉)和第八册(清),魏嵩山负责第三册(三国、两晋)和第六册(辽、宋、金),周维衍负责第四册(东晋、十六国、南北朝)和第七册(元),赵永复负责第五册(隋、唐、五代)和第七册(明)。

国务院学位委员会第二次会议通过国务院学位委员会学科评议组成员名单,谭其骧当选历史学科评议组成员。

7 月 15 日,谭其骧在太原出席中国地方史志协会成立大会,并作《地方史志不可偏废　旧志资料不可轻信》报告。

7 月 27 日至 8 月 2 日,谭其骧在京参加首届国务院学位委员会学科评议组首次会议,谭其骧被评为历史学历史地理专业博士导师。

10 月,周振鹤、杨正泰、顾承甫、葛剑雄 4 人毕业,于次年获历史学硕士学位。杨正泰、葛剑雄留所工作。

年底,《历史地理》创刊号由上海人民出版社出版。

1982 年

1 月,《中国自然地理・历史自然地理》由科学出版社出版。

2 月 26 日,《光明日报》和《文汇报》发表《中国历史地图集》即将公开出版的报道,香港《文汇报》和 27 日的英文《中国日报》等也刊登了这一消息,引起了国内外学术界瞩目。

2 月,中国社科院关于公开出版《中国历史地图集》的报告经中共中央领导批准。

经教育部批准,谭其骧获聘复旦大学第一届学位评定委员会成员(历史学,任期 1982 年 2 月 8 日至 1984 年 10 月 24 日）。

硕士研究生卢云、郁越祖入学。

3 月,谭其骧招收周振鹤、葛剑雄(在职)为博士研究生。

3 月 12 日,第 99 次校长办公会议决定:历史地理研究所成立历史自然地理研究室及历史人文地理一室、二室。

3 月 13 日,在复旦大学召开由上海市高教局、出版局、印刷公司、中华印刷厂、地图出版和修订者参加的《中国历史地图集》修订工作会议。

4 月 15 日,谭其骧赴四川都江堰参加中国水利史年会。

5 月,《肇域志》整理工作会议在上海举行,谭其骧等与会。

6 月 4 日,中国历史地理研究所召开正式成立大会,谭其骧任所长,邹逸麟任副所长。这是中国高校中第一个经过教育部批准建立的历史地理专门研究机构。共有教职工 29 人:谭其骧、吴应寿、邹逸麟、王文楚、魏嵩山、张修桂、赵永复、周维衍、胡菊兴、嵇超、祝培坤、王天良、钱林书、孔祥珠、王仁康、周源和、陈家麟、袁樾方、葛剑雄、杨正泰、王新民(王颐)、刘思源、陈伟庆、吴磊、郑宝恒、徐旻、朱毅、丁言伟、苏松柏。其中,任课教师 20 人。

9 月 1 日至 5 日,与中国地理学会联合举办中国历史地理学术讨论会。谭其骧、侯仁之、史念海、韩儒林、杨宽、曹婉如、海野一隆、斯波义信等参会,一百余位代表提交了 113 篇学术论文,上海市副市长杨恺在开幕式上讲话。

图 32　1982 年中国历史地理学术讨论会会议场景及代表合影

9 月,硕士研究生王妙发入学。

10 月,谭其骧等人出席在昆明举办的《肇域志》整理工作会议。

12 月 14—16 日,《国家历史地图集》第一次编委会会议在北京举行,谭其骧受聘为编委会副主任兼总编纂,开始主持编务。

是年,谭其骧被聘为国务院古籍整理出版规划小组成员。

《中国历史地图集》获上海市高教局哲学社会科学优秀成果特等奖。谭其骧撰《西汉以前的黄河下游河道》、邹逸麟撰《从地理环境角度考察我国运河的历史作用》、赵永复撰《历史上毛乌素沙地的变迁问题》获优秀论文奖。

招收硕士研究生 3 人、博士研究生 2 人。

1983 年

5 月 4 日,学校成立古籍整理领导小组,谭其骧任组长。

8 月 13—14 日,周振鹤、葛剑雄经教育部批准提前毕业,二人先后通过博士学位论文答辩。10 月 8 日,校学术委员会批准授予二人博士学位,成为全国文科首批博士学位获得者。10 月 19 日,学校举行仪式授予周振鹤、葛剑雄历史学博士学位,谢希德校长颁发学位证书,国务院学位办负责人侯春山到会。

8 月,谭其骧在浙江莫干山主持《国家历史地图集》编委会第二次会议。

秋,硕士研究生吴松弟、洪偶入学。

10 月,谭其骧在上海主持《肇域志》工作会议。

是年,《中国历史地图集》公开本第二册、第三册出版发行。谭其骧任第七届九三中央理事(委员)会顾问委员会委员。

谭其骧为中央广播电视大学语文类专业 1982 级录制《历代行政区划略说》课程。

周振鹤博士毕业,留所工作;满志敏入所工作;嵇超调走。

招收硕士研究生 2 人。毕业生中,2 人获博士学位。

1984 年

3 月,《中国历史地图集》公开本第一、四册出版发行。

4 月 26 日,谭其骧赴洛阳参加中国地方志领导小组规划会。其间,谭其骧作《地方志与总志及历代地方行政规划》报告。

4 月 30 日,美国总统罗纳德·里根访问复旦大学,谭其骧作为教授代表和《中国历史地图集》主编参与接待,并在欢迎大会主席台就座。谢希德代表学校向里根赠送《中国历史地图集》。

图 33 1984 年 4 月 30 日下午,谭其骧和苏步青、华中一、蒋学模等在接待室会见里根,谢希德校长介绍复旦情况

图 34 里根在复旦大礼堂发表演说,谢希德代表学校向里根赠送《中国历史地图集》,里根同谭其骧握手致意(前排左起:朱穆之、里根、谢希德;后排左起:谭其骧、阮崇武)

4月，复旦大学中国历史地理研究所被上海市人民政府授予"上海市一九八三年度模范集体"奖状。

图35　复旦大学史地所获颁"上海市一九八三年度模范集体"奖状

6月4日，上海市高教局举行上海高校文科科研成果奖授奖大会，《中国历史地图集》获特等奖，上海市政府顾问杨恺在会上宣读上海市人民政府的嘉奖令，表彰谭其骧和全体编纂人员的杰出贡献。

8月，谭其骧、吴应寿、邹逸麟、王文楚、魏嵩山、周维衍等赴包头参加《国家历史地图集》第三次编委会扩大会议。

邹逸麟被国家教委特批为教授。

秋，硕士研究生胡阿祥、徐建华入学。

9月，谭其骧赴沈阳、抚顺参加东北民族史讨论会，并作报告。

11月17日，谭其骧赴无锡参加《中国历史大辞典》编委会会议。

12月，王文楚、魏嵩山点校《元丰九域志》由中华书局出版。

是年，研究所被评为"复旦大学1983年度先进集体"。

傅林祥、吴佳新入所工作。

招收硕士研究生2人。

1985年

1月，《中国历史地图集》公开本第五、六册出版发行。

2月，邹逸麟被国家教委批准为博士生导师。

谭其骧招收卢云为博士研究生。

3月,谭其骧招收土新民(土颐)为博士研究生。

4月,谭其骧应邀赴贵州讲学,重访贵阳、青岩、遵义、湄潭永兴场,参观浙大旧地及旧居;至昆明主持《肇域志》整理工作会议。

7月,葛剑雄作为哈佛燕京学社访问学者赴美,为期一年。

8月,谭其骧在北京主持《国家历史地图集》第四次编委会扩大会议。

邹逸麟任《历史地理》副主编,吴应寿、张修桂、赵永复、王文楚任常务编委。

赵永复编《水经注通检今释》由复旦大学出版社出版。

刘思源退休。王妙发、郁越祖硕士毕业,留所任教。

9月,谭其骧招收刘统为博士研究生。硕士研究生满志敏(在职)、徐云根入学。

12月,谭其骧应邀参加在广西桂林召开的纪念徐霞客学术讨论会,在报告中高度评价明代人文地理学家王士性及其《广志绎》。

是年,周振鹤、葛剑雄晋升副教授。

招收硕士研究生2人、博士研究生3人。毕业生中,3人获硕士学位。

1986 年

1月,谭其骧在复旦大学主办的国际中国文化学术讨论会上作《中国文化的时代差异与地区差异》报告。之后,文章发表于《复旦学报》1986年第2期。

2月,国家地震局地球物理研究所、复旦大学中国历史地理研究所主编《中国历史地震图集》(全三册)陆续由中国地图出版社出版,至1990年出齐。

3月,谭其骧招收曹树基为博士研究生。

4月,谭其骧主编《清人文集地理类汇编》(1—7)陆续由浙江人民出版社出版,至1990年出齐。

5月,《历史地理研究》(1)由复旦大学出版社出版。

6月,葛剑雄著《西汉人口地理》由人民出版社出版。

8月3日,谭其骧至北京参加由胡绳主持的全国性专家会议,讨论《中国历史地图集》对台湾与南海的画法,取得一致意见。

8月,复旦大学中国历史地理研究所、《中国历史地名辞典》编委会编《中国历史地名辞典》由江西教育出版社出版。

9月,《中国历史地图集》获1979—1985年上海市第一届哲学社会科学优秀成果奖特等奖,《中国自然地理·历史自然地理》获著作奖,周振鹤撰《西汉诸侯王国封域变迁考》、张修桂撰《金山卫及其附近一带海岸线的变迁》、王文楚撰《上海市大陆地区城镇的形成与发展》获优秀论文奖。

9—11月,谭其骧应日本学术振兴会之邀赴大阪大学等地访问讲学,其间作关于中国历代政区变迁的报告。

秋,硕士生王振忠、华林甫入学。

10月16日,邹逸麟任所长,钱林书、杨正泰任副所长。

10月,谭其骧主编《黄河史论丛》由复旦大学出版社出版;周振鹤等著《方言与中国文化》由上海人民出版社出版。

是年,谭其骧当选为上海市哲学社会科学学会联合会副主席。

"中国自然地理"丛书获中国科学院科学技术进步一等奖。

周振鹤与中文系游汝杰同获全国青年语言学家二等奖(一等奖空缺)。

吴松弟硕士毕业,留所工作。

吴应寿晋升教授。

招收硕士研究生2人、博士研究生1人。2人毕业获硕士学位。

1987 年

1月,三位中央书记处领导圈阅同意胡乔木关于《中国历史地图集》出版的意见。

2月12—14日,谭其骧在北京主持《国家历史地图集》第五次编委会扩大会议。

7月,谭其骧著《长水集》(上、下)由人民出版社出版。

8月,周振鹤著《西汉政区地理》由人民出版社出版。

秋,谭其骧招收王妙发(在职)为博士研究生。招收历史地理专业本科生12名。

8月,郁越祖赴美留学。

9月,谭其骧赴山东曲阜参加《中国历史大辞典》编委会会议,接任编纂委员会主任。

杨正泰著《中国历史地理要籍介绍》由四川人民出版社出版。

12月,《中国历史地图集》公开本第七册出版发行。

谭其骧应广西社科院之邀赴南宁讲学,并考察中越边境五县市。

是年,复旦大学历史地理学科被国家教委确定为全国首批重点学科。

魏嵩山调入历史系。

招收博士研究生 1 人。毕业生中,2 人获硕士学位。

1988 年

1 月,《国家历史地图集》第六次编委会扩大会议在北京召开,张友渔、谭其骧、侯仁之、史念海、陈桥驿、黄盛璋、邹逸麟、葛剑雄等与会。

2 月,卢云博士毕业,留校任教。

7 月 26 日,谭其骧赴京出席中国史学会代表大会。

8 月,中国古都学会在安阳召开,采纳了谭其骧的建议,将安阳列为七大古都之一。

9 月,刘统毕业,获博士学位;满志敏毕业,获硕士学位。

王妙发赴日留学。

11 月,吴应寿著《徐霞客游记导读》由巴蜀书社出版社出版。

11 月 23 日至 12 月 23 日,第一次《国家历史地图集》图稿复核会议在复旦大学召开。

12 月,《中国历史地图集》公开本第八册出版发行。公开本全部出齐。

年底,卢云赴美留学。

是年,谭其骧担任第八届九三学社中央理事委员会参议委员会委员。

邹逸麟被国务院授予有突出贡献的中青年专家称号。

葛剑雄担任中国科技史学会理事。

葛剑雄主持的《中国移民史》项目获国家社会科学基金资助,合作者吴松弟、曹树基。

葛剑雄撰《统一分裂与中国政治》获纪念十一届三中全会十周年全国理论讨论会论文奖。

王文楚晋升研究员。

周维衍调离。

毕业生中,2 人获硕士学位,2 人获博士学位。

1989 年

1 月 23 日,《文汇报》发布了《中国历史地图集》出齐的消息。

3 月 13 日,谭其骧、邹逸麟、葛剑雄赴京参加在中国社会科学院召开的庆祝《中国历史地图集》出齐大会,胡乔木、胡绳、余湛等出席,丁伟志主持,各相关单位七八十人与会,谭其骧发表讲话。

秋,博士研究生王振忠入学。

11月,[美]何炳棣著、葛剑雄译《1368—1953年中国人口研究》由上海古籍出版社出版。

12月,葛剑雄著《亿兆斯民——中国人口史再认识》由中华书局(香港)有限公司出版。

12月7日,谭其骧参加民政部在江苏昆山市召开的中国行政区划学术讨论会,并作了《我国行政区划改革设想》的报告。周振鹤参会并提交报告。

12月21日,谭其骧应邀参加在复旦大学召开的儒家思想与未来社会国际学术讨论会闭幕式,发表即席讲话。

是年,王新民(王颋)、曹树基博士毕业;王振忠硕士毕业。

招收硕士研究生1人。毕业生中,2人获硕士学位,2人获博士学位。

1990年

4月5—7日,谭其骧在北京主持《国家历史地图集》第七次编委会会议。

5月,谭其骧主编《中国历代地理学家评传》(第一、二、三卷)陆续由山东教育出版社出版,至1993年出齐;邹逸麟著《千古黄河》由中华书局(香港)有限公司出版。

9月,谭其骧招收吴松弟(在职)、张伟然为博士研究生。

9月,《历史地理研究》(2)由复旦大学出版社出版;周振鹤著《体国经野之道——新角度下的中国行政区划沿革史》由中华书局(香港)有限公司出版。

11月16日,召开国际中国历史地理学术研讨会,来自国内外专家学者120余人到会。谭其骧作了《积极开展历史人文地理研究》的主题报告。会议期间还举行了庆祝谭其骧80寿辰暨从事学术活动60周年报告会。

图36　1990年11月,参加国际中国历史地理学术研讨会的代表合影

12月，葛剑雄被国务院学位委员会和国家教委授予"做出突出贡献的中国博士学位获得者"荣誉称号。

是年，葛剑雄任国际历史人口委员会委员。

招收硕士研究生 2 人、博士研究生 3 人。

1991 年

4月，卢云著《汉晋文化地理》由陕西人民教育出版社出版。

5月，赵永复、葛剑雄晋升教授。

6月23日，谭其骧赴京出席中科院学部委员大会。

图 37　1991 年 6 月 24 日，中科院地学部学部委员在京西宾馆合影（前排右二为谭其骧）

6月，葛剑雄著《中国人口发展史》由福建人民出版社出版。

9月，谭其骧招收靳润成为博士生研究生。

10月7日，谭其骧口述遗嘱，捐资 2 万元筹设基金。在谭其骧逝世后得到执行，定名为"谭其骧禹贡基金"。

10月，谭其骧主编《简明中国历史地图集》由中国地图出版社出版。

11月，周振鹤著《中国历代行政区划的变迁》、葛剑雄著《中国历代疆域的变迁》、吴松弟著《中国古代都城》由中央党校出版社出版。

年底，邹逸麟入选第三届国务院学位委员会学科评议组成员（历史学）。

是年，邹逸麟获国务院政府特殊津贴。

招收硕士研究生 2 人、博士研究生 1 人。

1992 年

1 月 7—12 日,《国家历史地图集》验收会在北京召开。

1 月 14 日,《国家历史地图集》第八次编委会会议在北京举行,因谭其骧住院,决定由林甘泉、邹逸麟、高德组成三人小组,代行部分总编纂职权。

1 月,王振忠博士毕业,留所工作。

4 月,葛剑雄、曹树基、吴松弟著《移民与中国》由中华书局(香港)有限公司出版。

5 月 24—28 日,邹逸麟、周振鹤等赴西安参加西安历史地理学术讨论会。

8 月 28 日,谭其骧逝世,享年 82 岁。9 月 7 日,在上海龙华殡仪馆举行遗体告别仪式。

9 月 8 日,满志敏获上海市优秀青年教师一等奖。

9 月,葛剑雄参加《中华大典》首次编委会会议,受聘为常务编委。

10 月,满志敏任副所长。

葛剑雄著《统一与分裂——中国历史的启示》由台湾锦绣出版事业有限公司出版。

是年,《中国历史地图集》(繁体字版)(共 8 册)由三联书店(香港)有限公司出版。

邹逸麟任国务院学位委员会学科评议组成员、中国地理学会历史地理专业委员会副主任、上海市史志学会副会长,被聘为复旦大学第四届学位评定委员会委员。

张修桂任中国地理学会理事。

葛剑雄任中国秦汉史研究会副会长。

葛剑雄《再论中国历史上的统一和分裂》获上海市哲学社会科学联合会优秀学术成果奖(1988—1991)学术成果奖。

赵永复、王天良、苏松柏退休。

招收硕士研究生 3 人。毕业生中,1 人获硕士学位,1 人获博士学位。

1993 年

1 月,吴松弟博士毕业。

3 月,邹逸麟任第八届全国政协委员。

4月,周振鹤晋升教授。

周振鹤编校《王士性地理书三种》由上海古籍出版社出版。

6月,以谭其骧命名的奖学金基金会在上海卢湾中学成立,谈家桢教授任名誉会长,中国地理学会理事长施雅风任会长。

7月,满志敏博士毕业;张伟然博士毕业,留所工作。

8月,邹逸麟编著《中国历史地理概述》由福建人民出版社出版;吴松弟著《北方移民与南宋社会变迁》由台湾文津出版社出版。

11月,邹逸麟主编《黄淮海平原历史地理》由安徽教育出版社出版。

11月16—17日,《国家历史地图集》第九次编委会会议在北京举行。

12月,周振鹤、葛剑雄被批准为博士生导师。

葛剑雄、曹树基、吴松弟著《简明中国移民史》由福建人民出版社出版。

是年,周振鹤主持的"汉语方言岛的自然与人文背景研究"获国家自然科学基金面上项目立项。

葛剑雄任中国史学会理事。

吴应寿、胡菊兴退休。

招收硕士研究生2人、博士研究生2人。毕业生中,3人获硕士学位,3人获博士学位。

1994年

6月,杨正泰著《明代驿站考》由上海古籍出版社出版。

10月,邹逸麟任民盟复旦委员会主委(至2002年)。

是年,谭其骧主编《中国历史地图集》获中国社科院荣誉奖,谭其骧著《长水集》获著作类二等奖。张修桂撰《长江宜昌至城陵矶段河床历史演变及其影响——三峡工程背景研究之一》获1986—1993年上海市第二届哲学社会科学优秀成果奖论文类一等奖,葛剑雄著《中国人口发展史》获著作类三等奖。

《辞海·地理分册·历史地理》(第二版)获中国出版工作者协会、中国地理学会颁发的全国首届优秀地理图书一等奖。

邹逸麟被中国社会科学院聘为中国地方志指导小组成员。

靳润成博士毕业。

招收硕士研究生3人、博士研究生2人。毕业生中,1人获博士学位。

1995年

1月,邹逸麟当选民盟上海市委副主任、民盟上海市委高教委员会委员。

4月，张伟然著《湖南历史文化地理研究》由复旦大学出版社出版。

5月16日，《国家历史地图集》第十次编委会扩大会议在北京召开。

5月，张修桂晋升教授。

是年，谭其骧主编《中国历史地图集》、邹逸麟主编《黄淮海平原历史地理》获国家教育委员会普通高等学校首届人文社会科学研究优秀成果著作类一等奖，周振鹤、游汝杰合著《方言与中国文化》获著作类二等奖。

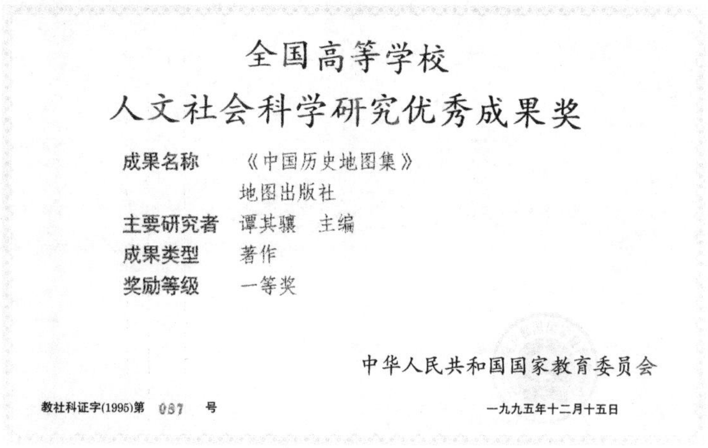

全国高等学校
人文社会科学研究优秀成果奖

成果名称　　《中国历史地图集》
　　　　　　地图出版社
主要研究者　谭其骧　主编
成果类型　　著作
奖励等级　　一等奖

中华人民共和国国家教育委员会

教社科证字(1995)第 087 号　　　　　　一九九五年十二月十五日

图 38　《中国历史地图集》获奖证书

邹逸麟获聘复旦大学第五届学位评定委员会委员。

邹逸麟任《历史地理》主编，张修桂任副主编，王文楚、周振鹤、葛剑雄任常务编委。

招收硕士研究生1人、博士研究生6人。毕业生中，3人获硕士学位。

1996 年

1月，葛剑雄任所长，钱林书任副所长。

王振忠著《近600年来自然灾害与福州社会》由福建人民出版社出版。

2月25日，市社联和复旦大学联合举办纪念谭其骧85周年诞辰国际学术讨论会。80余位专家学者参会，市委副书记陈至立出席开幕式并发表书面讲话。首届谭其骧禹贡基金优秀青年历史地理论著奖颁奖，16人获奖。

3月，复旦大学获准设立历史学博士后流动站。5月，邹逸麟任复旦大学历史学博士后流动站站长，并获聘复旦大学首席教授。

图 39　纪念谭其骧 85 周年诞辰国际学术讨论会与会代表合影

图 40　首届谭其骧禹贡基金优秀青年历史地理论著奖颁奖

4 月,王振忠著《明清徽商与淮扬社会变迁》由北京生活·读书·新知三联书店出版。

5 月,钱林书晋升教授。

6 月 8 日,吴应寿逝世,享年 70 岁。

7月,张修桂等赴京参加北京国际历史地理学术研讨会。

王文楚著《古代交通地理丛考》由中华书局出版。

8月3日,国际知名历史地理学家、剑桥大学教授阿兰·贝克到访。

8月,《中国历史大辞典·历史地理卷》由上海辞书出版社出版;靳润成著《明朝总督巡抚辖区研究》由天津古籍出版社出版。

10月,曹树基调入。

11月,邹逸麟当选民盟第七届中央委员、民盟上海市第十一届委员会常委。

12月,邹逸麟整理《禹贡锥指》由上海古籍出版社出版。

是年,中国历史地理研究所开始承担国家211工程历史地理研究项目。

葛剑雄、曹树基、吴松弟著《简明中国移民史》获1994—1995年上海第三届哲学社会科学优秀成果奖著作类三等奖,邹逸麟撰《明清时期北部农牧过渡带的推移和气候寒暖变化》获论文类一等奖,周振鹤撰《中央地方关系史的一个侧面——两千年地方政府层级变迁的分析》、葛剑雄撰《环境保护要有基本的人道前提》获论文类三等奖。

张伟然主持的"两湖历史文化区域及其形成过程"获国家自然科学基金青年科学基金项目立项。

邹逸麟任中国地理学会历史地理专业委员会主任,张修桂任副主任。

张伟然获上海市曙光学者。

王文楚退休,吴佳新调离。

安介生、李晓杰博士毕业,留校工作。戴鞍钢博士毕业。王建革进入复旦大学历史学博士后流动站工作。

招收硕士研究生2人、博士研究生4人。毕业生中,2人获硕士学位,3人获博士学位。

1997年

7月,葛剑雄主编,葛剑雄、吴松弟、曹树基著《中国移民史》(共6卷)由福建人民出版社出版。

9月,周振鹤主著《中国历史文化区域研究》由复旦大学出版社出版。

10月,葛剑雄著《悠悠长水——谭其骧前传》由华东师范大学出版社出版。

10月25日,庆祝史地所成立15周年大会召开,聘请滨下武志任顾问教授。校党委书记程天权出席会议,陈桥驿、石泉等专家学者近百人与会。

图 41　史地所举行成立 15 周年庆祝大会暨滨下武志顾问教授聘请仪式

是年,邹逸麟主持的"近代人文地理现象形成的历史背景研究"、满志敏主持的"土地利用与气候变化关系"获国家自然科学基金项目立项。

邹逸麟受聘为第四届国务院学位委员会学科评议组成员(历史学)。

葛剑雄任教育部历史学科教学指导委员会委员。

侯杨方、张晓虹博士毕业,留所工作。

侯杨方任国际人口科学研究联盟(IUSSP)的会员(1997—2002)。

招收硕士研究生 3 人、博士研究生 5 人。毕业生中,3 人获硕士学位,2人获博士学位。

1998 年

3 月,邹逸麟任第九届全国政协委员,复旦大学续聘其为首席教授。

5 月,王振忠晋升教授。

6 月,朱毅任副所长。

周振鹤著《逸言殊语》由浙江摄影出版社出版。

8 月 16—21 日,史地所同人赴沈阳参加 1998 年中国历史地理——区域历史地理学术讨论会。

9 月,葛剑雄整理《谭其骧日记》由文汇出版社出版;刘统著《唐代羁縻府州研究》由西北大学出版社出版。

戴鞍钢著《港口·城市·腹地——上海与长江流域经济关系的历史考察(1843—1913)》由复旦大学出版社出版。

12月，葛剑雄著《中国古代的地图测绘》由商务印书馆出版，赵荣、杨正泰著《中国地理学史（清代）》由商务印书馆出版。

是年，葛剑雄主编，葛剑雄、吴松弟、曹树基著《中国移民史》（共6卷）获1996—1997年上海市第四届哲学社会科学优秀成果著作类一等奖；王振忠著《明清徽商与淮扬社会变迁》获著作类三等奖；周振鹤撰《客家源流异说》获论文类一等奖；侯杨方撰《长江中下游地区米谷长途贸易（1912—1937）》获论文类二等奖；曹树基撰《鼠疫流行与华北社会的变迁（1580—1644）》获论文类三等奖。

周振鹤主持的"中国行政区划变迁史研究"获国家社会科学基金项目立项，"政治过程与地理因素对行政区划变迁的影响"获国家自然科学基金项目立项。

邹逸麟点校《禹贡锥指》获华东地区古籍整理图书一等奖。

邹逸麟任上海市史志学会会长，任中国史学会理事。

曹树基、王振忠任中国社会史学会理事。

韩昭庆博士毕业，留所工作。王建革自历史学博士后流动站出站，留所工作。

招收硕士研究生2人、博士研究生4人。毕业生中，1人获硕士学位，6人获博士学位。

1999 年

1月，周振鹤著《周振鹤自选集》、葛剑雄著《葛剑雄自选集》由广西师范大学出版社出版。

4月，李晓杰著《东汉政区地理》由山东教育出版社出版。

5月，韩昭庆著《黄淮关系及其演变过程研究》由复旦大学出版社出版。

7月，满志敏任副所长。

周振鹤著《学腊一十九》、葛剑雄著《行路集》由山东教育出版社出版。

10月，周振鹤著《中华文化通志·地方行政制度志》由上海人民出版社出版。

安介生著《山西移民史》由山西人民出版社出版。

11月26—27日，《国家历史地图集》第十一次编委会会议在北京召开。

12月，周振鹤主编《上海历史地图集》由上海人民出版社出版；葛剑雄、侯杨方、张根福著《人口与中国的现代化（一八五〇年以来）》由学林出版社出版。

12月4—6日,举办灾害与中国社会研讨会,来自国内外20多位代表参加会议,邹逸麟在会议闭幕式上致辞。

12月29日,复旦大学举行历史地理研究中心揭牌仪式,教育部社政司副司长阙延河和党委书记秦绍德、校长王生洪等出席。复旦大学历史地理研究中心是教育部首批人文社会科学重点研究基地,葛剑雄所长兼任主任。

图42　1999年12月29日,复旦大学举行历史地理研究中心揭牌仪式

是年,葛剑雄主编,葛剑雄、吴松弟、曹树基著《中国移民史》(共6卷)获中宣部全国精神文明建设"五个一工程"入选作品奖。

葛剑雄著《中国人口发展史》获首届郭沫若中国历史学奖三等奖。

满志敏主持的"中国气候、湖泊和海面变化及其趋势和影响"项目,获1999年度中国科学院自然科学一等奖。张晓虹主持的"历史时期西北地区民间信仰与自然环境的关系研究"获国家社会科学基金青年项目立项,张修桂主持的"上海及邻区环境变迁及人文地理空间结构"获国家自然科学基金项目立项。

邹逸麟获聘复旦大学第六届学位评定委员会委员。

葛剑雄任上海市历史学会副会长。

王振忠获批博士生导师,获评上海市曙光学者。

招收硕士研究生4人、博士研究生3人。毕业生中,1人获硕士学位,5人获博士学位。

2000 年

1 月,张伟然著《湖北历史文化地理研究》由湖北教育出版社出版。

2 月,谭其骧著、葛剑雄编《求索时空》由百花文艺出版社出版。

3 月,王振忠获霍英东教育基金会第七届青年教师基金和青年教师奖。

4 月,邹振环著《晚清西方地理学在中国——以 1815 至 1911 年西方地理学译著的传播与影响为中心》由上海古籍出版社出版。

5 月 8 日,邹逸麟主持的"近五百年以来中国环境变迁与社会"、葛剑雄主持的"中国历史地理学(共 6 卷)"获教育部人文社会科学重点研究基地第一批重大项目立项。

8 月,张修桂退休。

8 月 2—6 日,与云南大学联合举办"2000 年中国历史地理国际学术讨论会",来自国内外百余名专家学者和研究生参会。第二届谭其骧禹贡基金优秀青年历史地理论著奖颁奖,16 人获奖。

10 月,郑宝恒著《民国时期政区沿革》由湖北教育出版社出版。

12 月,经国家海洋局极地考察办公室批准,葛剑雄随第 17 次南极考察队赴南极考察。

吴松弟晋升教授。

谭其骧著、葛剑雄编《长水萃编》由河北教育出版社出版。

葛剑雄主编,葛剑雄、吴松弟、曹树基、侯杨方著《中国人口史》(1—6卷)陆续由复旦大学出版社出版,至 2002 年出齐(2005 年出版"中国文库"版)。

是年,筹备启动国际合作项目"中国历史地理研究信息系统"(CHGIS),葛剑雄任中方负责人及国际管理委员会成员。

葛剑雄被增补为上海市政协委员。

邹逸麟被中国地理学会聘为历史地理专业委员会主任,张修桂被聘为副主任,周振鹤、葛剑雄、钱林书、王振忠、曹树基、吴松弟、满志敏被聘为委员。邹逸麟、张修桂担任《历史地理》主编(邹逸麟任至 2010 年,张修桂任至2004 年),周振鹤、葛剑雄任副主编,朱毅任常务编委。

周振鹤主编《上海历史地图集》获 1998—1999 年上海市第五届哲学社会科学优秀成果著作类一等奖,张修桂撰《上海地区成陆过程研究中的几个关键问题》、王振忠撰《〈唐土门簿〉与〈海洋来往活套〉——佚存日本的苏州徽商资料及相关问题研究》获论文类三等奖。

邹逸麟点校的《禹贡锥指》获全国古籍整理图书二等奖。

邹逸麟指导的博士研究生戴鞍钢的博士学位论文《港口、城市、腹地——上海与长江流域经济关系的历史考察(1843—1913)》被评为全国优秀博士学位论文。邹逸麟获全国优秀博士学位论文指导教师奖。

王振忠获聘教育部人文社会科学重点研究基地安徽大学徽学研究中心兼职研究员,任中国社会史学会理事。

侯杨方获评复旦大学"世纪之星"。

路伟东毕业留所工作,赵红入所工作。

招收硕士研究生 5 人、博士研究生 12 人。毕业生中,4 人获硕士学位,4 人获博士学位。

2001 年

1 月 8 日,中国历史地理信息系统项目正式启动,项目执行主管贝明远、副校长孙莱祥等出席项目启动仪式。该项目为复旦大学历史地理研究中心、美国哈佛大学、澳大利亚格林菲斯大学亚洲空间数据中心等机构共同合作的重大国际合作项目。

图 43 2001 年 1 月 8 日,参加 CHGIS 项目启动仪式人员合影(左起:朱毅、满志敏、邹逸麟、贝明远、钱林书、孙莱祥、王文楚、傅林祥、张修桂)

4 月,邹逸麟主编《中国历史人文地理》由科学出版社出版。

5 月 18 日,葛剑雄任复旦大学新一届校学术委员会人文分委员会副主任。

6 月 10—24 日,葛剑雄、满志敏赴澳大利亚悉尼大学参加 ECAI 区域性会议,葛剑雄作《中国历史地名编码中的时间和空间要素》的报告。

6月21—22日,第一届环太平洋大学协会年会在复旦大学召开,葛剑雄向全体与会校长介绍了中心概况和上海历史地理。

6月,《自然灾害与中国社会历史结构》由复旦大学出版社出版。

8月5日,葛剑雄、满志敏赴美国密歇根大学、哈佛大学工作访问,与密歇根大学中国数据中心、亚洲图书馆、哈佛大学东亚系、哈佛燕京学社进行交流与工作会谈,并出席在哈佛大学召开的报告会,分别作学术报告。

8月23—25日,中国历史地理信息系统国际会议在复旦大学召开,来自中国、美国、澳大利亚、英国、德国、比利时、俄罗斯60多位会议代表出席开幕式。24位专家学者作报告。校长王生洪、教育部社科司处长田敬诚、中国社科院科研局负责人王正等参加开幕式,王生洪、包弼德先后致辞。

8月,二年级博士生吴滔论文《清代江南社区赈区赈济与地方社会》发表在《中国社会科学》2001年第4期,受到上海市委宣传部奖励。

9月,葛剑雄当选民革上海市委员会副主委。

张修桂、赖青寿编著《辽史地理志汇释》由安徽教育出版社出版。谭其骧主编,邹逸麟、周振鹤副主编"正史地理志汇释丛刊"陆续由安徽教育出版社出版,至2019年已出版8种。

10月,《面向新世纪的中国历史地理学》由齐鲁书社出版。

是年,王振忠主持的"徽州文书所见明清村落社会生活研究"获国家社会科学基金青年项目立项,张晓虹主持的"14—19世纪西北地区社会风俗空间结构与环境效应"获国家自然科学基金项目立项,葛剑雄主持的"中国历史地理学"(二期)、满志敏主持的"近五百年以来中国自然环境与社会"(二期)获教育部人文社会科学重点研究基地重大项目立项。

邹逸麟获上海市育才奖。

周振鹤指导的博士研究生邹振环的博士学位论文《晚清西方地理学在中国——以1815至1911年西方地理学译著的传播与影响为中心》被评为全国优秀博士学位论文。周振鹤获全国优秀博士学位论文指导教师奖。

葛剑雄主编《千秋兴亡:中国历代王朝兴衰录》获第十二届中国图书奖。

曹树基、吴松弟获评博士生导师。

吴松弟、满志敏获国务院政府特殊津贴。

王振忠获聘武汉大学兼职教授。

钱林书、郑宝恒退休。

招收硕士研究生10人、博士研究生5人。毕业生中,3人获硕士学位,5

人获博士学位。

2002 年

1 月 18 日,复旦大学历史地理学入选教育部新一轮全国高等学校重点学科。

3 月 27—30 日,受教育部社政司委托,主办教育部人文社会科学重点研究基地历史、考古、民族、综合片主任会议暨新世纪史学论坛。葛剑雄等多位基地主任主持了工作会议和研讨会。

7 月,葛剑雄当选上海市政协常委。12 月,当选为民革中央委员。

吴松弟编著《两唐书地理志汇释》由安徽教育出版社出版。

8 月 11—15 日,史地所同人赴天津参加 2002 年中国历史地理国际学术讨论会。

10 月,王振忠著《徽州社会文化史探微——新发现的 16 至 20 世纪民间档案文书研究》由上海社会科学院出版社出版。

是年,周振鹤主编《上海历史地图集》获教育部普通高校第三届人文社会科学研究优秀成果著作类二等奖,邹逸麟撰《江淮平原的人文》获论文类三等奖。

邹逸麟主编《中国历史人文地理》获 2000—2001 年上海市第六届哲学社会科学优秀奖著作类三等奖,周振鹤撰《〈圣谕〉、〈圣谕广训〉及其相关的文化现象》获论文类二等奖,葛剑雄等撰《"代表中国先进文化前进方向"的若干探索》获内部探讨奖。

周振鹤获上海市宝钢奖。

满志敏主持的"苏皖地区近百年土地利用和驱动力研究"、张晓虹主持的"14—19 世纪西北地区社会风俗空间结构与环境效应"获国家自然科学基金面上项目立项,周振鹤主持的"中国自然区、文化区与行政区的关系研究"、曹树基主持的"明清以来中国灾害与社会应对机制研究"获教育部人文社会科学重点研究基地重大项目立项。

杨伟兵博士毕业,留所工作。

招收硕士研究生 14 人、博士研究生 12 人。毕业生中,1 人获硕士学位,1 人提前读博;2 人获博士学位。

2003 年

2 月 9 日,邹逸麟当选为第十届全国政协委员,葛剑雄当选为第十届上海市政协常委。

6月19日，举行中国历史地理信息系统V2.0成果演示会。

11月，经校学位评定委员会第59次会议审议批准，史地所在博士学位授予的一级学科范围内自主设置目录外二级学科"人口史"专业。

葛剑雄著《禹贡传人：谭其骧传》由浙江人民出版社出版。

12月，张伟然晋升教授。

是年，被教育部评为优秀重点研究基地。

周振鹤获上海市宝钢奖。

葛剑雄被教育部聘为社会科学委员会历史学部委员，被国际地圈生物圈中国委员会聘为委员，被中国地理学会聘为历史地理专业委员会主任；满志敏被中国地理学会聘为历史地理专业委员会副主任，周振鹤、王振忠、吴松弟、曹树基、张伟然被聘为委员。

招收硕士研究生15人、博士研究生11人。毕业生中，5人获硕士学位，6人获博士学位。

2004 年

1月，邹逸麟主持的新修《清史地理志》获国家清史项目立项。

1月，葛剑雄、华林甫编《20世纪中国学术文存：历史地理研究》由湖北教育出版社出版；张晓虹著《文化区域的分异与整合——陕西历史文化地理研究》由上海书店出版社出版；赵永复、傅林祥主编《中华大典·历史地理典·域外分典》（共3册）由浙江古籍出版社出版。

2月，曹树基调至上海交通大学。

4月，谭其骧、王文楚、朱惠荣等点校《肇域志》（共4册）由上海古籍出版社出版。

8月5—8日，史地所同人赴乌鲁木齐参加2004年历史地理国际学术讨论会。第三届谭其骧禹贡基金优秀青年历史地理论著奖颁奖，15人获奖。

是年，葛剑雄主编，葛剑雄、吴松弟、曹树基、侯杨方著《中国人口史》（共6卷）获2002—2003年第七届上海市哲学社会科学优秀成果奖著作类一等奖；王振忠著《徽州社会文化史探微——新发现的16至20世纪民间档案文书研究》获著作类三等奖；张伟然撰《唐人心目中的文化区域及地理意象》、韩昭庆撰《明代毛乌素沙地变迁及其与周围地区垦殖的关系》获论文类三等奖。

周振鹤主编"来华基督教传教士传记丛书"由广西师范大学出版社陆续出版，至2015年已出版11种。葛剑雄主编"制度文明与中国社会"丛书由长春出版社出版。

朱海滨入所工作。

招收硕士研究生 18 人、博士研究生 13 人。毕业生中,9 人获硕士学位,6 人获博士学位。

2005 年

1 月,周振鹤著《中国地方行政制度史》由上海人民出版社出版。

2 月,高蒙河著《长江下游考古地理》由复旦大学出版社出版。

4 月,王建革晋升教授。

周振鹤编《晚清营业书目》由上海书店出版社出版。

5 月,葛剑雄主持的《清史·清史人口志考异》、安介生主持的《典志·人口志·清史人口志资料长编》、侯杨方主持的《典志·人口志·清史人口志考异》获国家清史委项目立项。

邹逸麟著《椿庐史地论稿》由天津古籍出版社出版。

5 月 7—14 日,美国亚洲学会前主席、加州大学戴维斯分校人类学系教授施坚雅到访。12 日,施坚雅作题为"(City Wall in Late Imperial China:A Regional Analysis)"的学术报告。

5 月 9—13 日,与电子文化地图协会联合举办的"文化地图:数字中国,数字东亚(Cultural Atlas:Digital China,Digital East Asia)"学术会议在复旦大学召开。80 多位学者参加会议。中国历史地理信息系统中美双方课题组成员在会上报告最新进展。

6 月,中心主编的《港口—腹地和中国现代化进程》由齐鲁书社出版。

7 月 4—13 日,葛剑雄应英国诺丁汉大学地理系学院院长 Mike Heffernan 教授之邀,访问该院,商谈 *Historical Geography* 杂志出版中国专辑与其他合作事项。

8 月 25—27 日,与日本国文学研究资料馆和东京外国语大学联合举办的"历史档案的多国比较研究"国际合作项目第二次学术会议召开,海内外 27 位学者与会。

9 月 11—16 日,历史人口研究专家、"剑桥小组"负责人 Richard Smith 教授访问史地所,并于 14 日作题为"The Work of Cambridge Group for the History of Population and Social Structure"的学术讲座。

12 月 20 日,复旦大学历史地理哲学社会科学创新基地挂牌仪式举行。校党委副书记燕爽、历史系党总支书记董雅华、文科科研处有关领导以及全所教职工出席仪式。

12 月 22 日,葛剑雄、周筱赟著《历史学是什么》获首届国家图书馆文津图书奖。

是年,葛剑雄当选教育部社会科学委员会学风建设委员会副主任,应邀担任英国 *Historical Geography*(历史地理)杂志编委。

赵永复、傅林祥主编《中华大典·历史地理典·域外分典》(共 3 册)获第八届华东地区古籍优秀图书特等奖、第二十一届浙江省版协优秀图书奖一等奖。

周振鹤获首届复旦大学研究生"我心目中的好导师"称号。

葛剑雄指导的博士研究生高蒙河的博士学位论文《长江下游考古时代的环境研究——文明化进程中的生态系统和人地关系》被评为全国优秀博士学位论文。葛剑雄获全国优秀博士学位论文指导教师奖。

张伟然获评博士生导师。

王振忠获聘日本国文学研究资料馆档案研究系古文书比较研究项目合作教授(2005—2014)。

安介生获评教育部新世纪优秀人才,王振忠、侯杨方获评上海市浦江人才。

姚大力当选中国元史研究会副会长。

姚大力由历史系调入,吴磊调至历史系。

樊如森、杨煜达博士毕业,留所工作。段伟进入复旦大学历史学博士后流动站。

12 项科研项目立项,其中吴松弟主持的"近代以来北方主要港口城市腹地的经济互动"获国家社会科学基金一般项目立项,张伟然主持的"长江三角洲地区人地关系发展过程中的佛教因素"获国家自然科学基金面上项目立项,吴松弟主持的"港口腹地和近代现代化的空间过程研究"、张伟然主持的"长江三角洲历史地理与可持续发展"、满志敏主持的"上海地区开埠以来城市、聚落和水网空间结构演变"、王振忠主持的"徽州历史地理专题研究"获教育部人文社会科学重点研究基地重大项目立项。

共出版专著 9 部,发表学术论文 145 篇。

招收硕士研究生 17 人、博士研究生 12 人。毕业生中,9 人获硕士学位,12 人获博士学位。

2006 年

1 月,葛剑雄被聘为上海市政府参事(2005—2009)。

2月,张修桂著《中国历史地貌与古地图研究》由社会科学文献出版社出版;吴松弟主编《中国百年经济拼图——港口城市及其腹地与中国现代化》由山东画报出版社出版。

3月,周振鹤撰集、顾美华点校《圣谕广训:集解与研究》由上海书店出版社出版。

3月18日,复旦大学历史地理研究国家哲学社会科学创新基地(以下简称创新基地)第一次学术委员会议召开。创新基地学术委员王家范(华东师范大学)、唐晓峰(北京大学)、郭声波(暨南大学)、侯甬坚(陕西师范大学)、陈春声(中山大学),以及复旦大学历史地理创新基地邹逸麟和周振鹤到会。

3月22日,日本学习院大学文学部鹤间和幸教授一行12人来史地所进行学术交流,所内多位研究人员参与该大学东亚海文明研究中心主持的日本学术振兴会大型国际合作项目"黄河流域环境与东亚海文明"。

4月,安介生、侯杨方晋升研究员。

侯杨方主持的"中国人口地理信息系统(CPGIS)"网站开通。

5月,周振鹤接替张修桂,同邹逸麟担任《历史地理》主编,葛剑雄、满志敏任副主编,王振忠、吴松弟任编委。

6月26—27日,举办"上海与沿海沿江城市的经济关系(1843—2005)"学术会议。该会议由复旦大学历史地理研究国家哲学社会科学创新基地——区域经济研究中心、复旦大学中国社会主义市场经济研究中心合作举办,国内40余名专家学者与会,38人作交流发言。

6月,周振鹤编著《汉书地理志汇释》由安徽教育出版社出版;王建革著《农牧生态与传统蒙古社会》由山东人民出版社出版。

7月10日至8月10日,由吴松弟、哈佛大学包弼德(Peter K.Bol)教授、上海交通大学刘杰共同率领的考察队,分两支在浙江泰顺县进行历史文化考察。史地所的博士、硕士研究生共10人参加考察。

7月,葛剑雄主持的《中华大典·交通运输典》《中华大典·历史地理典》获国家级文化工程立项。

9月7日,由日本学习院大学亚洲研究教育基地事业事务局主办,日本文部科学省网络校园整备事业、日本学术振兴会亚洲教育基地项目"东亚海文明的历史与环境"、学习院情报化推进事业共同协办,设立在中、日、韩三国的东亚网络校园正式开通。

9月14日,日本学者滨岛敦俊、片山刚教授分别作《明末华北地方人士的具体像》和《明末华南"汉族社会"的成立及其特点》学术报告。

11 月 17—19 日,史地所同人赴广州参加 2006 年中国历史地理学术研讨会。

11 月 24 日,英国地名协会首席研究员、英国诺丁汉大学 Paul Cavill 博士作《地名与历史地理:从在英国的斯堪的纳维亚人殖民地说起》学术讲座。

11 月 25—26 日,举办"长江三角洲经济·空间关系"大型学术研讨会,会议由历史地理创新基地——区域经济研究中心与复旦大学城市经济研究所、复旦大学中国社会主义市场经济研究中心和新华社长三角新闻采编中心联合主办,国内外的 40 余名专家学者与会。

12 月,葛剑雄主编,葛剑雄、吴松弟、曹树基、侯杨方著的《中国人口史》荣获教育部第四届高校人文社会科学优秀成果一等奖。

杨煜达著《清代云南季风气候与天气灾害研究》由复旦大学出版社出版。

吴松弟任复旦大学长三角研究院副院长。

是年,葛剑雄被聘为教育部社会科学委员会学风建设委员会副主任,应邀担任 *Journal of Historical Geography* 编委(2006—2008)(主办单位 Elsevier,出版地阿姆斯特丹,荷兰)。

满志敏当选上海市海洋湖沼学会海洋安全与减灾委员会主任。

李晓杰、朱海滨获评上海市浦江人才。

谭其骧、王文楚、朱惠荣等点校《肇域志》(共 4 册)获第八届华东地区古籍优秀图书奖特等奖。

葛剑雄指导的博士研究生李玉尚的博士学位论文《环境与人:江南传染病史研究(1820—1953)》被评为全国优秀博士学位论文。邹逸麟指导的博士研究生杨煜达的博士学位论文《清代云南(1711—1911 年)的季风气候与天气灾害》获全国优秀博士学位论文提名奖。葛剑雄获全国优秀博士学位论文指导教师奖。

共有 8 项科研项目立项,其中王振忠主持的"新发现的明清以来徽州商业类书研究"、侯杨方主持的"中国人口地理数据库(1369—2000 年)"获国家社会科学基金一般项目立项,杨伟兵主持的"云贵高原土地利用与人文驱动因素变化研究(1658—1949)"获国家自然科学基金青年科学基金项目立项,葛剑雄主持的"20 世纪中国人口研究"、王建革主持的"9—20 世纪太湖地区圩田水利与农业环境史研究"获教育部人文社会科学重点研究基地重大项目立项。与哈佛大学等合作开发的中国历史地理信息系统顺利完成美国人文科学基金一期计划任务。

出版著作 11 部,其中专著或古籍整理著作 8 部,论文集 3 部。全年发表学术论文 135 篇,其中,在权威期刊发表论文 6 篇、在核心期刊发表论文 44 篇。

招收硕士研究生 12 人、博士研究生 11 人。毕业生中,12 人获硕士学位,10 人获博士学位。

办公场所自文科楼八楼迁至光华楼西主楼 21、22 层,资料室迁至光华楼东主楼图 9S 室。

徐旻退休,孟刚、孙涛入所工作。

2007 年

2 月 2—4 日,主办"21 世纪大学协会地理专业组会议"。葛剑雄主持会议,澳大利亚新南威尔士大学澳大利亚国防学院分校地理学、环境学和数学学院地理学教授、《国际地理信息科学学报》亚太区编辑 Brian G. Lees,英国格拉斯哥大学地理和大地科学系教授 Joanne Petricia Sharp,英国诺丁汉大学地理学院历史地理教授 Mike Heffernan,新西兰奥克兰大学地理、地学和环境科学学院副教授 Chris de Freitas,香港大学地理系主任、教授 George C. S. Lin 等学者参加会议。

3 月 2 日,邹逸麟赴京参加全国政协十届五次会议,并提交"关于提请国务院有关部门给予抢救性拨款支持《中华人民共和国国家历史地图集》出版"的提案,获国务委员陈至立批示。

4 月,葛剑雄获 2006—2007 年度复旦大学研究生"我心目中的好导师"称号。

5 月,满志敏任所长,王振忠、张晓虹任副所长。葛剑雄任复旦大学图书馆馆长(2007—2014)。

6 月 8 日,教育部副部长李卫红、科教司副司长袁振国等一行五人,在校党委书记秦绍德、党委副书记燕爽等人的陪同下,考察史地所。

8 月,周振鹤主编《中国行政区划通史》(共 13 卷)陆续由复旦大学出版社出版,至 2015 年出齐。2017 年修订版出版。

葛剑雄著《葛剑雄写史:中国历史的十六个片断》由上海书店出版社出版。

9 月,葛剑雄、胡云生著《黄河与河流文明的历史观察》由黄河水利出版社出版;姚大力著《北方民族史十论》由广西师范大学出版社出版;樊如森著《天津与北方经济现代化(1860—1937)》由东方出版中心出版。

9 月 21 日，耶鲁大学文化人类学教授、美国科学院院士 Frank Hole 应邀作题为"Water Use in Northeast Syria：70 Years of Change"的学术报告。

10 月 13—14 日，王建革主持召开 9—20 世纪太湖地区圩田与农业环境史研究学术研讨会，来自上海大学、中山大学、山西大学、中国海洋大学、山东大学的学者应邀参加会议。

11 月，王文楚等点校《太平寰宇记》（共 9 册）由中华书局出版；钱林书编著《续汉书郡国志汇释》由安徽教育出版社出版。

11 月 16—19 日，"清史地理志"项目组在上海市金山区召开新修清史地理志正文撰写体例研讨会。来自中国社会科学院、中国人民大学、上海交通大学、复旦大学等研究单位的编修专家与会。

11 月 24—26 日，举办明清时期北方边塞地区民族分布与环境变迁学术研讨会，会议由基地"明清时期北方边塞地区部族分布与地理及生态基础"课题组承办，《中国边疆史地研究》主编李大龙、《地理研究》常务副主编高松凡、《中国历史地理论丛》副主编王社教等来自基地内外的近 20 位专家学者参加会议。

12 月，葛剑雄主编"中国历史地理学"丛书陆续由山东教育出版社出版，至 2009 年出齐 4 种。安介生著《历史民族地理》由山东教育出版社出版。

12 月 5 日，社会史学家康豹（Paul R. Katz）作《洋人治理下的华人社区的神判仪式》学术报告。

12 月 12 日，中共中央政治局委员、上海市委书记俞正声来校视察，在校党委书记秦绍德、校长杨玉良陪同下考察史地所，葛剑雄、邹逸麟、满志敏参加会见。

12 月，谭其骧、王文楚、朱惠荣等点校《肇域志》获首届中国出版政府奖图书奖（古籍类），葛剑雄主编，葛剑雄、吴松弟、曹树基、侯杨方著《中国人口史》（共 6 卷）获首届中国出版政府奖提名奖。

是年，葛剑雄任教育部学风建设委员会副主任。

王振忠获评教育部新世纪优秀人才，侯杨方获评上海市曙光学者。

葛剑雄主编"沧桑河山"丛书由长春出版社出版；王振忠著《千山夕阳：明清社会与文化十题》由香港城市大学出版社出版。

邹怡、王大学、徐建平博士毕业，留所工作；段伟自历史学博士后流动站出站，留所工作。

邹沪荣退休。

共有 21 项科研项目立项，其中张晓虹主持的"近代上海城市活动空间

(1843—1937)"、韩昭庆主持的"贵州石漠化的形成过程及驱动因素研究(1413—1949)"获国家自然科学基金面上项目支持,安介生主持的"前现代中国的治边实践与边陲的社会历史变迁"、侯杨方主持的"清宫档案与人丁编审、民数汇报研究"获教育部人文社会科学重点研究基地重大项目立项。与哈佛大学等合作开发的中国历史地理信息系统获美国人文科学基金二期(2007—2008年度)资助。

出版著作18部,其中专著或古籍整理著作11部,论文集7部。发表学术论文139篇,其中,在权威期刊发表论文3篇、在核心期刊发表论文52篇。

《历史地理》集刊入选CSSCI来源集刊。

招收硕士研究生15人、博士研究生9人。毕业生中,17人获硕士学位,13人获博士学位。

2008 年

1月,王大学著《明清"江南海塘"的建设与环境》由上海人民出版社出版。

2月,周振鹤获聘复旦大学特聘资深教授。

3月,葛剑雄当选为第十一届全国政协委员,赴京出席第一次会议,当选为全国政协常委。

李晓杰晋升研究员。

3月,安介生著《历史地理与山西地方史新探》由山西人民出版社出版。

6月,段伟著《禳灾与减灾:秦汉社会自然灾害应对制度的形成》由复旦大学出版社出版。

6月26—30日,举办"环境·人文·城市——历史时期的人地关系"学术研讨会。来自北京大学、复旦大学、上海交通大学、北京师范大学、中山大学、武汉大学、厦门大学等单位的29位学者在会上报告了论文。

7月,周振鹤著《知者不言》由北京生活·读书·新知三联书店出版;朱海滨著《祭祀政策与民间信仰变迁:近世浙江民间信仰研究》由复旦大学出版社出版。

8月,邹逸麟主编"500年来环境变迁与社会应对"丛书由上海人民出版社出版;杨伟兵著《云贵高原的土地利用与生态变迁(1659—1912)》由上海人民出版社出版。

8月28—29日,举办明清以来云贵高原的环境与社会国际学术研讨会,来自日本学习院大学、云南大学、西南大学、陕西师范大学等国内外高校的

20 余名学者与会。

9 月，周振鹤获第六届复旦大学校长奖"教师个人奖"。

周振鹤主编"晚清驻华外交官传记丛书"由广西师范大学出版社陆续出版，至 2017 年共出版 7 种；[日]滨岛敦俊著、朱海滨译《明清江南农村社会与民间信仰》由厦门大学出版社出版。

10 月，吴松弟著《南宋人口史》由上海古籍出版社出版。

10 月 25—27 日，史地所同人赴武汉参加 2008 年中国历史地理国际学术研讨会。

11 月 15—16 日，举办"开放、融入、发展"复旦大学博士生论坛之"历史地理篇"，来自北京大学、复旦大学、中国人民大学、武汉大学、暨南大学、云南大学、陕西师范大学、西南大学、安徽大学等高校的博士研究生、青年学者40 余人参加。

12 月 6—8 日，举办江南生态环境史研讨会。会议由满志敏、王建革召集，来自暨南大学、中山大学、上海交通大学、上海师范大学和本校的 20 余位学者与会。

12 月 17—19 日，举办跨越空间的文化国际学术研讨会。会议由周振鹤召集，校党委书记秦绍德与会致辞，来自中国、德国、日本、瑞典、英国、意大利的 60 多位学者与会，共收到论文 80 余篇。

12 月，教育部续聘葛剑雄为社会科学委员会委员，任期五年。

张晓虹晋升研究员。

是年，周振鹤被聘为全国古籍规划整理出版领导小组成员。

王振忠获评上海市领军人才，任中国社会史学会常务理事。

邹逸麟退休。

周振鹤撰《持渡书在中日书籍史上的意义——以〈戌番外船持渡书大意书〉为说》获 2006—2007 年上海市第九届哲学社会科学优秀成果奖论文类一等奖，杨煜达著《清代云南季风气候与天气灾害研究》获著作类三等奖，吴松弟撰《市的兴起与近代中国区域经济的不平衡发展》、张伟然撰《归属、表达、调整：小尺度区域的政治命运》、邹怡撰《民国市镇的区位条件与空间结构——以浙江海宁硖石镇为例》（上、下）获论文类三等奖。

满志敏指导的博士研究生赵赟的博士学位论文《苏皖地区土地利用及其驱动力机制（1500—1937）》获全国优秀博士学位论文提名奖。

共有 11 项科研项目立项，其中周振鹤主持的"行政区域划界操作过程的历史考察"、邹逸麟主持的"清代地理专题研究"获教育部人文社会科学重点研究基地重大项目立项。与哈佛大学等合作开发的国际合作项目"中国历史地理信息系统"基本完成美国人文科学基金二期计划任务,此项目网站被评为美国人文科学基金支持的人文科学优秀教育资源网站。

出版著作 14 部,其中专著或古籍整理著作 9 部。发表学术论文 116 篇,其中权威期刊论文 1 篇、核心期刊论文 42 篇。

进行多项学术交流活动。邀请多位国内外知名学者来所访问和举办学术讲座,邀请 2 名国内学者进行驻所研究各 1 个月,派出 3 人分别赴德国、日本、韩国展开长期合作研究,派出 20 余人次赴国外及中国港台讲学、合作研究或参加学术会议。

招收硕士研究生 18 人、博士研究生 11 人。13 人硕士毕业,12 人获硕士学位;9 人博士毕业并获博士学位。外国高级进修生 4 名,国内进修生 1 名。

2009 年

3 月 28—30 日,举办中国区域生态史研究学术讨论会,来自国内的生态学、土壤学、历史学、农业学领域的学者 30 余人与会。王建革主持会议,满志敏作主题报告。

5 月 25 日,谭其骧等复旦大学 5 位教授入选由上海市委宣传部主办的"城市魂·群英谱"纪念上海解放 60 周年主题展。

7 月 13—21 日,举办首届历史地理暑期研修班——"2009 暑期历史地理前沿研修班",10 余位教授授课,近百名学员参加。

8 月,王建革著《传统社会末期华北的生态与社会》由北京生活·读书·新知三联书店出版。

徐建平著《政治地理视角下的省界变迁——以民国时期安徽省为例》由上海人民出版社出版。

8 月 26 日,日本中央大学名誉教授、东洋文库研究员池田雄一作《〈张家山汉简〉相关问题研究》学术报告。

9 月 10 日至 10 月 20 日,史地所主持研制的中国历史地理信息系统参加"辉煌 60 年——中华人民共和国成立 60 周年成就展"。党和国家领导人参观了该系统展台,并在现场进行了系统的互动操作。该系统以触摸屏电脑的形式提供系统互动,成为教育部展厅内仅有的三件实物展览之一。

9 月,安介生、邱仲麟主编《边界、边地与边民——明清时期北方边塞地区部族分布与地理生态基础研究》由齐鲁书社出版。

10 月 14 日,日本爱媛大学法文学部教授藤田胜久作《〈张家山汉简·秩律〉与汉王朝领域》学术报告。

10月17—18日，举办第二届禹贡博士生论坛，来自陕西师范大学、暨南大学、中国人民大学、南京大学、武汉大学、西南大学、云南大学、日本学习院大学以及复旦大学的18位博士研究生参加，吴松弟、张伟然等12人听取报告并作点评。

10月22日，日本龙谷大学教授滨下武志作《世界图或者世界地图？——〈混一疆理历代国都之图〉研究之几个课题》学术报告。

11月2日，举办中国的城市化进程与环境问题国际研讨会。会议由史地所和日本综合地球环境学研究所中国环境问题研究基地共同举办，26位学者与会，其中日方14位、中方12位。

11月14—15日，举办清代地理国际学术研讨会。会议共收到来自中国、美国、日本、德国等国家和地区的50多位学者提交的近70篇论文，专设4场主题报告会、14场专题讨论会。

11月，吴松弟、刘杰主编《走入中国的传统农村——浙江泰顺历史文化的国际考察与研究》由齐鲁书社出版。

是年，周振鹤指导的博士研究生王国强的博士学位论文《〈中国评论〉与西方汉学》获全国优秀博士学位论文提名奖。葛剑雄指导的博士研究生王大学的博士学位论文《明清江南海塘的建设与环境》和满志敏指导的博士研究生吴俊范的博士学位论文《从水乡到都市：近代上海城市道路系统演变与环境（1843—1949）》获2009年上海市研究生优秀博士学位论文。

满志敏任国际地圈生物圈计划中国委员会集成研究特别小组成员（2009—2012）。

姚大力兼任清华大学国学研究院特聘教授。

韩昭庆获评上海市曙光学者，邹怡获评上海市浦江人才。

共有10项科研项目立项，其中周振鹤主持的"中国行政区划变迁史研究"获全国教育科学规划国家重大课题立项，王建革主持的"宋代以来长江三角洲环境变迁史研究"获国家社会科学基金重大项目立项，姚大力主持的"元明清时期的行省与省：新高层政区的确立及其政治地理学意义"、李晓杰主持的"中国古代割据分裂时期的政治地理研究"获教育部人文社会科学重点研究基地重大项目立项，于薇博士后主持的课题"流域地缘关系过程与中国传统政治"获2009年国家自然科学基金青年科学基金项目立项。

出版著作9部，其中专著7部，论文集、译著等各1部。在国内外学术期刊发表论文125篇，其中，SSCI期刊1篇、权威期刊1篇、核心期刊46篇、一般期刊 77 篇。

举办谭其骧历史地理讲座 11 次。十几位教授赴十几个国家参加学术研讨会并作报告。

招收硕士研究生 17 人、博士研究生 15 人。毕业生中,10 人获硕士学位,6 人获博士学位。进修生 3 人,其中外国高级进修生 2 人、国内进修生 1 人。

戴佩娟入所工作。

2010 年

3 月,《历史地理研究》(3)由复旦大学出版社出版。

4 月,周振鹤、辛德勇担任《历史地理》主编,葛剑雄、满志敏任副主编,王振忠、吴松弟任编委。

4 月,韩昭庆著《荒漠、水系、三角洲:中国环境史的区域研究》由上海科学技术文献出版社出版。

5 月 6 日,校党委书记秦绍德来所调研,深入了解学科发展现状,与所内主要负责同志一起研究历史地理学科下一步发展思路。

5 月 7 日,韩国高丽大学史学科朴元熇教授作《我与明清徽州宗族史研究》学术报告。

5 月 13 日,中心在第二次中国高校人文社会科学重点研究基地评估中被评为优秀。

5 月 13—17 日,史地所硕士一年级、博士一年级学生前往江苏镇江、扬州和南京,进行为期 5 天的历史地理综合考察。

5 月 15—16 日,举办中国近代经济变迁的时空进程学术研讨会,由吴松弟召集,来自全国各地包括香港、台湾的 30 位学者出席会议并作报告。

5 月 26 日,台湾"中研院"近代史研究所谢国兴教授作《民间信仰的地域变异——以田都元帅信仰在闽台的差异为说》报告。

5 月 31 日至 6 月 1 日,举办文化遗产的收集、保护及传播国际学术会议,该会议由美国加州大学伯克利分校电子地图文化协会和复旦大学中国历史地理研究所联合举办。

5 月,《跨越空间的文化:16—19 世纪中西文化的相遇与调适》由东方出版中心出版。

6 月,杨伟兵主编《明清以来云贵高原的环境与社会》由东方出版中心出版。

6月2日,中央电视台《新闻30分》节目报道史地所吴恒同学的支教事迹。吴恒为史地所2007级硕士生,2009年8月前往宁夏西吉三合中学支教。

7月6日,台湾东吴大学历史系徐泓教授作《台北城:从传统中国城市到近代殖民帝国城市》学术报告。

8月21—27日,举办第二届历史地理暑期研修班,主题为"GIS与历史地理研究",12位专家学者讲座授课或主持讨论,来自海峡两岸20余所高校和科研院所的80余位博硕士研究生和青年教师参加。

8月,周振鹤著《长水声闻》、葛剑雄著《后而立集》由复旦大学出版社出版。

9月6日,日本立教大学文学部史学科上田信教授作《海贝与东欧亚文明》学术报告。

9月27日,日本大阪市立大学大学院文学科平田茂树教授作《如何解读宋代的政治空间》学术报告。

10月9日,复旦大学校董、香港恒基兆业地产集团主席李兆基博士一行到史地所访问,参观谭其骧文库及中国历史地理信息系统。

10月23—24日,举办前现代中国的治边实践与边陲的社会历史变迁学术研讨会,该会议由姚大力、安介生发起并组织,出席会议的有来自南京大学、山西大学、云南大学、中国社科院边疆史地中心等10余所高校及科研机构的近30位学者。

10月26日,台湾大学历史系梁庚尧教授作《南宋温醩考——海盗活动、私盐运贩与沿海航运的发展》学术报告。

10月29—30日,举办明清长江下游人文地理专题学术研讨会,该会议由史地所与安徽师范大学历史与社会学院联合举办,30余位专家提交论文并参与讨论。

10月,邹逸麟被聘为上海文史研究馆馆员。11月5日,上海市副市长赵雯代表市长颁发聘书。

11月6—9日,同人赴桂林参加2010年中国历史地理国际学术研讨会。

11月8日,日本东海大学文学部特任教授渡部武教授作《中国传统农具的调查与方法论》学术报告。

11月17日,杨浦区委书记一行在校党委书记秦绍德陪同下参观史地所。满志敏带领参观谭其骧文库,并现场演示中国历史地理信息系统。

11月,吴松弟任所长,安介生任副所长。

是年,葛剑雄被续聘为上海市政府参事(2010—2015)。

邹怡撰《产业集聚与城市区位巩固:徽州茶务都会屯溪发展史(1577—1949)》获2008—2009年上海市第十届哲学社会科学优秀成果奖论文类二等奖;侯杨方撰《乾隆时期民数汇报及评估》获论文类三等奖。

王文楚等点校《太平寰宇记》(共9册)获第二届中国出版政府奖图书奖提名奖。

邹逸麟指导的博士研究生杨煜达的博士学位论文《清代云南(1711—1911年)的季风气候与天气灾害》被评为全国优秀博士学位论文。满志敏指导的博士研究生吴俊范的博士学位论文《从水乡到都市:近代上海城市道路系统演变与环境(1843—1949)》获全国优秀博士学位论文提名奖。邹逸麟获全国优秀博士学位论文指导教师奖。

张伟然获评教育部新世纪优秀人才。

共有11项科研项目立项,其中徐建平主持的"民国时期行政区域划界研究"、王大学主持的"明清两浙海塘的建设过程与环境响应"获国家自然科学基金青年项目立项,王振忠著《明清以来徽州村落社会史研究——以新发现的民间珍稀文献为中心》入选国家哲学社会科学成果文库项目,王振忠主持的"新发现的徽州历史地理文献之整理与研究"、张晓虹主持的"开埠以后上海城市空间扩展与近代城市文化景观的形成"获教育部人文社会科学重点研究基地重大项目立项。

教师出版著作14部,其中专著8部,论文集6部。在国内外学术期刊发表论文149篇,其中权威期刊8篇、核心期刊42篇、一般期刊99篇。

共举办讲座18次,其中谭其骧历史地理讲座11次、历史地理研究中心讲座7次。

招收硕士研究生18人、博士研究生14人。毕业生中,18人获硕士学位,11人获博士学位。

2011 年

1月,葛剑雄主编"地图上的中国历史"丛书由江苏人民出版社出版;姚大力著《蒙元制度与政治文化》由北京大学出版社出版;朱海滨著《近世浙江文化地理研究》由复旦大学出版社出版。

2月,路伟东著《清代陕甘人口专题研究》由上海书店出版社出版。

3月8日,美国密歇根大学国际研究所包曙明作《建立跨越人文与社会科学的空间综合研究平台——数据、方法、技术与应用》讲座。

3月31日，教育部党组副书记、副部长杜玉波一行来史地所考察，校党委书记秦绍德、校长杨玉良陪同。

3月，吴松弟被聘为《温州通史》编纂委员会主编。

4月23—24日，谭其骧青年历史地理学者论坛举行，15篇论文入选。

4月，"谭其骧百年诞辰纪念专题网站"开通，"谭其骧先生生平事迹图片展"在复旦大学邯郸校区开展。

朱海滨晋升研究员。

王振忠著《明清以来徽州村落社会史研究——以新发现的民间珍稀文献为中心》由上海人民出版社出版。

5月28—29日，举办纪念谭其骧先生百年诞辰国际历史地理学术研讨会。5月28日上午召开纪念大会，全国人大常委会副委员长陈至立题词，全国人大常委会副委员长、九三学社中央主席韩启德发来贺信，中科院地学部秦大河院士、华东师大陈吉余院士发表书面致辞，九三学社中央专职副主席邵鸿、校党委书记秦绍德等发表讲话。会上还对17名青年学者颁发第四届谭其骧禹贡基金优秀青年历史地理论著奖。来自全国各地的学者和谭其骧家属共200余人参会。28日下午，举行谭其骧学术思想和学术贡献座谈会。29日，召开历史地理学研讨会，来自全国20多个单位的学者与会。同日为谭其骧铜像、所史陈列室、谭其骧文库揭幕。

图44　纪念谭其骧先生百年诞辰国际历史地理学术研讨会与会人员合影

6月，安介生辑校《〈魏延昌地形志〉存稿辑校》由齐鲁书社出版。

7月10—17日，举办第三届历史地理暑期研修班，主题为"历史经济地理与区域经济发展"。18位专家学者参加了专题授课和专题研讨，正式学员和旁听学员共54位。

7月，葛剑雄著《人文千秋》由三联书店（香港）有限公司出版；吴松弟、樊如森、陈为忠、姚永超、戴鞍钢等著《港口—腹地与北方的经济变迁(1840—1949)》由浙江大学出版社出版。

8月,王振忠著《徽学研究入门》由复旦大学出版社出版。

9月15日,CHGIS国庆60周年大展项目组荣获第八届复旦大学"校长奖""教师团体奖",校党委书记朱之文、校长杨玉良为获奖者颁奖。

12月14日,日本大阪大学东洋文库滨岛敦俊作《再论李日华〈味水轩日记〉——明代后期江南乡绅的生活》讲座。

12月17—18日,举办近代中国北方经济地理格局变迁学术研讨会,全国各大高校35位专家学者与会交流。

12月20—23日,杨伟兵、徐建平、邹怡、孙涛等部分青年教师和研究生组成的考察队完成了至安徽师大访学交流和踏查徽杭古道活动。

10月,吴松弟等主编《走入历史的深处:中国东南地域文化国际学术研讨会论文集》由上海人民出版社出版;法国学者劳格文(John Lagerwey)与王振忠主编的"徽州传统社会丛书"陆续由复旦大学出版社出版,至2016年共出版5种。

是年,邹逸麟主编"500年来环境变迁与社会应对"丛书获第二届中国出版政府奖(图书奖·科技类),杨伟兵著《云贵高原的土地利用与生态变迁(1658—1912)》在丛书之列。

葛剑雄指导的博士研究生谢湜的博士学位论文《高乡与低乡:11—16世纪太湖以东的区域结构变迁》获全国优秀博士学位论文提名奖。

顾颉刚家属和中华书局向史地所捐赠《顾颉刚全集》,邹逸麟作为代表接受捐赠。

周振鹤获评复旦大学卓越计划,段伟获评复旦大学卓学计划。

姚大力获评复旦大学2010—2011年度"复旦大学优秀研究生指导教授"。

共有18项科研项目立项,其中吴松弟主持的"中国旧海关内部出版物整理与研究"获国家社会科学基金重大项目立项,李晓杰主持的"中国历史上割据分裂时期的政治地理研究"、安介生主持的"中国历史民族地理研究"获国家社会科学基金重点项目立项,路伟东主持的"辛亥以前西北地区城乡聚落研究"获国家社会科学基金青年项目立项,吴松弟主持的"港口—腹地与中国近代经济地理格局的变迁"获教育部人文社会科学重点研究基地重大项目立项。

出版著作20部,其中专著13部、古籍整理著作1部、译著1部、编著4部、电子出版物1个。在国内外学术期刊发表论文113篇,其中权威期刊10

篇、核心期刊 39 篇、一般期刊 64 篇。

史地所全年共举办讲座 24 次，其中谭其骧历史地理讲座 5 次、历史地理研究中心讲座 10 次、教师系列讲座 9 次。

招收硕士研究生 16 人、博士研究生 14 人。毕业生中，15 人获硕士学位，9 人获博士学位。

陈伟庆退休。

2012 年

2 月，邹怡著《明清以来的徽州茶业与地方社会（1368—1949）》由复旦大学出版社出版。

4 月 26 日，人民日报社社长张研农在校党委书记朱之文陪同下参观史地所，吴松弟、满志敏参加座谈。

4 月，钱林书、安介生等主编《中华大典·历史地理典·总论分典》（共 3 册）由西泠印社出版社出版。

5 月，《谭其骧先生百年诞辰纪念文集》由上海人民出版社出版。

5 月 7—11 日，部分师生赴南京、镇江和扬州三地进行历史地理综合考察。

5 月 18 日，哈佛燕京学社和史地所联合主办国家视野下的地方国际学术研讨会，来自美国、日本、德国和中国大陆、台湾地区的 13 位学者作了报告。

6 月 3 日，建所 30 周年庆祝大会召开。复旦大学党委办公室、文科处、科技处、研究生院、各院系领导与代表、校外兄弟单位领导及代表、史地所广大师生等 200 余人出席大会。

图 45　参加建所 30 周年大会人员合影

6月，经校学位评定委员会第79次会议审议批准，史地所在博士学位授权一级学科范围内自主设置目录外二级学科"边疆史地"专业。

7月9—14日，举办第四届历史地理暑期研修班，主题为"历史政区地理"，12位专家学者进行专题授课和专题研讨，70余位学员参加。

8月6—10日，葛剑雄、张晓虹、安介生、侯杨方、徐建平、孙涛等赴捷克首都布拉格出席第十五届国际历史地理学家大会。

8月20—27日，史地所同人赴山西太原，参加由山西大学晋商学研究所、山西省晋商文化研究会与复旦史地所联合主办的中国北方历史地理变迁与商帮兴衰学术研讨会并考察。

9月12—14日，复旦大学生态环境与人文社科领导小组组长侯杨方代表复旦大学参加在英国卡迪夫大学（Cardiff University）举行的丁铎尔全球年会（Tyndall Assembly 2012），作了"Looking forward to the wonderful future of Fudan-Tyndall Center"的主题演讲。

9月15日，中山大学社会学与人类学学院周大鸣作《当代人类学的发展概况和展望》讲座。

9月22—25日，史地所同人赴天津参加2012年中国历史地理国际学术研讨会，吴松弟当选专业委员会主任。

9月，樊如森著《近代西北经济地理格局的变迁（1850—1950）》由花木兰文化出版社出版。

10月19日，中国社会科学院中国边疆史地研究中心西南边疆与海疆研究室主任孙宏年应邀来所作《我国西藏边境稳定与发展的思考——以藏东南考察为中心》报告。

10月20—21日，举行"城市·空间·文化"国际学术研讨会，会议代表来自法国、德国、比利时等多个国家与地区的不同学科领域。

11月17—18日，由安介生负责的国家社会科学基金重大项目课题组承办的中国历史民族地理研究学术研讨会召开，参会代表共计20余人。

11月20日，台湾中国文化大学董事长张镜湖一行30余人访问史地所，吴松弟、邹逸麟等陪同参观。

12月19日，研究生罗婧、杨长玉参加俄罗斯制图与测量大学举办的"国际科学与实践：过去和现在、理论和实践"国际学术会议并作报告，获一等奖。

12月21日，新加坡国立大学李焯然作《宗教景观的变迁与新加坡的民间信仰》讲座。

12月24日,周振鹤受聘为上海文史研究馆馆员,上海市市长韩正颁发聘书。

12月,韩昭庆晋升研究员。

是年,葛剑雄获上海市育才奖。

杨伟兵获评上海市曙光学者。

安介生兼任中国古都学会理事。

侯杨方获评复旦大学卓识计划,邹怡获评复旦大学卓学计划。

朱毅退休。齐光、任小波、费杰进入史地所工作。

王振忠著《明清以来徽州村落社会史研究——以新发现的民间珍稀文献为中心》获2010—2011年上海市第十一届哲学社会科学优秀成果奖著作类二等奖,周振鹤、陈琍著《清代上海县以下区划的空间结构试探——基于上海道契档案的数据处理与分析》获论文类二等奖,邹怡著《1391—2006年龙感湖—太白湖流域的人口时间序列及其湖泊沉积响应》获论文类三等奖。

共有12项科研项目立项,其中吴松弟主持的"港口—腹地与中国近代经济地理格局的形成"、张晓虹主持的"长城沿线天主教的传播及其区域生态环境变迁研究(1865—1952)"、张伟然主持的"佛教与江南地区社会人文空间的生产(1368—1949)"获国家自然科学基金面上项目立项,费杰主持的"过去2000年全球大规模火山喷发与黄河中下游地区低温灾害的关系"获国家自然科学基金青年科学基金项目立项,王振忠主持的"明清以来徽州日记的整理与研究"获国家社会科学基金一般项目立项,杨伟兵主持的"明清时期云贵地区的水利建设及其地理基础研究"获国家社会科学基金青年项目立项,满志敏主持的"清代东南地区入境台风序列重建"、安介生主持的"历史时期长江三角洲水域景观体系的构建与环境效应研究"获教育部人文社会科学重点研究基地重大项目立项。

出版著作9部,其中专著2部、编著7部。在国内外学术期刊发表论文109篇。

邀请国内外知名学者到所举办学术讲座29场:复旦大学985工程哲学社会科学历史地理创新基地驻所研究讲座14场、复旦大学"人文基金"学术交流高端讲座4场、谭其骧历史地理讲座3场、历史地理研究中心讲座8场。举办禹贡博士生论坛9场。

招收硕士研究生20人、博士研究生12人。毕业生中,12人获硕士学位,8人获博士学位。

2013 年

2 月,王建革著《水乡生态与江南社会(9—20 世纪)》由北京大学出版社出版;〔日〕上田信著、朱海滨译、王振忠审校《森林和绿色的中国史——生态史尝试》由山东画报出版社出版。

3 月,葛剑雄、鹤间和幸等著《东亚细亚文明的历史与环境》由日本东方书店出版社出版。

葛剑雄赴京出席全国政协十二届一次会议,连任全国政协常委。

3 月 13 日,博士研究生黄忠鑫和李甜赴日参加首届"京都大学—复旦大学东亚人文研究"博士生研讨会。

3 月 15—18 日,葛剑雄、姚大力和吴松弟参加国家民委与甘肃省合作召开的河西走廊人居环境与多民族和谐发展研讨会,并先后作报告。

3 月 18 日,邹逸麟受邀在中国人民大学清史研究所作《从多角度研究我国历史上的自然与社会》报告。

3 月 23—24 日,举办第七届全国人文地理沙龙,中国科学院、北京大学、北京师范大学、陕西师范大学、中山大学、华南师范大学、暨南大学、合肥工业大学、上海交大、华东师范大学、上海师范大学以及中国地理学会、国家自然科学基金委、《地理学报》编辑部等单位的学者 20 余人参加讨论。

4 月 25 日、27 日,台湾"中研院"台湾史研究所谢国兴作《失节事小 饿死事大:明清闽台的妇女守节问题》《台湾数字典藏发展与数字人文学前景》讲座。

4 月,由复旦丁铎尔中心(Fudan Tyndall Center)跨学科项目资助,侯杨方、张晓虹、徐建平等师生深入境内的帕米尔高原,进行为期近 20 天的科考活动。

6 月,邹逸麟主编《明清以来长江三角洲地区城镇地理与环境研究》由商务印书馆出版。

7 月 8—13 日,举办第五届历史地理暑期研修班,主题为"历史自然地理前沿",近 20 位专家授课,正式学员 35 名、旁听学员 41 名。

7 月 16—25 日,史地所教师和甘肃河西学院部分人员共约 30 余人参加"河西走廊历史地理联合学术考察"活动。

7 月 25 日至 8 月 13 日,由姚大力、侯杨方、张晓虹、杨伟兵、樊如森、路伟东等组成的考察队,赴塔吉克斯坦考察境外帕米尔玄奘东归路线、清代卡伦和乾隆纪功碑及清代疆界等。

9 月,吴松弟、樊如森主编《近代中国北方经济地理格局的演变》由人民出版社出版。

10月14日，史地所与俄罗斯莫斯科国立测量与制图大学共同签署了双方教学科研合作协议，复旦大学副校长林尚立、文科科研处处长杨志刚等参加签约仪式。

10月，邹逸麟、张修桂主编《中国历史自然地理》由科学出版社出版；齐光著《大清帝国时期蒙古的政治与社会——以阿拉善和硕特部研究为中心》由复旦大学出版社出版；傅林祥点校《通鉴地理通释》由中华书局出版。

吴松弟被中国地理学会聘为历史地理专业委员会主任，周振鹤、王振忠、满志敏、张伟然（2014年起兼任秘书）、王建革、安介生、侯杨方被聘为委员。

11月16—17日，民族史视角下的国家、人群与地域社会学术研讨会召开，阿特伍德（Christopher P. Atwood）、中见立夫、刘迎胜等一批国内外著名内亚研究学者参加。

11月，满志敏主编《上海地区城市、聚落和水网空间结构演变》由上海辞书出版社出版；梁志平、张伟然著《定额制度与区域的文化发展——基于清代长江三角洲地区学额的研究》由漓江出版社出版；马孟龙著《西汉侯国地理》由上海古籍出版社出版。

12月9日，中共上海市委副书记李希在复旦大学党委书记朱之文、校长杨玉良、文科科研处处长杨志刚等人陪同下考察史地所。

12月14—15日，复旦大学研究生院、党委研究生工作部、史地所等多家单位联合主办第三届禹贡博士生学术论坛，来自全国各高校近40名博士研究生参加。

12月17—18日，莫斯科国立制图测量大学和史地所共同在莫斯科举行"俄罗斯和中国的历史地理与制图学"（Historical Geography and Cartography Russia and China）国际学术会议，博士生靳煜参会并作报告。

12月，《中华人民共和国国家历史地图集》第一册由中国地图出版社、中国社会科学出版社出版发行。

周振鹤著《中国历史政治地理十六讲》由中华书局出版；周振鹤主编《明清之际西方传教士汉籍丛刊》第一辑由凤凰出版社出版。

傅林祥晋升研究员。

是年，朱海滨获评教育部新世纪优秀人才。

《中华大典·历史地理典·总论分典》（全3册）获浙江省出版工作者协会第二十九届优秀图书出版奖、第二十二届浙江树人出版奖。

共有 5 项科研项目立项,其中朱海滨主持的"地方神信仰与近世江南区域社会的形成研究"获国家社会科学基金一般项目立项,齐光主持的"清代喀尔喀蒙古噶舒克文书与社会体制研究"获国家社会科学基金青年项目立项,张伟然主持的"五代以降江南佛教的地域系统分析"、朱海滨主持的"宋元明清时期东南地区进士人才涌现的时空差异及其背景研究"获教育部人文社会科学重点研究基地重大项目立项。

出版著作 16 部,其中专著 2 部、编著 14 部。在国内外学术期刊发表论文 164 篇,其中 SCI 论文 1 篇、核心期刊 74 篇、一般期刊 89 篇。

邀请国内外知名学者到所举办学术讲座 26 场:复旦大学 985 工程哲学社会科学历史地理创新基地驻所研究讲座 14 场、复旦大学"人文基金"学术讲座 2 场、历史地理研究中心讲座 10 场。禹贡博士生论坛 2 场。

招收硕士研究生 16 人、博士研究生 13 人。毕业生中,11 人获硕士学位,13 人获博士学位。

2014 年

1 月,上海市社会科学院智库研究中心发布的《中国智库报告》,复旦智库名列综合影响力第八名,高校系统影响力第三名,本中心在"文化建设"和"国际问题"中排名第四。

王文楚著《史地丛稿》、赵永复著《鹤和集》由上海人民出版社出版。

2 月,邹逸麟著《椿庐史地论稿续编》,复旦大学历史地理研究中心、哈佛燕京学社编《国家视野下的地方》由上海人民出版社出版。

3 月 1 日,北京大学城市与环境学院历史地理研究中心、复旦大学中国历史地理研究所、陕西师范大学西北环发研究院在北京共同举办纪念禹贡学会成立 80 周年学术座谈会,葛剑雄、吴松弟等与会。

3 月 8—10 日,王建革应邀作为嘉宾出席 2014 年东亚环境史青年论坛(The youth forum of East Asia Environmental History,2014),博士研究生穆俊、耿金作论坛发言。

3 月 21 日,教育部副部长刘利民在校党委书记朱之文、副校长陈晓漫等人陪同下来史地所考察。

葛剑雄卸任复旦大学图书馆馆长。

4 月,葛剑雄、姚大力获聘复旦大学文科特聘资深教授。

5 月 26—30 日,应莫斯科测量与制图国立大学邀请,吴松弟、张伟然、侯杨方、杨煜达、路伟东、齐光等赴莫斯科参加该校 235 周年校庆学术报告会。

5月，游汝杰、周振鹤著《耦耕集：文化语言学存稿》由广西师范大学出版社出版；邹逸麟名誉主编、华林甫主编《清代地理志书研究》由中国人民大学出版社出版。

6月，吴松弟主编"《温州通史》专题史丛书"陆续由人民出版社出版。

7月6—13日，举办第六届历史地理暑期研修班，主题为"中国人口和移民史前沿研究"，9位专家授课，正式学员30名、旁听学员15名。

8月29日，《美国哈佛燕京图书馆藏未刊中国旧海关史料》新书发布会召开，60余位学者出席了会议。本套书共283册，陆续由广西师范大学出版社出版，至2016年出齐。

8月，葛剑雄著《葛剑雄文集》（7册）由广东人民出版社出版；葛剑雄著《书人集》由上海科技文献出版社出版。

9月19—22日，同人赴成都参加2014年中国地理学会历史地理专业委员会学术研讨会。

9月，张修桂著《龚江集》由上海人民出版社出版；杨煜达著《乾隆朝中缅冲突与西南边疆》由社会科学文献出版社出版。

10月25日，史地所和俄罗斯莫斯科国立测量与制图大学联合举办远东历史地理与制图学国际学术研讨会，来自莫斯科国立测量与制图大学、俄罗斯科学院、白俄罗斯国立大学、中国科学院、复旦大学等院校共12位代表参会。

10月，张伟然著《中古文学的地理意象》由中华书局出版；王振忠著《明清徽商与淮扬社会变迁》（修订版）由北京生活·读书·新知三联书店出版。

11月，吴松弟任复旦大学中华古籍保护研究院副院长。

12月15日，吴松弟与云南大学历史系主任罗群在复旦大学签署"西南边疆史地研究合作协议"。

12月，吴松弟主编《中国近代经济地理》（共9卷）陆续由华东师范大学出版社出版，至2016年出齐。

中心主编《海洋·港口城市·腹地：19世纪以来的东亚交通与社会变迁》由上海人民出版社出版；安介生、邱仲麟主编《有为而治——前现代中国治边实践与边陲社会变迁研究》由三晋出版社出版。

杨伟兵晋升研究员。

是年，葛剑雄被聘为联合国未来地球计划中国国家委员会委员（Future Earth, China National Committee）。

张伟然获聘中国地理学会理事、上海市地理学会理事，长江大学"楚天学者"特聘教授(2014—2018)。

葛剑雄指导的博士研究生马孟龙的博士学位论文《西汉侯国地理》被评为全国优秀博士学位论文。葛剑雄获全国优秀博士学位论文指导教师奖。

佐藤宪行进入史地所工作。

周振鹤著《中国历史政治地理十六讲》获 2012—2013 年上海市第十二届哲学社会科学优秀成果奖著作类一等奖,齐光著《大清帝国时期蒙古的政治与社会——以阿拉善和硕特部研究为中心》获著作类二等奖,周振鹤撰《中国洋泾浜英语的形成》获论文类一等奖,张晓虹撰《近代城市地图与开埠早期上海英租界区域城市空间研究》、朱海滨撰《浦阳江下游河道改道新考》获论文类二等奖。

路伟东获评上海市曙光学者。

共有 7 项科研项目立项,其中王振忠主持的"明清以来徽州会馆文化文献整理与研究"获国家社会科学基金重大项目立项,侯杨方主持的"河西走廊段丝绸之路历史地理信息系统"获国家社会科学基金重点项目立项,韩昭庆主持的"滇、黔、桂熔岩地区石漠化的演变过程及其背景研究(1368—1949)"获国家自然科学基金面上项目立项,周振鹤主持的"上海市城区景观重建(1843—1870)"、王振忠主持的"明清以来徽州区域环境与社会的综合性研究"获教育部人文社会科学重点研究基地重大项目立项。

出版著作 17 部。在国内外学术期刊发表论文 96 篇,其中 SCI 论文 2篇、核心期刊 47 篇、一般期刊 47 篇。另有 2 篇被《新华文摘》全文引用。

邀请国内外知名学者来所举办学术讲座 43 场。其中包括,复旦大学985 工程哲学社会科学历史地理创新基地驻所研究讲座 20 场、复旦大学"人文基金"学术讲座 6 场、历史地理研究中心讲座 6 场、历史地理边疆史地讲座 8 场、历史地理教师系列讲座 1 场、禹贡博士生论坛 2 场。

招收硕士研究生 17 人、博士研究生 10 人。毕业生中,14 人获硕士学位,10 人获博士学位。

2015 年

1 月,张晓虹任所长,杨伟兵、邹怡任副所长。

王振忠著《袖中东海一编开:域外文献与清代社会史研究论稿》由复旦大学出版社出版。

4 月 25 日,第七版《辞海》编纂启动会在上海召开,邹逸麟被聘为副主编,吴松弟被聘为历史地理分科主编。

5月4—8日，2015级硕士、博士研究生在浙江东部的舟山、宁波两地进行历史地理综合考察，由张伟然、费杰、赵红、王大学等教师带队。

5月15日，张晓虹与上海历史博物馆馆长张岚代表双方签署合作共建协议。双方计划在上海的历史地理研究、人文遗产保护等方面展开合作共建。

5月24日，举办庆祝复旦大学110周年华诞校友返校日暨历史地理学发展与社会服务研讨会，来自全国各地的80余名校友参加。其间，"谭其骧先生手稿与藏书特展"与"史地所近五年学术成果展"开展。

6月，段伟著《清儒地理考据研究》（秦汉卷）由齐鲁书社出版。

7月5—14日，张晓虹、张伟然、安介生、侯杨方、韩昭庆等一行6人应邀赴伦敦参加第十六届历史地理学者国际学术研讨会，并分别作大会报告。

7月11—14日，举办第七届历史地理暑期研修班，主题为"跨越国界的丝绸之路：历史与未来"，6位专家授课，正式学员30名，旁听学员29名。

7月22—24日，张晓虹、张伟然、朱海滨、费杰、路伟东、徐建平和孙涛等参加嘉峪关魏晋墓与丝绸之路历史文化学术研讨会。

8月18日，徐旻去世，享年64岁。

8月，《谭其骧全集》由人民出版社出版，邹逸麟名誉主编、华林甫主编《清代政区地理初探》由北京联合出版公司出版。

吴松弟、徐少华任《历史地理》主编，安介生、侯杨方、李晓杰、王建革、王振忠、张伟然、张晓虹任编委。

10月12日，美国密歇根大学图书馆副馆长韦依兰（Elaine L. Westbrooks）和密歇根大学亚洲图书馆博士傅良瑜到访。

10月13日，贵州贵阳孔学堂文化传播中心副主任周之江到访。

10月16—19日，史地所青年创新团队樊如森、路伟东、任小波、孙涛、王大学、徐建平、杨煜达、佐藤宪行等一行赴江西省景德镇考察。

10月19日，上海市地方志办公室负责同志到访，就上海市新一轮地方志编纂中的地理志卷编纂工作展开交流。

10月下旬，王振忠教授赴意大利参加"Empire, Trade and Migrations across the Eurasian Continent, 10th—20th Century"（公元10—20世纪横贯欧亚大陆的帝国、贸易和移民）第三届欧亚经济史国际研究年会。

11月14—15日，复旦大学西北史地研究青年创新团队举办"多语言史料背景下的西北研究"青年学者会议，来自复旦大学、中央民族大学、中国藏学研究中心、内蒙古大学、兰州大学、安徽大学、陕西师范大学、宁夏大学、西藏大学、西藏自治区档案馆及日本下关市立大学的近 25 名学者参会。

11 月 21—22 日,由吴松弟领衔的"港口—腹地"研究团队主办中国近代经济地理格局形成的机制与表现学术研讨会,来自复旦大学、上海师范大学、华东师范大学、上海社科院、上海海关学院、南开大学、云南师范大学、绍兴文物局等科研机构的 20 余位学者参会。

12 月 5—6 日,史地所与中国地理学会历史地理专业委员会共同举办全国青年历史地理学者论坛,来自北京大学、中国社会科学院、中国人民大学、武汉大学等 20 多所科研院校的 40 多名青年学者参加。

12 月 21 日,河北大学宋史研究中心副主任王晓龙一行到访,就高校人文社会科学重点研究基地的建设经验进行交流。

12 月 28 日,北京大学唐晓峰作《知识的超越:地理学思想史引言》讲座。

12 月,周振鹤主持的"新编上海历史地图集"获复旦大学传世之作项目立项。

杨煜达晋升研究员。

吴松弟任复旦大学学术委员会委员。

张晓虹兼任复旦大学大数据研究院人文研究所学术委员。

是年,张伟然兼任《地理研究》编委、西泠印社社员、长江大学楚文化研究院学术委员会委员。

安介生兼任中国灾害防御协会灾害史专业委员会副秘书长。

杨伟兵、徐建平获评复旦大学卓学计划,王大学获评上海市浦江人才。

王静进入史地所工作。

邹逸麟、张修桂主编《中国历史自然地理》获教育部第七届高等学校科学研究优秀成果奖(人文社会科学)著作类历史学二等奖。

由王振忠主编的《徽州民间珍稀文献集成》获 2015 年国家出版基金资助。

共有 7 项科研项目立项,其中周振鹤主持的"中国现当代行政区划基础信息平台建设(1912—2013)"获国家社会科学基金重大项目立项,段伟主持的"明清时期黄淮平原的水患对政区调整的影响研究"获国家社会科学基金一般项目立项,王建革著《江南环境史研究》入选国家哲学社会科学成果文库项目,韩昭庆主持的"康熙《皇舆全览图》的数字化及研究"、傅林祥主持的"《清会典》地理研究"获教育部人文社会科学重点研究基地重大项目立项。

出版著作 10 部;在国内外学术期刊发表论文 78 篇,其中 SCI 论文 5 篇、核心期刊 47 篇、一般期刊 26 篇。

共举办国内学术会议 3 次，教师参加学术交流活动共计 27 人次。共邀请国内外知名学者到所举办学术讲座 34 场，其中，复旦大学 985 工程哲学社会科学历史地理创新基地驻所研究讲座 14 场、复旦大学"人文基金"学术讲座 2 场、谭其骧历史地理讲座 1 场、历史地理研究中心讲座 13 场、历史地理教师系列讲座 1 场、禹贡博士生论坛 3 场。

招收硕士研究生 16 人、博士研究生 12 人。毕业生中，16 人获硕士学位，8 人获博士学位，博士生 1 人肄业。

2016 年

1 月，张晓虹兼任哈佛大学 worldmap 委员会委员。

2 月 25 日，举行纪念谭其骧先生 105 周年冥诞暨《谭其骧全集》出版座谈会。

3 月，王建革著《江南环境史研究》由科学出版社出版。

4 月，周振鹤著《长治与久安》由三联书店（香港）有限公司出版；[日] 纸屋正和著、朱海滨译《汉代郡县制的展开》由复旦大学出版社出版。

4 月 16—20 日，2016 级硕士、博士研究生 31 人，在韩昭庆、徐建平、赵红带领下赴镇江、扬州及南京，进行历史地理综合考察。

5 月，安介生等著《介休历史乡土地理研究》由中国社会科学出版社出版。

5 月 17—18 日，举行校庆报告会，主题分别为："历史社会文化地理"（主持人：张晓虹）、"历史疆域政区与经济地理"（主持人：姚大力）。

6 月 20—21 日，复旦大学史地所、管理学院和京都大学持续发展与生存学大学院共同举办全球生存与持续发展国际跨学科研讨会，来自京都大学亚非地域研究科、经济学研究科和复旦大学历史地理研究中心的 9 名博士研究生与会。

7 月 3—10 日，举办第八届历史地理暑期研修班，主题为"历史地理研究技能强化暑期训练营"，10 余位专家授课，学员 30 名。

7 月 15 日，葛剑雄、韩昭庆当选为上海中山学社第五届理事会副社长。

7 月，《邹逸麟口述历史》由上海书店出版社出版。

8 月 15—16 日，史地所与中国社科院历史所历史地理研究室共同举办古地图中的丝绸之路国际学术研讨会，来自海内外 32 名学者参会。

8 月 17 日，中共中央政治局常委、国务院总理李克强在中南海紫光阁向新聘任的国务院参事和中央文史研究馆馆员颁发聘书,并与全体参事、馆员座谈。葛剑雄受聘为中央文史研究馆馆员。

8月30日,"复旦大学中国历史地理研究所档案与方志学科教工作站"揭牌仪式在贵阳市白云区地方志编纂委员会办公室、档案局会议室举行,副所长杨伟兵、白云区人民政府副区长张雪梅共同为工作站揭牌。

8月,张伟然等著《历史与现代的对接:中国历史地理学最新研究进展》由商务印书馆出版;鲍俊林著《15—20世纪江苏海岸盐作地理与人地关系变迁》由复旦大学出版社出版。

9月24—25日,召开"多元与统一:新出文献与中国历史"学术研讨会,来自复旦大学、南京大学、厦门大学等46名学者与会。

10月15—16日,由孙涛、黄学超带队,师生一行赴安徽宁国与浙江临安开展"吴越古道"秋季考察。

10月24日,上海禹贡文化发展有限公司向史地所禹贡基金捐赠2万元。

10月25日,由国家测绘地理信息局地图技术审查中心副主任韩权卫等到所访问,邹逸麟、赵永复、傅林祥、杨伟兵、路伟东、孙涛等出席活动。

10月,任小波著《吐蕃时期藏译汉传佛典:〈善恶因果经〉对勘与研究》由中国藏学出版社出版。

11月11—14日,举办中国灾害防御协会灾害史专业委员会第十三届年会暨"江南灾害与社会变迁"学术研讨会,40余位学者参会。

11月26日,举办首届禹贡青年沙龙年度大会——"历史地理学的新思考和新探索",共邀请南京大学、上海交通大学、上海师范大学和复旦大学的5位硕、博士进行工作论文报告,并有5位青年教师参加讨论。

11月,王振忠编著《歙县的宗族、民俗与经济》由复旦大学出版社出版。

12月3—10日,张晓虹带领"十三五"科研主攻方向"中华文明形成和塑造的时空过程"各重大课题负责人及骨干科研人员姚大力、张伟然、王建革、李晓杰等学者,赴陕西凤翔、岐山、高陵、泾阳、黄陵、宜川、韩城、潼关和河南三门峡、新安、孟津、洛阳等地开展科研考察活动。

12月12日,葛剑雄受聘为上海文史研究馆馆员,上海市市长杨雄颁发聘书。

12月26—28日,中国地理学会十一届理事会第三次全会暨十一届七次常务理事会在广州召开,张伟然教授获第三十三届国际地理大会组织工作的突出贡献奖。

是年，王振忠获国务院政府特殊津贴。吴松弟任复旦大学中国海关史与海关文献国际研究中心主任。

张伟然任《中国大百科全书》第三版地理学科（地理学卷）方志学及地名学分支主编、《中国大百科全书》第三版地理学科（中国地理卷）历史地理分支主编。

安介生任山西大学（历史文化学院、中国社会史研究中心）兼职教授。

王建革任中国农业历史学会常务理事。

樊如森晋升研究员。

黄学超入所工作。

邹逸麟获2014—2015年上海市第十三届哲学社会科学优秀成果学术贡献奖，张伟然《中古文学的地理意象》获著作类一等奖，李晓杰《〈水经注〉现存主要版本考述》获论文类一等奖，周振鹤《中国地方行政制度史》和王振忠《袖中东海一编开：域外文献与清代社会史研究论稿》获著作类二等奖。

段伟著《清儒地理考据研究》（秦汉卷）获全国优秀古籍图书奖二等奖、第十九届华东地区古籍优秀图书奖一等奖。

葛剑雄指导的博士研究生鲍俊林的论文《明清江苏沿海盐作地理与人地关系变迁》、李晓杰指导的硕士研究生徐少卿的论文《清代东北巡防体系研究——以〈珲春副都统衙门档〉所载1736—1860年珲春协领辖区为例》获2015年度上海市研究生优秀成果（学位论文）奖。

共有12项科研项目立项，其中侯杨方主持的"'丝绸之路'驿站演变研究"获国家社会科学基金重大项目立项，邹怡主持的"皖赣茶叶运销合作与统制研究（1932—1945）"获国家社会科学基金一般项目立项，任小波主持的"敦煌本古藏吐蕃地志汇释"获国家社会科学基金青年项目立项，张伟然主持的"当代中国地理学的发展特色及科学贡献（1949—2015）"获国家自然科学基金面上项目立项，张晓虹主持的"中华文明核心地区形成的时空过程及其驱动因素研究"、李晓杰主持的"三世纪以来地理环境与人文景观的重构"、杨伟兵主持的"中国地方行政制度演变与区域社会的发展"获教育部人文社会科学重点研究基地重大项目立项。

出版著作13部；在国内外学术期刊发表论文136篇，其中SCI论文2篇、权威刊物1篇、核心期刊42篇、国际刊物7篇、一般期刊84篇。

共举办国际学术会议1次、国内学术会议1次；教师参加学术交流活动共计20人次；共邀请国内外知名学者到所举办学术讲座20余场，其中复旦大学历史地理研究中心访问学者讲座10场、谭其骧历史地理讲座2场、历史地理研究中心讲座 9 场、历史地理教师系列讲座 1 场、禹贡博士生论坛 2 场。

招收硕士研究生 16 人(1 人因未拿到本科毕业证书未入学)、博士研究生 17 人(含留学生 1 人)。毕业生中,15 人获硕士学位,10 人获博士学位。

2017 年

1 月,张晓虹兼任"中国历代人物传纪数据库"学术委员会委员。

李晓杰主编,李晓杰、黄学超等著《水经注校笺图释·渭水流域诸篇》由复旦大学出版社出版。

2 月 24 日,举办纪念谭其骧先生 106 周年诞辰活动,邹逸麟、谭德睿向复旦禹贡基金捐资。

4 月,葛剑雄主持的"中国移民史"获复旦大学传世之作项目立项。

杨伟兵访问大理大学民族文化研究院、南诏历史文化研究所,双方就科研合作和文献信息交流等渠道展开交流。

5 月,葛剑雄等主编《中华大典·历史地理典·政区分典》(共 7 册)由西泠印社出版社出版。

6 月 3—4 日,和安徽师范大学历史与社会学院合作举办徽州文书与中国史研究学术研讨会,来自复旦大学、安徽师范大学等 14 个科研机构的 28 位学者参会。

6 月 17—18 日,主办清朝政治发展变迁研究国际学术研讨会,来自美国乔治城大学、美国印第安纳大学、日本早稻田大学等 40 余位专家参会。

6 月,周振鹤主编《明清之际西方传教士汉籍丛刊》第二辑由凤凰出版社出版;傅林祥主编《中华大典·历史地理典·山川分典》(共 2 册)由西泠印社出版社出版;王振忠著《社会历史与人文地理:王振忠自选集》由中西书局出版。

7 月 9—15 日,举办第九届历史地理暑期研修班,主题为"历史维度下的生态系统与人类文明",学员 30 名。

7 月 18—23 日,与河西学院历史文化学院联合举办"河西走廊各级博物馆馆藏资源调查"活动。

8 月 17 日,《中国近代经济地理》(共 9 卷)新书发布会在上海书展举行。吴松弟、朱荫贵、华东师范大学宁越敏、上海社会科学院张忠民、华东师范大学出版社王焰等出席。

8—9 月,"中国沙漠变迁历史地理调查"团队由所长张晓虹带队,赴毛乌素沙地、额济纳河流域开展沙漠历史变迁研究的实地考察工作。

9月23—24日，主办近代中国北方经济发展与社会转型学术研讨会，来自中国社会科学院、吉林师范大学、日本大阪经济大学等30余位学者参会。

9月26日，张晓虹、杨伟兵应邀访问云南大学历史与档案学院、历史地理研究中心，双方达成开展"南方丝绸之路"地理信息系统研发意向。

9月，葛剑雄主编《中华大典·交通运输典》（共6册）由上海交通大学出版社出版。

11月，路伟东著《晚清西北人口五十年（1861—1911）：基于宣统"地理调查表"的城乡聚落人口研究》由复旦大学出版社出版。

12月9日，周振鹤主编《中国行政区划通史》（共13卷）第二版由复旦大学出版社出版。复旦大学出版社和复旦大学历史地理研究中心共同举办《中国行政区划通史》修订版发布会暨学术研讨会，上海市委宣传部副部长、上海市社会科学界联合会党组书记燕爽，上海市新闻出版局副局长彭卫国，复旦大学党委副书记许征，以及王家范、辛德勇、李孝聪、唐晓峰、荣新江、钱行等专家学者出席会议。

图46　2017年12月9日，周振鹤在《中国行政区划通史》第二版发布会暨学术研讨会上发言

12月24日，张晓虹当选为上海市地理学会第十二届理事会副理事长。

12月，段伟晋升研究员。

是年，吴松弟整理《海关总署档案馆藏未刊中国旧海关出版物（1860—1949）》（1—40册）陆续由中国海关出版社出版，至2019年出齐。

张晓虹受聘为复旦大学"一带一路"及全球治理研究院人文交流研究所负责人。

韩昭庆当选中国测绘学会边海地图工作委员会副主任委员,张晓虹当选委员。

邹怡获评上海市曙光学者。

张修桂著《中国历史地貌与古地图研究》、张伟然著《中古文学的地理意象》获全国第二届优秀地理图书·学术著作(1994—2013)奖。

共有9项科研项目立项,其中张晓虹主持的"中国沙漠变迁历史地理调查"获科技部科技基础资源调查专项重大项目立项,姚大力主持的"中国西部疆域的形成(600—1800年)"获教育部人文社会科学重点研究基地重大项目立项。

出版著作19部;在国内外学术期刊发表论文71篇,其中SCI论文3篇、权威刊物5篇、核心期刊18篇、国际刊物7篇、一般期刊38篇。

举办学术会议5次,其中国际会议1次、国内会议4次;教师参加学术交流活动共计79人次;共邀请国内外知名学者到所举办学术讲座20余场,其中访问学者讲座18场、谭其骧历史地理讲座2场、禹贡博士生论坛2场、校庆报告会4场。

招收硕士研究生21人、博士研究生18人。毕业生中,15人获硕士学位,16人获博士学位。

2018 年

1月,张晓虹被聘为国家教材委员会历史学科专家委员会委员,兼任复旦大学古籍保护研究院副院长、院务委员会委员。

姚大力著《追寻"我们"的根源:中国历史上的民族与国家意识》由北京生活·读书·新知三联书店出版;吴松弟主编《海关文献与近代中国研究学术论文集》由广西师范大学出版社出版;张伟然著《学问的敬意与温情》由北京师范大学出版社出版。

吴松弟兼任《历史教学》编委会特邀编委。

3月,葛剑雄著《悠悠长水:谭其骧传(精简版)》由文汇出版社出版;路伟东著《清代西北回族人口与回族经济》(上、中、下)由花木兰文化事业有限公司出版。

4月,王振忠被中共黄山市委、黄山市人民政府聘为"黄山市社会科学专家顾问"(2018—2023)。

5月25—27日,云南和中国西南地区的环境与历史国际学术讨论会召开。

5月29—30日,举办明清史前沿论坛。北京大学李伯重、厦门大学陈支平、中山大学刘志伟、南京大学范金民、南开大学常建华、武汉大学陈锋等学者与会,王振忠、张晓虹、杨伟兵、朱海滨、樊如森等参加讨论。

5月,王振忠主编《徽州民间珍稀文献集成》由复旦大学出版社出版。

6月17—18日,主办"史学前沿与历史地理学发展会议"。中国人民大学包伟民、北京师范大学李帆、北京大学王奇生、南开大学王先明、南开大学余新忠、兰州大学郑炳林与会,史地所安介生、杨煜达、朱海滨、路伟东、任小波、丁雁南等参加讨论。

6月23日,主办史学前沿中的空间与地域问题高峰论坛。山西大学行龙、首都师范大学李华瑞、南开大学王利华、南京大学孙江授、中国人民大学杨念群、武汉大学鲁西奇、中国社会科学院李细珠与会,史地所吴松弟、张伟然、安介生、张晓虹、杨煜达、段伟、费杰、王大学等参加讨论。

6月,吴松弟主持的"中国近代经济地理地图集(三卷本)"获复旦大学传世之作项目立项。

7月8—14日,举办第十届历史地理暑期研修班,主题为"地理演化的人文印迹"。10位专家授课,30余名学员参加。

7月13日,中国地名学会副会长、全国地名标准化技术委员会副主任、国家普通话审音委员会委员商伟凡等地名专家来所访问交流。

7月,周振鹤编《中欧语言初接触的先声:闽南语与卡斯蒂利亚语初接触》由复旦大学出版社出版。

8月,[美]濮德培(Peter C. Perdue)著、韩昭庆译《万物并作:中西方环境史的起源与展望》由北京生活·读书·新知三联书店出版。

9月19日,在云南永平举办第三届南方丝绸之路文化高峰论坛。复旦大学校长助理荀燕楠致辞,姚大力、杨伟兵、樊如森等作大会报告。

10月13日,召开"'一带一路'与全球治理:新实践、新理念之'丝绸之路、古地图与地理知识交流'"分论坛会议。

10月31日,由上海市地方志办公室、复旦大学中国历史地理研究所举办的上海市地方志系统干部人才培训项目"上海市地方志编纂研修班"结业典礼在复旦大学举行。

10月,邹逸麟著《舟楫往来通南北:中国大运河》由江苏凤凰科学技术出版社出版。

吴松弟任中国城市史研究会副会长。

11月1日,《历史地理》集刊申请创办期刊获国家新闻出版署批准(国新出审[2018]762号)。

12月11日,校党委书记焦扬来所考察。

12月,孟刚、邹逸麟编著《晋书地理志汇释》由安徽教育出版社出版。

路伟东晋升研究员。

是年,中国社会科学院聘任葛剑雄为《国家历史地图集》第二册、第三册执行主编。11月5日在北京召开编委会会议。

吴松弟被中国地理学会聘任为历史地理专业委员会主任,张伟然为副主任兼秘书长。

王振忠获聘安徽大学讲席教授。

丁雁南、王哲进入史地所工作。

周振鹤主编《中国行政区划通史》(共13卷)获2016—2017年上海市第十四届哲学社会科学优秀成果奖著作类特等奖,这是1978年以来上海市哲学社会科学优秀成果奖颁出的第十个特等奖。吴松弟主编《中国近代经济地理》(共9卷)、王建革著《江南环境史研究》分别获著作类一等奖,李晓杰主编《水经注校笺图释·渭水流域诸篇》获著作类二等奖,王振忠撰《19世纪中后期的长崎贸易与徽州海商之衰落——以日本收藏的程稼堂相关文书为中心》获论文类二等奖。

共有10项科研项目立项,其中王建革主持的"9—20世纪长江中下游地区水文环境对运河及圩田体系的影响"、樊如森主持的"大阪产业部近代中国及'海上丝路'沿线调查资料整理与研究"、张伟然主持的"魏晋隋唐交通与文学图考"获国家社会科学基金重大项目立项,丁雁南主持的"航海日志整理与西沙群岛主权研究——以1808年英国东印度公司南海测绘为中心"获国家社会科学基金重点项目立项,杨煜达主持的"清代前期西南矿业生产与边疆经济一体化进程研究"获国家社会科学基金一般项目立项,韩昭庆主持的"康雍乾时期三大实测全图的数字化及比较研究(1662—1795年)"获国家自然科学基金面上项目立项,满志敏主持的"基于历史文献的小冰期以来极端气候重建"、杨煜达主持的"小冰期极端典型气候事件社会影响重建"获国家重点研发计划"全球变化与应对"项目立项。

出版著作21部;在国内外学术期刊发表论文99篇,其中SSCI论文1篇、权威刊物2篇、核心期刊39篇、国际刊物8篇、一般期刊49篇。

举办6次学术会议,其中1次国际会议、5次国内会议。举办各类学术交流讲座共计26次。史地所研究人员分别出访美国、西班牙、瑞士、日本、阿富汗、蒙古国及中国香港、台湾等地，共计21人次。

招收硕士研究生16人、博士研究生13人。毕业生中，12人获硕士学位，9人获博士学位。

2019年

1月，王振忠著《从徽州到江南：明清徽商与区域社会研究》由上海人民出版社出版；[荷]包乐史、王振忠主编《长江与莱茵河：长江与莱茵河历史文化比较研讨会论文集》由中西书局出版。

2月27日，大阪经济大学校长德永光俊教授、常务理事崎田洋一教授、日本经济史研究所所长阎立教授一行来访。

4月20日，召开"自然灾害与政区变动"工作坊第一期会议。会议邀请了中国社会科学院、北京市社会科学院、浙江大学等9位专家作报告。

4月21日，召开《历史地理研究》期刊建设暨学科发展研讨会。校文科科研处处长顾东辉、中国地理学会副理事长兼秘书长张国友、《历史地理研究》主编吴松弟、复旦大学出版社总编辑王卫东致开幕词。邹逸麟、辛德勇、徐少华、张修桂、王文楚、钱林书、朱毅等发言。

5月，谭其骧著、葛剑雄编《舆地勾稽六十年》由北京出版社出版，周振鹤著《看山是山》由上海人民出版社出版，葛剑雄著《上海极简史》由上海人民出版社出版。

5月11—12日，召开"历史地图与HGIS"青年学者工作坊，来自云南大学、中山大学等10位青年学者参会。

5月14—15日，召开历史地理、环境史与生态文明建设学术研讨会，来自中国人民大学、上海交通大学等院校的16位专家与会。

6月1日，由史地所与复旦大学"一带一路"及全球治理研究院共同主办的"南海古地图研究"高端工作坊在复旦召开，周振鹤、张晓虹和"一带一路"及全球治理研究院常务副院长黄仁伟等出席。

7月1—6日，举办第十一届历史地理暑期研修班，主题为"文学地理研究的技术与视野"，12位专家授课，30余位正式学员和150位旁听学员参加。

7月，邹逸麟著《中国历史地理十讲》由复旦大学出版社出版；王振忠著《徽学研究十讲》由复旦大学出版社出版；费杰著《历史时期火山喷发与中国气候研究》由复旦大学出版社出版。

8月,顾建祥、安介生主编《图溯上海:上海市测绘院藏近代上海地图文化价值研究》由上海辞书出版社出版。

8月10—15日,与《中国经济史研究》编辑部联合举办第十二届历史地理暑期研修班,主题为"中国经济史前沿:GIS与经济史研究"。

9月21—22日,教育部人文社会科学重点研究基地历史地理研究中心成立20周年暨《历史地理研究》发刊学术研讨会在复旦大学召开,全国各相关院校、研究机构嘉宾百余人受邀与会。校党委书记焦扬出席,并为《历史地理研究》期刊揭幕,副校长陈志敏代表学校致辞,中国地理学会副理事长兼秘书长张国友代表中国地理学会致辞。

9月,葛剑雄被聘为中国历史研究院学术咨询委员会委员(2019—2022)。

邹逸麟主编《中国运河志》由江苏凤凰科学技术出版社出版。

《历史地理研究》首届编委会成立,葛剑雄任顾问,吴松弟任主编,张晓虹任副主编,王振忠、张伟然、王建革、侯杨方、安介生、李晓杰、傅林祥、韩昭庆、朱海滨任编委。

吴松弟著《吴松弟中国近代经济地理与旧海关资料研究集》由广西师范大学出版社出版。

11月,《成蹊集:葛剑雄先生从教五十五年志庆论文集》由复旦大学出版社出版,王振忠、刘道胜主编《徽州文书与中国史研究》第一辑由中西书局出版。

12月27日,2019年度复旦大学光华青年学者论坛中国历史地理研究所分论坛举行。

12月,侯杨方主编《清朝地图集》(同治至宣统卷)由星球地图出版社出版。

费杰晋升研究员。

是年,安介生任中国地理学会人口地理专业委员会委员。

韩昭庆担任《地图研究》副主编。

王妙发(非在编)、鲍俊林、李爽进入史地所工作,程心珂进入《历史地理》编辑部工作。

邹逸麟、张修桂主编《中国历史自然地理》获"第五届郭沫若中国历史学奖"二等奖。

谭其骧、王文楚、朱惠荣等点校《肇域志》(共4册)获第二届宋云彬古籍整理图书奖。

共有 9 项科研项目立项,其中杨伟兵主持的"清代西南地区土司地理考释及地图编绘"、徐建平主持的"基于民国地图的西部边疆地理信息采集及建库"获国家社会科学基金重点项目立项。

出版著作 26 部;在国内外学术期刊发表论文 93 篇,其中 SCIE 论文 2 篇、SSCI 论文 3 篇、权威刊物 1 篇、CSSCI 论文 43 篇、一般期刊 44 篇。

举办 3 次国内学术会议、3 次工作坊,举办各类学术交流讲座 38 次。研究人员分别出访美国、英国、法国、德国、西班牙、比利时、日本、韩国、乌兹别克斯坦等地,共计 52 人次。

招收硕士研究生 17 人,博士研究生 18 人(含留学生 3 人)。毕业生中,14 人获硕士学位,16 人获博士学位(1 人为补发)。

2020 年

1 月,安介生著《表里山河:山西区域历史地理研究》由商务印书馆出版。

2 月 17 日,苏松柏逝世,享年 90 岁。

2 月 27 日,满志敏逝世,享年 68 岁。

3 月,李晓杰主编,李晓杰、黄学超等著《水经注校笺图释·汾水涑水流域诸篇》由科学出版社出版。

4 月 10 日,刘思源在美国逝世,享年 97 岁。

5 月,"历史地理研究编辑部"官方公众号正式推文。

6 月 19 日,邹逸麟逝世,享年 85 岁。

6 月,王妙发著《中国史前城址》由中州古籍出版社出版,吴松弟、樊如森主编"港口—腹地与近代中国经济转型研究丛书"(共 9 卷)由齐鲁书社出版。其中有樊如森著《天津港口·城市与经济腹地研究(1860—1960)》、王哲著《近代中国贸易网络空间研究(1873—1942)》。

8 月 10—21 日,举办线上第十三届历史地理暑期研修班,主题为"地图与地理:过去、现在与未来"。20 余位专家授课,200 余名学员参加,其中 129 名学员获颁结业证书。

8 月 31 日,举行纪念邹逸麟先生学术座谈会,王文楚、吴松弟、苏智良、章清等上海学术界数十人参会。

8 月,齐光著《16—18 世纪喀尔喀蒙古政治社会体制研究》由复旦大学出版社出版。

9 月,张晓虹著《匠人营国》由江苏人民出版社出版。

10 月,葛剑雄著《黄河与中华文明》由中华书局出版;徐建平著《中国近现代行政区域划界研究》由复旦大学出版社出版。

11月,张伟然著《女性与亲情文化:基于湘东南"讨鼓旗"的研究》由北京师范大学出版社出版;安介生、周妮著《江南景观史》由江西教育出版社出版。

11月20日,中国地图出版集团副董事长徐根才,中华地图学社总经理张向阳、副总经理孙永兴来史地所访问交流。

11月21—22日,召开"丝绸之路"沿线历史人口与区域社会学术研讨会,来自国内20余所高校和科研院所的60余位专家参会。

11月,姚大力主持的"西北中国疆域化的历史进程"获复旦大学传世之作项目立项。

12月5—6日,召开小冰期极端气候及社会影响学术讨论会,来自中国科学院、中国气象局气候研究中心等60余位专家参会。

12月20日,举行满志敏教授追思会,学术界数十人参会。

12月,徐建平晋升研究员。

是年,张伟然获教育部2020年度长江学者奖励计划特聘教授,王振忠、张伟然、张晓虹、杨煜达获评复旦大学卓识杰出人才,徐建平获评上海市浦江人才,李爽获评上海市晨光计划。

《历史地理研究》期刊入选人文地理学领域"业内认可的较高水平期刊"T3类期刊目录。

田澍瑶入史地所工作,张金贞(租赁制)入《历史地理研究》编辑部工作。

周振鹤主编《中国行政区划通史》(共13卷)、吴松弟主编《中国近代经济地理》(共9卷)分别获第八届高等学校科学研究优秀成果奖(人文社会科学)论著类一等奖,张伟然《中古文学的地理意象》获著作类二等奖;张晓虹等"The Relationship between the Spread of the Catholic Church and the Shifting Agro-pastoral Line in the Chahar Region of No.rthern China"获论文类三等奖。

有17项科研项目立项,其中路伟东主持的"西北回族历史人口及其中华民族共同体意识形成研究"获国家社会科学基金重点项目立项,丁雁南主持的"历史地理学视域下的南海地区地图史与领土主权"获国家自然科学基金面上项目立项,李爽主持的"基于长时序与多尺度视角的上海城市扩张信息图谱研究(1843—2020)"获国家自然科学青年科学基金项目立项。

出版著作16部;在国内外学术期刊发表论文87篇,其中SCI论文2篇、SSCI论文1篇、SCIE论文2篇、CSSCI论文25篇、一般期刊57篇。《历史地理研究》季刊出版4期。

招收硕士研究生 16 人、博士研究生 22 人。在读研究生 128 人,其中硕士研究生 48 人、博士研究生 80 人。毕业生中,16 人获硕士学位,12 人获博士学位。

附注:

1. 本大事记资料采自复旦大学档案馆等机构所藏档案,《复旦大学百年纪事(1905—2005)》《复旦大学百年纪事续编(2005—2014)》《复旦大学百年志(1905—2005)》《复旦大学年鉴(2006—2018)》及《复旦大学历史学系系志(1949—1988)》(内部本),中国历史地理研究所藏各类文件、报告、会议记录;还参考了《谭其骧日记》《悠悠长水——谭其骧传》等书,以及其他相关报刊、著作、访问记录等。

2. 本大事记收录范围包括重要事件,重要会议,重要学术论著发表,重要学术荣誉获取,重要科研项目立项和名称,重要机构设置和人事变动,重要学术交流与合作,本科生、研究生招生工作,教职员工职称晋升及学术兼职等。

3. 本大事记由孟刚、王静汇编。个别研究室(所)人员进出时间不详,只能暂付阙如。由于水平有限,遗漏和错误之处,敬请各位读者批评指正。

图书在版编目（CIP）数据

　复旦大学历史地理学科学术史 / 葛剑雄，张晓虹编著. —上海：上海教育出版社，2024.8. —（中国顶尖学科）. — ISBN 978-7-5720-2684-3

　Ⅰ. K901.9-125.1

　中国国家版本馆CIP数据核字第2024JW9813号

责任编辑　董龙凯　储德天

书籍设计　陆　弦

复旦大学历史地理学科学术史

葛剑雄　张晓虹　编著

出版发行　上海教育出版社有限公司

官　　网　www.seph.com.cn

地　　址　上海市闵行区号景路159弄C座

邮　　编　201101

印　　刷　上海盛通时代印刷有限公司

开　　本　700×1000　1/16　印张 24　插页 5

字　　数　406 千字

版　　次　2024年8月第1版

印　　次　2024年8月第1次印刷

书　　号　ISBN 978-7-5720-2684-3/K·0028

定　　价　149.00 元

如发现质量问题，读者可向本社调换　电话：021-64373213